U0492422

2018中国文化产业年度报告

范周 主编　齐骥 执行主编

CHINA CULTURAL INDUSTRIES ANNUAL REPORT

知识产权出版社
全国百佳图书出版单位

图书在版编目(CIP)数据

2018中国文化产业年度报告 / 范周主编. —北京:知识产权出版社,2018.4
ISBN 978-7-5130-5461-4

Ⅰ.①2… Ⅱ.①范… Ⅲ.①文化产业-研究报告-中国-2018 Ⅳ.①G124

中国版本图书馆CIP数据核字(2018)第045291号

内容提要

本书旨在更好地总结2017年中国文化产业各行业发展整体情况,梳理文化产业市场主体在经济社会转型升级和推进供给侧结构性改革中的探索和实践,研判2018年中国文化产业改革创新的方向,提供文化新业态发展的智力支撑。

责任编辑:李石华　　责任出版:刘译文

2018中国文化产业年度报告
2018 ZHONGGUO WENHUA CHANYE NIANDU BAOGAO
范周 主编　齐骥 执行主编

出版发行:知识产权出版社有限责任公司	网　址:http://www.ipph.cn
电　话:010-82004826	http://www.laichushu.com
社　址:北京市海淀区气象路50号院	邮　编:100081
责编电话:010-82000860转8072	责编邮箱:303220466@qq.com
发行电话:010-82000860转8101	发行传真:010-82000893
印　刷:北京中献拓方科技发展有限公司	经　销:各大网上书店、新华书店及相关专业书店
开　本:787mm×1092mm　1/16	印　张:21.5
版　次:2018年4月第1版	印　次:2018年4月第1次印刷
字　数:350千字	定　价:58.00元

ISBN 978-7-5130-5461-4

前　言

党的十九大报告作出了“我国社会主要矛盾已经转化为人民日益增长的美好生活需要和不平衡不充分的发展之间的矛盾”的科学论断，报告还对新时代文化的地位和作用做了高度概括。在文化产业方面，党的十九大报告指出要“健全现代文化产业体系和市场体系，创新生产经营机制，完善文化经济政策，培育新型文化业态”。2017年，我国文化产业持续保持科学发展和健康增长，文化产业的增速仍高于同期GDP增速，以“互联网+”为主导的文化科技融合业态继续呈现出强劲的增长势头，创意想象力和互联网新技术不断带来文化产品和服务的加速迭代。十九大的全球意识和文化情怀，新时代的高点定位和文化自信，为我国文化产业立足于“不忘本来、吸收外来、面向未来”，在挖掘中华优秀传统文化，并以国际社会能接受的方法和形式，讲好中国文化故事，打开了新的视阈。

2017年，我国文化产业在新旧动能转化中发挥着关键性作用，对传统产业的关联和渗透进一步蔓延，为推动经济保持中高速增长、产业迈向中高端水平方面做出了更大的贡献。以供给侧改革为核心，过去一年，我国逐渐搭建起“四梁八柱”式的文化体制改革制度框架，围绕文化领域供给侧结构性改革、文化行政审批制度改革、文化市场综合执法改革和文化领域行业组织建设不断推进，为文化产业发展营造了良好的体制机制环境，进一步解放和发展了文化生产力。

2017年，我国文化产业在促进消费和培育消费中发挥着创新性作用。2017年2月，文化部办公厅公布了第一批第二次国家文化消费试点城市名单，山西省太原市、江苏省苏州市等19个城市位列其中，加上第一批第一次26个试点城市，自2015年开始启动的该项工作在全国范围内共拥有45个试点城市。在文化部、财政部的共同指导下，文化消费试点城市在推进文化消费，促进产业升级的过程中，因地制宜，因地施策，围绕扩大文化产品和服务有效供给、推进惠民便民措施、提高文化消费便捷度、促进文旅体商融合发展等方面积极开展试点工作，成效显著，涌现出了诸多好的做法。这些试点措施也为经济结构转型起到了重要的推力作用。

2017年，我国文化产业在美好生活中体现出重要的力量。党的十九大报告做出了“我国社会主要矛盾已经转化为人民日益增长的美好生活需要和不平衡不充分的发展之间的矛盾”的科学论断，文化产业在解决发展不平衡不充分的主要矛盾的过程中，呈现出弹性适应和柔性蔓生的重要作用。在“文化+”的作用下，过去一年，文化企业、文化项目和文化园区“三大主体”建设齐头并进，特色小镇、田园综合体、旧厂房改造成的文化创意空间“三大载体”建设精彩纷呈，再造传统产业链条，也为打造更多个性化、分众化、多样化的产品和服务拓展了新思路。我国文化产业与工业、农业、旅游、体育、养老、教育等产业的融合进一步深入，并在脱贫攻坚和新型城镇化进程中发挥了积极作用。

2017年，我国文化产业开始从一种产业、一个行业形态，转向一种思维模式和一种平台理念。用文化产业的思维发展城市、营造生态、更新产业、复兴传统，已经成为一种共识，甚至是一种城市发展的默契。不管是旧厂房改造还是旧城区改造，不管是新型城镇化还是新区发展，包括雄安新区的设立，已经将建设一座卓越的文化之城作为共同的思想契约。这也让我们更加兴奋地期待未来，期待一个文化产业创造的更加美好的明天。

2018年，我们进入一个更加美好的年代，围绕美好生活的需求，创新发展文化产业，既是大势所趋，更能补齐文化产业发展的诸多短板，拓展文化产业的广度和深度。2018年，秉持文化的自信，激发文化的热情，打开创新的大门，我们将进入一个文化蔓生、创意蔓延、创新创造蓬勃迸发的年代。我们要让文化力量成为一种全社会的价值导向、思维方式、生活习惯，让文化自信之火尽快形成燎原之势，推动创新驱动战略的深入实施，为美好生活赋予永恒的文化之光。

范周

2018年3月

目　录

第一章　2017年中国文化产业发展概况

十九大的胜利召开带领人们步入全面建成小康社会、全面建成社会主义现代化强国的中国特色社会主义新时代，中国特色社会主义文化被正式列入党章，与制度、道路、理论、体制放在并列位置，体现出党和国家对文化的经济价值与社会价值的认知程度与重视程度迈上新台阶。十八大以来，我国文化产业的增加值始终保持着两位数的快速增长，据国家统计局的统计数据，2017年我国全年国内生产总值首次突破80亿元，达到82.7万亿元，比上年增长6.9%。[1]其中，据对全国规模以上文化及相关产业5.4万家企业调查，2017年前三季度，上述企业实现营业收入67618亿元，比上年同期增长11.4%（名义增长未扣除价格因素），增速提高4.4个百分点，依然保持较快增长。[2]我国文化产业的发展正逐渐从数量增长向质量增长转变，文化产业体制机制不断完善，产业转型升级增势强劲，产业发展集聚化、数字化、融合化、特色化趋势显著。

一、2017年中国文化产业发展的整体概况

2017年我国文化产业仍然保持高速增长态势，产业规模不断提升、文化产业融合更加深入、政策红利成效卓著、文化立法重磅出击、文化消费试点先行、文化自信凝心聚力、文化安全得到重视、文化走出去纵深推进，不断向世界讲好中国故

[1]国家统计局.2017年经济运行稳中向好、好于预期[EB/OL].(2018-01-18)[2018-01-20].http://www.stats.gov.cn/tjsj/zxfb/201801/t20180118_1574914.html.

[2]国家统计局.2017年前三季度全国规模以上文化及相关产业企业营业收入增长11.4%[EB/OL].(2017-10-30)[2017-12-20]. http://www.stats.gov.cn/tjsj/zxfb/201710/t20171030_1547444.html.

事、传播中国声音、阐释中国特色、展示中国形象，文化软实力得到增强。在政策驱动、资金导向、技术革新、需求升级的多重因素带动下，文化产业对经济发展的牵引力、驱动力更为明显，文化产业正以其日渐丰富的产业形态在人们日常生活中占据越来越重要的位置。

从国家导向来看，首先，文化政策宏观定调指引发展方向，一是系列政策联动实施。2017年作为“十三五”时期发展的重要一年，在《国家“十三五”文化发展改革规划纲要》的指引下，文化产业、文化事业、文物保护、公共文化服务等一系列细分领域规划在2017年相继出台。二是积极推动文化新兴业态创新发展。自2016年年底数字创意产业被正式纳入国家战略性新兴产业以来，数字创意产业的发展热度有增无减，并在4月份将“数字文化产业”以政策发布的形式向社会传递发展数字创意产业的明确信号。

其次，文化法制监管路线更加明晰。一是文化立法全面开花。2016年颁布《公共文化服务保障法》《电影产业促进法》，2017年两部法律正式实施，此外《国歌法》《公共图书馆法》同样于2017年颁布通过，文化立法步伐加快，文化产业母法颁布指日可待。二是文化监管多措并举、真抓实干。值得注意的是，2017年国家在指导文化产业发展方向、鼓励文化新兴业态不断涌现的同时，也加大了对新兴业态的监管力度，在网络视听市场、营业性演出票务市场、迷你歌咏亭市场、点播影院院线行业等新兴文化业态作出及时的规范治理，摆脱文化新兴业态发展诟病的阻碍，促进文化的法制化规范、制度化监管日益完善，产业政策时效性不断增强。

最后，文化发展体系化、体制化建设明显优化。在经济进入新常态、改革进入深水期、全面建成小康社会攻坚期的背景下，十九大报告明确指出要建立健全现代文化产业体系、现代文化市场体系和现代公共文化服务体系建设。增强文化产业发展的体系化建设是目前文化产业发展的重点内容和主要内容。此外，新时代下文化产业体制改革蓝图更加清晰，在文化领域“四梁八柱”性质的改革主体框架基本形成的前提下，2017年文化体制改革驶向纵深，坚持落实双效统一、规范文化国资评估交易、推进国资监管“放管服”改革、探索国资预算改革等在中央文化企业、文化行业协会、公共文化机构、国有文化资产等方面的深度布局。

从文化产值来看，首先，从产业类别发展情况看。由表1–1、表1–2可知，2017年上半年代表文化产业发展主体的“文化相关产品的生产”创造的收入为

23711元，较去年同期16403亿元同期增长19.8%，而作为文化产业发展主体的“文化产品的生产”上半年规模以上文化企业营业收入为20163亿元，较去年同期增长22.9%，其增幅明显高于“文化相关产品的生产”。同时，不可忽视的是，两年来我国“文化相关产品的生产”比重均高于“文化产品的生产”比重，表明我国文化产业发展目前仍然处于“微笑曲线”理论中产业链的低端，其文化产业的竞争力仍然欠缺。文化产业的产品附加值、知识产权意识、品牌与服务意识仍需进一步提升。

表1-1　2017年上半年全国规模以上文化及相关产业企业营业收入情况

文化产业企业营业收入	绝对额（亿元）	比上年同期增长（%）
总计	43874	11.7
文化产品的生产	20163	22.9
文化相关产品的生产	23711	19.8
东部地区	32857	11.6
中部地区	7039	11.1
西部地区	3494	16.3
东北地区	484	–2.5

注：1.表中速度均为未扣除价格因素的名义增速。

2.表中部分数据因四舍五入的原因，存在总计与分项合计不等的情况。

表1-2　2016年上半年全国规模以上文化及相关产业企业营业收入情况

文化产业企业营业收入	绝对额（亿元）	比上年同期增长（%）
总计	36187	7.5
文化产品的生产	19784	
文化相关产品的生产	16403	
东部地区	27122	7.1
中部地区	6019	12.0
西部地区	2554	9.9
东北地区	473	–7.0

注：1.表中速度均为未扣除价格因素的名义增速。

2.表中部分数据因四舍五入的原因，存在总计与分项合计不等的情况。

其次，从地区发展情况看，尽管我国各个地区的文化产业发展情况均是向好向上，就2017年上半年数据来看，东部地区收入情况为32857亿元，同比增长11.6%；中部地区7039亿元，同比增长11.1%；西部地区3494亿元，同比增长16.3%；东北地区484亿元，同比增长-2.5%。可以看出，我国西部地区增幅要高于东部地区与中部地区，说明我国文化产业区域差异正在缩小。但不容忽视的是，西部地区与中部地区收入情况与西部地区与东北地区的差距仍然较大，区域发展不平衡问题仍然制约着我国文化产业的良好健康发展。

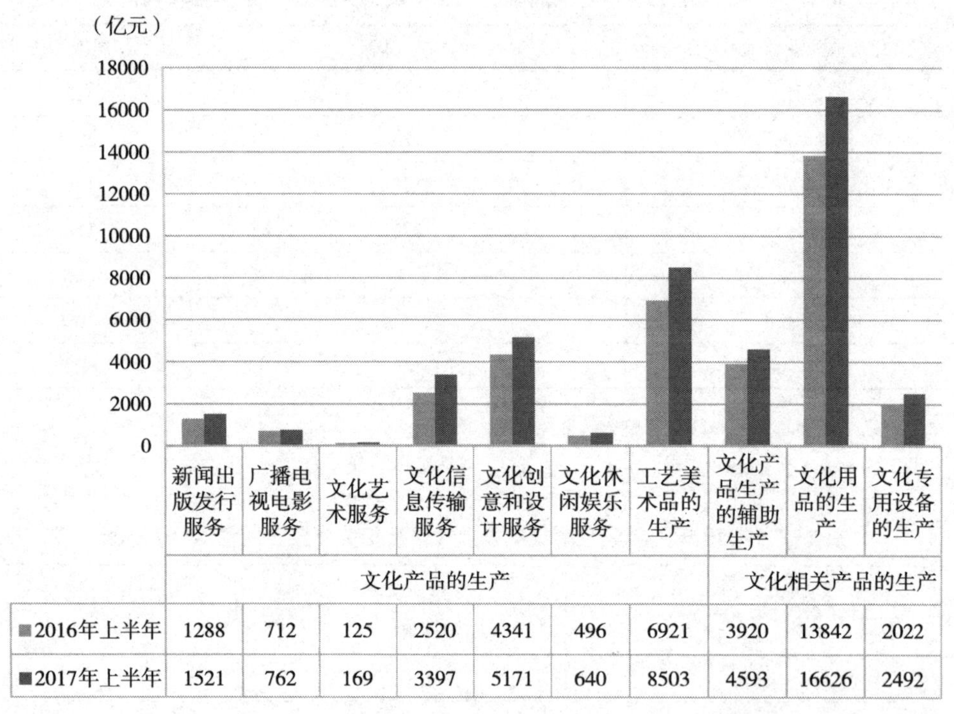

	新闻出版发行服务	广播电视电影服务	文化艺术服务	文化信息传输服务	文化创意和设计服务	文化休闲娱乐服务	工艺美术品的生产	文化产品生产的辅助生产	文化用品的生产	文化专用设备的生产
	文化产品的生产							文化相关产品的生产		
2016年上半年	1288	712	125	2520	4341	496	6921	3920	13842	2022
2017年上半年	1521	762	169	3397	5171	640	8503	4593	16626	2492

图1-1　2016—2017上半年全国规模以上文化及相关产业企业营业收入情况对比

最后，从各个细分领域发展情况看，如图1-1所示，文化及相关产业10个行业的营业收入均实现增长。其中，实现两位数以上增长的6个行业分别是：以“互联网+”为主要形式的文化信息传输服务业营业收入3397亿元、增长32.7%，文化休闲娱乐服务业640亿元、增长16.8%，文化艺术服务业169亿元、增长14.7%，文化用品的生产16626亿元、增长13.2%，工艺美术品的生产、文化产品生产的辅助生产分别为8503亿元、4593亿元，均增长10.5%。而2016年全年仅有3个行业保持两位数增长，从去年的3个行业到今年上半年的6个行业，2017年文化用品的生产、

工艺美术品的生产和文化产品生产的辅助生产全线复苏，表明文化服务和文化产品“双轮驱动”，文化产业整体回归快速发展轨道。❶

二、2017年中国文化产业的行业发展情况

（一）新闻出版服务业发展概况

在供给侧结构性改革和文化体制机制改革不断深化的背景下，2017年我国新闻出版行业的战略思路和产业结构也随之调整。目前，我国日报发行量、图书出版量位居世界首位，数字出版、印刷业整体规模均居世界第二，我国已经成为名副其实的新闻出版大国。❷2017年7月12日，中宣部部长刘奇葆出席全国出版工作会议，提出推动我国从出版大国向出版强国迈进的战略思路，新闻出版服务业在技术变革、机制调整、业态创新等新背景下蓄势待发。

第一，实体书店全面开花，业态升级推动大发展大繁荣。自2016年中央11部委联合下发的《关于支持实体书店发展的指导意见》出台以后，实体书店已经从前两年的“倒闭潮”中逐渐回暖，呈现出连锁化、地产化、多元化发展的新趋势。在政策红利下，旧书店重装开业，新书店也如雨后春笋般涌现。据不完全统计，2017年新开实体书店超过100家，仅上半年就多达60家。

第二，媒介融合驶向深水区，现象级融媒体产品层出不穷。各级新闻媒体为了增强对重大时政报道、主题主线宣传报道的吸引力和新闻传播力，在内容、形式和手段上不断寻求创新突破，报网端微涌现出一批传播广、点击量高、口碑好的优秀作品，现象级融媒体产品层出不穷。2017年人民日报社新媒体中心推出H5产品“我的军装照”，从7月29日晚发布到8月1日中午12时，活动页面总浏览量已达4.67亿，创下了人民日报新媒体H5浏览量最高纪录。新进技术加持、政策导向驱动等因素使我国主流媒体在意识形态上的领导全更为凸显。

第三，上市融资突飞猛进，中国出版进入资本运作大年。从行业周期性发展和资本运营综合视角看，2017年可谓中国出版业资本运作的“大年”。这一年，中国

---

❶光明日报.如何看当前文化产业发展态势——2017年上半年文化产业数据评析[EB/OL].(2017-08-12)[2018-01-03]. http://www.360doc.com/content/17/0812/13/1302411_678625738.shtml.

❷数据来源：国家新闻出版广电总局。

科传、新经典、中国出版、掌阅科技、世纪天鸿5家出版企业相继过会，出版业年度上市企业数量创新高，还有数家出版企业在上市排队中。

第四，新闻从业人员的社会化传播趋势导向。根据新闻出版总局公布的数据显示，我国持证记者人数2017年增速有所减缓，其中报纸记者人数减少了246名。[1]尽管专业新闻从业者数量有所减缓，但值得注意的是，2017年社会化传播者大量涌现，媒体技能“去专业化”，新闻发布渠道“去中心化”，使得以自媒体人、政务新媒体、短视频投稿用户等草根大众化的新闻传播者影响力增强。截至2017年10月初，中国政府网、最高检、公安部等65000家各级党政机构进驻头条号，平均每周发文7万篇，推荐人次超过24亿。[2]

第五，知识付费迎来风口，知识服务拓宽数字出版领域。2017年，知识付费用户规模从上一年的5000万增至1.88亿。[3]对出版业而言，知识付费的兴起虽然颠覆了以往的知识传播方式和商业模式，但与此同时也带来了新的行业发展机遇。

（二）广播电影电视服务业发展概况

从广播行业发展状况看，与2016年相比，2017年上半年全天时段广播收听率为4.15%，环比降低势头仍未停止，相比2016年全年，跌幅已经达到了13.4%[4]。第一，差异化竞争格局基本实现。当今广播市场三足鼎立，形成差异化的竞争格局。第二，移动端收听比重越来越大。2017年移动电台用户规模达到2.6亿，根据预测，到2020年，移动电台用户规模将达到3.8亿，尽管增长幅度有所下降，但总体是处于正增长的状态。移动电台App下载量上，喜马拉雅以4000万的下载量位列第一。[5]第三，资本运营提升广播行业的竞争力。资本运营让广播行业开拓了与其他行业合作的渠道，通过投资其他公司盘活资金流，传统电台有机会进入新媒体，新媒体也可以给予传统电台资金支持，深化二者的合作。第四，大数据的广泛应用。

---

❶数据来源：国家新闻出版广电总局。

❷今日头条总编辑.今日头条是国内内容建设投入最大的信息平台[Z].钛媒体，2017-10-23.

❸艾媒咨询.艾媒报告：2017年中国知识付费市场研究报告[EB/OL].(2017-12-05)[2017-12-19].http://www.iimedia.cn/59925.html.

❹收视中国.2017年上半年广播收听市场简要回顾[EB/OL].(2017-11-29)[2017-12-28].https://m.sohu.com/a/207283812_708049/?pvid=000115_3w_.

❺速途网络研究院.2017年Q1移动电台行业报告[EB/OL].(2017-04-19)[2017-12-28].https://item.btime.com/407h4rousjq97b85q768n72ult3.

大数据在广播的应用越来越突出，2017年多家广播电台与百度地图合作，目前已经有40多家广播电台应用了百度地图的大数据，百度地图的实时数据助力交通广播，为出行的听众提供合理路线，避免拥堵。[1]第五，广播受众群体细分趋势明显。大数据的应用和用户对服务性要求的提高，使越来越多的电台细分受众，实行精准营销。

从电影行业发展状况看，第一，票房收入总体仍呈上升趋势。2017年全国电影总票房突破559亿，较2016年同期上升13.45%。第二，国产电影上座率更高。国产电影上座率呈稳定上升趋势，连续5年上座率高于进口片。截止到2017年11月20日，国产电影上座率达到15.5%，进口片仅11.9%。第三，影市发展趋向良性优化。2017年电影市场更趋于理性发展，越来越多的制作精良的影片出现在荧幕上，得到更多关注。第四，全国影院、银幕不断增加。2017年全国电影院数量将达到10140家，比2016年增加1323家，银幕数量有望突破50000块。第五，中国稳居全球第二票仓。纵观2017年上半年全球票房，美国依然以55.21亿美元电影票房稳居全球第一票仓，中国则以29.68亿美元超过日本6.89亿美元成为全球第二票仓。

从电视行业发展状况看，第一，电视媒体广告有所回稳，数字媒体广告进入成熟稳定期。2017年前三季度，中国广告市场总体向好，增幅为1.5%，较2016年0.1%的同期增幅有明显增大。[2]由于户外生活圈媒体更加贴近受众的生活圈，因此不少行业都在生活圈媒体投放广告，使数字媒体广告在今年上半年保持良好的增长趋势，电梯电视媒体的广告花费同比上涨了18.9%，电梯海报媒体的广告花费同比上涨10%。[3]第二，有线数字电视传播通路继续下滑，IPTV、OTT TV明显上升。2017年我国的电视传播通路分化格局进一步加剧，有线数字电视用户比例连续两年下滑，跌破60%，亟须转型发展。第三，台网联动深化，合作模式日渐成熟；网剧反输二、三线卫视黄金档，并且蔓延到一线卫视，2017年上半年，有多部作品以“先网后台”的模式进入二、三线卫视黄金档，并且在二、三线卫视也取得了较好的收视成绩；电视周播剧场重播网剧成常态；网台融合促进合作共赢。第四，电视剧、电视新闻独占鳌头，网剧网综小幅波动。2017年，央卫视频道共播出电视剧

[1]砍柴网．百度地图大数据撒豆成兵 众广播电台点赞“AI路况情报员”[EB/OL].(2017-12-04)[2017-12-28]. http://news.ikanchai.com/2017/1204/180100.shtml.

[2]数据来源：CTR媒介智讯 http://www.qmtmedia.com/yejieshuju/29-604.html.

[3]数据来源：CTR媒介智讯 http://www.ctrchina.cn/insightView.asp?id=2179.

700余部，电视剧以超高喜爱率成为观众的最爱。观众对网剧的喜爱度依然很高，与2016年的57.3%相比同期增长了3%，对于综艺娱乐类节目的喜爱虽与2016年的48.6%相比同期下降了2.2%，但依然以46.4%的喜爱度位列第二。

（三）文化艺术服务业发展概况

2017年文化艺术服务业发展依然保持着快速增长的趋势。2017年从文化艺术服务业整体发展状况来看，我国文化艺术服务业在前三季度收入达到283亿元，比去年同期增长16.3%，高于文化及相关产业企业营业收入增长率11.4%。由此可以看出，2017年我国文化艺术服务业已经迈入高速增长期。

从文艺创作与表演服务整体发展状况来看，2017年文艺创作与表演服务行业持续升温，演出场次、票房收入、观众人数都比去年同期增长。第一，各个垂直细分市场百花齐放。截止到2017年上半年，专业剧场演出总场次突破4万场，比去年同期上升16.81%，票房总收入34.01亿元，比去年同期上升13.52%。第二，戏剧走进地方生产的商业模式逐渐成熟，戏剧演出主要集中在北京、上海、广州等特大城市的局面正在逐渐被打破。第三，互联网、科技融合推动文艺创作与表演服务不断创新。第四，文艺创作与表演服务与旅游业融合不断深入。

从图书馆、档案馆服务发展状况看，2017年，我国图书馆、档案馆服务继续稳步向前发展，总分馆制继续推进，图书馆业机构数量在2016年年末达到3153个，国家综合档案馆数量达到3336个，博物馆数量达到4826家，在国家文物局公布的2016年度全国博物馆名录当中，有87%的图书馆已经实现了免费开放。图书馆、博物馆等文化场馆的服务功能不断优化升级，服务模式更加多元开放，文创产品开发愈加活跃，同时，多方力量的参与将文化场馆服务质量推上了一个新的台阶。

从文化遗产保护服务发展状况看，2017年我国文化遗产保护服务取得突破性进展。文化文物机构达到310641个，比2015年增长11492个，在可移动文物保护方面，5年来累计完成可移动文物修复和博物馆藏品预防性保护项目1000余项，修复文物4万余件。

从群众文化服务的整体发展来看，2017年群众文化服务建设在稳步推进的同时，更加注重群众的文化需求，通过技术手段，整合文化信息资源，实现“政府端菜”与“群众点菜”相结合，服务效能进一步优化。群众文化阵地建设稳中有进，

2016年年末共有群众文化机构44497个，乡镇综合文化站34240个。

从文化研究与社团服务发展状况看，2017年文艺科研机构增长至232个，中国特色新型智库建设取得新进展，中国智库数量在2016年达到435家，成为世界第二大智库大国，而高校智库占据我国智库体系的半壁江山，新时代的智库建设已经迈入内涵式发展的新阶段。

从文化艺术培训服务发展状况看，2017年文化艺术培训服务已经全面进入“互联网+”时代。“互联网+”的兴盛改变了各大行业格局，市场逐渐走向多元化。互联网正在改变着传统的文化艺术培训的经营模式，文化艺术培训市场进一步扩大，在线授课模式日益受到人们喜爱，以视频或直播等新型媒介进行授课的方式，打破了时间与空间的局限。

（四）文化信息传输服务业发展概况

2017年，正值中国经济新旧动能转换之际，在信息传输、软件、信息技术服务业等高新技术产业的引领下，经济增速稳步提升。工业与信息化部部长苗圩表示：“2017全年，预计全国软件和信息技术服务业收入增长14%，互联网行业收入增长40%。而2018年，互联网行业、软件和信息技术服务业收入分别增长30%和13%左右”。[1]总体而言，2017年文化信息传输服务业发展呈现以下特点。

第一，领跑文化产业发展，实现两位数以上增长。根据国家统计局对全国规模以上文化及相关产业5.4万家企业的调查并发布的《2017年前三季度全国规模以上文化及相关产业企业》统计结果显示，文化及相关产业10个行业中，以“互联网+”为主要形式的文化信息传输服务业营业收入5503亿元，增长36%，增长速度位居首位。[2]第二，传输网络建设推进，移动网络用户为主导。文化信息传输网络基础设施建设的稳步推进奠定了产业发展基础，此外，宽带网络、移动互联网络、数字广播电视网络等基础设施的建设，培育了持续增长的网民规模。截至2017年6月，我国网民规模达到7.51亿，上半年共计新增网民1992万人，上半年增长率为2.7%。其中我国手机网民规模达7.24亿，较2016年年底增加2830万人。第三，2017年，文化信息传输服务业中增长最快的为网络娱乐服务。2017年上半年，网络

---

❶宫超.走进工业及信息化强国第一方阵[J].瞭望,2018(1).

❷国家统计局.2017年前三季度全国规模以上文化及相关产业企业营业收入增长11.4%[EB/OL].(2017-10-30)[2017-12-20].http://www.stats.gov.cn/tjsj/zxfb/201710/t20171030_1547444.html.

音乐、视频、游戏、文学用户规模增长率均在4%以上。数字文化内容释放自身价值，移动视频、直播业务等盈利模式逐步清晰。网络游戏、网络文学、网络视频、网络音乐、网络直播、网络新闻等新业态用户规模稳步增长，行业不断向正规化发展。泛娱乐产业的快速发展，促使传统文娱产品界限加速消融，同一个内容IP在不同形式的娱乐产品之间互动转换，迭代融合。

（五）文化创意和设计服务业发展概况

文化创意和设计服务与相关产业的横纵联合和深度交融产生的产业黏性和发展活性，是文化与经济跨界发展催生新业态的沃土，既符合经济社会发展向多元动力、混合动力发展的市场逻辑，又具备不断颠覆原有动力结构并优化经济发展的组织结构的特征，既引领了2017年文化产业融合发展与协同创新的升级之路，又不断开拓了未来文化产业创新驱动、共生共享、嵌入发展与内涵更新的成长路径。

从广告服务的基本情况来看，2017年中国广告行业整体环境不容乐观，改革转型的蝴蝶效应逐步扩大，并将加速行业洗牌，对广告市场产生深刻影响。首先是广告主大幅度削减广告投放预算，马太效应加速行业洗牌。其次，随着数字化时代的到来，广告主开始转向自媒体，亲力亲为做好营销传播。现阶段，我国已经成为世界第二大广告市场，以传统媒体和新媒体为依托的广告业发展迅速，广告业标准逐步完善，广告代理行业“传统生态”重塑。同时，互联网技术创新了媒体广告形态。

从文化软件服务业的发展情况来看，2017年软件和信息技术服务业步入创新升级、产品迭代、群体协同的稳步成长期，在产业和技术融合的带动下，信息化浪潮不断推进，软件产业保持持续稳步增长，加快向宽平台、全用户、智慧型、生态化发展，以“技术+模式+生态”为核心的协同创新持续深化产业变革。

从建筑设计服务的发展情况来看，2017年建筑设计服务业步入产业结构调整、提质升级、与公共文化服务融合发展的深化改革期，增速稳中趋缓，机遇与挑战并存，政策主导性逐步显现，产业集中度不断提高，呈现出建筑设计服务与城市规划建设协同发展的新趋势。

从专业设计服务的基本情况来看，2017年，我国专业设计服务与其他产业的融合发展更加深入，产业集中度不断提升，相关的设计服务产业链逐步完善，设计服务孵化实验平台初步建立。专业设计服务与其他行业融合衍生出设计产业新业态，新业态的产生促进新型设计服务系统建立。

（六）文化休闲娱乐服务业发展概况

2017年前三季度，文化休闲娱乐服务业作为文化及相关产业领域实现两位数增长的4个行业之一，营业收入达1070亿元，比上年同期增长13.0%❶，文化休闲娱乐服务业呈现出良好稳定的发展态势。2017年以来，文化休闲娱乐服务产业发展持续受到国家重视，国家层面已多次出台有利于行业健康发展的政策。随着居民娱乐性消费支出的不断增长，文化休闲娱乐服务市场发展潜力不断释放。❷

从景区游览服务发展状况看，2017年上半年，国内旅游人数25.37亿人次，收入2.17万亿元，分别比上年同期增长13.5%和15.8%。随着国民收入的不断增加，人民对于景区旅游需求增长，用于景区旅游的消费支出不断增加，整个市场资金充足，发展极具活力。政策的利好，旅游服务机制的完善，未来旅游市场规模将会持续上升。此外，在线度假市场交易规模保持较快增长，门票增量带动周边游产品火热发展。随着互联网，尤其是移动互联网的发展，以及依托"互联网+"的智慧旅游平台的升级，使游客在线购买景区门票成为一种常态。2017年，中国在线度假市场交易规模达到1271.1亿元，增长率为32.0%，随着全民旅游时代的到来以及互联网的高速发展，预计在2018年，在线度假市场的交易规模会持续增长，突破1500亿元。

从娱乐休闲服务的发展状况看，传统的娱乐业包括舞厅、夜总会、咖啡厅、酒吧、茶艺馆、卡拉OK厅、游戏厅、台球厅等。随着娱乐业的发展，高尔夫球场、迪厅、日光馆、蒸汽馆、健身中心、戏水园、网吧等娱乐项目已成为我国娱乐消费的新热点。尤其我国基本矛盾的发展变化提升了人们对"美好生活娱乐"的需求，而娱乐消费满足消费者寻求休闲与享乐的高级消费需求。2017年，我国娱乐休闲服务发展以KTV、主题公园、室内娱乐活动、网吧为主要增长点。其中，据2017年年初发布的数据预测显示，电玩城的规模将增至39.24亿元，随着VR等新型娱乐项目的引进，电玩城行业的市场规模还将不断扩大，到2020年，中国电玩城市场规模将

❶国家统计局.2017年前三季度全国规模以上文化及相关产业企业营业收入增长11.4%[EB/OL].(2017-10-30)[2018-01-07].http://www.stats.gov.cn/tjsj/zxfb/201710/t20171030_1547444.html.

❷北京中元智盛市场研究与限公司.2016-2021年文化休闲娱乐服务行业前景及趋势预[EB/OL].(2017-03-31)[2018-01-07].https://wenku.baidu.com/view/ef44486ca36925c52cc58bd63186bceb18e8ed5c.htm.

增长至48.02亿元。

从摄影扩印服务的发展状况看，2016年，摄影扩印服务行业总收入3168.7亿元，同比增长17.1%。行业经营单位41.6万家，同比增长3%。从业人员602万人，同比增长0.9%，新增就业5.2万人。摄影扩印服务行业再次为国家“稳增长、惠民生、保就业、促和谐”做出了新的贡献。[1]2017年，摄影扩印行业通过创新着力培育壮大市场主体，通过细分行业业态加快产业链条延展，推动行业经营项目整合，经营模式创新，培养新型业态，保持整体规模持续扩大和科学联动发展。

（七）工艺美术产业发展概况

中国的工艺美术行业经过近20年的发展，已成为世界上最大的生产国和出口国。目前，我国工艺美术行业已经建立了较为完善的产业体系，行业规模不断壮大，集中并稳步提高，品种和技艺推陈出新，产品在国内外的影响力和知名度显著提升。根据中商产业研究院发布的《2017—2021年中国工艺美术品市场现状调研与发展前景分析报告》[2]显示，2017年上半年中国工艺美术品进口额达9.95亿美元，同比增长3.22%；仅6月份进口金额达2.2亿美元。在工艺美术品中，首饰及仿首饰进口额1.1亿美元，占6月份总进口额的50.2%。除了首饰及仿首饰进口比较多之外，珠宝及纤维或尼龙制地毯也是进口额比较多的工艺品。在出口额方面，2017年上半年我国工艺品出口额达134.4亿美元，同比增长13.7%，仅6月份出口额就达28亿美元。

第一，以转变经济发展方式为方向，着力提升企业发展水平。2017年，工艺美术行业全面提升企业工业化水平、积极推进产品创新优化产品结构、不断培育打造工艺美术产业大企业、大力推动信息化在工艺美术企业的应用，传统工艺的创造性转化、创新性发展不断发展。

第二，以特色产业集聚区建设为载体，优化结构构建整体优势。一方面，完善区域产业发展协作体系。目前我国工艺美术行业正在不断加快工艺美术特色区域建设，培育壮大特色产业集群；另一方面，工艺美术品市场交易体系逐渐成熟。相关统计数据显示，截至目前，2017年国内拍卖市场共出现14件过亿拍品，其中通过保

---

❶摄影扩印服务行业管理操作指南[EB/OL].(2016-03-22)[2018-01-07].https://wenku.baidu.com/view/6bb9b805de80d4d8d15a4ff5.html.

❷数据来源：中商产业研究院。

利拍卖成交的有10件，另外4件亿元拍品则通过中国嘉德、北京匡时和西泠拍卖拍出。此外，工艺美术公共服务体系日益完善，科研创新能力在不断增强，围绕工艺美术产业发展的设计研发、展览展示、物流配送、人才培养等服务不断健全完善，有效地促进了工艺美术产业的发展。

第三，以国内外市场多产业统筹发展为手段，产业规模得以壮大。一方面，工艺美术品“走出去”规模增大，《关于加快发展对外文化贸易的意见》以及《关于推动文化文物单位文化创意产品开发的若干意见》等相关文件的落实和推进为工艺美术品“走出去”奠定了基础。另一方面，工艺美术专业化和高端市场建设水平提升，随着工业4.0时代的到来，2017年我国工艺美术行业生产不断融入现代智能制造技术，推动手工艺产品向定制化、小批量化、标准化和品质化提升；创意产业发展水平提高，实现工艺美术业与创意产业良性互动。

三、2017年中国文化产业发展的特点分析

（一）十九大报告明确文化产业发展新形势

党的十九大做出了“中国特色社会主义进入新时代”的重大政治判断，精辟地概括了新时代中国特色社会主义基本方略，对第二个百年目标、建设社会主义现代化强国做出了战略安排。社会主义现代化建设的步伐加快，拥有绿色环保、高附加值、消费群体广等诸多特点和优势的文化产业的快速发展在未来必将是中国经济快速发展的重要增长点。

首先，文化创造创新活力成为增强文化发展的内生动力。“十九大”明确指出“要坚持中国特色社会主义文化发展道路，激发全民族文化创新创造活力，建设社会主义文化强国。”创新不仅是十九大报告的主线，更是新时代文化繁荣兴盛的重要组成部分。从“十八大”“十九大”以后，文化产业进入了以“文化创新力”为主题的文化经济新时代。2017年文化原创力与创新力得到有效提升，一方面文艺创作原创性提升，文化精品频出。以影视产业为例，《战狼2》以56.8亿元票房问鼎国产票房最高纪录，《二十二》突破国产纪录片票房纪录，我国首部分级动画《大护法》票房和口碑双丰收。无论是市场重回冷静、票房数据回归理性的电影产业还是

由“低龄化”向“全龄化”转变的动漫产业，原创力在产业发展中的作用日益彰显。另一方面，文化产业的产品附加值显著提升，2017年前三季度，154家试点单位文创产品经营年收入近15亿元，同比增长20%。我国文化产业由快速增长期转为质量提升期，文化消费者对多层次、高品质文化内容的消费正在崛起，文化产业的核心原创竞争力逐渐提升。

其次，十九大报告对文化发展的意义作出新的历史定位，提出了新的文化使命。在全面建成小康社会的决胜阶段，作为马克思主义中国化的最新成果的中国特色社会主义文化也承担着崭新的历史使命和时代职责。在国家主要矛盾发生变化的背景之下，我国的文化建设必须在坚持以人民为中心的前提下，牢牢把握意识形态工作领导权，弘扬社会主流价值观，不断提升国家文化软实力。2017年，主流媒体的新闻舆论传播力、引导力、公信力大大增强，出现了一批如《穿越时光，这是我保家卫国的样子》等现象级的融媒体产品，我国整体传播力量得到跨越式发展，多层次、立体化的现代传播体系基本形成。此外，互联网作为意识形态工作的主阵地，其互联网内容建设不断完善，2017年正式实施的《中华人民共和国网络安全法》《互联网新闻信息服务管理规定》等一系列法律法规，我国网络文化安全得到保障。

（二）“文化自信”引领文化发展时代命题

“没有高度的文化自信，就没有文化的繁荣兴盛，就没有中华民族伟大复兴。”文化自信不仅是“四个自信”中最根本的自信，更是增强社会和公民广泛认同感和归属感的核心凝聚力。文化自信为打造国家文化软实力的新模式，实现多元优势资源的有效融合提供思想依据，促进其在世界舞台上讲好中国故事、传播好中国声音、阐释好中国特色、展示好中国形象。[1]2017年我国文化自信建设硕果累累，不仅深入人民群众心中，更不断向世界展示中国形象，中华文化影响力不断提升，我国文化软实力明显增强。

首先，中华民族优秀传统文化已经成为中华民族的基因。一方面，传统文化保护传承扎实推进。2017年，习近平总书记多次强调增强传统文化的活化保护利用。随着2017年实施的《中国传统工艺振兴计划》，推动了传统工艺在现代生活中得到

[1]范周.坚定文化自信，建设新时代社会主义现代化文化强国[J].前线，2017(11).

新的广泛应用。非物质文化遗产保护确立了“见人见物见生活”的理念，着力加强保护传承能力建设。预计“十三五”期间将培训传承人群10万人次。另一方面，文物保护工作成效显著。2017年全面完成第一次可移动文化普查，共计普查可移动文化1.08亿件（套），文物收藏单位1.1万余个。[1]此外，“鼓浪屿：历史国际社区”成功入选《世界遗产名录》，截至目前，中国共有52项世界遗产，总数位列世界第二。

其次，文化自信是推动我国文化走出去的重要底气。2017年以文化自信为主基调，我国文化走出去的步伐愈加稳健。2017年，希腊、越南、保加利亚、以色列、缅甸5国的海外中国文化中心揭牌或启用海外中国文化中心总数35个。一项对全球22个国家1.1万名受访者的调查显示：中共十八大以来，中国国家形象明显提升，超过半数认为中国“历史悠久、充满魅力”，超过六成认同中国对全球治理的贡献。[2]

（三）体制改革深化带动产业发展体系优化

近年来，在建立健全现代文化市场这个总体目标下，在逐步完善的文化市场环境中，我国已经形成了全新的文化政策系统。[3]据不完全统计，从2012年到2017年的重点的78项文化政策制定主体来看，除了文化部制定的15项政策之外，其他部门单独出台较少，而由国务院及各部委联合发布的政策则达到63项。可见，加强部际联动、推进文化政策从“小文化”向“大文化”转变，已经成为各方共识。2017年文化体制机制改革全面深化，坚持把社会效益放在首位，确保社会效益和经济效益相统一的体制机制不断健全。文化产业结构不断升级、文化供给内容动力不断增强，推动文化业态不断融合、演绎、更迭、创新，我国现代文化体系建设成效显著。

首先，现代公共文化服务体系建设深入推进。自十九大报告中明确提出2020年“公共文化服务体系基本建成”的战略目标以来，2017年国家和地方政府依然紧紧围绕向人民群众提供优质的公共文化服务，进一步探索公共文化服务供给侧结构性

[1] 2017年中国文化建设成果：坚持中国特色社会主义文化发展道路[N].人民日报，2018-01-01.

[2] 2017年中国文化建设成果：坚持中国特色社会主义文化发展道路[N].人民日报，2018-01-01.

[3] 张晓明.文化产业的新形势新思路新战略[EB/OL].(2017-10-28)[2018-01-10]. http://www.rmlt.com.cn/2017/1028/501381.shtml?from=timeline.

改革。目前，全国县级以上公共图书馆有3153个，博物馆、纪念馆4109个，文化馆3322个，乡镇（街道）文化站41175个。2/3的村有综合性文化服务中心，社区有文化活动室，覆盖城乡的国家、省、市、县、乡、村（社区）六级公共文化服务网络基本建成。同时，《公共文化服务保障法》正式实施，《公共图书馆法》正式颁布，为构建现代公共文化服务体系提供了法制保障。公共文化服务“2+5+5”的法律和制度体系框架初步形成。[1]

其次，文化市场“放管服”改革继续深化。第一，新兴文化业态监督力度增强。2017年，面对野蛮生长的文化产业新兴业态，政府坚持放管结合，服务与监管并重，完善信用监管制度，先后制定修复《娱乐场所管理办法》等4部规章，完善文化市场的事中事后监管力度。第二，国有文化资产管理更为科学。2017年以来，财政部加强对中央文化企业的国有资产管理。3月，中宣部、财政部联合印发了《中央文化企业国有资产监督管理暂行办法》，随后财政部又先后印发《关于中央文化企业国有资产评估管理的补充通知》《关于进一步规范中央文化企业国有资产交易管理的通知》，国资管理“放管服”改革深入推进，国有资本配置效率得到优化。12月又印发《关于中央文化企业国有资产产权登记管理的补充通知》，为国有资产建立现代产权制度奠定了基础。第三，民营文化企业进入文化市场热情高涨。2017年6月底，全国文化及相关产业企业数量超过322万户，同比增长22.4%。2017年10月底，沪深两市文化传媒板块有119家企业上市，总市值近1.6万亿元。其中，2016年7月以来通过IPO登录资本市场的文化传媒企业有52家，占比超过40%。文化产业成为创新创业最活跃的领域之一。[2]

（四）美好生活需求助力文化消费转型升级

党的十九大报告中指出：新时代社会主要矛盾是“人民日益增长的美好生活需求和不平衡不充分发展之间的矛盾”。新时代下，相较于“物质文化需求”，“美好生活的需求”有着更加广泛且深刻的含义，它不仅包含着客观的、物质的硬性需求，更代表着主观的、精神的软性需求，人们的消费需求从“吃穿住用”向“安享

---

[1] 文化部.2017年文化工作成果[EB/OL].(2018-01-05)[2018-01-11]. http://wenhua.youth.cn/xwjj/xw/201801/t20180105_11244859.htm.

[2] 2017年中国文化建设成果：坚持中国特色社会主义文化发展道路[N].人民日报，2018-01-01.

乐知”转变。从产业角度来看，人民对美好生活的需求成为促进文化消费转型升级的核心动力，也是推动我国文化产业提质增效的重要推手。

在新的时代背景下，在美好生活的感召下，居民的文化服务消费意识逐渐增强，文化服务消费总量也在不断提升，据国家统计局统计，2017年前三季度，我国人均教育文化娱乐消费支出为1471元，增长8.9%，占人均消费支出的11.2%，文化消费总量的提升同时也成为大众需求得以不断满足的有效反映。另一方面，文化消费总量得以提升的同时，我国文化消费的结构也发生了重要的变化，2017年我国人均教育文化娱乐消费支出中，相较于文化教育与文化耐用品支出，文化娱乐服务支出所占比重有明显提升。以“互联网+”为核心的新媒体和新技术，促进了人民文化消费方式的变革，不断推进着文化消费结构的优化与调整。

文化消费的高低一方面取决于居民的消费能力和消费意愿，另一方面取决于文化产品的供给。事实上，文化消费需求正形成一种“倒逼”，促使文化产业以及相关产业的加快发展，推动艺术创作与生产的发展繁荣。

（五）数字创意产业加速文化科技深度融合

2016年年底，国务院在《“十三五”国家战略性新兴产业发展规划》中肯定了数字创意产业作为战略性新兴产业之一的关键性地位，并提出到2020年，数字创意产业应该成为重点培育的5个产值规模达10万亿元级的新支柱产业之一。

截至2017年10月底，我国网民规模超7.5亿，互联网普及率超54.3%，其中固定宽带用户超3.4亿，家庭宽带普及率提升至72.5%，较5年前基本翻番；移动互联网用户发展迅猛，总数突破12.4亿，人口普及率高达89.9%。在移动端，4G用户达9.6亿户，渗透率高达68.5%。[1]如果说这7.5亿网民和移动互联网技术是我国数字文化产业发展坚强的后盾，那么，网络用户付费习惯的养成则是“引爆”数字文化产业的导火索。据ICT Research统计，2015年我国数据中心能耗高达1000亿度，相当于整个三峡水电站一年的发电量。随着互联网和数字技术的不断发展和普及，传统文化产业将实现数字化转型升级，并不断催生出数字文化产业的新业态、新模式，数字创意产业正在加速文化科技深度融合，推动文化产业结构发生深刻变革。

[1] 中国信息消费发展态势暨综合指数报告[R].北京：中国信通院.2018:2-3.

当前，我国数字经济规模已经超过22万亿，随着“文化+科技”的深度融合，协同开发将会越来越多。以腾讯为例，腾讯的数字科技的研发与数字创意产业深度跨界融合，如腾讯的大数据分析技术、优图人脸识别技术、视频互动直播技术等。此外，数字创意产业在传统文化当中寻找结合点和商机的例子也并不罕见，例如敦煌石窟壁画彩塑的数字化，不仅永久保存了文物信息，也使传统文化的数字产品更具市场价值。图书馆、博物馆的数字化，也为中华传统文化打造出一个超级共享平台。❶

（六）跨界融合深化业态转型与企业洗牌并行

业态转型和企业洗牌并行是2017年的一个重要特征。传统业态受到挑战，新兴业态随着技术的进步而不断产生，一方面，文化产业不再是独立产业，而是与传统业态融合促进了其他行业改造升级，创造了更多的文化内容和文化价值。另一方面，技术变革提速导致业态迅速变迁，进而导致企业洗牌，有些企业在长期烧钱后运行不下去，有的企业找不到新的业态支撑，企业生命周期变短。

2017年，互联网公司不断加码大文娱，“互联网+文化”融合加深，随着互联网企业纷纷入主文娱产业，文化产业格局迎来新一轮排列组合。以腾讯、阿里巴巴、百度等为代表的互联网公司与文化企业合作，不断创新“互联网+”商业模式，与文化企业进行了横向合并和跨界整合。3月，阿里巴巴集团宣布对中国最大演出票务平台大麦网完成全资收购；7月，收购在线售票平台“淘票票”，阿里正式跨界布局大文娱板块。9月，阅文集团在香港上市，背后正是间接持有65.38%股权的最大股东腾讯。❷

从长远来看，我国文化产业长期的出炉必须依靠产业发展与产业升级，传统产业升级是通过技术进步完成换代与行业整合完成集聚化与规模化，而当下新的产业升级模式正是跨界与融合。

---

❶范周．文创发展的下一个风口：数字创意产业[EB/OL].(2017-07-03)[2017-07-23]. http://collection.sina.com.cn/wjs/jj/2017-07-03/doc-ifyhrxsk1605698.shtml.

❷年度盘点：2017年文化产业资本市场全景图[EB/OL].(2017-12-27)[2017-12-29]. http://www.ce.cn/culture/gd/201712/27/t20171227_27452509.shtml.

四、2017年中国文化产业发展的突出问题

(一)对标主要矛盾,文化发展依然不平衡不充分

十九大报告指出,中国特色社会主义进入新时代,我国社会主要矛盾已经转化为人民日益增长的美好生活需要和不平衡不充分的发展之间的矛盾。文化是一个国家、一个民族的灵魂。在人民日益增长的美好生活需要中,丰富而精美的精神食粮不可或缺。但我国文化产业也同样存在发展不平衡不充分问题,一方面,文化发展不平衡,这集中表现在供需不平衡、区域不平衡、产业不平衡和城乡不平衡几方面。

在供需不平衡方面,当前的文化产品存在不同程度的粗制滥造、同质化倾向、科技含量低、市场竞争力不强等问题,这导致文化产品有效供给短缺和无效供给过剩。以电影产业为例,2017年上半年,国内共上映221部影片,其中国产片169部,进口片52部。但尽管国产片数量远高于进口片,但票房数据却呈现严重的差距,国产片票房仅占总票房的38.49%,远低于进口片的61.51%。[1]这让人不禁联想到,近几年几乎都是同样的情形:2016年中国国产电影产量944部,上映率仅为40%,而美国电影产量789部,上映率却高达91%,[2]这个数字远高于中国。这说明国产电影在供给端存在大量与实际需求并不匹配的无效供给、过剩供给,供给与需求两端是不平衡的。

在区域与城乡不平衡方面,当前文化建设和文化产业东西差距明显,城乡差距显著。其中民族地区、边疆地区、乡镇地区文化资源丰富但产业发展水平较低,公共文化服务水平落后,文化消费水平也较低,人民群众精神文化需要得不到满足。根据《中国西部文化消费指数(2017)》显示,2017年,在并不发达的西部地区,城镇居民和农村居民文化消费综合指数也存在明显差距,分别为83.25和75.84,其中5个分指标城镇均高于农村,特别是在"文化消费意愿"和"文化消费能力"这两个方面城镇更是遥遥领先。[3]可见,处于民族地区、西部地区的广大乡镇更是文

---

[1] 大数据解读2017上半年中国影市[EB/OL].(2017-07-30)[2017-08-02].https://wenku.baidu.com/view/c39567bf0129bd6478 3e0912a216147917117e35.html.

[2] 2017年我国电影行业供给和需求分析[EB/OL].(2017-07-08)[2017-07-12].http://free.chinabaogao.com/chuanmei/201707/0N2WVR017.html.

[3] "中国西部省市文化产业发展指数(2017)"和"中国西部文化消费指数(2017)"正式发布[EB/OL].(2017-12-15)[2017-12-18].http://www.sdwht.gov.cn/html/2017/whfx_1225/45430.html.

化建设过程中的“硬骨头”，这更加说明了当前文化发展不平衡的问题依然十分严峻。

另一方面，文化发展不充分主要表现在生产力发展不充分、科技发展不充分、资源利用不充分等几方面。文化生产力是文化自信的彰显，以传统文化为例，当前，围绕中华优秀传统文化进行文艺创作、影视生产、装帧设计等屡见不鲜，然而借助互联网等科技手段和科技平台对其进行内容开发却仍然不尽充分。这既体现在开发形式单一，也体现在开发内容存在偏差。2017年，手游“王者荣耀”陷入“歪曲历史”的漩涡，被人民日报等主流媒体发文批评；2018年卫视开年大戏《赢天下》也同样存在着不同程度的扭曲秦朝历史现象，何时过审依然成谜。这正体现了我国文化产品在生产过程中对传统文化的认识不足，文化生产力亟待提高。可以看出，当前我国文化发展不平衡不充分的问题是客观存在的，这与新阶段下我国社会的主要矛盾也是相呼应的。

（二）竞争日趋激烈，文化产业人才需求越来越高

人才是文化创意产业竞争的核心资源，尤其是在全球经济结构发生剧变的今天，经济发展对市场愈加偏好，对要素的依赖尤甚。在文化领域，一方面，随着社会分工日益专业化、细分化，对各专业领域的专业型、高端型、技能型人才需求越来越旺盛。另一方面，跨界融合成为文化产业发展新常态，“文化+”渗透进入教育、建筑、制造等各行各业，这也对文化领域复合型人才的培养提出了新的、更高的要求。

自2003年“文化产业管理”专业在山东大学等4所高校试办以来，14年间，我国文化产业高校人才教育取得了迅猛发展。据不完全统计，目前全国已有近200所高校招收文化产业管理及相关专业的本科生，然而，人才培养与社会需求能否实现有效对接，仍然存在广泛争议。据统计，目前我国尚有超5500万文化产业人才缺口，[1]以深圳为例，尽管深圳拥有全国首屈一指的相对宽容和创新的外部环境，但文化创意人才缺口仍然达到四五万人，其中中高端文化创意人才缺口达二三万人。不仅总量上相对不足，结构失衡现象也比较严重，一方面，“人才稀缺”频频引起重视，另一方面，有相当数量的文创毕业生难以找到工作，这说明文创人才的问题

[1] 文化创意人才缺口四五万人，或成深圳文化创新掣肘[EB/OL].（2015-05-14）[2017-08-13].http://finance.chinanews.com/life/2015/05-14/7275650.shtml.

不仅是数量制约，更是质量难题。

由此可以看出，目前我国文化产业相关行业需求与人才储备之间仍然存在着巨大的缺口，高素质专业人才以及综合型专业人才还比较缺乏。因此在人才培养方面，继续探索出一条在适应文化产业本质的基础上进行多元实践、多维创新的发展之路是至关重要的。

（三）资本成熟度较低，产业与金融资本融合需深入

在资本方面，目前中国文化产业与金融资本的融合度还是比较低的，我国文化产业投资还处在比较早期的阶段，资本的成熟度还比较低。

一方面，这是由文化产业自身的特性决定的：文化产业的盈利周期较长，但资本自身期望的回报周期又比较短，因此资本需要更有耐心，更专注、更专业地投身于文化产业。据统计，2017年前三季度，文化传媒行业共发生融资事件186起，同比下降29.28%[1]。与先前相比，文化传媒企业融资案例数量自2014年起就呈现上升态势，在2016年上半年达到顶峰后持续回落。这说明资本对于文化传媒行业在经历了高度热情的“蜜月期”后，如今已经归于平淡。

除此之外，由于文化具有意识形态属性，因此部分文化企业，特别是大型国有文化企业行政色彩较浓，尽管近年来通过文化体制改革，已经强调“政企分离”，但“多头管理、条块分割”的现状仍然存在，在经营体制方面实际上形成了一定的垄断和壁垒，社会资本进入文化产业依然存在诸多限制。这也导致了金融资本在与文化企业融合的过程中，会面临重重关卡。

另一方面，文化产业与金融资本融合程度低还表现在文化产业的投资来源较为单一。以基金为例，2017年7月，甘肃省文化产业发展集团发起设立了甘肃东方丝路文化股权投资基金；11月，上海报业集团联合上海浦东发展银行等发起设立总规模100亿元的众源母基金；11月上旬，人民网联合上海市浦东新区政府文化创意产业专项资金共同设立“人民浦东”文化产业基金；12月，华夏银行与北京东城区文促中心搭设了“文化艺术产业基金”。[2]根据目前文化产业投资基金主要模式：政府

---

❶年度盘点：2017年文化产业资本市场全景图[EB/OL].(2017-12-27)[2017-12-31].http://www.ce.cn/culture/gd/201712/27/t20171227_27452509.shtml.

❷年度盘点：2017年文化产业资本市场全景图[EB/OL].(2017-12-27)[2017-12-31].http://www.ce.cn/culture/gd/201712/27/t20171227_27452509.shtml.

牵头设立文化产业基金、国有资本设立的文化产业基金、文化上市公司成立的文化产业基金及创投机构成立的文化产业基金。上述基金皆为政府及大型国有企业牵头创立，由此可以看出，尽管目前在政策、市场行为等多方面，文化产业与金融资本正趋向于多领域、多形式融合，但我国在文化产业投融资领域，财政投入依然为绝对主导。

（四）文化资源较分散，产业协同和集约化程度不高

所谓文化产业集约化发展，是以单位资源产生最大效益为目的，通过对文化资源的优化配置、技术创新和科学管理，提高文化产业质量、效率和竞争力的发展方式。[1]目前我国文化资源比较分散，产业协同和集约化程度不够，产业集中度还比较低，这主要表现在以下两方面。

第一，文化产业产业链条长，在发展过程中产业链上下游之间的贯通比较困难，这一方面从产业上天然阻断了不同部门间的协作，另一方面从空间上也不利于产业组织的聚合。尽管目前文化产业园区处于蓬勃发展态势，但仍然有很多园区处在“二房东”“大杂院”“单打独斗”的初级阶段，2017年全国有数十家文创园区被摘牌，这意味着做好文化产业协同集约这篇大文章还有很长的路要走。

第二，对文化资源的认识尚粗浅，市场化程度不高。许多地区的文化资源的利用度和整合度较低，文化元素处在一种游离分散的状态。有的资源被盲目开发，过多过滥，降低了开发的效率；而有的资源没有获得应有重视，不能产生良好的经济效益。另外，在开发中只注重短期利益，缺乏长远眼光，不注重对文化资源的保护工作，使得原本具有重复和可持续开发潜能的资源变成了一次性资源。在市场方面，我们国家在文化事业、文化产业和文化资源的市场化程度都不够，这需要政府不断地开放，把这些文化资源尽可能开放给市场。

（五）与发达国家相比，文化科技含量依然有差距

在技术方面，我们与发达国家相比，科技含量的差距还是比较大的。近年来，我国的文化产业得到较快发展，年均增长率均超过15%，成为当今中国的“朝阳产业”，但同发达国家相比尚有很大的差距。目前我国文化产业对GDP增长的贡献率

---

[1] 黄璐.我国文化产业集约化发展的理性思考和战略路径[J].现代经济信息,2013,(8):197.

仅在3%左右，而美国文化产业对国民经济的贡献率几年前就已达到11%。

在科技创新领域，我国文化企业依然存在积极性不高、核心竞争力不强等问题，由于政府财政资金投入有限，企业要研发大量的高新科技需要投入大量的人力以及资金并且消耗周期较长，[1]再加上用于再生产的内源及外源资本相对紧张，因此企业无法在短期内达到预期的经济目标。这就导致了部分企业核心技术长期依赖于进口，企业自主研发能力不强，这种情况尤其常见于广大的中小微文创企业。

可以想见，在未来，科技和创意将是文化产业的核心竞争力所在，对标世界先进技术，提高自主创新能力，提高文化产品的科技含量，并通过高科技提高劳动生产率，降低产品的单位成本，这毫无疑问将是文化产业向前发展的必由之路。

五、2018年中国文化产业的发展趋势

（一）深耕细作，文化产业将成我国经济重要增长点

“十三五”规划指出，2020年文化产业将成为国民经济支柱性产业，文化产业的重要性已上升到国家战略层面。巨大的消费潜力、互联网的迅猛发展、国内外市场需求等都决定着文化产业发展的光明走向。2017年上半年，全国规模以上文化及相关产业5.4万家企业实现营业收入43874亿元，同比增长11.7%，增速提高了3.8个百分点，[2]这个速度远高于去年，增速比2016年加快0.6个百分点。截至目前，全国文化及相关产业增加值已经突破3万亿元大关。值得一提的是，在宏观经济下行压力加大的背景下，文化产业始终以高于同期GDP增长速度的增速增长，呈现出逆势而上的猛烈势头，这说明，如今我国正处于经济结构调整和产业转型的重要机遇期，经济增长的传统动能渐趋消失，必须进一步挖掘经济增长新源泉，寻找新的经济增长点，实现新旧动能的转换，而文化产业作为新时期的朝阳产业，正崛起成为经济发展的新动能。

2018年我国文化产业将迎来黄金期，“互联网+”、数字创意产业、人工智能方

---

❶周鹏娜.我国科技创新的差距及其原因[J].创新与创业教育,2013(5):19−22.

❷2017上半年文化产业数据评析[EB/OL].(2017−08−12)[2017−09−03].http://www.360doc.com/content/17/0812/13/130241 1_678625738.shtml.

兴未艾；共享经济、知识经济、付费经济新潮涌动，随着优质IP、网络直播、移动电竞等新兴业态的进一步发展，文化产业将迎来新一轮资本竞相追捧的热潮。同时，2018年也会是我国文化产业进入深耕细作的一年，届时，传统文化与新兴文化产品的融合将会更进一步，文化与其他产业间的跨界将会更加多元，文化产业作为绿色产业、朝阳产业，是我国经济新一轮发展中的领军者、排头兵。

（二）转变思维，政策红利释放文化发展新空间

“文化兴则国运兴，文化强则民族强。”经过前几年的铺垫，文化产业在力量上有了新的积累，在模式上有了新的探索，在路径上有了新的方向，在思想上有了新的动员。十九大报告中对社会主要矛盾的重大判断，表明人民需求已经从物质转向精神，从追求物质财富转向对美好生活的需要，转向对文明幸福的憧憬。这无疑对当下的精神文化产品提出了新的要求，对文化产业发展来说是红利更是机遇。政府的推动、资本的力量、技术的创新，是中国文化产业发展的三大动力。[1]具有意识形态属性的文化产业将始终离不开宏观文化战略的指导和引领。

习近平总书记强调“不忘本来、吸收外来、面向未来”，新时期传统文化将迎来新一轮发展空间，2017年年初，中办和国办印发了《关于实施中华优秀传统文化传承发展工程的意见》；年底，中办和国办又印发《关于加强和改进中外人文交流工作的若干意见》，这是政策释放出的红利信号。因此，充分挖掘中华优秀传统文化，用国际上易于接受的方法和形式进行表达和传播，讲好中国故事，使中华优秀传统文化成为新时期重要的文化资源、战略资源，这是我国未来文化工作中将重点把握的方向。

另一个总的趋势是，无论是浙江的“万亿元产业级”政策，还是上海的“文创50条”中均能找到对优化文化产业发展环境，完善相关经济和金融政策，以及建立健全现代文化市场和产业体系的相关表述，并占据不少篇幅。这体现了政府思维的转变：2018年，宏观调控将从“传统思维”转向“产业思维”，摒弃以往直接给钱给物的补贴方式，通过税收政策、激励政策、引导政策、政策的杠杆效应等给予文化产业更宽松、更公平、更普惠的发展空间。

---

[1] 2018年文化产业前瞻：天高任鸟飞 [EB/OL].(2018-01-10)[2018-01-12]. http://media.people.com.cn/n1/2018/0110/c406 06-29755165.html.

（三）破体入魂，“文化+”撬动文化经济新天空

“文化+”的融合发展态势是2017年中国文化产业的显著特征，文化艺术向社会生活、实体经济全面渗透，文化产业不再是传统的“文化产业”了，它既可以独立存在，更多时候却表现为“魂”，为其他产业之体赋予能量，用文化带动其他产业发展。

一方面，“文化+”将更全面，例如“文化+科技”“文化+旅游”“文化+金融”，文化的触角将触及各行各业。以“文化+旅游”为例，2018年全国特色小镇将更加突出“文化价值”，据《2017特色小镇行业大数据报告》显示，2017年在全国特色小镇中，旅游发展型特色小镇占比50.4%，历史文化型小镇占比18.1%，而工业发展型仅有15%。“文化+旅游”型小镇占比将近70%。[1]

另一方面，“文化+”还将更深度。文化与相关产业融合，能够增加相关产业文化含量，延伸文化产业链，提高附加值。“文化+”不是仅仅将文化附着在另一个产业上，而是从内容、形式、生产方式、消费方式等方面全方位将其“文化化”，从“浅度融合”到“深度融合”，是产业形态更集约、产业组织更高效、更注重以人为本的过程。以设计产业为例，台湾伴手礼“凤梨酥”“牛轧糖”，每一个小包装上都是设计师为人们创造的细腻生活，符合人们的心理需求，体现了设计师的匠心独运。

2018年，“文化+”将更全方位、多角度、深层次地融入社会生活和产业发展的方方面面。可以想见，对于产品而言，只有通过融入一定的文化内涵，使其具有更明确的文化属性，才能够适应越来越细化的未来的市场需求。

（四）创意无价，科技赋予文化发展新想象

文化创意产业的核心是创意，世界正在高科技的引领下发展新变，谁不具备运用科技激发创意的能力，就无法站上文化发展的制高点，也不可能引领世界先进文化潮流。如今，经济发展越来越多地依赖于文化竞争力和科技竞争力，而文化发展的实质就在于文化创新，文化创新力是国家现代化的核心动力，是一个国家和民族向全人类展示自身文化创造活力，引领全球文化潮流，参与全球化文化竞争的核心要素。[2]

---

[1] 2017特色小镇行业大数据报告[R].北京：前瞻产业研究院：2017：2-3.

[2] 文化创新力：现代化的核心动力[EB/OL].(2016-07-28)[2018-01-11].http://images1.wenming.cn/web_wenming/ll_pd/whjs/201607/t20160728_3557289.shtml.

2018年，科技的进步将为文化发展赋予更多想象。一方面，科技为文化产业提供了内容和形式的更多可能，随着科技在文化创意领域逐渐实现广泛应用，新技术也在引领传统文化产业走上一条创新发展之路，新技术与文化创意的结合将驱动更多形态的产品创新。另一方面，文化也是提升科技产业竞争力和价值追求的重要引擎，科技产品文化化，符合现代人的更多需求，体现了以人为本的特质，是当代产业创新的内在驱动力量和必由之路。

2018年，文化科技融合产业将成为文化创意产业发展的支柱。以数字创意产业、人工智能、智能制造、区块链等为代表的新技术将成为文化创意产品的重要载体。博物馆将制定数字化发展战略，开通网站、社交媒体账号加强与公众的沟通，博物馆内的信息化管理、数字服务水平也将不断提升。音乐和影视行业将更关注数字渠道的利益分配方式，在内容创作者与平台之间，将涌现更多服务于数字音乐的科技企业。手工艺品创意者将更关注利用互联网和跨境电商渠道搭建交易平台，建立虚拟社区将产品卖向全球。而2017年随着谷歌阿尔法赢得人机大战，人工智能也将更广泛地应用于文化创意产业的创意、生产、销售等各个环节。值得关注的还有区块链技术，2018年这项技术将更加成熟，在知识产权保护、教育领域等方面都将发挥无可比拟的关键作用。

（五）生生不息，“互联网+”赋能文化产业新发展

自2015年首次提出“互联网+”的概念以来，文化产业与互联网的关系日益紧密，“互联网+文化产业”的发展趋势明朗。根据国家统计局的数据显示，2017年前三季度，全国规模以上文化及相关产业企业营业收入达67618亿元，比去年同期增长11.4%；在文化及相关产业中，以“互联网+”为主要形式的文化信息传输服务业营业收入比去年同期增长36.0%。

2018年，大量的资本将涌入文化产业，“互联网+文化”的跨界融合将不断加深。尤为显著的是以百度、阿里巴巴和腾讯等为代表的互联网公司，越来越重视与文化企业的合作，通过不断加码投资，使得资金大量涌入文化企业，并开创了“文化+互联网”的新的商业模式。从以BAT为首的互联网公司对文化企业的投资布局可以看出，“泛娱乐”产业的概念早已深入人心，“互联网+”对文化产业新兴业态的影响也已经渗透到全产业链之中。

除了资本涌入外，我国的数字文化产业也将蓬勃发展。2017年，我国文化部出台了首个具有“数字文化产业”概念的政策文件《关于推动数字文化产业创新发展的指导意见》，明确指出要鼓励数字文化产业的发展，完善数字文化产业生态体系，培育具有核心竞争力的数字文化领军企业。网络文化产业作为数字文化产业的一部分，也将迎来新的发展机遇。2017年，我国的动漫游戏、网络文学、网络直播等发展势头良好。据中国互联网信息中心数据显示，2017年上半年，我国网络直播用户的规模达3.43亿，占网民总数的45.6%。网络文化产品已经成为人民群众消费的主要文化产品。除了传统的网络文化形态外，还将出现如智能语言、智能穿戴等新的形态，网络文化产业正在形成较为成熟的商业模式。

（六）扬帆出海，中华文化国际化迎来重大新机遇

随着中国“一带一路”建设的持续推进，中华文化走向世界的步伐加快。2018年中华文化国际化将迎来重大新机遇。首先，在顶层设计方面，在《文化部“一带一路”文化发展行动计划（2016—2020年）》的指引下，2017年5月，“一带一路”国际合作高峰论坛在北京举行，形成了中国与沿线国家经济、文化、贸易等领域互联互通、互利互惠的270多项具体成果，这为后期“一带一路”建设的深入落实提供了坚实保障。

其次，在平台建设方面，中国海外文化传播平台建设成果喜人。2017年，海外中国文化中心总数增加到35个，在文化交流、文化外交上的桥梁和窗口作用更加凸显。其中在“一带一路”相关国家设立的文化中心数量达到了11个。“感知中国”“中国文化年”“欢乐春节”等文化品牌活动和丝绸之路影视桥、丝路书香等工程纷纷开展；主流媒体人民日报社实现主要英文社交媒体平台全覆盖，脸书公共账号粉丝量达3000万、推特粉丝260万；中央电视台海外整频道用户达4亿户，分布在全球168个国家和地区。[1]可以肯定的是，2018年这些数字将必然会被突破。

2018年，在“一带一路”建设不断推进的过程中，可以预见的是，我国对外文化贸易规模将不断扩大，文化企业对外合作领域将不断拓展，中华文化“走出去”必将迈出更加坚实的脚步。

---

[1] 2017年中国文化建设成果[EB/OL].(2018-01-03)[2018-01-04].https://baijiahao.baidu.com/s?id=1588488092613989776&wfr=spider&for=pc.

第二章　中国文化产业新业态与新趋势

2017年，作为“十三五”规划和供给侧结构性改革的深化之年，中国文化产业在培育壮大新动能、改造提升传统动能，推进供给侧结构性改革，实现产业优化升级，促进经济转型升级等方面都起到了举足轻重的作用。在互联网发展、跨界融合与科技创新成为时代趋势的背景下，文化产业不断涌现出诸多新兴事物，诸如知识付费、移动电竞、网络综艺、在线教育、优质IP等新业态皆呈现蓬勃发展态势。2017年中国文化产业新业态，以数字经济为动能，以百姓需求为引擎，以科技创新为助力，加速了文化生态的持续革新，成为文化发展的不竭动力，新型文化产业体系正在有序建立，对优化我国文化产业格局，提升中国文化竞争力影响力具有重要意义。

一、2017年文化产业新业态发展概况

（一）数字经济成为文化产业发展新动能

随着新一轮信息技术革命的爆发，制造业、消费等领域都在发生“数字经济革命”。数字经济改造提升了传统产业，发展壮大了新兴产业，成为建设创新型世界经济，为全球经济增长注入新动力。数字经济已成为中国发展新动能。近年来，随着网络强国战略、国家信息化发展战略、国家大数据战略、“互联网+”行动计划、电子商务系列政策措施等一系列重大战略和行动的实施，数字经济发展进入快车

道。据《中国“互联网+”数字经济指数（2017）》统计，2016年，全国数字经济总量已占全国GDP总量的30.61%[1]，成为国民经济重要的组成部分。一方面，数字经济通过一系列战略新兴产业引领创新融合发展。《“十三五”国家战略性新兴产业发展规划》将数字创意产业作为战略新兴产业重点发展，成为数字经济的产业中观表达。另一方面，数字经济与居民的日常生活紧密相连，向着全民化、便利化、平民化发展。网络直播、虚拟旅游、移动听书等数字文化消费形态尽显数字化、网络化、个性化特征，成为数字经济与文化发展的新阵地。

随着数字经济的发展和数字技术的普及，传统文化产业数字化转型升级，数字文化产业与相关产业深度融合，不断催生出数字文化产业的新业态与新模式。文化内容与数字技术紧密结合的新型文化业态构成了数字文化产业的主体。2017年4月，文化部发布了《关于推动数字文化产业创新发展的指导意见》，基于对产业发展形势的研判，在整体规划上提出了优化数字文化产业供给、优秀文化资源数字化、与相关产业融合发展、扩大和引导数字文化消费4个主要发展方向；同时立足于文化部职能范围，对数字文化产业中较为成熟的动漫、游戏、网络文化、数字文化装备、数字艺术展示等主要产业领域进行重点布局和引导。数字文化产业通过数字技术实现文化信息内容保真提质，依托网络拓展流通传播疆域，以技术应用、商业模式、知识迭代、智力创新实现市场与产业价值，为文化产业发展创造新的增长极。

数字经济的迅猛发展推动了新型文化生态环境和新型文化生产模式的生成。首先，由于数字技术和移动互联网的普及，网络内容构成了主要内容，互联网服务公司成为最大的文化内容提供商和渠道运营商，并由此形成了传统与现代两套文化服务体系的并驾齐驱。一方面是由政府主导的以广电和传统媒体为主要载体的传统文化服务体系，另一方面是由以民间力量为主、以在线内容为主要形势的现代文化服务体系。这两大体系互相配套、互相支撑、互相融合，构成了全新的文化生态环境。其次，随着网络化和智能化技术发展，构成了新型文化生产体系。其中文化生产者消费者相互融合，专业的和非专业生产者相互合作，文化产业和实体经济相互渗透。文化内容的主要创作者正在由从小规模专业作者向大规模业余作者迁移，例

[1] 腾讯研究院．中国“互联网+”数字经济指数(2017)[EB/OL].(2017-04-20)[2018-01-06]. http://www.tisi.org/4868.

如腾讯已成为最大的正版中文内容提供商，已形成超过千万部级的部门，拥有6亿在线人员，已发展成为了一个极为庞大的文化生产平台。数字文化产业创新主体之间实现资源共享流通与高效合作，给社会提供创新文化成果，实现文化科技资源最优配置。

（二）新需求生成文化产业新业态重要引擎

党的十九大报告宣告中国特色社会主义进入了新时代，新时代的社会主要矛盾是“人民日益增长的美好生活需要和不平衡不充分的发展之间的矛盾”，并强调“我们要在继续推动发展的基础上，着力解决好发展不平衡不充分问题，大力提升发展质量和效益，更好满足人民在经济、政治、文化、社会、生态等方面日益增长的需要，更好推动人的全面发展、社会全面进步”。改革开放近40年的历程中，我国人民的基本物质生活需要基本上得到满足，但是随着居民多元化、个性化、差异化、定制化的消费需求日趋增多，新的资源也应当随之开发以满足大多数群体的需求，这种因需求细分而创造的业态从传统文化产业业态中逐步脱离，形成独立的全新业态，这就预示着要培育一些基于需求的文化新业态。

随着互联网、大数据、云计算、人工智能、新能源、新材料、3D打印等快速发展，全球消费者对产品和服务个性化、多样化、高端化需求的日益增长，对产品设计、服务模式设计的创新产生驱动作用，不仅改变了全球制造业的发展范式，还为创新设计提供了网络、数据、计算环境和共创分享平台。在计算机技术和互联网技术的革新背景下，企业根据人们在新技术环境下产生的新需求特点，创造出新的内容产品，培育出一批文化产业的新业态。例如印刷业数字化的消费需求逐渐向个性化和快速化转变，消费群体更加重视自身的个人体验，新的消费模式下产生新的需求。需求的转变为印刷业带来更广阔的蓝海市场。再例如，数字化技术下诞生的微信、微博等基于互联网服务平台的相关应用研发，开启了文化产品的微信支付、在线实景体验等新的消费体验模式，将技术创新、产品创新和服务创新有机融为一体，实现了科技成果转化、满足了市场新需求，不断推动消费结构升级。❶

市场需求与技术创新共同助力业态创新发展，企业咨询类系统解决方案成为新的蓝海。信息技术的发展加快了制造与服务的融合，促进新技术在最大程度上满足

❶人民网．创造新需求，催生新业态[EB／OL].（2017-07-08）[2018-01-05].http：//opinion.people.com.cn/n1/2017/0705/c1003-29384516.html.

客户需求，从而创造新业态与新模式。随着计算机、软件、互联网技术的发展，企业的信息化水平不断提高。但对企业用户来说，他们所需要的并不是硬件或软件本身，而是需要这些软、硬件为其提供解决业务问题、提高业务管理水平、增强竞争力的手段和工具，是硬件与软件、制造与服务高度融合的系统解决方案。因此，凭借强大的技术、产品和服务能力，向企业用户提供全方位咨询、流程设计和落地实施的系统解决方案提供商应运而生。

为满足市场多样化需求，在新技术的支持下，以个性化定制为特征的生产方式变革正在兴起。从产品研发设计、制造到销售、使用整个全生命周期活动的企业、原材料、生产设备、产成品、供应链、用户将被连接起来构成一个信息物理系统，所有关于采购、生产、销售、使用等的信息将能够实时传输，并进行深度挖掘，从而对市场变化做出及时响应。同时，制造企业针对客户需求，制定有针对性的智能咨询服务和解决方案，帮助实现采购、生产、销售和最终产品等各个环节的智能化，为智能服务提供了新的发展空间。

（三）新型商业基础设施激发文化业态创新活力

随着信息时代社会经济的发展和人类进入智能时代的趋势明显，需要新的商业基础设施以发挥更大效用，毫无疑问，云计算、大数据、物联网、移动支付等形成的新型商业基础设施，正在激发着整个社会创新的活力。通过新型商业基础设施，文化企业可以跨过产业链多个中间环节收集终端消费者数据，从而大幅降低交易成本，形成文化企业的数据闭环；汇聚运营品牌粉丝群体、以低成本获取大量潜在客户、加速产品优化迭代；促使文化企业改变原有组织架构，快速实现互联网级的企业架构，利用线上线下多品牌渠道收集到的多维度数据定制用户画像；针对回流的宝贵商业数据进行深度分析，采用智能算法实时发现潜在客户、需求变化、生产问题、服务短板，最大化数据资源的商业价值。

2017年，大数据的热度依然不减，不仅对新业态的产生起到激励作用，而且进一步激发产业的创新效率。大数据的规模已经大到在获取、管理、分析方面大大超出传统数据库软件工具能力范围的数据集合，它所具有的海量数据规模、快速数据流转、多样的数据类型和价值密度低的特征使得其与文化新业态的诞生、创新密不可分。与此同时，物联网也在不断激发新业态创新活力。物联网的扩张已经把数不胜数的大数据新来源添加进了数据管理的版图，笔记本电脑、智能手机、传感器，都为物联网带来了大量数据，为文化企业未来发展带来了巨大竞争优势和重大机遇。通过数据管理以及把数据变成有用的商业智能，变数据为可用的洞见，可以更加有效地收集和协调用户的信息，在此基础上利用创新性地理念改善用户体验。

2017年，云计算的火热程度也是可见一斑。实际上，自10年前随着美国谷歌、亚马逊和中国阿里巴巴3家互联网企业几乎同时开始研发具有前瞻性、通用性、分布性的云计算基础技术开始，大规模、网络化、高度自动化的新一代计算平台相继横空出世，手机、可穿戴设备、VR眼镜、智能家电、自动驾驶汽车、智能工厂、机器人等所有轻量级的智能终端，只要通过物联网接入云计算服务，立刻能够获得全球海量的计算能力，这对于新业态的发展是一个可观的增长极。[1]

另外，2017年在阿里巴巴和腾讯的推动下，移动支付的发展如火如荼。尤其是2017年8月份伊始，支付宝和微信支付砸下重金补贴移动支付，推出“无现金城市周”和“无现金日”活动，多个城市合作建设“无现金城市”。作为智慧生活的重要组成部分，移动支付将有助于缩小城乡差别、改变代际差异、升级社会信用、增进普惠金融活力、助力智慧生活。在数字之外，移动支付与实体经济之间的融合也更加深入。对于商家来讲，移动支付的普及直接带来了成本下降和效率提高。然而，移动支付带来的不仅是便利和效率，更重要的是，移动支付带来的数据化能够更好地连接商家和用户，有助于更精准地研发产品，设计营销策略。微信支付不仅是支付，微信还可以给商家提供营销、数字、数据上的帮助等，商家触达消费者的方式得到了改变，可以为消费者提供更精准化的营销，这些都是移动支付给商业主体带来的价值。以移动支付为代表的普惠金融，正在帮助这些国家夯实迈向数字时代的基础设施，向移动数据时代迁徙，为文化产业新业态的发展添砖加瓦、提供源源不断的创新动力。

（四）人工智能促进文化业态更新升级

文化科技创新是国家科技创新的重要组成部分，是社会主义文化强国建设的关键支撑力量。随着新一轮科技革命和产业变革孕育兴起，以人工智能为代表的高新技术广泛渗透到文化产品与服务的创作、生产、传播、消费的各个层面和环节，加

[1] 阿里研究院. 云上转型报告：第四次计算革命孕育“数字经济体”[EB/OL].(2017-12-21)[2018-01-09]. http://www.aliresearch.com/blog/article/detail/id/21439.html.

速了文化生产方式变革，成为文化业态更新升级的重要引擎和不竭动力，促进我国文化科技自主创新能力显著提高。

2010年以来，中国的人工智能产业进入爆发式增长期。据“艾媒咨询”研究报告数据显示，中国人工智能产业规模2016年已突破100亿元，预计2017年增长率将达到51.2%，产业规模达到152.10亿元，并于2019年增长至344.30亿元。[1]随着自主创新能力不断增强，在两化融合、智能制造加速发展的推动下，我国已连续4年成为全球第一大工业机器人市场，2016年销量达8.9万台，预计2020年将增至15万台，保有量达到80万台。根据对当前具备工业机器人自主品牌制造企业的调查，近九成企业在今年上半年新增订单同比增长，其中七成企业增幅超过20%。随着科技、制造等业界巨头公司的布局深入，中国人工智能产业的规模将进一步扩大。与此同时，伴随众多垂直领域的创业公司的诞生和成长，人工智能将出现更多的产业级和消费级应用产品。

在全产业的人工智能融合发展趋势下，行业的目光从最初的广泛嵌入逐渐转为深度融合。2017年“中国文化产业学院奖”所揭晓的“中国前沿文化科技产品”榜单中，智能产品扎堆亮相，主要应用于家庭服务、医疗、传播、办公、娱乐、教育、儿童及老人陪伴等领域。例如，在教育领域，人工智能实现优质教育资源结构化、全时互动以时定教、个性化教学等功能，鼎盛智能科技有限公司等科技企业还研发多款教育陪护机器人，为儿童早教问题提供一站式解决方案。在传播领域，科大讯飞在语音合成和中英文翻译等多项技术的国际大赛上勇夺桂冠，旗下“晓译”翻译机可以进行多场景自动识别和高质量的实时翻译。在文化娱乐领域，爱奇艺4KVR一体机在结合爱奇艺视频平台资源优势的同时，硬件上也给出了很强大的配置方案，无疑给整个中国VR领域打了一剂“强心剂”。

2017年，文化科技产品更加注重个人服务类人工智能产品的开发，逐渐走入百姓的普通生活。随着行业内数字化程度的提高，企业内部运营数据和第三方平台数据来源的多元化以及算法不断成熟，人工智能可以解决的问题将越来越多，行业应用范围也将越来越广泛。从以往的生产型走向现在的服务型；从应用于工厂制造的场景走入百姓家庭生活的场景；从简单的肢体动作转变为人机交互式沟通；尤其是

[1] 艾媒咨询.2017年中国人工智能产业专题研究报告[EB/OL].(2017-05-26)[2018-01-09]. http://www.sohu.com/a/152039647_757817.

教育陪护型的人工智能产品越来越多的涌现在市场上。此外，医疗智能机器人、智能画像机器人、清洁机器人、四维艺术机器人、安防机器人等，展示了科技与生活的全方位融合，快速突破的技术创新成果和不断增长的市场应用需求，让国产智能机器人产品不仅走入千家万户，更走在了世界前沿。

（五）文化产业细分领域新业态增长强势

文化产业市场在需求增加、消费和技术升级的共同推动下，整体加速快跑，存有大量创新机遇。但是其核心价值链上的竞争仍然激烈，巨头逐渐掌握市场，促使文化产业细分领域新业态增长强势。目前，我国文化企业中已经诞生了一批独角兽公司，根据调研机构CB Insights公布的“独角兽”榜单，随着“中国独角兽军团”日益壮大，未来中国将成为诞生独角兽的集聚区。[1]

作为细分领域之一，知识付费正在逐渐成为文化产业的新风口，其内容生产商与用户之间，输出有价值的知识内容或服务换取酬劳的商业模式对文化产业新业态具有十分重要的借鉴意义。电竞产业作为独立的新型产业，也正在形成独立的运营、商业模式，但是就其全民化基础来说，将会助推电竞赛事的发展并且逐渐成长为独立IP。从电竞赛事的商业运营模式，因此将多个环节构成的较为完整的产业链，其生态基本成熟。经过多年的发展，目前数字阅读行业的商业模式日渐丰富，行业中实力强劲的数字阅读企业已经不单单依靠用户付费和订阅实现盈利，而是围绕数字阅读IP和用户，打造出了动漫、影视剧、游戏、网络剧等多元化泛娱乐变现模式，能将用户流量和内容转化成收入和利润。

就以上对细分领域的分析来说，未来文化产业将出现逆向整合的趋势，即由市场化、结构化数据决定、影响上游文化产品开发；数据资源的汇聚、挖掘、运用将成为下一轮竞争焦点，比如将行业中的重要事情数据化、结构化、产品化，文化产业数据化将衍生出更多创新，文体行业数据化将有助于开展金融服务创新。在消费升级领域，随着细分领域的深化，人们在消费休闲、生活品质、文化教育方面的需求日益凸显，另外，90后、00后已经主宰时尚潮流，而中产消费者关注高品质生活，医疗教育，话语权也有所上升。这都表明，众多互联网文化企业正借助消费升级快速成长，表现出强劲发展的势头。

---

[1] 中国财经.全球独角兽公司榜单公布[EB/OL].(2017-09-25)[2018-01-09].http://finance.china.com.cn/industry/20170925/4403663.shtml.

二、2017年文化产业新业态发展亮点

（一）2017年文化产业新业态年度标签：知识付费、网络综艺、泛娱乐、移动电竞、网络文学、在线教育

1.知识付费打造文化产业新风口

2016年，得到、知乎、果壳分答、喜马拉雅、微博问答等知识付费平台相继出现，被众多媒体称为知识付费的元年。今年，艾媒咨询12月5日发布的《2017年中国知识付费市场研究报告》显示，2017年知识付费用户规模达1.88亿人❶。究其本质，知识付费依然是内容生产商与用户之间，输出有价值的知识内容或服务换取酬劳的商业模式，并逐渐成为文化产业新风口。

2017年中国知识付费平台知名度排行中，知乎以7.8分排名榜首，喜马拉雅FM则以7.7分紧随其后。艾媒咨询分析师认为，相较于得到和分答，知乎与喜马拉雅FM在原平台及社区运营上具有优势，拥有深厚的用户基础，而与微博、豆瓣等平台相比，知乎及喜马拉雅FM则拥有先入优势，在知识付费市场上建立其良好口碑（见表2-1）。

表2-1　知识付费主要平台数据

平台名	品类划分	付费内容	知识网红数量	产品复购率
喜马拉雅FM	16	31万多条	3000多人	52.4%
分答	无明确划分	50万条语音回答	未公开	43%
得到	8	45（专栏31，精品课14）		
知乎	无明确划分	7122场直播	2000多人	42%

知识付费行业的兴起与一般的互联网内容付费一样受益于正版化政策利好以及移动支付等基础设施的成熟、用户版权保护意识逐步提升。除此之外，从平台对接的供需两端来看，其也满足了知识供应者和消费者的需求以及痛点。①对于需求方：在碎片化时间中低成本地实现自我提升，并获得社区的认同感。对比于课堂授

❶艾媒咨询．2017中国知识付费市场研究报告[EB/OL].(2017-12-05)[2018-01-09].http://www.iimedia.cn/59925.html.

课，知识付费平台用户更能利用碎片化时间进行学习，但相较于互联网海量的免费信息，知识付费产品作为经过精加工的内容，提升了获取有效信息的效率。②对于供给方：知识付费提升认知盈余的生产者的变现能力。过往知识生产者的变现方式主要是授课和出版发行，由于辐射人群有限，回报的规模较为有限；由于中间环节众多使知识生产者能分得的价值被较大程度挤压。

未来，知识付费领域机遇与挑战并行。未来的竞争，头部内容不可或缺，但是其爆款数量仍旧有限。平台挖掘中部及接近头部的大V，和这些大V的工作室共同制作付费内容将会成为主流。知识付费越来越趋向缓解用户的身份认知、工作焦虑和阶层隐忧的功能，长远来看，内容创业者完全可以深耕一个领域开自己的“学校”，而知识市场社区化、平台化是大势所趋。

2. 网络综艺：现象级节目打造全新本土IP

2017年，上线网络综艺节目197档，增幅高达53%；播放总量总计552亿次，同比增长10%。从平台占有率看，2017年各平台自制综艺生产数量和播放量上腾讯视频优势突出，数量和播放量分别占比33.3%、32.5%；此外，爱奇艺数量和播放量分别占比27%、14%；优酷数量和播放量分别占比24%、10%。芒果TV凭借湖南卫视体系内强大的综艺节目资源和自制节目质量优势，在网络综艺领域也表现出不俗的竞争力，节目数量和播放量分别占比11.5%和31.3%。[1]

14档节目播放量突破10亿。以脱口秀、辩论、访谈为主的语言类，养成、竞技为形式的偶像选秀类，以及亲子萌宠和美食类，成为网综主流类型。与此同时，投资规模、卡司阵容及制作质量不断提升，节目二次售卖价值水涨船高，开发模式向全产业链延伸。网综原创力不断加强，自制综艺发亮发光，多元垂直成为发力点。凭借粉丝化、互动化、类型化、细分化的特点，平台利用优势牢牢抓住年轻观众这个主流受众，成就了《中国有嘻哈》《明日之子》爆款综艺，也深受广告商的青睐（见表2-2）。[2]

---

[1] 中国产业信息网.2017年中国综艺发展现状及网络综艺的发展趋势分析[EB/OL].(2017-12-04)[2018-01-09].http://www.chyxx.com/industry/201712/588975.html.

[2] 中国产业信息网.2017年中国综艺发展现状及网络综艺的发展趋势分析[EB/OL].(2017-12-04)[2018-01-09].http://www.chyxx.com/industry/201712/588975.html.

表2-2 爆款节目娱乐指数

娱乐节目	最热网络综艺指数	搜索量	最具话题性
中国有嘻哈	9941490	1813077	22630
中餐厅	8894700	363777	12550
快乐男声	6627600	131829	6095
明日之子	8457450	304467	6480

从三大视频网站的综艺布局来看，2018年网综市场展现出十足的创新力，节目的类型及题材进一步多元化，为视频用户带来更多选择和体验。未来，随着网综质量的进一步提升及粉丝经济的价值挖掘，用户为优质网综直接付费的意愿将继续提高；头部网综的多季开发和系列化开发将成网络综艺开发的标配；在此基础上，以网综IP为核心的竞争优势将进一步被强化，优质网综的商业价值和变现能力将继续提升，挖掘范围经济将是未来网综市场发展的重要方向。至此，市场对平台的考验也随之升级，谁能更好地配置和整合集团内外部资源，合理投资布局核心内容，谁才能抢占未来市场发展的先机。

3.互联网巨头布局泛娱乐版图

泛娱乐这个词并不是在2017年诞生的，但却以不可思议的速度蔓延至整个国内市场。之前这个词还只是文化企业主要宣传的概念，2017年，这个词已蔓延至汽车、旅游、家电、电商等所有行业。

2017年，泛娱乐产业规模总体超过5800亿，其中上游内容付费市场增幅迅猛，超过3000亿，视频付费市场持续爆发，用户数超过百亿规模❶。经过数年细分行业相互交融，在媒体娱乐、互动娱乐、现场娱乐三大板块均已出现领军企业，并相互渗透致力于泛娱乐的集团化布局；从上中下游和衍生服务层构成十二宫格的泛娱乐产业图谱趋于完善，而短视频、线下演艺等细分行业将有望跑出新的机会。

不过必须看到的是，类似阿里影业、腾讯这种高举泛娱乐大旗的领军企业，如今仍没有明确的经典案例诞生，所以这个概念似乎仍只停留在企业为提高股价而存在的初级阶段。因此，可以预见到2018年泛娱乐的概念仍会被各个企业不断提及，但何时能够真正由虚转实，也是市场翘首以盼的事情。

❶腾讯娱乐.2017泛娱乐产业规模超5800亿，95后用户逐渐成为主流[EB/OL].(2017-11-30)[2018-01-09]. http://ent.qq.com/a/20171130/032442.htm.

图2-1 泛娱乐版图

4.移动电竞开启全产业链开发时代

2017年，围绕电竞手游IP衍生的文化内容逐渐丰富，包括线上线下联动、饭圈文化的合理利用，回合制RPG游戏《阴阳师》也围绕其建立起的二次元IP推出了一款多人对战的MOBA竞技手游《决战！平安京》，并正在影视化过程中，包括《王者荣耀》的综艺化在内，可以看到，电竞手游正在驶入当年竞技端游的轨迹，并逐渐具备了成熟的商业模式。

2017年3月，《王者荣耀》正式登顶全球苹果用户iOS手游收入榜第一位。日活跃用户5000万，一季度每月流水30亿。2017年Q2腾讯网络游戏营收238.61亿元，同比增长39%，其中手游营收约148亿元，同比增长54%，这也创下了手游端首次超过PC端游的“战果”。同时，用户黏性较好，有很强的可持续发展动力。电竞与文娱产业的紧密贴合想必将在明年有更多富有创造力的方向（见图2-2）。❶

图2-2 王者荣耀用户规模

❶艾媒咨询.2017中国移动电竞行业报告[EB/OL].(2017-05-23)[2018-01-11].http://www.iresearch.com.cn/report/2996.html.

电竞产业作为一个独立的产业，逐渐形成独立的运营、商业模式，而移动电竞的全民化基础，也助推电竞赛事呈现出脱离于游戏附属的角色，逐渐成长为独立IP。从电竞赛事的商业运营模式来讲，以王者荣耀职业联赛为例，电竞产业已经形成了由人才、产品、赛事、承办、内容制作、明星经纪和周边产品等多个环节构成的较为完整的产业链，并具备了独立的造血能力。移动电竞产业生态基本成熟，产业链逐步完整。现如今我国移动电竞产业趋于成熟，产业链逐步完整，形成了循环的生态闭环。其中，内容成为整个移动电竞产业链条的核心环节。

5.网络文学进入主流市场

2017年是网络文学快速发展的一年，数十部作品凭借超高的人气登上了百度2017小说年度热榜。其中白金级作者辰东、天蚕土豆、我吃西红柿等人携作品成为榜单热门人选：辰东《圣墟》成为“年度热搜小说”TOP1，天蚕土豆《大主宰》占领“人气尖叫小说”榜首，我吃西红柿《飞剑问道》上榜“年度最强IP”。

综观《百度搜索风云榜-小说榜》（见表2-3）《2017年中国网络小说排行榜半年榜》，以及《2017年中国网络文学作家影响力榜》等业内榜单排名，无论是作家还是作品，都反映着相同的趋势：首先是网络文学产业的发展空间巨大，其次则是网络文学头部作家、作品的发展与头部平台资源的关联愈加紧密。

表2-3　2017年度百度小说风云榜

排名	小说	作者	平均指数
1	《大主宰》	天蚕土豆	1668507
2	《圣墟》	辰东	1098231
3	《一年永恒》	耳根	842562
4	《龙王传说》	唐家三少	642655
5	《太古神王》	净无痕	598115
6	《雪鹰领主》	我吃西红柿	585482
7	《武炼巅峰》	莫默	507123
8	《万古神帝》	飞天鱼	290027
9	《帝霸》	厌笔箫生	286841
10	《永生君王》	烟雨江南	264211

来源：百度指数

内容影响力的扩大，将令网络作家的主流化成为发展方向，不仅是身份标签上的主流，目前中国作协中，网络作家数目已上升至10%，而且其个人品牌打造也趋向意见领袖，通过新媒体阵地，微博、微信等社交途径，网络作家有可能转换不同身份，从作家到微博大V、编剧、制作人等。此外，得益于众多头部网络文学平台对作家的运营，现阶段的明星作家对个人品牌的运作趋向多元化，如参加综艺节目、商业活动、媒体报道。平台以运作“明星产品”的角度来深挖作家的粉丝经济，以中国原创文学风云榜为首的综合性榜单，就是作家主流化、明星化，IP价值化运作的标志。

6. 直播行业走进“下半场”，在线教育成为新增长点

iiMedia Research（艾媒咨询）数据显示，2017年中国在线直播用户规模达到3.92亿，较2016年增长26.5%，至2019年预计用户规模达到4.95亿。[1]在行业监管加强和同质化竞争的压力下，2017年在线直播行业结束疯狂生长的阶段，进入行业调整期，直播行业趋向理性发展，行业的用户策略目标从增加用户数量转到提高用户留存率。

通过直播实现的在线教育行业成为新的增长点，2017年，中国在线教育市场规模达1941.2亿元人民币，同比增长22.9%[2]。B2B2C在线教育直播平台（见图2-3）不直接提供各类课程内容，而是为有知识储备的网师和有学习需求的学生搭建起教与学的链接：一方面，平台会通过严格的资质审核和课程监管机制，筛选优质网师入驻平台，建立合作关系；另一方面，平台通过聚合多领域的网师和课程内容，来满足学生用户的学习需求，并实现课程内容的变现。[3]

直播互动教育未来发展的主要驱动力，其一，优质资源分配不均，三四线城市需求亟待释放；其二，底层技术成熟创业市场融合创兴，消费主体等共同推动直播与互动教育发展；直播互动教育将进一步促进流量变现。

---

[1] 艾媒咨询.2017上半年中国在线直播行业研究报[EB/OL].(2017-08-11)[2018-01-09].http://www.iimedia.cn/54120.html.

[2] 艾媒咨询.2017中国在线教育行业白皮书[EB/OL].(2017-11-22)[2018-01-11].http://www.iimedia.cn/59782.html.

[3] 艾媒咨询.2017年中国B2B2C在线教育平台行业研究报告[EB/OL].(2018-01-05)[2018-01-09].http://news.china.com/domesticgd/10000159/20180105/31919296.html.

图2-3 B2B2C在线教育直播平台产业链与企业图谱

（二）优质内容构建文化产业新业态内容生态

1.小众文化的分众化传播

小众文化是相对于大众文化而言的，它是以个人为基础，并局限于邻里、同道或者朋友等小圈子里而形成的明显差别于大众文化的一种文化形式。对于一些小众内容创作者，如今塑造内容品牌面临着许多困难。首先是进入市场的机会变小，没有优质内容生产能力，没有推广资源，缺乏背景支持的草根，已经错过了这一波内容创业的红利，其次是各垂直领域内的市场份额分配已经基本占位成形。

要想在这种形势下博出一席之地，留给新一轮内容创业者的，只有走“分众化垂直传播”的道路了。代表性的有“毒舌电影”，用“坚持原则，只说真话”的影评，俘获了热爱电影的粉丝们。如今他们已经发展出自己的App，并拓展业务，让内容变现，最新颖的就是为小众电影做宣发和众筹，突破了内容自媒体盈利模式的天花板（广告、社群、电商）。影评内容虽然小众，他们的观点也不全客观，但是依然能够收获专属于自己的粉丝，为有个性的电影人做应援，在内容创业领域另辟蹊径。此外还有“同道大叔”这个星座微博号，就在星座领域深挖，从文字内容转变到漫画、短视频，并衍生出了周边手办，风格非常二次元。之后还涉足三次元偶像界，打造了星座女团“Astro12”。可见，“互联网+”的环境下，内容创业者只要找准发展方向，做独特的小众化的内容品牌，依然能走得远大，拓展出自己的商业版图。

2.优质IP持续发力

2017年优质IP的产业热点，依然集中在网络文学领域。中国网络文学用户规模也达到3.33亿，占网民总体的45.6%。国内各类原创文学网站作品总量1455万种，当年新增作品即达175万部[1]。这是中国IP产业最重要的吸金利器。以《三生三世十里桃花》《鬼吹灯》《楚乔传》《择天记》《人民的名义》为代表的网络文学改编潮已经席卷了影视制作的领域。这些优质IP在跨界传播之前，就已经拥有大批量受众。在这群受众之中，不少还是IP的忠实粉丝，保证了粉丝黏性。“情感牌”“青春牌”“怀旧牌”等营销模式，联动体育IP、艺人IP等不同维度，使粉丝快速产生情感上的共鸣，实现粉丝经济效益最大化。

表2-4 2017优质IP分类列举

IP分类	优质IP列举
网络文学IP	《微微一笑很倾城》《三生三世十里桃花》《楚乔传》《择天记》《盗墓笔记》《鬼吹灯》等
动漫IP	《秦时明月之君临天下》《画江湖之杯莫停》《全职高手》《天行九歌》等
游戏IP	《王者荣耀》《传奇》《仙剑奇侠传》等
音乐IP	《栀子花开》《同桌的你》等
电影IP	《小时代》系列、《战狼》系列等

2017年IP产业的商业模式（见图2-4）也已基本清晰，分为孵化培育、宣传运营、授权变现三大环节，对于成熟的IP运营来说，一次成功的改编不等于完成了对IP内涵价值的变现。只有多次完美跨越宣传媒介的界限，IP的商业潜力才不会逐渐僵死，因此IP产业的开发是一个全版权运营的过程。

但是随着各种大IP不断在市场“失灵”，无论观众还是资本终于意识到了行业的天花板。在一轮又一轮资本疯狂地洗礼后，真正值得打造的头部IP已基本开发殆尽。例如日本IP《深夜食堂》《麻烦家族》等作品因水土不服被网友疯狂讨伐，也让不少观望者望而却步。因此，未来IP是否能从榨干价值转变为培育价值，也决定了还会不会有类似《三生三世十里桃花》《鲛珠传》的成功案例粉墨登场。

[1] 中国传媒大学IP产业研究项目组.2017中国IP产业年度报告[EB/OL].(2017-11-23)[2018-01-11]. http://www.sohu.com/a/206068743_730713.

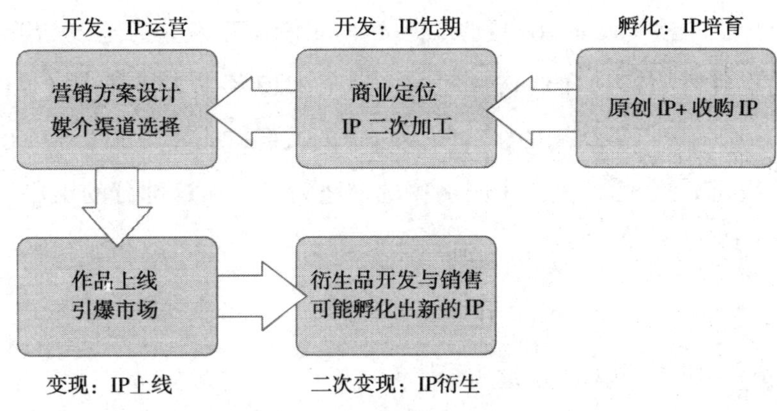

图2-4　2017IP产业商业模式流程图

3.传统文化的年轻化传播

2017年，传统文化热席卷影视、综艺、图书出版、教育等各行各业。火爆电视荧屏的《中国诗词大会》，让人们重新捡起书本，加入吟咏背诵的大军；非物质文化遗产及传承人经由《百心百匠》《了不起的匠人》等纪录片得以广泛传播；国家级文物借文博探索节目《国家宝藏》变身新晋“网红”。这些中华优秀传统文化以极具创意的形式、年轻化的表达，真正融入人们的生活，浸润大众的心灵。

与此同时，今年1月，中共中央办公厅、国务院办公厅《关于实施中华优秀传统文化传承发展工程的意见》（以下简称“意见”）正式公布，这是第一次以中央文件形式专题阐述中华优秀传统文化传承发展工作。意见强调，把优秀传统文化贯穿国民教育始终、滋养文艺创作、融入生产生活。

传统文化再度大热，从“活”起来到“火”起来，既体现了文化自信，也证明发扬光大传统文化越来越成为国人的一种自觉意识。种种迹象显示，传统文化经典正借助不同的平台载体，以各类别出心裁、“润物细无声”的方式，让那些千百年来传诵不绝的“诗意”在现代人的内心深处扎根生长。

4.二次元走向主流视野

二次元是亚文化领域的重要组成部分，2017年，从纵向来看，通过二次元经济，聚合动漫作者、漫迷、泛动漫用户、行业合作伙伴，构建流行的二次元动漫内容；从横向来看，二次元经济以动漫明星IP为核心，与影视、文学、游戏等内容形态协同共生，构建“泛娱乐”生态，走入主流视野。

2017年，二次元用户预计超过3亿人，同时二次元文化也已经走入了主流文化市场。据统计，二次元核心用户已从2014年的4984万人上升至2017年的8199万人，总体用户规模从2013年的0.89亿人上升至2017年的3.08亿人（见图2-5）。[1] 2017年6月中国网民年龄结构中，29岁及以下的人群占比高达52.2%。90后和00后的人口基数达到了3.3亿，成为中国网民的中坚力量，而这部分的用户正是二次元产业的主流人群。

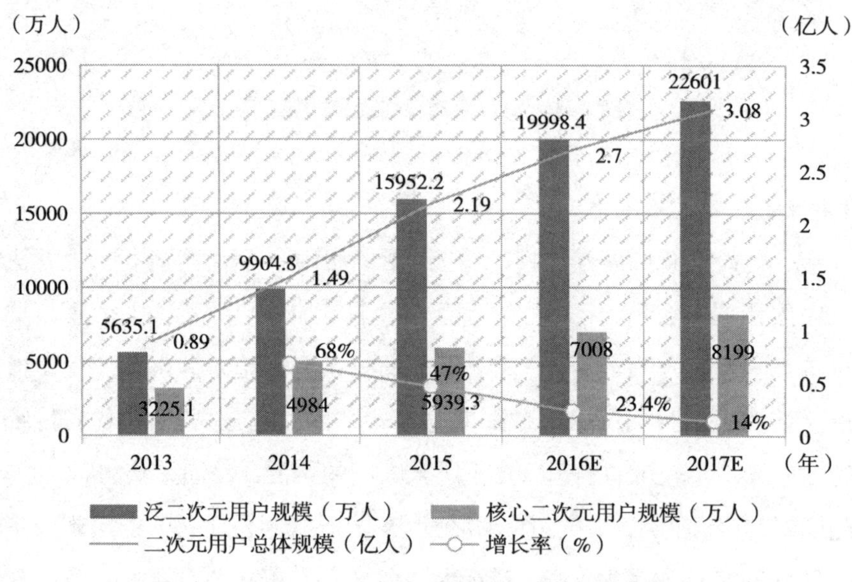

图2-5 2013—2017年中国二次元用户规模及增长率

新成长起来的一代中国青少年正形成一种潮流、一种现象，并开始得到各方面的重视，随着这一代人逐渐融入社会，他们的想法、爱好都将被整个人群所关注，因而成为主流。事实证明，曾经的亚文化，动漫、游戏、鬼畜等B站用户喜欢的各种形式，近年来也开始在社会上悄悄流行起来。

（三）数字创意产业成新业态集聚地

1.政策保障数字创意产业持续发展

2016年12月，国务院印发《“十三五”国家战略性新兴产业发展规划》明确提出，“十三五”期间，我国将大力发展新一代信息技术、高端制造、生物、绿色低

[1] 艾媒咨询.中国二次元行业报告[EB/OL].(2015-07-16)[2018-01-11].http://www.techweb.com.cn/shoujiyouxi/2015-07-16/2176477.shtml.

碳、数字创意5个产值规模10万亿元级的新支柱产业；2016年3月，数字创意与相关产业融合应用服务又被纳入《战略性新兴产业重点产品和服务指导目录（2016版）》；5月，文化部出台《推动数字文化产业创新发展的指导意见》，进一步确定了数字创意产业的发展方向和路径；8月，国务院印发《关于进一步扩大和升级信息消费，持续释放内需潜力的指导意见》，再度提出大力发展数字创意产业，并透露将制定相关政策，促进数字创意产业的进一步发展。

一系列政策的出台使“数字创意产业”这一概念迅速升温，并引发新一轮创投热情。国家信息中心发布的《数字创意产业投资热点》报告显示，今年上半年，内地数字创意产业投资总额达274.7亿元，较去年下半年大幅增长84.4%；2016年到2017年上半年，内地数字创意产业共有859笔投资案例，投资金额高达659.3亿元，在总体投资中的比重分别约为20%和10%。未来，我国将在这一基础上加大对数字创意产业的支持力度，继续释放政策红利，将其逐渐打造成全新的支柱产业。❶

2. 传统文化数字化

传统文化是产业创意内容的源泉，是数字创意产业走向世界的核心竞争力。2017年的最后一个工作日，腾讯和敦煌研究院宣布签订战略合作协议，并启动“数字丝路”计划，从2018年起，双方将通过游戏、动漫、音乐、云数据、AR/VR技术等六大维度展开合作，深入推进，保护、传承、活化敦煌的传统文化，这是2017年互联网技术为传统文化赋能的又一例证。

未来，随着我国国力和影响力的不断提升，以及“一带一路”开放性战略的日益推进，将会带来我国数字创意产业发展的巨大机遇和发展的最佳时机，而数字创意产业能与博大精深的传统文化叠加，的确是一加一大于二的事。

3. 数字音乐产业步入正轨

目前音乐产业在经历了柱式唱片、胶片、卡带、CD时代后，迎来了全新的数字时代。根据中商产业研究院发布的《2017—2022年中国音乐产业市场调查与投资咨询报告》中显示，截至2017年12月，网络音乐用户规模达到5.24亿，较去年年底增加2101万，占网民总体的69.8%。其中手机网络音乐用户规模达到4.89亿，较去年年底增加2138万，占手机网民的67.6%，2017年国内数字音乐产业市场规模达到

❶国家信息中心.2016–2017上半年数字创意产业投资热点[EB/OL].(2017–09–21)[2018–01–09].http://mini.eastday.com/a/170921164643357.html.

498.2亿元，占核心层规模比重的74.9%。[1]

国内数字音乐行业已形成腾讯、阿里、百度、网易四足鼎立的格局（见表2-5）。

表2-5 数字音乐企业

企业	客户端名称	主要唱片公司
腾讯	QQ音乐、酷狗音乐、酷我音乐	环球、华纳、索尼、英皇、YG、CJ、华谊、福茂、杰威等
阿里	虾米音乐	滚石、华研、寰亚、相信、BMG等
网易	网易云音乐	YG、环球、华纳、索尼、AVEX等（部分传授）
百度	百度音乐	太合麦田、海蝶、大石、英皇、通力、金牌大风等

中国数字音乐市场增速快，但产业链并不健康。中国的音乐产业在服务提供商环节分成了唱片音乐、音乐版权、音乐演出三条子产业链。但在这三个链条的现状上，中国和全球音乐市场相比差别比较大。唱片音乐链饱受盗版问题的困扰，一直在生死线上挣扎。音乐版权链，目前中国刚刚起步，而欧美、日韩市场这一块收益已成主流。音乐演出链是目前中国最火爆的链条，也是目前中国音乐产业的盈利支柱。一般来说，唱片音乐、音乐版权两条子链是整个音乐产业中市场集中度最高的产业链条，也是整个音乐产业的核心所在。而音乐演出既不参与创作音乐作品，也不参与制造音乐明星，在很大程度上只是在消费前两条子链的劳动成果，位于产业链下游。

未来，我国数字音乐市场仍将围绕明星IP和版权（含直播）展开，如何有效深挖IP价值，丰富使用场景，在触达用户的同时，实现自我造血，是未来数字音乐战场的关键。

4.数字阅读开启全民阅读新时代

2017Q1-Q3数字阅读板块实现营业收入23.6亿元，同比增长58.46%；实现归母净利润2.0亿元，同比增长105.61%，2015—2017前三季度营收及净利复合增速超过100%。2017年，中国数字阅读行业PC端用户规模约2.17亿人，移动端用户规模约2.65亿人，数字阅读正式开启全民阅读新时代。[2]

---

[1] 中商产业研究院.2017—2022年中国音乐产业市场调查与投资咨询报告[EB/OL].(2017-09-13)[2018-01-10].http://www.askci.com/news/chanye/20170913/145839107628.shtml.

[2] 中国产业信息网.2017年中国数字阅读行业市场规模及渗透率分析[EB/OL].(2018-01-06)[2018-01-10].http://www.chyxx.com/industry/201801/600658.html.

目前数字阅读行业内一般而言会通过不同渠道、内容和产品吸收更多的用户流量，并增加用户的黏性来实现相对竞争优势。其中我们认为内容是数字阅读企业维持用户黏性和提升盈利能力最核心的手段，只能通过独家精品内容以及符合平台用户偏好的分众化的内容才能够长期培养和巩固忠实用户。

经过多年的发展，目前数字阅读行业的商业模式日渐丰富，行业中实力强劲的数字阅读企业已经不单单依靠用户付费和订阅实现盈利，而是围绕数字阅读IP和用户，打造出了动漫、影视剧、游戏、网络剧等多元化泛娱乐变现模式（见图2-6），能将用户流量和内容转化成收入和利润。

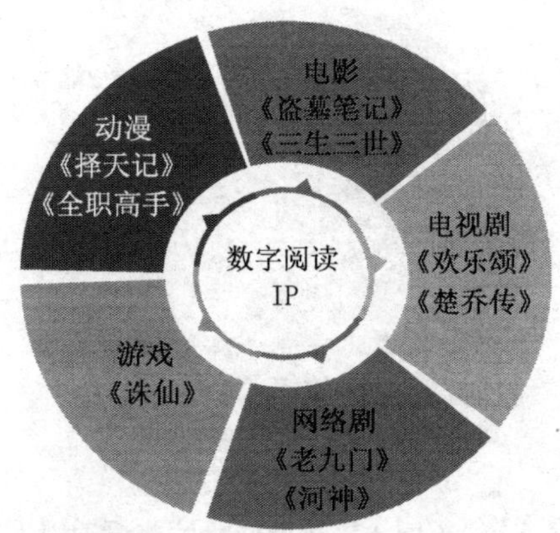

图2-6 数字阅读以IP为核心的衍生业务产业链及作品举例

移动阅读行业的快速增长主要受智能终端普及率提高、4G用户规模持续增长、优质内容的不断产出，以及资本市场力量的注入等促进因素影响。同时，传统出版社对移动阅读的态度更加开放，提升了移动阅读的精品内容供给；移动阅读厂商在市场机遇和资本加持的助力下，在内容端和渠道端加速实现布局，为用户提供更优质的内容和服务，激发了移动智能终端用户的阅读需求。

未来，内容资源的竞争能力是数字阅读企业长久保持用户黏性和盈利能力的重要环节。内容端的竞争未来将主要集中在发展内容生产平台，打造独家内容，以及针对优秀IP深度运营，在影视、游戏等泛文化娱乐领域挖掘其衍生价值等方面。

（四）人工智能成为不可逆的发展趋势

中国人工智能产业起步相对较晚，但国家及企业都十分重视其发展，国务院印发的《新一代人工智能发展规划》提出，到2020年，人工智能总体技术和应用与世界先进水平同步，核心产业规模超过1500亿元，到2025年，人工智能核心产业规模超过4000亿元，到2030年，人工智能理论、技术与应用总体达到世界领先水平，核心产业规模超过1万亿元。目前中国人工智能技术研究与运用正处于高速进步期，随着科技、制造等业界巨头公司布局深入，以及众多垂直领域的创业公司不断诞生和成长，人工智能产业级和消费级应用精品将相继诞生，满足市场的需求，智能机器人、智能金融、智能安防等都取得了长足的发展（见图2-7）。[1]

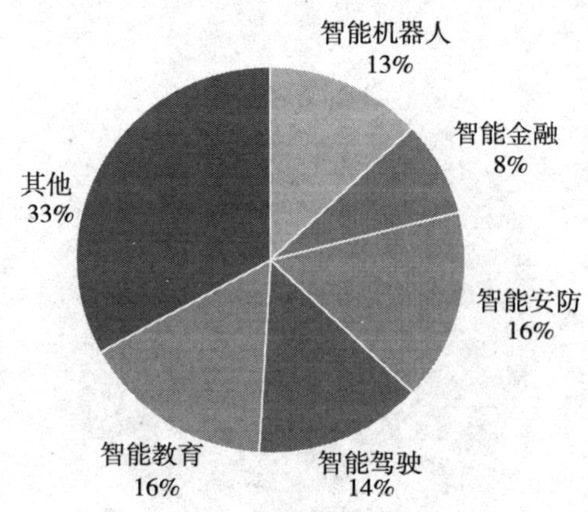

图2-7　2017年中国人工智能核心产业市场规模分布比例

1.人工智能助力文化产业

2017年7月8日，随着国务院发布的《新一代人工智能发展规划》，国内的人工智能热达到了新高潮：人工智能正式成为国家战略高度上的未来发展方向。

任何一项要全面改变人们生活的重大技术进步，最终必须落实到该技术的应用上来。事实上，《新一代人工智能发展规划》已经清晰地表达了这一观点："人工智能作为新一轮产业变革的核心驱动力，将进一步释放历次科技革命和产业变革积蓄的巨大能量，并创造新的强大引擎，重构生产、分配、交换、消费等经济活动各环节，形成从宏观到微观各领域的智能化新需求，催生新技术、新产品、新产业、新业态、新模式，引发经济结构重大变革，深刻改变人类生产生活方式和思维模式，实现社会生产力的整体跃升。"而这一点，正是文化产业可以着力的领域，恰如时

[1] 艾媒咨询. 2017人工智能行业白皮书[EB/OL]. (2017-11-04) [2018-01-11]. http://www.iimedia.cn/59710.html.

下流行的“多屏时代”概念，纵然屏幕的设计、制造和量产主要与生产技术有关，但这一概念若想真正完全融入人们的日常生活，还是必须“以内容为王”，因此就必须借助文化的力量。

2.人工智能融入内容生产

内容产业庞大而繁杂，影视、文学、音乐、摄影、游戏等每个子领域，背后都涉及了上下游一整条产业链的诸多环节。有些领域，机器自动生成的内容质量已经接近或达到人类水平，可以用机器替代人。有些需要创意的内容，机器甚至可以创造出比人的想象力更奇特的内容。可以看出，内容生产中的重复劳动，提高生产效率，想象力更奇特内容等方面，都有人工智能介入的意义。

2017年，人工智能主要应用于以下内容生产领域，文本内容，AI写新闻稿已经在头部媒体投入实际应用，多由媒体自研或与技术供应商合作，用在个别领域的新闻生产。音频内容，AI已经能够自动作出一些乐曲，可用于影视、游戏等内容的背景音乐或节奏。已经有多家公司凭借AI，切入了乐曲作曲领域，推出了相关产品和服务。图像内容，AI已经能自动生成海报、logo等。视频内容，AI预测影视作品效果指导创作已经有了成功案例，作为人决策的一个补充。AI代替人拍摄录像还难以达到专业摄像水平，只能用于偏娱乐的领域。互动内容，AI用于游戏素材制作的方向很多，基本都还在研究开发阶段，还没有实际成果产出但潜在的想象空间很大。

总体而言，目前的AI+内容生产还处在研究和零星试点应用阶段。由于还没有达到规模化商业应用阶段，重点需要关注的还是AI生产内容能够达到何种效果，谈论后续AI以何种产品形态商业化、如何商业落地、应用后如何影响内容产业，还为时过早。

3.人工智能IP：以技术为内容创造价值

人工智能所体现的价值越来越大，AI正在全面深入娱乐的方方面面。2017年在AI的助力下，爱奇艺成为效率最高的娱乐平台。一直以来，爱奇艺都是最懂年轻人的娱乐平台。在内容的引进上，无论是版权内容还是纯网内容，从《来自星星的你》《太阳的后裔》到2017年的《楚乔传》《人民的名义》《我的前半生》《择天记》等，爱奇艺的表现都是现象级的。几乎每一部剧集都能引发一个周期的热议，这不仅仅是眼光独到，更有技术的助力。

人工智能在内容创作上的作用越来越重要，影视剧的创作中有一个关键角色——选角副导演。靠经验选择合适的演员人选，经验越丰富，选择的演员越到位。而在人工智能时代，AI可以分析剧本，把人物的特色记录下来，然后在演员库里面选择匹配演员程度最高的。AI有着更多的选择，更精准的数据分析，再加上人的经验感知，在诸多自制剧中，爱奇艺的选角总是恰到好处。

在未来，也许AI就会像黑镜里的本体意识一样，当我打开视频网站，网站可以根据我的面部表情、基于我过往的喜好，为我推荐最适合我口味的娱乐产品，我可以把自己带入到情境中。人类无须那么费劲周折、还冒着伦理风险来复制一个自己，AI会代替他成为最了解你的人。

（五）"Z一代"成为文化产业新业态消费主力军

国际上，通常将20世纪90年代中期之后出生、年龄处于22岁以下的人群，称作"Z一代"。中国1995—2016年出生的总人口为3.78亿，约占总人口的27%。[❶]"Z一代"伴随着互联网长大，他们的消费行为和70后、80后有着巨大的不同。"Z一代"的时代性消费主义倾向和新型媒介偏好，共同构筑起这一群体对于文化产业新业态消费需求的特点。群体决策引导的"粉丝经济"和虚拟世界构筑的"ACG文化圈"成为"Z一代"文化消费的重要模式。在个性彰显与群体聚合共同作用下诞生的粉丝社群，则既是媒介产品的受众与消费者，也可以成为媒介传播的内容来源甚至内容制造者。在此基础上诞生的"粉丝文化"，则进化成为一种全能形态的文化传播，具有传授合一、狂欢化的特性。

同时，"Z一代"对科技的发展同样倾注热情和注意。当前，社交网络、云计算、大数据技术、物联网、可视化、虚拟现实、大规模在线学习课程、可穿戴设备、智慧校园等新技术形态和应用正在改变"95后"大学生的成长环境和行为方式，网络正成为他们精神文化生活与世界联结的中介要素。伴随着信息技术的革新、物联网和智慧科技的兴起，智能手表、自适应游戏鼠标、VR眼镜、4K运动相机等高科技产品层出不穷，迎合了"95后"追求个性、彰显时尚的消费心理，满足了高智能、多元化的消费需求（见图2-8）。[❷]

---

❶阿里研究院."进击，Z世代"报告[EB/OL].(2017-11-28)[2017-12-20]. http://www.aliresearch.com/blog/article/detail/id/21420.html.

❷搜狐网. 2017中国95后的消费观解读[EB/OL].(2017-07-17)[2018-01-05]. http://www.sohu.com/a/157892335_461222.

此外，目前“Z一代”已占据直播受众主体，参与活跃度极高。互联网直播平台的蓬勃发展与“Z一代”的青睐有加密不可分。当前，“Z一代”的每5个人中就有4个人观看过直播，全国直播用户中“Z一代”的占比已超过七成（占用户总数的71.5%），且以95后、00后居多。

“Z一代”有着强烈的精神文化诉求，“求知”与“娱乐”“社交”并重。调研数据显示，“Z一代”的直播诉求中，“娱乐”（占76%）、“求知”（占48%）、“社交”（占41%）所得票数的比重远超其他诉求指标，成为最核心的三大直播诉求。[1]可见，除了通过直播休闲放松，“Z一代”也强烈期望借此获取知识、传递文化价值，特别是富于趣味化、科技感的知识类直播内容，越来越受到广大95后、00后、05后的欢迎，例如龙珠直播的自制PGC节目《Wuli实验室》，就通过有趣的形式来传播相关知识点，赢得很高关注度。“95后”对于文化内容有着完全不一样的消费观和消费能力，尽管如今的“95后”还没有完全踏入社会，但是他们表现出来对于互联网内容产品的强大消费倾向，将在未来的5至10年内带来一场内容革命。

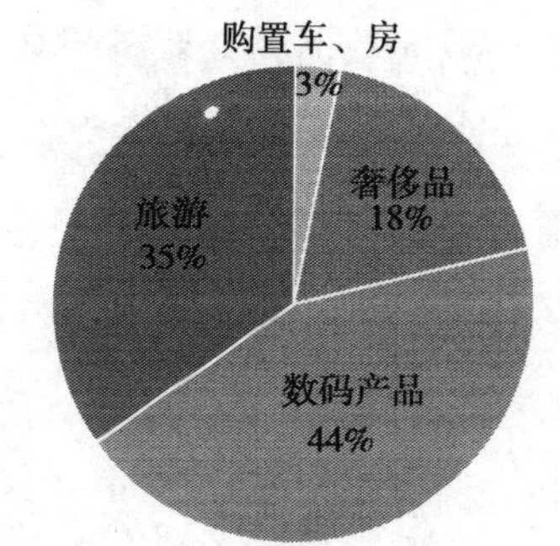

图2-8　95后大额消费分布比例

（六）文化大数据生态体系

随着信息化社会的深入发展，大数据作为一种战略性必争资源，正逐渐成为当代社会各行业、各领域实现自身发展模式创新的重要推动力量，其所蕴含的巨大潜在价值，也已引起了政府部门、科技界、产业界等各领域的高度重视。而文化创意产业领域是数据生产规模极大与数据活跃程度极高的领域，具有典型的大数据应用潜质，因此，顺应大数据时代来临的必然趋势，适时确立文化创意产业领域的大数据战略认知与实践思维模式，成为我国传统文化产业向现代文化产业转型升级并实现创新发展的一个重要战略机遇。

在工业和信息化部的指导和支持下，中国大数据产业生态联盟于2017年8月2日在“2017中国大数据产业生态大会”上重磅发布《2017中国大数据产业生态地

[1] 腾讯研究院．“Z一代”已成网络直播主力军，求知、娱乐、社交需求并重[EB/OL].(2017-08-17)[2018-01-06]. http://www.tisi.org/4943.

图》，并同期印制出版《2017中国大数据产业发展白皮书》。网智天元科技集团股份有限公司凭借强大的技术、研发、实施和运维等能力，成功入选由中国电子产业发展研究院指导的2017年中国大数据产业发展白皮书和大数据产业生态地图的融合应用领域的教育文化大数据模块。基于网智天元五维大数据智能平台技术建设的“文化创意产业大数据公共服务平台”从全国1800多家大数据公司中脱颖而出，于2017年3月入选国家发改委促进大数据重大工程，是唯一一家文化大数据服务平台。“文化创意产业大数据公共服务平台”打破了数据资源壁垒，建立了以大数据指导文化产品创作和融资租赁金融服务的新型生产模式和服务业态，推动了跨文化和金融领域的数据融合和协同创新，创新了文化创意产业与金融产融结合商业模式，具有行业性和全国性示范意义（见图2-10）。

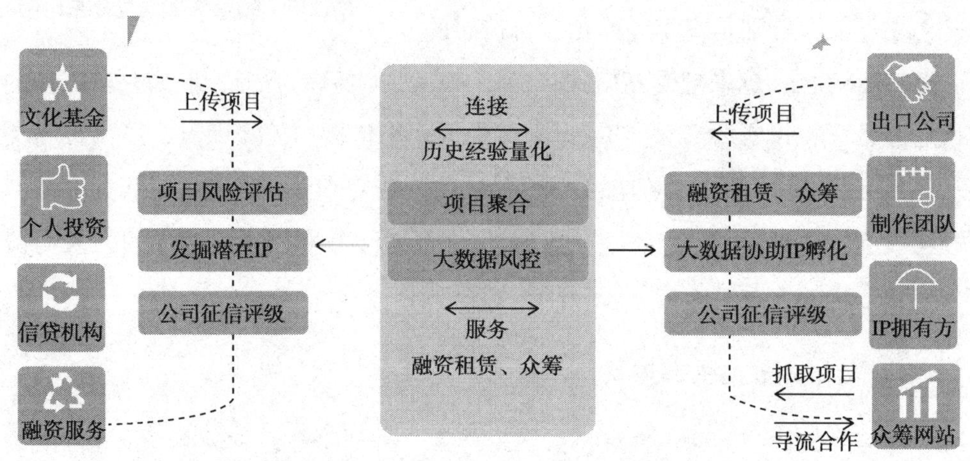

图2-9 以项目融资众筹为切入点，大数据结合金融工具打造互联网平台

未来，随着文化数据资源的积淀与大数据思维模式的成熟，应用知识挖掘、中文信息处理等大数据关键技术，文化产业在生产、传播、服务、消费等产业链各环节将逐渐形成新的模式，数据在优化资源配置、凝练文化信息、推动文化传承、促进文化创新、形成生产导向与挖掘商业需求等方面的价值也将被提升到一个新的高度。文化大数据将被视作重要的社会资产形式而在新的社会经济运行体系中占有重要的位置。

三、2018年中国文化产业新业态发展趋势

（一）业态数字化带动文化产业转型升级

业态的数字化，尤其云计算、大数据、智能三方面技术的应用在文化资源、文化生产、文化传播、文化消费环节，对于促进产业进一步转型升级有巨大的推动作用。传统文化、娱乐、新闻、出版、金融等产业的跨界融合一浪高过一浪，新兴业态不断拓展。

目前数字化多体现在运用数据创新开发更符合客户需求的产品、从实物产品到体验产品的转变、多渠道战略以及智能供应链管理上。定制化和多渠道战略正在成为可能，业态数字化带来的产品生产个性化、销售网络低成本扩张、运营基于大数据更精益等优势进一步体现。

推动产业升级，重点在优质内容与创新运营两个方面。以供给侧结构性改革为主线，业态数字化对于提升数字文化产业文化内涵、技术水平和产品质量有重大影响，发挥数字化技术对内容创作、产品开发、模式创新的支撑作用，提高产品品质、丰富表现形式。深化“互联网+”，深度应用大数据、云计算、人工智能等科技创新成果，促进创新链和产业链有效对接，是文化产业转型的方向所在。

（二）新技术催生文化体验的革新

AR、VR、全息成像、交互娱乐引擎等新的沉浸式技术发展，在连接消费者与文化产品形成情感共鸣的过程里、在文化体验服务里，将形成一批新增长点。沉浸式技术的实物再现、实时交互、现实模拟等功能，目前在文化产业的应用领域非常广泛，如互动影视、艺术展示；在创意的支持下，未来科研与产业将在以下方面催生革新。

虚拟现实技术可以把现实中已经不存在的历史文物、文化场景或者消费者不容易到达的目的地实景进行再现和还原，在博物馆、考古、科普、旅游等领域可以广泛应用；作为新媒体的一种形态，虚拟现实技术必然带来内容产业的创新，在影视、动漫、游戏、演艺等领域创造出新型的内容产品；教育产业也是文化产业的重要组成部分，早期虚拟现实技术主要应用在军事领域，士兵通过模拟战斗、虚拟驾

驶等进行训练。在学习教育上，虚拟现实技术可以弥补教育领域的不足，在医学、化学、物理、自然等学科上，通过模拟演练、模拟操作、环境体验等方式进行学习；新闻出版、广播电视行业已经开始通过虚拟现实技术进行新闻报道、赛事直播等尝试，取得了良好的效果。在出版领域，通过二维码和智能终端的结合，实现了纸质出版物和场景再现的结合，未来的出版必然迎来更多的出版物形态。

未来人类将迎来体验经济时代，企业将在构建体验经济文化科技融合生态上展开竞争，包括交互体验类文化产品生产，交互体验类硬件设备，交互体验类文化媒介，交互体验类创意服务，交互体验类装备制造等领域。

（三）科技化、智能化路径加深

文化与科技融合发展的态势已经日趋明显，科技化与智能化路径将逐步加深，人文元素也在注入科技发展。从现阶段大数据的应用、云平台的搭建、3D打印的推广以及VR、AR技术应用探索等成果来看，文化科技的融合创新正在成为文化产业发展的核心支撑。

在文化产业领域，目前人工智能已有的大量应用主要集中于音乐、新闻出版、视频、旅游等数字内容和电商平台。如智能化、个性化的阅读客户端，头条号、天天快报等推荐引擎根据受众的兴趣进行推荐服务，已经遍布人们的智能终端设备。随着科技发展，人工智能在深度学习、语音识别、图像识别、自然语言理解以及用户画像等方面取得了长足进步。“文化产业+人工智能”是文化与科技融合的最新亮点，也将是未来文化科技融合发展的一大趋势。文化产业的科技化、智能化路径将不断加深。

科技的发展不能只是技术的进步，更要有人文关怀和社会担当。科技是人们追求美好生活的重要手段，而文化则是让其与生活联系更加紧密的黏合剂。要把握科技的人文性，为科技注入“情感”的含义。未来高科技产品将不只是当作一种工具，而是能与人类进行感情互动的生灵。产品设计者在设计产品时注重人性化，把情感融入设计中，考虑人们的日常生活习惯，使产品更加符合人类的情感需求。

（四）区块链技术变革文化金融

文化产业具有重创意、轻资产的特点，加上后期成本回收风险很高，导致融资成为文化产业发展的一大“拦路虎”。文化企业大的核心资产主要是知识产权、版权和收费权，而缺少土地、厂房等能作抵押的不动产。以区块链解决文化版权问题，探索区块链+文化领域，文化金融模式将得到改变。

首先，区块链技术可能成为金融服务的一种共性技术和"基础设施"。传统金融机构的互联网化和互联网金融模式开发将利用区块链进行变革，所以区块链技术首先将改变文化产业的金融服务模式。其次，区块链技术在版权管理领域有重要应用。文化产业的核心是内容产业，内容产业的核心是版权，而文化金融的基点之一就是版权资产。区块链以分布式存储解决了版权确权问题，提供包含所属权和时间戳的数字证据，多节点，不可逆，不可篡改，对权属认定具有单一主体认证模式不可比拟的优势，这对版权登记和保护进行了革命、不可篡改的特性保证了数据的安全和可信性。最后，可编程的智能合约保证了区块链上的文化资产拥有极大的流动性。科技和金融是当前文化产业发展的双驱动力，区块链作为一种金融科技，将文化金融和文化科技融合在了一起，对于文化产业意义重大。

（五）5G时代推进万物万联

随着5G网络的成熟和新的通信技术的进步，万物互联在未来几年内也将基本完成，实现人与人、人与物、物与物、人与服务的互联互通。第五代通信技术带来更快的传输率、更宽的网络频谱、更灵活的通信方式、更高的智能、更高的通信质量，传输速度可达10Gbps，比4G网络的传输速度快十倍到百倍，解决海量无线通信需求，将实现真正的"万物互联"。

工业互联网、能源互联网、车联网、物联网、太空互联网等新网络形态不断涌现，智慧地球、智慧城市、智慧物流、智能生活等应用技术不断拓展，将形成无时不在、无处不在的信息网络环境，对人们的交流、教育、交通、通信、医疗、物流、金融等各种工作和生活需求作出全方位及时的智能响应，推动人类生产方式、商业模式、生活方式、学习和思维方式等发生深刻变革。

（六）政策持续精准发力、实时跟进

政策为文化产业提供支持与解决制度性问题。文化科技方面，2016年起，人工智能领域建设已上升至国家战略层面，政府不断出台各种政策激励，并将其定位成我国未来产业升级和参与世界经济竞争的一项利器。2016年的《"互联网+"人工智能三年行动实施方案》、2017年的《新一代人工智能发展规划》《促进新一代人工

智能产业发展三年行动计划》。未来几年内，人工智能产业有望持续获得国家大力支持，预计更多细化政策将陆续出台，加速人工智能需求落地。数字文化产业方面，2017年3月，国际电信联盟正式发布手机（移动终端）动漫国际标准（标准号T.621），2017年4月，文化部出台《关于推动数字文化产业创新发展的指导意见》，国家层面针对数字文化产业发展给出宏观性、指导性政策，向全社会发出了鼓励数字文化产业发展的明确信号。文化大方向上，2017年，国家出台了一系列的文件，对于文化发展从传统的资源开发到今后各个层面的文化交流做了全面部署，文化发展到了新的节点和新的平台。文化金融方面，从2016年开始，文化创意和设计服务内容被纳入《国家重点支持的高新技术领域》。

2018年政策将会继续精准发力、实时跟进。第一，完善文化娱乐产品的内容监管，引导文化娱乐市场良性发展。文化产业领域放管服的核心是减少行政审批。第二，为企业参与文化产业创造机遇。民营企业、社会力量参与文化产品创造需要实现权利平等、机会平等、规则平等。第三，推进国有文化企业改革。要打破行政区划，按照市场规律来兼并重组，提高市场竞争力。

第三章　中国文化消费新特点与新趋向

改革开放以来，我国经济发展逐步驶入快车道，城镇居民消费水平和层次也不断提升，中国经济继续成为全球关注的焦点，尽管目前消费增速轻度放缓，但消费增长仍处在一个惊人的上升轨道上。预计到2020年，中国的消费市场仍将扩大约一半，达到6.5万亿美元的规模；未来5年中国消费市场所带来的2.3万亿美元增量，相当于当下德国或英国消费市场的1.3倍。[1]在消费创造经济发展新动力的同时，文化消费成为不容忽视的重点领域。文化产业的快速发展为文化消费的个性化、多元化发展提供了更加有利的市场环境，文化产品和服务供给成为满足老百姓文化消费需求和拉动经济增长的双引擎和新亮点。

一、我国文化消费整体情况

（一）文化消费总体水平稳步提升

国家的经济发展水平是影响居民消费的根本因素，居民消费的增长速度与经济增长呈现出正相关性。近年来，随着经济的快速发展，居民的消费意愿和消费能力不断增强，消费水平持续提升。而伴随着消费结构的升级，文化消费已经成为居民消费的重要组成部分，在消费总支出中所占的比重越来越大。近5年间，我国文化消费总体水平持续上升，文化产品和服务的种类逐渐丰富，消费渠道迅速拓展，消费环境整体改善，居民进行文化消费的积极性也在不断提高。国家统计局数据显示，2017年，全国居民人均消费支出18322元，其中，人均教育文化娱乐消费支出2086元，增长8.9%，占人均消费支出的比重为11.4%（见图3-1）。[2]中国文化消费

❶阿里研究院，波士顿咨询公司（BCG）. 中国消费趋势报告——三大新兴力量引领消费新经济[R]. 2015.

❷国家统计局. 2017年居民收入和消费支出情况[EB/OL].（2018-01-18）[2018-01-18]. http://www.stats.gov.cn/tjsj/zxfb/201801/t20180118_1574931.html.

指数（2016）[1]结果显示，我国文化消费综合指数持续增长，由2013年的73.7增至2015年的81.5，平均增长率为3.4%（见图3-2）。一级指标中，文化消费环境、文化消费意愿、文化消费能力指数、文化消费满意度均呈上升趋势，其中文化消费环境指数上升速度最快，年平均增长率为8.8%。[2]

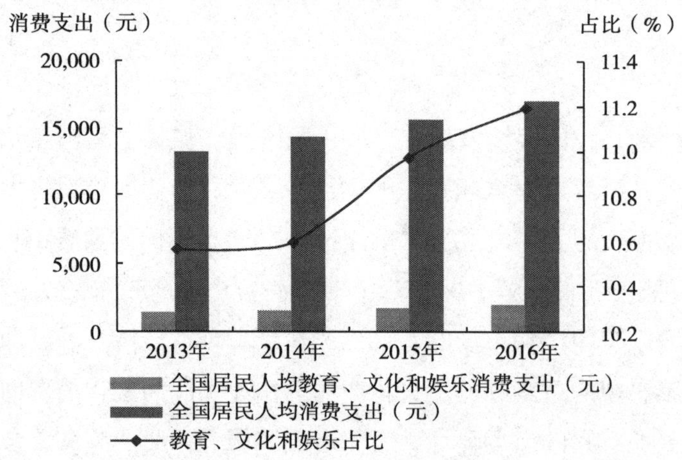

图3-1　教育、文化和娱乐支出在居民人均消费支出中的占比

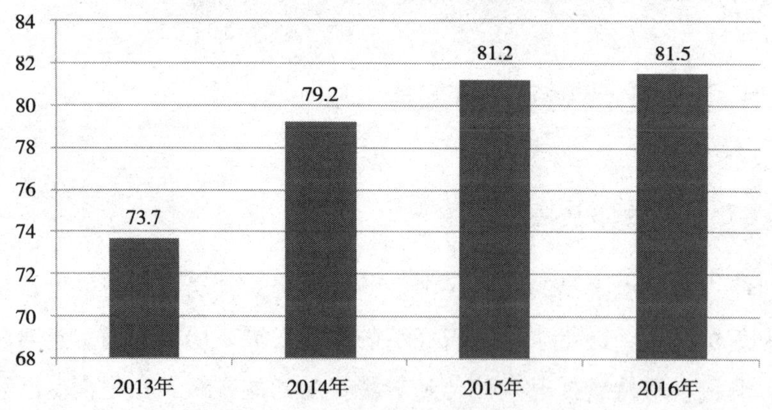

图3-2　2013—2016年中国文化消费综合指数

（二）文化消费与文化产业发展呈现较强的关联性

文化产业发展水平是影响文化消费的关键因素。文化生产为文化消费提供产品

---

[1] 中国文化消费指数结合国家相关统计数据及市场调研数据，通过对覆盖全国31个省市，涉及城乡、性别、年龄、学历等各类人群的文化消费数据进行综合分析及计算得出。

[2] 中国经济网．2016中国文化产业指数在京发布 综合指数北京位列第一[EB/OL].(2016-10-31)[2018-01-08]. http://www.ce.cn/culture/gd/201610/31/t20161031_17349618.shtml.

和服务，文化产业发展水平的提升为文化消费营造更加积极的环境；而文化消费是文化产业发展的根本动力，文化消费的趋势引导文化产业的发展方向。据国家统计局统计，2016年全国文化及相关产业增加值从2012年的18071亿元增加到30254亿元，在北京、上海、江苏、广东等多个省市，文化产业增加值占地区生产总值的比重已超过5%，成为当地的支柱产业。以"互联网+"为主要形式的文化信息传输服务业营业收入5752亿元、增长30.3%；文化艺术服务业营业收入312亿元、增长22.8%；文化休闲娱乐服务业营业收入1242亿元、增长19.3%。[1]网络直播、移动电竞、内容付费、文化+VR/AR、文化+康养等，既是文化产业发展中的亮点，也是文化消费领域的热点。在文化产业迅速发展、文化消费持续升级的同时，我们也应该看到，文化市场上存在着严重的供需结构性失衡。现阶段居民的消费需求，尤其是精神消费需求日益增长，中产阶级的崛起，更是对高品质文化产品和服务提出了新的要求。在当前文化产品和服务的供给中，有数量缺质量、有"高原"缺"高峰"的现象十分明显，供给与需求无法有效对接。供给侧结构性改革既是文化产业发展中面临的重大问题，也是引导和创造消费需求、扩大文化消费的重要途径。

（三）文化消费受居民收入和文化惠民双重影响

我国文化消费水平的提升与居民收入水平的提高直接相关，同时也受到政府行为和政策导向的重要影响。一方面，居民的收入水平是其文化消费能力的主要支持性因素。首先，居民的可支配收入水平越高，消费能力也就越强。其次，随着居民收入水平的提高，消费层次也会相应提升，消费结构发生变化，享受型、发展型、精神性消费增加。根据马斯洛的需求层次理论，只有在低层次的生理和安全需求得到满足后，人们才会产生社会、情感、尊重和自我实现等更高层次的需要。在居民整体生活水平提高、收入满足了基本物质需要之后，开始更多地追求精神上的满足，增加文化消费领域的支出。世界主要国家人均GDP达到8000美元标准后，都出现了消费升级的趋势，消费产品和服务向中高端升级，消费内容由基础性消费向娱乐性消费转移。根据国家统计局的数据，2016年我国人均国内生产总值已达53980元[2]（约合8400美元），为消费升级奠定了基础。另一方面，文化惠民也在很大程度

❶梁达．文化消费升势强劲 文化产业发展迅速[N]．上海证券报，2017-06-22.

❷国家统计局．中华人民共和国2016年国民经济和社会发展统计公报[EB/OL].(2017-02-28)[2018-01-08]. http://www.stats.gov.cn/tjsj/zxfb/201702/t20170228_1467424.html.

上拉动了文化消费。惠民文化活动不仅是对城乡居民基本文化权益的保障，还有助于培育文化消费习惯，营造文化消费氛围，使文化消费成为一种经济活动的“新常态”。各地政府通过发放文化消费卡、推出演出活动惠民专场，举办公益性的展览、讲座及“惠民文化消费季”“文化消费节”等多种手段和形式，引导居民树立文化消费意识，提高消费热情，在很大程度上刺激了文化消费（见图3-3、图3-4）。

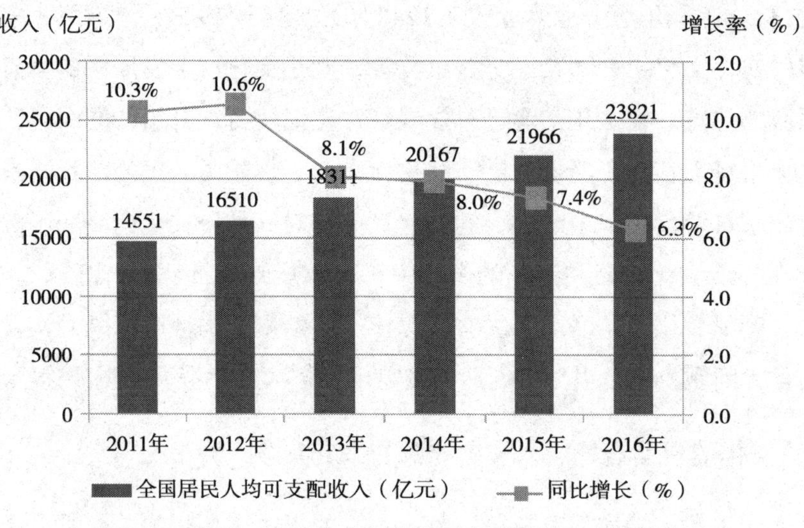

图3-3 2011—2016年全国人均可支配收入及实际增长率

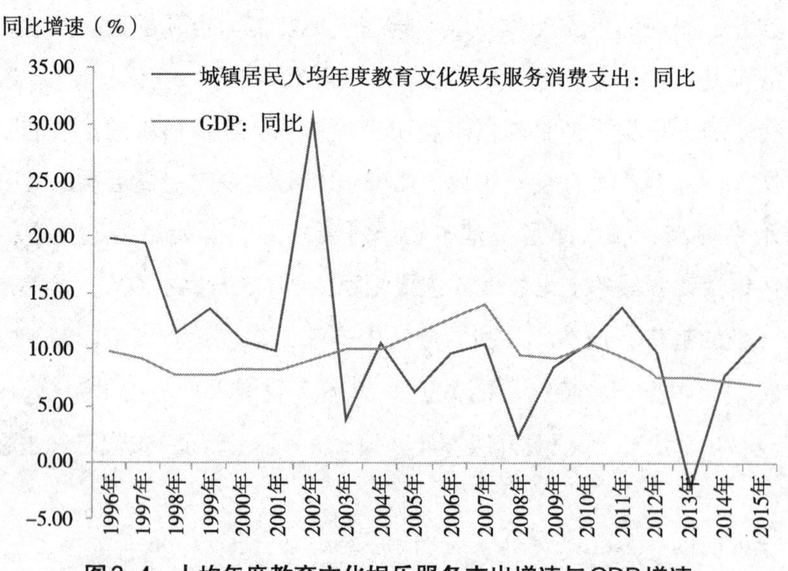

图3-4 人均年度教育文化娱乐服务支出增速与GDP增速

（四）文化消费市场仍有很大发展空间

尽管我国文化消费的总体水平持续上升，但我国的文化消费总量仍然偏低。在人均GDP同等水平下，我国文化消费规模仅为发达国家的1/3左右。[1]根据文化部发布的《中国文化消费指数》，我国文化消费的潜在规模为4.7万亿元，而实际消费仅为1万亿元，还存在超过3万亿元的消费缺口，大量消费市场潜力尚未释放。近两年来，文化消费的增长很大程度上是受政府补贴、惠民文化活动等消费刺激手段的影响，市场在文化消费中的主导作用仍不显著，文化市场还远未成熟。此外，从整体上看，我国的文化消费结构单一且层次偏低。除北京、上海、广东等发达省市之外，居民的文化消费仍主要集中在书籍、影视、健身、旅游等传统领域，休闲娱乐型的初级文化消费仍是主流，艺术欣赏、高端文化产品的消费能力不足。因此，我国的文化消费市场仍有很大发展空间，无论在市场规模、供给质量还是消费结构上都存在着明显的不足，但这同时也意味着巨大的发展潜力，尤其是新兴业态的发展、网络和数字文化消费的增长将成为文化消费发展的重要驱动力。

二、我国文化消费发展特点

与西方发达国家相比，我国文化消费的市场化程度较低，国家政策和政府行为在引导和扩大文化消费方面影响显著。2015年，国务院发布《关于积极发挥新消费引领作用加快培育形成新供给新动力的指导意见》，提出“新消费”这一重要理念，“点将”养老、教育、体育、旅游、文化和健身休闲等六大产业。2016年6月以来，文化部、财政部联合开展的“引导城乡居民扩大文化消费试点工作”取得了一定的成效，各地在探索扩大文化消费的制度设计和具体措施方面形成了一些经验，尤其是发放文化消费卡、举办惠民文化活动等方式对文化消费拉动作用显著。从总体上看，我国文化消费生态已经初步形成，传统业态转型升级的同时，新兴业态和新的消费形式成为文化消费增长的新引擎，尤其是线上辐射线下的互联网文化消费，发展势头迅猛；同时，各地区经济发展水平及文化资源禀赋、文化产业基础等

[1] 邱玥．文化消费如何补齐短板[N]．光明日报，2015-06-11.

方面的差异也导致其文化消费呈现出不同的特征。以下以首批国家文化消费试点城市为例，简要分析我国文化消费发展的突出特点。

（一）充满活力的文化消费生态初步形成

首先是文化基础设施的不断完善。从总体上看，我国文化消费设施体系日益健全，数量、层级、类型、功能逐步完善。如太原建立“文化商务区”模式，打造长风文化商务区，集中了山西大剧院、太原博物馆、太原美术馆、山西省图书馆、山西省科技馆等公共文化场馆，与周边配套设施共同构成了一个集文化、休闲、娱乐、购物于一体的商业文化消费综合体。这种产业集聚化、突出便捷性的文化消费新模式，既方便市民进行多种文化消费，又具有文化的濡染效应，极大地改善了太原市的文化消费氛围，培育了市民的文化消费习惯。苏州则加快打造城乡“10分钟文化圈”，优化了文化设施布局。株洲市级财政投资6.8亿元新建神农大剧院，已成为湖南省文化名片之一。在西部基础设施较为落后的市（区），文化消费需求快速增长与文化消费设施供给不足之间的矛盾比较突出，文化基础设施建设成为了首要任务。例如青海省黄南州规划建设文化体育项目110个，在“十三五”期间基本建成文化消费的设施网络体系。文化基础设施的不断完善为文化消费奠定了硬件基础。

其次是文化消费渠道的拓展和文化消费平台的建立。消费渠道是连接文化供给和文化需求之间的桥梁，更多元的文化消费渠道可以提高消费的便捷性，而消费平台则是提供综合性文化消费服务和进行大数据分析的重要载体。例如，深圳市福田区以“福田文体通”微信公众号为载体，将福田辖区的音乐厅、电影院、KTV、体育运动健身场所、艺术教育培训场所等各类公共文化资源及文化消费场所整合起来，为市民提供最新文体资讯，市民可以通过“福田文体通”享受场馆优惠预定、门票优惠预定、优惠报名等福利。重庆建设了全市公共文化物联网，建立了“1个市级总平台+40个区县分平台+960多个基层服务点”，已累计服务群众达305万人次。成都市搭建了文化消费综合服务平台“看度”App，进行文化消费信息发布以及消费评价数据统计。下载“看度”App、邀请他人成功下载、发布消费评价、在文化消费试点企业进行消费等均可获得“成都文化消费券”，消费券积累到一定量可在成都市文化消费试点企业抵用相应消费金额。消费渠道的拓展和消费平台的建立极大地方便了市民的文化消费，沟通了文化企业和消费者，为文化消费提供了软件支撑。

（二）惠民活动拉动文化消费作用明显

随着经济、社会的发展，以及人均收入水平的提高，文化消费在居民消费中所占的比重会越来越大。但就目前来看，文化消费市场还没有完全挖掘出来。举办惠民文化活动的一个重要目的，就是刺激文化消费行为，挖掘和释放文化消费的潜力，通过文化产业和文化消费结合、文化企业和广大居民双重收益的方式，调动市场积极性。举办“惠民文化消费季”，鼓励和刺激文化消费行为，是大多数试点城市普遍采用的模式。“惠民文化消费季”的主旨是让百姓乐享艺术生活，让群众成为文化消费主角，其中一个亮点是“文惠卡”的发放——文惠卡通过让企业打折，给消费者提供了一个以较低的价格享受多种形式、高质量的文化产品和服务的途径，为文化产业和文化消费搭建了一个企业与消费者之间的中间平台。这一模式试点推广后，取得了显著的效果，极大地刺激了文化消费，有力发挥了文化消费对经济增长的拉动作用。

例如，天津武清区开展了“乐享武清”文化消费季惠民活动，2016年发行文化惠民卡5000张，2017年将达到10000张。成都市投入1500万元购买社会服务，开展了文化惠民演出，吸引市民近100万人次。宁波市实行高雅艺术演出政府补贴制度，累计发放政府补贴6000多万元。同时各市加大文化消费的宣传力度，营造良好的消费氛围。例如，遵义市选定了四大类十三个消费品种的文化消费产品，在电视台及遵义日报上对项目合作商户进行了公告，吸引市民参与。武汉市则充分利用户外屏幕、文化广场、社区宣传栏等多种途径，加大对优质文化产品和服务的宣传推介。北京市第四届惠民文化消费季期间，参与的牵头机构达到190余家，组织开展各类活动21000余场次，吸引北京地区消费者7776.2万人次参与，累计实现直接消费金额160.8亿元，实际交易合同签约1.7万余项，完成交易金额34.4亿元，通过折扣、满减、买赠等方式，惠民总金额达到17.4亿元，各项指标与往届相比均有大幅提升。

（三）新兴业态领域文化消费快速增长

伴随着居民消费结构升级、专业化分工程度加深、新技术的突破和信息化的推进，我国生活性服务领域涌现出一批快速发展的新兴行业和新兴业态。代表性的有网络零售、快递、移动电子商务、跨境电子商务、健康服务、互联网金融、在线旅游、在线教育等。随着文化与科技融合成为我国近年来文化产业发展的一个突出特色和未来发展的新趋势，创意设计、网络文化、新兴电视媒体、数字广播、数字电视、数字电影、网络游戏、动漫、流动多媒体以及手机媒体等新业态领域的文化企业，开始成为文化消费领域的引领企业，这些企业及其主要业态的文化产品和服务，不仅为文化产业自身的发展带来了新机遇，也为我国扩大内需创造了新的消费增长点，更为我国转变经济发展方式、实现产业转型升级提供了重要支撑。

例如，长春市积极支持林田远达公司发展VR+文化创意、文化体验、安全教育等；支持太极禅健康文化交流有限公司发展植根于传统文化、符合现代消费需求的健康管理服务产业。深圳市福田区被确定为数字文化馆国家试点单位，积极先行先试，探索“互联网+公共文化服务”新模式：通过打造PC端、手机端、数字电视“三平台”，组建“四个中心”“五大资源库”“六个体验空间”，开展线上线下互动结合的文化馆数字文化服务，努力实现“让文化服务唾手可得、让文化管理运筹帷幄、让文化体验融入生活”三大目标。山西省图书馆3D打印文化创意公共服务平台结合3D打印技术，为文化创意小微企业提供云平台和“从设计到制造”的一站式解决方案，把文创产品真正带入生活，带动新兴文化消费。哈尔滨西城红场是国内首家集“产、学、商、艺、康、旅”于一体的美丽生活产业园，打造艺术与生活、艺术与商业相结合的新业态和新的消费载体，为市民文化消费提供更多样化的选择。

（四）地域特色和城市文化品牌凸显

在我国文化消费水平整体提升的同时，各地区之间由于经济发展水平、区位条件、文化资源禀赋、文化产业基础等方面的差异，呈现出各自的特征。首先是因地制宜地加强区域特色消费形态的培育，打造本地文化品牌。例如，泸州市深入挖掘“酒”文化这一核心文化创意元素，确立“酒+8”文化产业发展体系：着力发展设计服务业、现代传媒业、文化休闲旅游业、信息服务业、文化会展业，创新发展教育培训业、动漫游戏业和艺术品业，提升文化消费供给水平；发挥地方特色文化资源优势，推出大型音舞诗画剧《天赐泸州》、大型史诗话剧《蒋兆和》、大型原创川剧《报恩记》等拉动文化消费；突出当地特色民俗文化，发展农民演艺，使泸县农民演艺中心成为全国首家农村演艺中心。新疆石河子市围绕军垦文化、珠宝玉石文化，成立新疆生产建设兵团军垦博物馆、石河子奇石馆、“八一记忆”特色文化产业园区、新丝路文化军垦文旅小镇；举办军垦文化旅游节、冰雪旅游节、草原文化节、蟠桃节、奇石节、赏石文化高峰论坛等11个颇具影响力的本地节庆活动，先后推出了《兵团记忆》《我的娘·我的根》等重点剧目。盘锦市围绕“文化+农业”，突出饮食（稻作）文化，举办辽河口风情2017元宵节非遗展、中国（盘锦）苇艺草编创意设计大赛、辽河口特色小吃文化展、中国盘锦插秧节、中国盘锦二界沟开海节，以及大型情景演艺《印象辽河口》等活动，以会展节庆活动集聚人气、带动人流，扩大文化消费的受众面，2017年以来即实现消费约279万元。

其次是探索以城市场景为载体的活化文化消费。例如，北京市文化消费将举办活动和优化空间相结合，在活动内容上求增量，在消费空间上谋拓展。北京市设立东城文化人才（国际）创业园、北京电影学院文创园等“十大文化消费园区”，着力引导园区由传统商务服务功能向生产与消费并重的复合型园区升级。在上海市杨浦区五角场城市副中心的规划中，政府针对杨浦120万人口和五角场周边有14所大学的特殊优势，特别重视文化设施的前期预留。在由5栋独立建筑构成的万达广场上，聚集了万达影城、大歌星KTV、上海书城等文化设施，以及沃尔玛、巴黎春天、第一食品商店、黄金珠宝城、宝大祥等大型购物中心，二者彼此呼应，实现了吃、喝、玩、乐一条龙服务，为文化消费的整体推进提供了集群式场景。

（五）线上线下互动促进消费结构升级

随着互联网的普及和信息技术在文化产业中的广泛应用，文化消费领域也呈现出极强的“互联网+”趋向，消费结构不断升级。资讯发布、购票、补贴、积分等都可以在线上平台进行，而实际消费则往往发生在线下，通过线上辐射线下，搭建文化消费信息导引、文化企业宣传推广的平台，形成广泛、良好的社会文化互动。以芜湖市为例，其线上文化消费模式可以辐射市区近200万人口、40万个家庭，市民除了利用手机、电脑以外，还可以通过数字电视大屏等多种交互方式参与文化消费活动，形成了“政府专项+多屏互动+电商平台+文化消费”一体化长效运营模式。电视端、电脑端、手机端、微信端等都可以使用线上文化消费平台，提高了市民接触和使用平台的频率。而线上模式中的数字文化现实展示、手机实时兑现支付等功能的深度开发，也为丰富和拓展线上文化消费形式提供了探索。杭州市在线上利用国家文化消费服务平台，促进文化消费信息化、集成化，在线下建立和完善文化类消费信用体系，通过市民卡优惠、信用卡积分、打折等方式探索文化消费新模式。其以“文化共享”为主题，联合杭州文广集团，推出了“五个一”：一个微信服务号、一张文化通卡、一份电子文化消费指南、一个文化消费节和一份文化消费大数据；还与杭州日报合作，推出月度纸质版的《杭州文化消费指南》，以实现文化消费宣传渠道的多端融合。

由于“互联网+”技术天然具有的互通互联属性，文化消费的线上线下结合模式也具有多种不同渠道、关联不同企业，形成多种社会力量共同参与的局面。如牡丹江市仅以市文化广电新闻出版局网站、微信公众号“文化惠”和“文化消费App”三端为基础，就可以实现公共文化服务评价、文化活动信息分享、“文化惠”每日签到、动态消息带图片转发，以及参与公共文化服务活动等5种渠道获得积分，在试点企业消费可等同现金优惠。廊坊市通过开辟文化在线预约演出门票、古玩城网上商城、冀派微雕微店、景泰蓝网上商城、尚尚一号通网络平台等网络销售模式，结合文化企业实体店及各大商场商圈实体销售，推动文化消费进社区，也取得了很好的反响。北京市则针对线上消费便捷、多样、跨地域等特性，大幅增加网络文化企业数量和线上活动种类。第四届惠民文化消费季期间，当当网、掌阅iReader、优酷、爱奇艺等26家网络文化企业累计实现线上浏览量42.75亿人次、消费人次4994.12万，实现消费金额73.34亿元，在总消费金额中的比重达到46%，成为扩大文化消费、促进惠民惠企的重要渠道。

三、我国文化消费发展趋势研判

在沿海和大中城市的人均GDP超过20000美元以后，将日益呈现出像当今少数发达国家一样的文化消费“脱物化”的倾向，对进一步推动经济结构调整、拉动内需发挥越来越大的作用。[1]就我国目前文化消费的现状来看，人均可支配收入的不断增加、消费观念和消费习惯的进一步转变，将推动文化消费总量持续增长，消费结构进一步优化。未来，“随着模仿型排浪式消费阶段的基本结束，个性化多样化

[1] 齐勇锋. 文化消费的现状与发展趋势[J]. 前线，2015(3).

消费渐成主流”[1]，在传统业态进一步转型升级的同时，新业态将不断涌现，消费形态日渐多元化，向品质化、精细化、定制化方向发展。消费主体的结构发生变化，“新世代”消费者、儿童和老年消费群体将成为文化消费增长的强劲驱动力；同时，文化消费呈现出许多新的特征，向信息化、数字化、体验型、场景化的方向发展，健康与休闲养生文化消费将受到更多的关注。

（一）城乡居民推动文化消费两极化增长

随着我国经济的高速发展和居民收入水平的提高，越来越多的城镇居民步入了中产阶级的行列，带动了消费经济的发展。在物质需求日益得到满足的基础上，中产阶级开始越来越多地关注和追求内在的、精神层面的充实。尤其是25~40岁的新中产阶级，收入水平较高，教育背景良好，追求有品质、有态度、个性化的生活。而文化生活是展现生活方式、提升生活品质、满足精神需求、实现自我价值的重要载体。因此，新中产阶级的文化消费十分活跃，消费需求也十分多元化，推动文化消费市场的不断扩大，以及消费领域逐渐从音乐、戏剧、绘画等艺术领域扩展到饮食、时尚、运动、影视、动漫等更贴近日常生活的领域。2016—2021年间，上层中产（每月可支配收入12000~22000元）及富裕家庭（每月可支配收入22000元以上）数量将翻一番，超过1亿户，共同拉动75%的消费增长。[2]这一群体消费需求层次相对较高，青睐高附加值的产品以及生活方式类的产品和服务，对文化消费的需求也更加旺盛，将成为未来文化消费的中坚力量。上层中产及富裕家庭的消费需求和消费能力整体较高，是文化消费的主要群体，必须关注群体中的细分市场，针对不同的消费需求、消费心理及消费偏好，提供多元化、个性化、定制化的文化产品和服务。

在城镇居民文化消费快速增长、消费层次不断提高的同时，农村文化消费市场也在逐步扩大。从文化消费的形式来看，虽然看电视、听广播、打麻将、读书报仍是大多数农村居民文化消费的主要选择，但他们在观光旅游、体育与休闲娱乐、网络文化消费等方面的消费需求也在不断扩大。尤其是互联网覆盖率的提高和智能手机的普及，使农村居民也成了网络视频、网络直播等网络文化消费的群体之一。从

[1] 金元浦.我国文化消费的现状与发展趋势[J].中国国情国力,2016(12).

[2] 阿里研究院,波士顿咨询公司(BCG).中国消费新趋势:三大动力塑造中国消费新客群[R].2017.

总体上看，农村居民的文化消费需求日益凸显，但市场发育程度较低，能够满足农村居民消费需求、适应其消费能力和消费特点的文化产品和文化消费方式仍然十分有限。因此，一方面要不断提升基层公共文化服务水平、完善公共文化服务体系，丰富文化产品和服务的供给，提高县级图书馆、文化馆、乡镇综合文化站等文化设施的使用率，保障农村居民的基本文化权益；另一方面，必须充分考虑城乡居民在知识水平、生活习惯和消费偏好方面的差异，针对农村居民的文化消费需求，提供其真正需要、易于接受、喜闻乐见的文化产品和服务，充分调动农村居民进行文化消费的积极性，扩大农村文化消费；同时，还要将刺激文化消费行为与培育文化消费习惯相结合，在通过消费补贴和惠民活动直接拉动文化消费的同时，通过宣传、教育和引导，推动农村居民文化消费由较低层次的消遣型、娱乐型消费向高层次的知识型、发展型、智能型消费方向发展。

（二）"新世代"消费者引领文化消费新潮流

"新世代"（出生于1980年及以后）消费群体成长势头强劲，正在逐渐成为推动文化消费增长的另一股重要力量。年青一代的中国消费者的整体消费能力和消费欲望比他们的"上一代"（出生于1950年至1979年之间）消费者更强。预计在2016—2021年间，"新世代"消费力的同比复合增长率为11%，是上代增长率的两倍有余；同期"新世代"消费的增长贡献比将达到69%，而"上一代"贡献比仅为31%。[1]由于特定的社会历史背景和充满挑战的经济发展环境，"上一代"消费群体之中普遍存在着"高储蓄、低消费"的消费观念和消费习惯，其消费水平的增长速度滞后于财富增长的速度。而年青一代的消费观念更加开放，在收入的支配上也更加自由，尤其是享受型、休闲娱乐型消费的比重大幅增加。"游戏控""潮范儿""二次元"等一系列标签代表了这一群体所崇尚的消费文化，体现了该群体的偏好特征。在文化消费的内容方面，"新世代"更关注时尚、个性、富有创意的文化产品和高品质的文化服务，例如博物馆文创产品、网络文学及其衍生产品、特色主题旅游等，同时，他们也更乐于接受新的消费场景；在文化消费的业态方面，"新世代"是动漫、游戏产品的主流消费群体，是数字创意产业、互动娱乐产业及其他文化产业新兴业态发展的重要推动力量；在文化消费的载体方面，网络和新媒体是

---

[1] 阿里研究院，波士顿咨询公司（BCG）. 中国消费新趋势：三大动力塑造中国消费新客群[R].2017.

"新世代"进行文化消费、参与文化生活的主要平台，尤其是手机、智能设备等移动终端已经成为他们关注文化资讯、进行网络购票和参与社群互动的首选媒介。未来，"新世代"将成为文化消费市场的主导力量和文化消费趋势的引领者，尤其是"90后"和"00后"，随着消费能力的不断增强，将逐渐成为推动新业态发展和消费方式不断更新升级的主力军。

（三）儿童及老年群体成为文化消费增长新动力

当前，儿童和老年人消费市场随着我国消费群体年龄层级变化而凸显出强劲的增长趋势，针对差异化消费的文化产品和服务越来越受到关注。一方面，儿童文化产业迅速发展，儿童文化消费市场正在扩大。在我国家庭消费支出中，儿童消费占了很大一部分，尤其是"80"后"90"后的父母，在孩子身上的投入越来越多，且服装、食品等基本生活必需品的消费比重下降，儿童教育、娱乐等文化消费比重上升。从幼儿早教产品、陪伴型机器人、玩具和互动娱乐产品、儿童读物（绘本）、儿童戏剧到儿童乐园、儿童职业体验、少儿艺术教育，产品和服务的种类越来越丰富，已经成为文化消费市场的重要组成部分。"松松小镇"是国内首家儿童文化生活主题广场，集儿童文化、教育、娱乐、体验、休闲、餐饮于一体，内设43个项目，几乎可以满足0—14岁孩子们所有日常生活需求。市民既可以在网上购买198元的套票，也可以现场购买单项票，许多家长每个月甚至每周都会带孩子前来，形成了长期消费。据中国儿童产业研究中心调查，80%家庭儿童支出占家庭支出的30%—50%。2016年全国居民人均支出1.7万元，家庭夫妻2人则为3.4万元，儿童支出占比取30%，则每年支出为1万元，对应儿童大消费市场规模1万亿元。假设全国居民人均支出按9%增长，儿童支出占家庭支出的30%，则到2020年，幼儿大消费市场规模1.45万亿。[1]目前，儿童文化产业仍处于"青春期"，儿童文化消费市场发展空间巨大，尤其是科技型、智能型儿童文化产品和各种体验类、成长教育类的文化服务，将成为新的消费热点。

另一方面，老年人消费能力的提升和消费习惯的转变正在推动"银发经济"的发展。随着我国人口结构的日益成熟，老龄化进程正在加速。国家统计局最新数据

---

❶智研咨询.2018-2024年中国儿童大消费市场调查与行业发展趋势报告[EB/OL].(2018-01-08)[2018-01-10]. http://www.ibaogao.com/baogao/010R302392018.html

显示，截至2015年年底，我国60岁以上人口升至2.2亿，占比16.1%。过去10年间，中国老年人口的收入增加明显，消费结构已经出现从生存型向文化休闲型转变，针对老年市场的文化旅游、休闲养生和娱乐项目等市场前景十分广阔。据全国老龄委一项调查显示，目前我国每年老年人旅游人数已经占到全国旅游总人数20%以上，已成为仅次于中年旅游市场的第二大旅游市场，旅游收入达到上百亿。[1]老年消费市场，尤其是养老、旅游与文化相融合的领域是产业发展的“蓝海”所在。旅游与文化、旅游与康养相结合的精品旅游路线、休闲养生产品和服务是老年旅游市场的开发热点。电影市场上也越来越多地出现老年人的身影，去电影院看电影开始成为不少一线、二线城市老人的娱乐消费选择。老年人闲暇时间较多，一定程度上可以填补影院白天低上座率时段的空缺，但目前市场上的电影在题材和内容的选择上主要迎合年轻人的喜好和审美，适合老年人观看的电影较少。出行不便、视力听力条件差以及对新兴购票渠道和操作方式不熟悉等因素都在很大程度上制约着老年人的电影消费。就目前来看，老年人文化消费的形式仍然相对单一，除了传统的图书、影视、旅游等消费类型之外，“广场舞”也深受老年群体的欢迎，但其中存在着不少问题和矛盾。未来，文化市场应根据老年人的身心特点和特殊消费需求，开发更有针对性、更具特色、更加丰富和多元化的产品和服务，提供更加便利、友好的设施和消费渠道，充分挖掘老年消费群体的消费潜力，撬动“银发经济”的发展。

（四）信息化、数字化文化消费成为新的增长极

信息技术的发展，尤其是数字化、虚拟现实、人工智能等技术在文化产业领域的运用，推动了文化消费的变革，改变和重塑了人们的消费习惯、消费方式和消费渠道。首先是消费内容的变化。互联网的出现为网络文学及其衍生品、网络直播、移动电竞等具有网络文化特征的产品和新兴业态的出现、发展和传播奠定了基础。网络文化消费的一个重要特征就是消费者同时也可以是内容的生产者。网络平台上出现了越来越多的用户原创内容（User Generated Content），网络用户在浏览网上内容的同时，也可以将自己原创的内容通过网络平台进行展示或者提供给其他用户，网络的交互作用得以充分体现。例如，网络直播的出现让“草根”成为“主角”，

---

[1] 魏金金. 2.2亿老年人文化消费市场 到底如何撬动？[EB/OL].(2016-04-07)[2018-01-10].http://www.ce.cn/culture/gd/201604/07/t20160407_10237675.shtml,

重新定义观看与被观看的关系，以及群体参与和互动的方式。网络文化产品具有很强的开放性和交互性，呈现出大众化、多元化的特征，但一定程度上也具有低俗化、过度娱乐化的倾向。未来，网络平台上将出现越来越多新内容和新形态的文化产品，多元文化交融共生，但同时也面临着更加严峻的监管形势，必须建立适应互联网传播特点和用户创造内容趋势的内容监管机制。

其次是消费渠道的拓展和消费载体的创新。互联网的发展，尤其是移动互联网的迅速普及为数字文化消费异军突起奠定了基础。互联网平台具备资讯发布、动态展示、在线营销、线上交易等功能，尤其是线上支付、线下消费的形式便利了商家和消费者，实现了线上线下一体化。消费者可以通过手机App、公众号等多种渠道购买图书、电影票、演出票等，而企业则可以通过大数据和云计算对消费者需求进行精准定位。此外，文化与科技的融合发展、新技术的广泛运用为文化内容提供了全新的载体和媒介，在孕育新兴业态的同时，推动传统产业转型升级，丰富了内容的表现形式和传播渠道，创新了用户界面。《文化部关于推动数字文化产业创新发展的指导意见》指出，数字文化产业具有技术更迭快、生产数字化、传播网络化、消费个性化等特点，有利于培育新供给、促进新消费。动漫游戏、网络文学、网络音乐、网络视频等数字文化产业迅速发展，正在崛起为文化消费的主流。中国互联网络信息中心（CNNIC）发布的第40次《中国互联网络发展状况统计报告》显示，截至2017年6月，我国网民规模达到7.51亿，互联网普及率为54.3%；手机网民规模达7.24亿，网民中使用手机上网的比例达96.3%。网民中的网络游戏用户规模达到4.22亿，营收规模显著增长，游戏与IP产业链上其他环节的联动日益加深；网络视频用户规模达5.65亿，用户付费、衍生产品迅速发展，视频网站盈利模式多元化。未来，数字文化消费的范围与深度将会进一步扩大，成为文化消费的主流。企业既要通过内容的优化、软硬件的升级和产品功能的创新，进一步提升用户体验；还要把握知识产权环境和用户付费习惯，创新数字文化产品的付费模式，进一步挖掘消费潜力与市场价值。

（五）体验型、场景式文化消费形成常态

随着科技的不断进步和人们消费观念、消费需求的变化，不同行业、不同领域都出现了消费的持续升级。在文化消费领域，体验型、场景式的文化消费越来越普

遍。人们不再满足于传统的文化消费形式，不再停留在单一产品的购买或单纯的阅读、观看的层面上，而是越来越注重参与性、互动性，注重消费的场景和整体感受，追求情感上的共鸣和精神上的满足。首先是科技带来的感官体验和互动方式升级。通过智能设备的使用，全息投影、VR、AR等技术手段的综合运用，实现虚拟与现实的结合，增强多维度感官刺激，带来了更丰富的视听感受和“身临其境”的现场感，如VR虚拟世界、多媒体3D舞台剧《三体》《盗墓笔记》等。

其次是场景营造所产生的带入感和深度体验。例如，沉浸式戏剧《不眠之夜》设置了酒店房间、酒吧、医院等一系列生活化的场景，通过道具、音乐、气味、观众的“流动”以及观众与演员的互动，打破真实与表演的界限，让观众成为“剧中人”，同时结合商业和餐饮，创新社交娱乐的方式。西西弗书店、方所书店、单向空间等依照主题和生活场景进行书籍分类，打破传统书店按书籍类型划分的空间格局和摆放方式，将文创产品、家居用品有机融入书店布局中，实现书籍阅读与销售、文创产品售卖、艺术普及教育、互动体验等多种功能的结合，营造开放式、立体化的生活美学空间，推动实体书店向综合型文化体验空间转化升级，引领新的消费方式和生活方式。

此外，文化与旅游的深度融合推动体验型消费的发展。风格多样、各具特色的民宿已经成为许多游客出行的首选，这种住宿方式不仅让游客更贴近当地的自然和人文风貌，感受民宿主人的热情与服务，在建筑设计、餐饮、服务设施等方面也通过与乡土文化、农耕文化、传统文化、少数民族文化的结合，为游客营造了别致的居住场景和文化氛围，让游客体验不一样的生活方式。在旅行中，传统的“走马观花”式旅游已经逐渐被丰富多彩的互动体验项目所取代，游客可以观看和学习扎染、夏布织造、风筝制作等非遗技艺，体验各地的传统民俗、传统戏曲以及古法手工制作食物、器物等，既增强了旅行的趣味性，又提升了文化内涵。随着消费的进一步升级，文化消费的精神属性将越来越突出，将会出现更多个性化、复合型、体验型、交互式的文化产品和服务，满足人的多维度感官需求与深层次心理和情感需求。传统的、单一形态的文化消费模式将失去竞争力，只有通过场景的营造，将产品、服务、空间设计、文化氛围与品牌价值有机结合起来，全面提升用户体验，才能赢得市场。

（六）健康与休闲养生文化消费成为新的消费热点

文化产业与体育、康养产业融合发展，健康与休闲养生消费增加是我国文化消费发展的另一大趋势，其中既包括与养生、养老、康体直接相关的消费，也包括其他以绿色、健康生活方式为主题的多种文化消费形式。一方面，老年人消费市场日益扩大，养老产业及相关的各种服务业迅速发展。世界卫生组织研究显示，当一个国家的人均GDP达到5000美元时，养生产业将迎来井喷式发展，而2011年我国人均GDP已达5414美元，养生产业进入黄金发展期。[1]《关于加快发展养老服务业的若干意见》《关于促进健康服务业发展的若干意见》《关于推进医疗卫生与养老服务相结合指导意见》及《关于印发中医药健康服务发展规划（2015—2020年）的通知》等一系列政策文件的发布，明确了政策导向，为养老及健康产业的发展提供了保障。除了硬件设施的完善和服务水平的提高，老年人的精神需求和文化生活也越来越多地受到关注，养老与智慧医疗、特色旅游、休闲娱乐的结合已经成为趋势，市场发展潜力巨大。

另一方面，养生理念与健康的生活方式已经渗透到生活的方方面面。养生文化与中医药文化、饮食文化、禅文化及太极、瑜伽等运动方式充分结合，产生了多种以健康与养生为主题的消费形态。以慢生活、健康生活为特色的民宿、农庄，各种养生会馆、禅修会所，倡导绿色、健康的健身步道、骑行路线，有机蔬果的种植、采摘及其他休闲养生活动和体验项目越来越受到市场的青睐。未来，成长起来的新中产阶级在健康生活方面的投入将会越来越大，康养产业与文化产业、旅游产业、体育产业的融合将会更加深入，休闲养生及相关领域的文化消费将成为新的消费热点。在医疗设备、休闲设施等硬件更加完善的同时，产品和服务的文化附加值与创意含量也将进一步提升，全方位地满足消费者的生理需求和精神需求。

---

[1] 卢嘉瑞，薛楠．中国文化消费需求的六大新趋势[J]．消费经济，2013(5)．

第四章　中国创意城市研究报告

一、中国创意城市概况

（一）创意城市概述

城市是政治、经济、文化的集中展示窗口，是社会发展的重要平台。21世纪，随着城镇化进程的进一步推进，我国城市无论是在规模上还是在数量上都达到了空前的程度。近70年来，我国城市化率自1949年的10.64%增长至2016年的57.35%（见图4-1）。

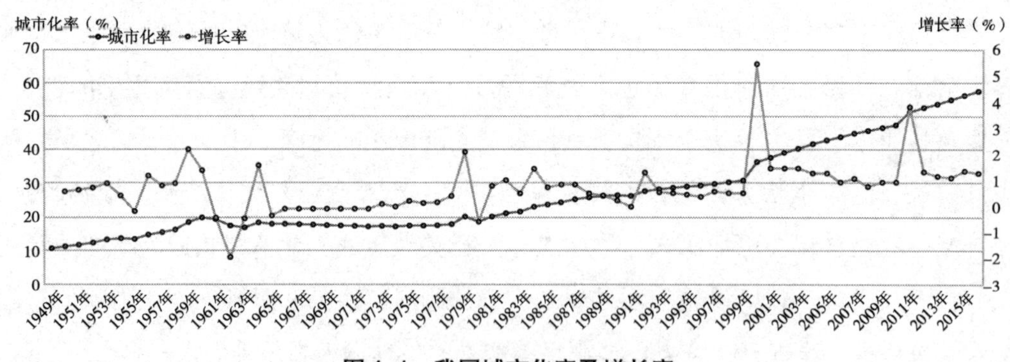

图4-1　我国城市化率及增长率

数据来源：百度文库[1]

随着城镇化进程的逐步推进，人口集中、产业集聚同不合理的城市规划、用地浪费之间的冲突日益激烈，城市发展的瓶颈已经显现。土地资源紧张，有限的土地供应难以满足城市的横向扩张，“摊大饼式”的城市建设模式难以为继；不断扩大

---

[1] Lwfgp1211. 中国城市化率统计数据（1949—2016）[EB/OL].（2017-03-13）[2018-01-02].https://wenku.baidu.com/view/aa5d0d3911661ed9ad51f01dc281e53a580251d3.html.

的城市规模和支离破碎的道路交通网路，致使交通拥堵日益严重、通勤时间和成本不断增加；城市功能高度集中、环境恶化、文化消弭等问题，使得城市居民的生活质量日益下降，宜居度下降，幸福感缺失。

在此背景下，“创意城市”的概念逐渐进入人们的视野。虽然在城市发展过程中很早就曾孕育了创意的土壤并产生了创意实践，但创意城市的概念直到2004年才由英国经济学家汤姆·坎农在“首届世界大城市带发展高层论坛”中提出。坎农指出：“创意城市，就是大城市发展中必须注重人的创造力，依靠人的力量提高城市竞争力”“城市不仅仅是砖块，更应该是人民释放创造力的舞台——这是城市发展中的软因素，塑造城市的生命和未来”“城市发展的基本单元不单是道路、桥梁，更包括专业人士、技术人才、科学家在内的每一个人”[1]。在这个视角下，创意城市不仅仅是一个城市发展或规划概念，更是一个经济学概念、文化学概念或社会学概念。同年，联合国教科文组织创意城市网络建立，“创意城市”理念对城市发展的指导意义越来越得到世界各国的重视。

随着经济全球化和文化多元化进程的不断加快，世界城市发达城市正在由“工业型城市”向“消费型城市”或创意城市转变。目前，我国创意城市建设方兴未艾，受“创意城市理念”的影响，我国城市发展的理念、模式和路径发生了深刻的变化。创意城市不仅从目标定位、产业发展和空间布局改变了城市的发展模式，而且从社会网络、文化体验和公共政策三方面重构了城市的发展路径，为城市建设寻找到了新的突破口。创意城市强调通过文化创意破解城市发展难题，激发城市发展活力、文化创造力和居民参与感，探寻城市发展新思路，开拓城市发展新空间和产业升级新领域，从而推动城市复兴、延续城市文脉，实现可持续发展。这也符合十九大报告提出的社会主要矛盾变化中的“人民对于美好生活的向往”这一现实要求。

（二）联合国创意城市网络

联合国教科文组织创意城市网络（UNESCO Creative Cities Network，UCCN）始于2004年，汇集全球以创意为策略推动可持续发展的诸多城市，旨在促进创意城市在“文化与发展”和“可持续发展”框架下建立共同发展的伙伴关系，推动全球创

---

[1] 向勇，周城雄．创意城市的概念和产生背景[J]．建筑文化．2007(8)．

意城市之间的交流与合作，加速全球范围内经济复苏进程。同时，提升创意产业发展的发展水平，推动文化多样性的传承与保护。创意城市网络涵盖手工艺与民间艺术（crafts & folk art）、设计（design）、电影（film）、美食（gastronomy）、文学（literature）、音乐（music）和媒体艺术（media arts）7个类别。加入创意城市网络，不仅可以促进城市创意产业发展，还可以同其他创意城市共享成功经验和发展成果。目前，已经有72个国家和地区的180座城市入选。

自2008年至今，我国已有12座城市分五批先后入选（见表4-1）。第一批城市在2008年入选，共一个，深圳市入选设计之都。第二批城市在2010年入选，共两个，其中，上海市入选设计之都，成都市入选美食之都。第三批城市在2012年入选，共两个，其中，杭州市入选手工艺与民间艺术之都，北京入选设计之都。第三批在2014年入选，共三个，其中，景德镇入选手工艺与民间艺术之都，苏州入选手工艺与民间艺术之都，顺德入选美食之都。第四批在2017年入选，共四个，其中，长沙入选媒体艺术之都，澳门入选美食之都，青岛入选电影之都，武汉入选设计之都。

表4-1 入选创意城市网络的中国城市

名称	类别	入选年份	备注
深圳	设计	2008	第一个加入“创意城市网络”的中国城市
上海	设计	2010	
成都	美食	2010	第一个获此称号的亚洲城市
杭州	手工艺与民间艺术	2012	中国首个获此称号的城市
北京	设计	2012	
景德镇	手工艺与民间艺术	2014	
苏州	手工艺与民间艺术	2014	
顺德	美食	2014	
长沙	媒体艺术	2017	中国首个获此称号的城市
澳门	美食	2017	
青岛	电影	2017	中国首个获此称号的城市
武汉	设计	2017	

数据来源：网络资料整理

（三）创意城市整体表现

（1）经济保持平稳运行，发展质量和效益进一步提高。我国创意城市经济运行总体平稳，各城市的国内生产总值保持平稳或较快增长，整体经济实力和竞争力不断提升。在2016年中国主要城市GDP生产总值排名前15中，有上海、北京、深圳、苏州、武汉、成都、杭州、青岛、长沙、佛山（顺德）共10座创意城市（见图4-2、表4-2）。同时，社会消费品零售和外贸进出口也保持平稳较好发展（见图4-3）。

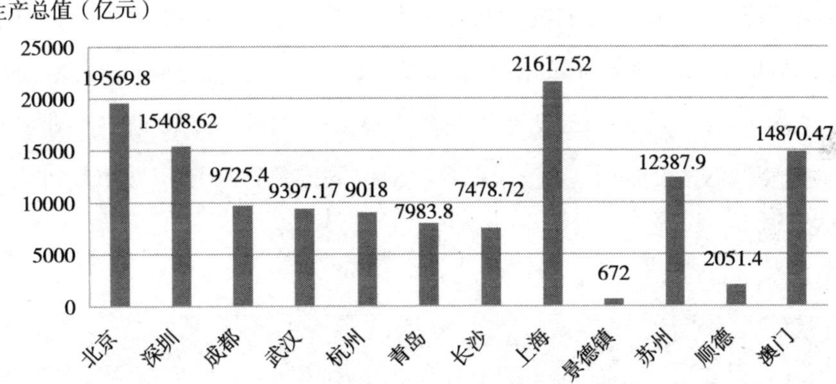

图4-2　2017年我国创意城市前三季度国内生产总值

数据来源：公开资料整理

表4-2　2016年中国主要城市GPD排名

排名	城市	省内排名	GDP（亿元）	增长率	人口（万）	人均GDP（万元）	人均排名
1	上海	上海	26688	6.7%	2425	11.01	22
2	北京	北京	24541	6.7%	2168	11.32	20
3	广州	广东1	20004	8.2%	1667	12.00	13
4	深圳	广东2	19300	9.0%	1077	17.92	3
5	天津	天津	17800	9.0%	1516	11.74	16
6	重庆	重庆	17010	10.7%	3001	5.67	72
7	苏州	江苏1	15400	7.5%	1060	14.53	5
8	武汉	湖北1	11913	7.8%	1033	11.53	19
9	成都	四川1	11721	7.5%	1442	8.13	43
10	杭州	浙江1	11700	8.0%	889	13.16	8

续表

排名	城市	省内排名	GDP（亿元）	增长率	人口（万）	人均GDP（万元）	人均排名
11	南京	江苏2	10450	9.0%	821	12.73	10
12	青岛	山东1	10100	9.0%	871	11.60	18
13	长沙	湖南1	9309	10.7%	731	12.73	9
14	无锡	江苏3	9157	7.5%	650	14.09	7
15	佛山	广东3	8600	8.3%	720	11.94	14

数据来源：2016年中国主要城市GDP百强榜❶

（2）财政收支保持较高增长速度，固定资产用于文化创意产业和基础设施建设的比例日益提高。创意城市的财政总收入保持平稳增长，其中地方一般性公共预算收入保持高速增长，大部分城市在10%以上，上海市公共预算收入增速更是高达16.1%（见图4-4）。固定资产投资发展势头良好，大部分城市第三产业固定资产投资占总固定资产投资的一半以上（见图4-5）。固定资产中用于城市基础设施建设的比例有所提高。

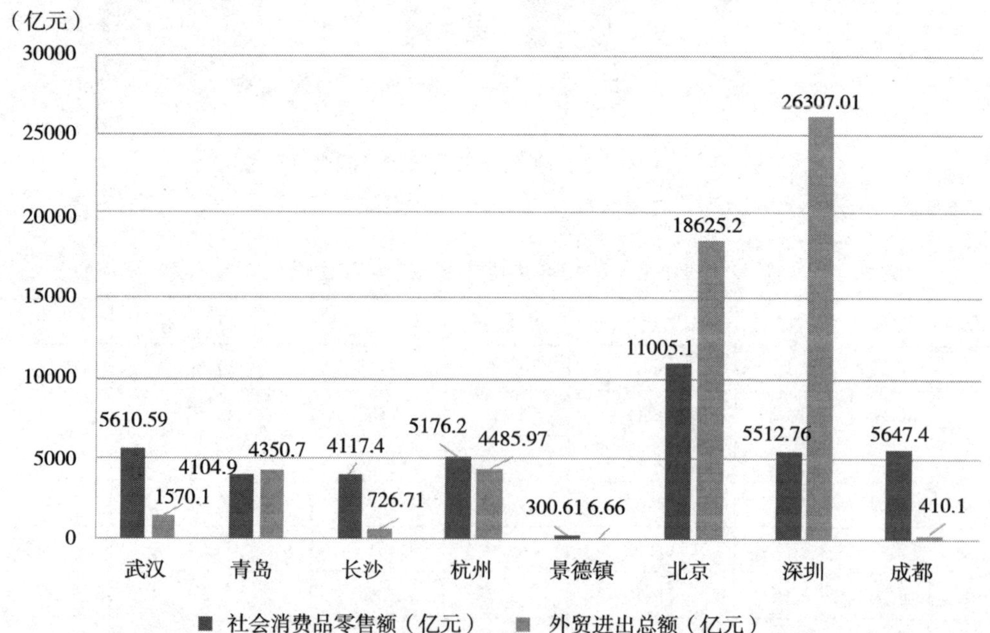

图4-3　2016年部分创意城市社会消费品零售额和外贸进出口总额

数据来源：公开数据整理

❶fx065. 2016年中国大陆主要城市GDP百强榜.（2017-02-06）[2018-01-20]. https://wenku.baidu.com/view/575d4ee30342a8956bec0975f46527d3240ca6da.html.

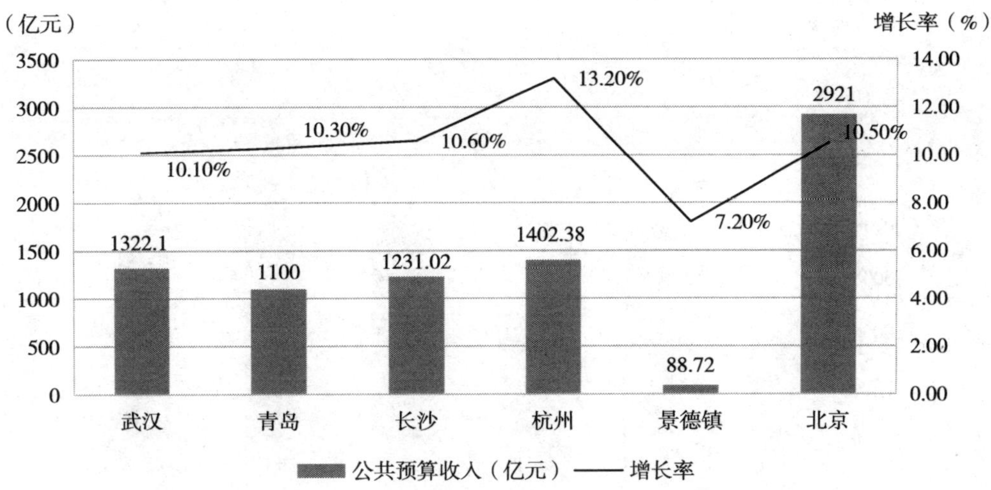

图4-4　2016年部分创意城市地方一般公共预算收入及增长率

数据来源：公开数据整理

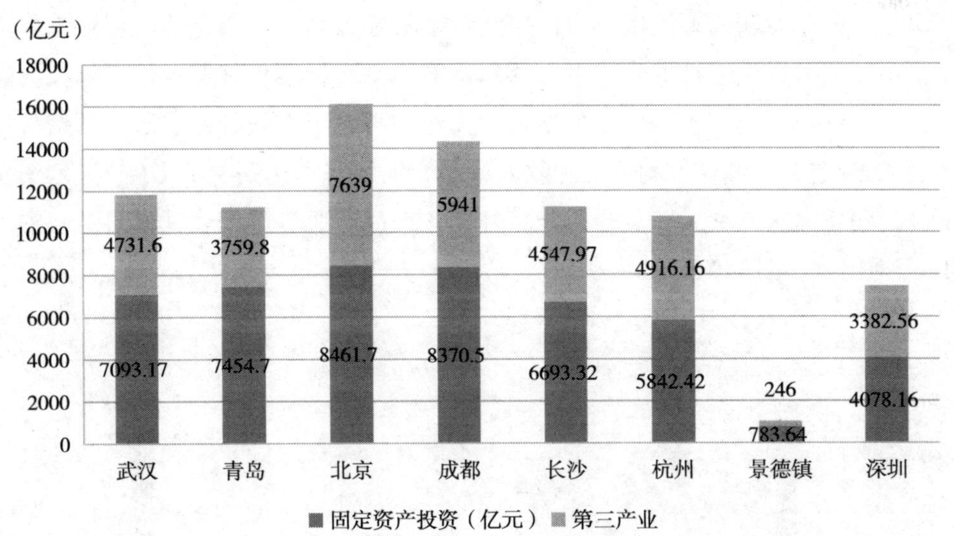

图4-5　2016年我国部分创意城市固定资产投资额

数据来源：公开资料整理

（3）产业活力逐步增强。供给侧结构性改革进不断深化，经济结构优化升级进程不断加快，“三去一降一补”重点任务得到进一步贯彻落实，金融业、信息服务业、商务服务业、文化创意产业等现代服务业保持较快增长。其中，第三产业，尤其是创意产业作为新的经济增长点对经济发展的贡献和带动作用日益提升，并且日益成为创意城市调整产业结构、转变经济发展方式的重要抓手和动力源（见图4-6）。

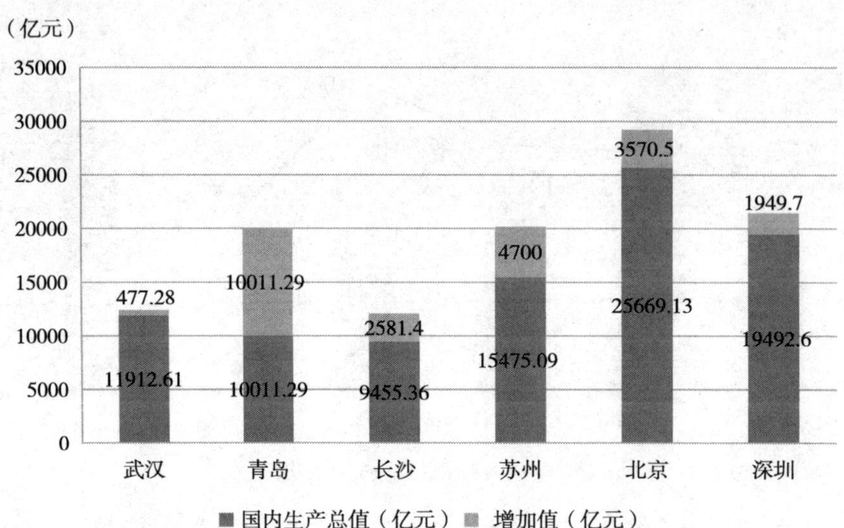

图4-6 2016年部分创意城市文化创意相关产业增加值及国内生产总值

数据来源：公开数据整理

（4）着力保障和改善民生，市民生活水平不断提高。社会保障和就业工作不断加强，不断完善居民医疗保险制度、住房保障体系、社会养老服务体系等社会保障体系。新增就业岗位有不同程度的增加、失业率得到了有效控制、居民消费价格涨幅控制在2%左右，城乡人均可支配收入不断增加，基本达到3万以上，人均消费水平提高，消费需求旺盛，尤其是对于精神文化产品和服务的消费需求日益强烈（见图4-7、图4-8、图4-9、图4-10）。

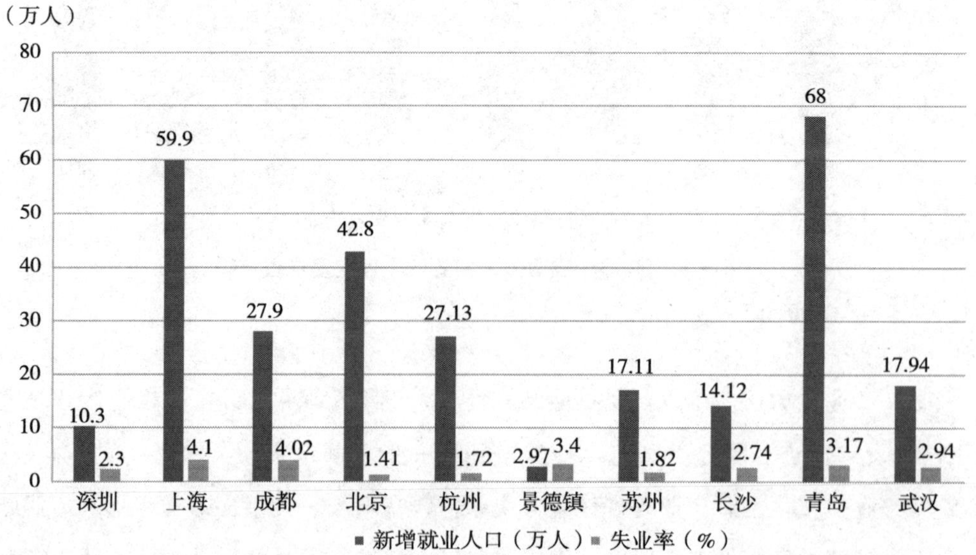

图4-7 2016年部分创意城市新增就业人口和失业率

数据来源：公开资料整理

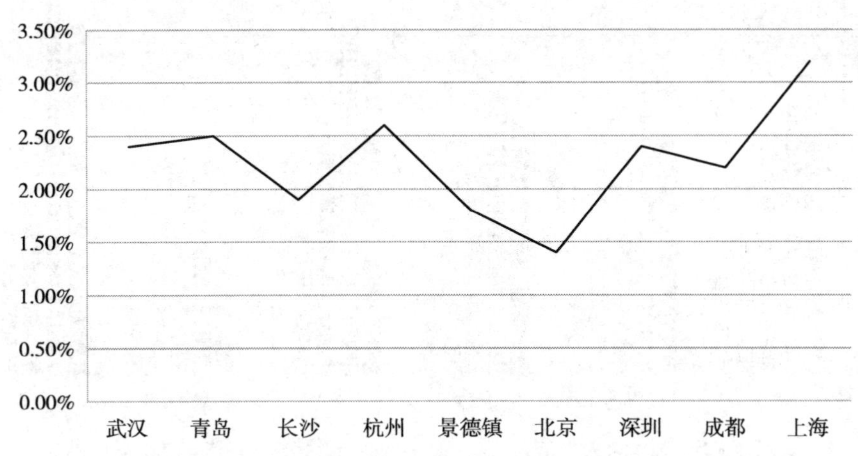

图4-8　2016年部分创意城市居民消费价格涨幅

数据来源：公开数据整理

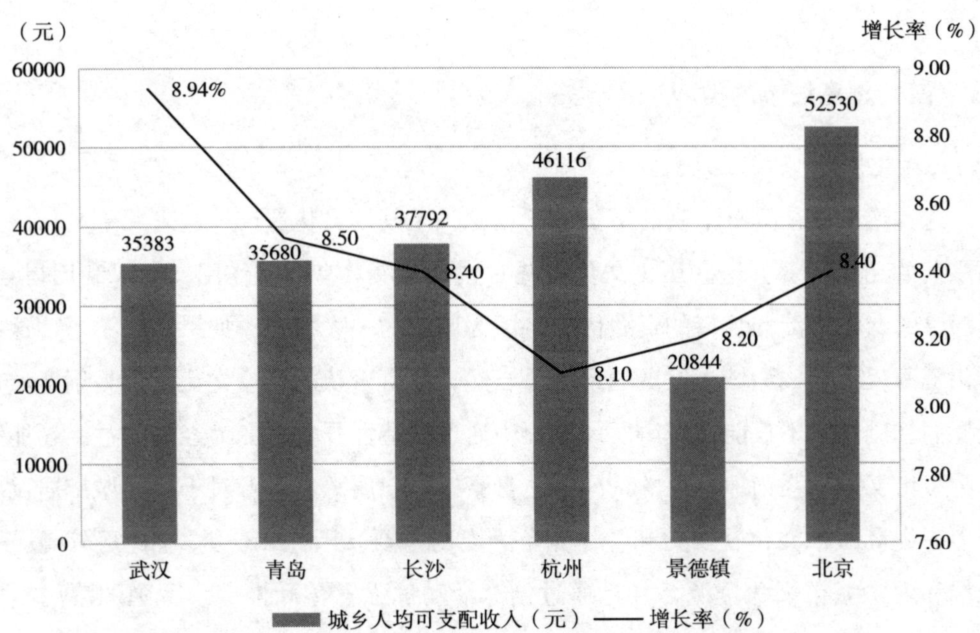

图4-9　部分创意城市城乡人均可支配收入及增长率

数据来源：公开数据整理

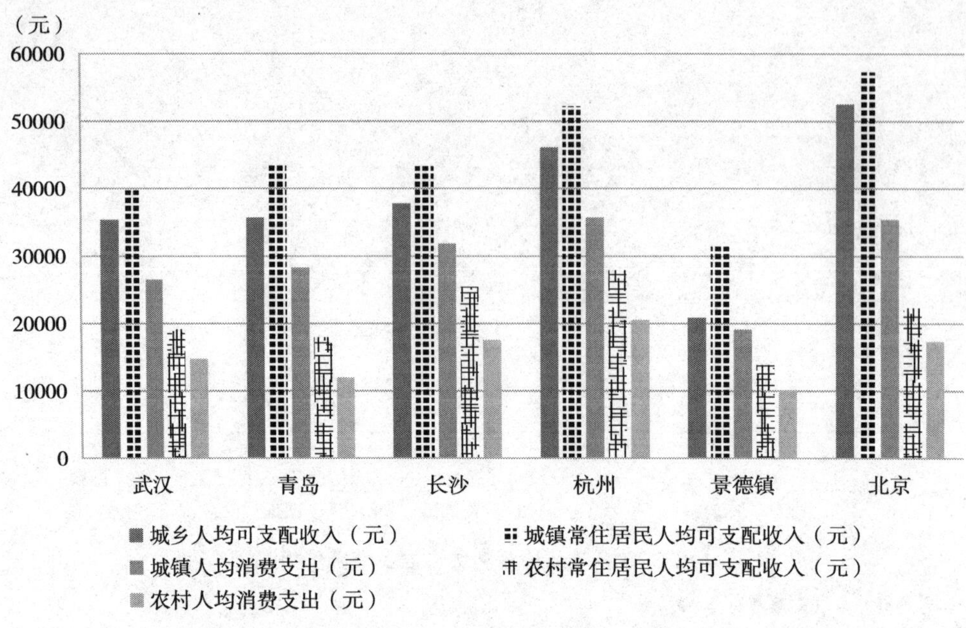

图4-10 2016年部分创意城市人均可支配收入和人均消费支出

数据来源：公开数据整理

（四）创意城市的类型

1.文化资源型

这类城市往往具有丰富的历史文化资源，尤其是文化遗产，这来源于城市漫长而悠久的历史积淀。这些历史文化资源对城市发展具有双重作用，如果利用得当，其深厚的文化积淀和独特的资源优势将成为城市的一大特色；如果利用不当，这些文化资源反而会成为城市发展的累赘。当然，不可否认的是，文化资源是创意城市发展的基础，它不仅能在城市发展过程中通过创造性开发转变为经济效益，还能够作为城市文脉增强当地居民的认同感、自豪感和归属感。后者对于增强城市居民凝聚力，提高城市文化软实力和整体竞争力尤为重要。因此，这类城市更强调发现、挖掘和保护城市文化资源，并且通过创意活动加强宣传和推广。我国的澳门、顺德、成都属于此类城市。

2.创意引领型

这类城市在全球城市之中占有重要地位，往往能够引领创意城市发展潮流。这些城市具有包容、多元的文化背景，为创意城市的发展奠定了良好的“软环境”。

同时，这类城市还聚集着大量的创意人才、拥有高效的组织机构和富有远见卓识的领导者，这些有利积极因素的有机结合，确保各类城市文化、创意活动能够顺利展开。多样化的文化活动能够吸引来自世界各地的观光者、创意人才和投资者，为创意城市的发展注入生机与活力。这类城市具有很强的创造力和创新精神，同时拥有强大的影响力、文化吸引力和竞争力，并且在民众之间具有普遍的美誉度。我国北京、长沙、上海、杭州属于此类城市。

3.技术创新型

这类城市往往是技术革新的“试验场”或新技术的诞生地。这种情况的产生，通常是宽松包容、充满创新精神的城市氛围中由城市当中具有创新精神的企业家之间既相互合作又相互竞争而促成的。在这类城市中，技术可以被定义为创新和高科技的集中体现。强大的技术创新能力能够为城市发展提供不竭的新产品、服务和新工艺，是创意城市可持续发展的不竭动力。我国青岛、武汉、深圳属于此类城市。

4.传统产业转型升级型

20世纪七八十年代产业转型在全球范围内展开，后工业时代到来，许多以工业为主的城市面临发展困境，如新的经济增长点缺失导致的发展后劲不足。此时，知识经济和创意经济迅速发展，文化、艺术和创意等因素向传统产业渗入，赋予传统产业文化附加值，提高了产业整体竞争力，推动产业转型升级向中高端跃升。我国景德镇、苏州属于此类城市。

二、我国创意城市的特点

（一）创意产业成为城市发展新动能

后工业时代以及知识经济的发展使经济生产活动对于物质资源的依赖程度逐渐降低，世界生产活动的“脱物化”趋势日益明显。同时，在新型数字技术和互联网（包括移动互联网）推动下，我国经济增长方式发生了深刻变化，从总量增长型向效益增长型转变。一方面，知识资本、技术要素在经济增长中所占的比重越来高；另一方面，创意产业以及其他知识密集型新兴产业发展迅速，对GDP增长和城市发展的贡献度迅速提高。综观国内的创意城市，无一不拥有最发达、最活跃的创意经济和发达的文化创意产业。创意产业激发了城市的内在活力，成为后工业时代城市经济发展新的增长极，并日益推动城市社会文化结构与经济发展形态和社会运作方式的变革。

创意产业是个巨大的产业集群，包括智慧劳动、创造性经营管理、知识/信息服务和艺术创作等。创意产业的飞速发展，逐渐成为城市经济增长的新的经济增长点和新动能，并最终推动城市经济结构的剧烈变动。城市的经济活力、生产力和创造力的提高越来越依靠富有创造力的创意产业。一方面，文化经济化、创意商业化使得城市能够源源不断地创造和传播新的时尚艺术、消费观念和生活方式；另一方面，城市作为信息、技术和文化知识的展示窗口，发生在城市内部的集聚效应推动了创意活动的开展、传播和商业化。同时，创意生产及活动所产生的创意成果往往作为新的生产要素投入其他产业，推动相关产业实现价值创新，降低生产经营成本，提高产业竞争力，开拓产业新“蓝海”。此外，在国家政策的大力支持下，文化创意和设计服务与相关产业的深入融合发展，又带动传统产业转型升级、提升相关产业的文化内涵和附加值，引发更广泛的产业创新。

例如，上海市已形成研发设计、建筑设计、文化传媒、咨询策划和时尚消费五大门类，建成80多家创意产业集聚区，总建筑面积达260多万平方米，吸引了6000多家企业入驻，并吸引来自世界30多个国家或地区的11.74万从业者，累计参与资本近百亿元。根据《2016年上海文化产业发展报告》，2015年，上海文化产业实现增加值1632.68亿元，同比增长8.1%，增幅高出同期地区生产总值1.2个百分点，占地区生产总值比重为6.5%，占我国文化及相关产业比重6%。文化产业已成为深化上海供给侧结构性改革的重要助推力量。

（二）创意阶层成为城市发展的主力军

在知识经济时代，知识和创意成为创造财富的重要源泉，其作为新的经济增长点的重要性不言而喻。随着创意阶层的崛起，人才，尤其是创意人才，无论在怎样的城市发展模式中都日益成为经济发展中最主要的生产要素和城市竞争力的关键来源。相较于传统概念上的人才，创意阶层更加具有创新精神，也更加注重自主性和独创性，在工作中强调个人意愿的表达以及对创新的不断追求。成功的创意城市可以通过吸引接触的工作团队来达到吸引投资的目的，这些人才分布在科学和工程学、建筑与设计、教育、艺术、音乐和休闲等领域，他们的工作是创造新观念、新技术和新的创造性内容。[1]同时，创意阶层还包括“更广泛的群体，即在商业和金融、法律、保健以及相关领域的创意专业人才，这些人是解决复杂问题的关键人物，他们必须作出许多独立的判断，拥有高水平的教育和技能资本。”[2]这些人才普遍分布于创意城市的许多部门或行业，他们带来了创意产业的繁荣。

从我国创意城市发展实践来看，无论是创意产业的发展还是创意城市的形成，都离不开创意人才。创意人才越来越成为影响创意产业乃至创意城市发展的决定性因素之一。创意人才具有很强的流动性，创意城市的核心竞争力在一定程度上体现为吸引全球创意人才的能力。作为“全球人才磁石”，世界一流的创意城市无一不集聚了大量的创意人才。创意城市能够为创意人才集聚提供适宜的环境，包括充分的劳动力市场和较好的经济发展水平以及人居环境和配套设施，满足了创意人才对于宽松、自由、基础设施的要求。

例如，武汉市拥有良好的公共文化服务设施，包括100多个博物馆、20多个图书馆和20多个剧院。同时，武汉市是大学之城，84所大学拥有120多万在校学生。武汉市还利用文化创意产业园和大学生创新创业专项基金，鼓励和吸纳青少年和女性从事创意设计等有关工作，并在此基础上孵化更多的中小企业。此外，武汉市大力支持文化创意和设计领域的青年人才“走出去”，开展国际交流。

（三）支撑条件改善发展环境优化

创意城市的发展需要具备良好的支撑条件，包括但不限于经济基础、政策制度、资金和技术。首先，创意城市往往都具有良好的经济基础，集中体现在发达的创意产业。我国城市创意产业发展迅猛，发展总量和质量都得到了很大的提高，这为创意城市的发展奠定了良好的物质基础。其次，创意城市是强调独特个性的城市，近几年来，我国城市创意发展相关政策制度，逐渐开始强调创意投入对于经济社会发展的重要性，并根据各地经济基础、产业布局和人才结构因地制宜地采取不同的支持手段。再次，创意城市的本质不在于城市“重建”或“更新”，即借助城

❶臧华，陈香.文化政策主导下的创意城市建设[J].城市问题，2007(12).

❷理查·佛罗里达.创意阶层的崛起——关于一个新阶层和城市的未来[M].司徒爱勤，译.北京：中信出版社，2010.

市原有的资源进行城市更新，以解决城市发展问题。总体而言，我国创意城市在对有形资源利用方面取得了很大进展，如旧厂房、仓库、工地的更新改造。最后，创意城市的发展需要有良好的经济基础来支持各种活动的展开以及创意城市的建设。在创意城市中，不仅有政府提供的鼓励文化创意发展的各类专项基金，还有许多民间公益基金，除此之外，金融机构提供银行信贷、风险投资等金融产品和服务。此外，在信息时代和互联网时代，创意城市的发展与高新技术的联系越来越密切。创意城市本身就是文化、科技、产业和市场结合的试验场和展示窗口，没有现代信息技术的支持创意城市将在智慧城市建设过程中止步不前。

例如，北京拥有深厚的历史文化底蕴，坐拥故宫、天坛等6处世界遗产。并且拥有80多所高校，最早开设设计专业教学。还是全球前10名的国际会议城市，每年举办国际会议5000余次，国际展览超过240场，这些都成了北京发展创意城市的独特优势。

又如，青岛市位于北纬36度太平洋西岸，拥有绝佳的自然气候、历史文化资源，是我国著名的滨海旅游度假城市。良好的自然、经济和人文条件为青岛市电影产业的发展奠定了良好的基础。此外，青岛市还先后颁布了《青岛市“十三五”时期文化发展改革规划纲要》《关于促进影视产业发展的若干意见》等政策意见，以加强政策扶持力度，创新服务机制，从而将青岛市打造成世界级影视高地。

（四）持续营造文化氛围和创意空间

创意城市具有多样、开放与包容的文化环境，能够为不同的群体提供释放创意的机会，这也为创意城市吸引了更多的创意人才和企业，催生出更大范围的创新。另一方面，任何产业的发展都需要一定的受众基础，因此具有一定数量和较高水平的受众对于促进城市发展至关重要。同时，对创意产业而言，其受众已不仅仅是被动的消费者，而是逐渐参与创意到生产过程中来，并通过与生产者互动来引导产品和服务创新。包容性对创意城市的意义在于能够吸引创意人才并能容忍各种奇思妙想，而多样化的文化交流更有利于创新。[1]由于经济社会的发展，教育水平的提高，人们的文化水平提高、文化消费需求日益高涨，文化产业和文化事业的发展带动了新一轮的观念更新，各行各业不时闪亮创意的火花。

---

[1] 白晋虎，马竣敏，边素庭．对创意产业发展的观察与思考(二)[J]．科技创新与生产力，201(5)．

创意空间是创意城市发展的主要载体，主要以创意产业集聚区或创意产业集群形式出现。因此，城市中的创意经济或创意活动在空间上总是聚集在某些特定的地段或区域，主要是工业建筑遗产、文化历史街区、高校与科研院所周边。创意设计融入城市更新、工业遗产和历史建筑改造和新项目建设，成为城市复兴、焕发新生的驱动力。

我国创意城市文化氛围不断改善，更加强调兼容并包、兼收并蓄，允许并鼓励多样性的文化存在与发展，并逐渐培育起一批具有较高文化素养和创新能力的群体，从而促进创意活动顺利开展。在我国创意城市发展过程中，文化创意产业集聚区日臻成熟，园区规模日益扩大，产业链日趋完善，在园区管理上也更加注重本土化与国际化的有机结合。

例如，武汉市积极同联合国教科文组织和创意城市网络其他成员展开合作，加强历史文化景观保护工作。同时，武汉将建设一批示范性创意社区，让设计走进校园、走进社区，贴近百姓，融入城市建设之中。此外，武汉市着重强调调动市民参与城市建设、接触创意设计的积极性和主动性，激发市民主人翁精神。通过加强市民同设计师互动、举办市民创意设计大赛等举措，让市民在共建共享中有更多获得感。

（五）城市主题推动城市综合发展

创意城市在其申报的类别内获得了长足的发展，同时还促进了相关领域的进一步发展。入选创意城市网络不仅为这些城市带来了更多的发展机会，同时也借此传播了当地的特色文化，促进了旅游业的可持续发展，提高了城市的知名度和总体发展水平。对于创意城市开拓新的发展空间，探索新的发展模式，以创意作为积极因子推动城市可持续发展，培育新的经济增长点，带动创意城市向着丰富多彩、富有特色、充满活力的新形象迈进。

例如，青岛市充分整合城市优势资源，以胶州湾以西的西海岸新区建设为契机，积极探索电影产业与高新技术、教育培训、文化旅游、餐饮娱乐、公共基础设施建设等领域的深度融合发展。

又如，广东顺德是中餐代表菜系粤菜的发源地，美食产业兴旺发达，拥有优厚的美食产业基础和丰富的美食文化底蕴，连续获得了“中国厨师之乡”“中国美食名城”的荣誉，连续9年举办国字号级别的岭南美食文化节，近年来更不断加强了菜式标准化建设，打造了中国烹饪学院，美食产业不断发展壮大。

再如，历史文化名城苏州是中国最重要的民间手工艺中心之一。苏州手工艺历史悠久，门类众多，在全国工艺美术11大类中，苏州就拥有10大类共3000余个品种，很多项目在全国乃至世界享有盛誉。

三、我国创意城市未来发展趋势

（一）文化创意进一步融入城市发展与复兴

未来城市尤其是大城市的发展将越来越依靠人的创意，创意理念也将逐渐渗透到城市的每个角落。创意城市归根结底是“人的城市”，而不仅仅是道路、建筑、桥梁等设施的集合体。创意城市将更加强调人与人之间的交流、沟通和互动，从而促进社会生活品质的提升。人的创造力和能力塑造着城市的未来，是城市发展中的软因素，城市的未来完全取决于软因素。[1]创意一直存在于城市之中，只不过我们给了它别的名字：才华、技巧、发明。[2]

当今城市的发展进入4.0时代，创意为城市复兴带来了新途径，解决各种现实问题，大到全球贸易的变革、经济和技术的重新洗牌，小至创设一处文化景观、展开一个创造性的讨论。未来城市最具竞争优势的定位将不再是区域政治中心、经济中心或文化中心，而是创意中心。创意将从整体上推动城市形态的根本性转型，使创意城市在更高的城市形态上塑造核心竞争优势。同时，随着全球化和区域经济一体化趋势的不断发展，城市之间面临着多种要素的综合竞争。充分利用好知识、技术、人才、信息和资本，加速资源整合推动城市发展、提升城市竞争力，必须跳出传统思维，而这必须依靠创意和创新。创意城市在解决全球化与本土化的矛盾冲突和破解城市发展系列疑难杂症的过程中，包括产业发展不平衡不充分、精神信仰危机、人与自然的关系持续恶化等问题，必须更加彰显自身特色，这些都必须通过创意才能实现。

例如，青岛市于2013年提出“文化青岛”发展战略，将文化创意产业作为城市

[1] 盛垒．从国际创意城市的特征看中国创意城市的发展[J]．城市，2017(10).

[2] 查尔斯·兰德利．创意城市——如何打造都市创意生活圈[M]，杨幼兰，译，北京：清华大学出版社，2009.

转型升级的重要战略支点，旨在推动创意向政治、经济、文化、科技等领域全面融合渗透，进一步营造创意氛围，激发民众想象力、创造力和创意活力，从而提升青岛市总体发展水平。

又如，武汉市将文化创意和设计服务作为推动城市可持续发展的关键动力，并着力促进文化创意和设计服务向相关产业融合发展，为城市发展注入活力。同时，加强顶层设计创新城市规划并且强调文化遗产保护，构建生态优美、具有文化气息的城市新空间，为民众提供高质量的城市公共生活。此外，武汉市逐步建立健全相关公共政策，激发民众尤其是青少年的创新、创造能力，为城市发展培育创意新生代。

（二）创意城市将更加注重“以人为本”

创意城市归根结底是“人”的城市，应满足人们对宜居、宜业、宜游的基本诉求。我国创意城市在未来发展过程中，将更加注重“以人为本”，并将其贯穿城市规划的各个环节，无论是宏观的概念性规划，还是具体的开发指导规划。“以人为本”体现在发展依靠人民，发展为了人民，发展成果由人民共享。为贯彻落实“以人为本”，首先需要激发居民参与城市建设的积极性和主动性，培育主人翁精神和意识。未来创意城市发展将通过信息技术与公共政策创新相结合的方式，让更多居民参与到城市规划、环境治理、文化遗产保护等重要城市议程，实现发展依靠人民。并在此基础上提高城市的“宜居性”，切实考虑居民的获得感、满足感和幸福感，强调发展为了人民。最后，创意城市需要进一步提高教育、宣传水平，激发民众的创造力，促进社会大众尤其是年轻人为改善城市生活品质而参与城市建设，实现人民城市人民建设。同时，要积极通过政策引导，帮助弱势群体获得更多的教育和就业机会，改善其生活品质，实现人民发展与城市发展的统一。

此外，在未来创意城市的宣传、推广过程中，“眼球经济”绝非长久之计。城市虽然可以通过借助一定的手段和方式加大宣传力度以提高城市知名度或改善城市形象，但这并不一定都是广告或营销手段的功劳：广告和营销的作用归根结底是反映城市在环境治理、市民素质、公共政策、发展机会等方面所发生的真实变化。因此，同耗时、耗力、耗资巨大的宣传推广相比，创意城市在未来发展中将更加关注文化、创意、声誉、口碑、人文素养等人文因素。未来，创意城市发展理念将进一步更新，更加强调释放自然活力、改变生产方式，摆脱资源环境的束缚，从依赖自然资源向依赖人文资源转变，深入挖掘城市文化底蕴，解放文化生产力，激发城市发展活力，重塑城市形象，实现文化创意驱动发展战略。并且着力开展文化创意或艺术活动整合城市资源，将人与城市联系在一起，创造和传播城市文化魅力。

例如，近年来武汉市在传承历史文脉的同时不断创新，积极践行“以人为本”的可持续设计理念，推动文化创意和设计服务与相关产业和更广泛领域的融合发展。文化、科技与创意设计的结合在增强城市魅力与提高经济活力的同时，带动了武汉的整体复兴，提高和改善了人民的生活品质，武汉日益成为一座现代山水创意城市。

（三）塑造城市品牌的重要性进一步凸显

城市品牌的塑造是一个复杂而漫长的过程，它的形成必须依托于当地的生态环境、历史文化积淀、经济基础、城市特色和价值观念等优势自然资源和人文资源。城市品牌代表着城市形象，是城市核心竞争力的集中体现，符合当地居民对于未来一定时间内城市发展目标的心理预期。同时，它还具有独一无二的文化内涵和专属特色，生动形象地体现了城市个性，是区别于竞争对手的显著标志。

在我国创意城市的品牌推广过程中，往往会依据城市发展定位、战略规划和自身特色，明确自身的核心竞争优势，进一步整合各种优势资源，尤其是人文标志，从而塑造“名副其实”的城市标志、名称或口号。因此，在一定程度上，可以说城市品牌是城市名称、人文历史、形象和声誉等无形资产的总和。独特且明确的城市品牌容易为目标群体留下清晰直观的印象。因此，就城市品牌的系统性而言，它代表着城市的精神和灵魂，绝对不是市民、市容和市貌同城市建筑的简单叠加。

目前，我国创意城市品牌形象的塑造往往是建立在其丰富的历史文化资源或自然资源基础之上的，并且根据资源利用、开发和创意转化程度不同而有所不同。然而，在全球化背景下，从创意城市品牌的确立和塑造再到宣传推广等各个环节，不能仅仅依靠资源优势，“吃老本”的品牌发展模式将难以为继。未来，创意城市品牌的发展必须创新现代城市发展理念，加强对创意城市的顶层设计、总体规划、整体运营，并将文化创意理念融入其中。一个好的城市品牌会为创意城市带来巨大的凝聚力和向心力，吸引着信息、资本、人才和资源向创意城市集中，同时也能够引领城市或地区发展潮流，这不仅能将城市品牌转化为生产力和竞争优势，也符合当地人民对于优质品牌的内在需求。

未来，我国创意城市在品牌宣传推广过程当中要加强城市形象与魅力的展示，在国内外受众群体中形成良好的心理认同，进一步产生并扩大马太效应，使公众在进行有关城市决策时产生情感性选择倾向，从而提高城市影响力和竞争力。

（四）创意城市发展更加强调区域协同联动

随着我国经济社会发展进入“新常态”，区域协同发展成为国家重要发展战略，这对于打造区域经济增长极，推动区域经济社会协调发展具有重要意义。未来城市发展，“单打独斗”不再可取，“抱团取暖”将成主流，我国创意城市发展正逐渐步入城市群阶段，已经基本实现城镇化（农村人口不断向城镇迁移），处在由大都市圈阶段向都市群阶段过渡的时期。我国目前已形成长三角、珠三角、环渤海三大国家级城市群，以及辽中南、山东半岛、海峡西岸、中原、长江中游、关中、川渝7个区域性城市群，下一步还将再打造10个区域性城市群。[1]从地理位置上看，我国12座创意城市都归属于特定的城市群。其中，深圳、顺德、澳门位于大珠三角城市群[2]；上海、杭州、苏州位于长三角城市群；成都、长沙位于成渝城市群；北京、青岛位于环渤海城市群；景德镇、武汉位于长江中游城市群。

在都市群中，创意城市往往作为新的区域经济增长极，在城市群发展过程中占据主导地位，并以自身为中心辐射、带动周围城市，以点带面，提升区域总体发展水平。未来，“双赢”或者“多赢”仍然是城市群发展的第一要义。为真正实现区域协同发展，协调“整体效益”“主导城市”和“配角城市”，克服行政管理的边界限制与区域经济活动一体化之间的矛盾，需要从国家层面进一步加强顶层设计和整体规划，促进区域功能合理布局与城市可持续发展。并在此基础上，逐步建立健全区域协同机制，设置协同合作机构，搭建区域合作平台，从而打破行政壁垒和区域界限，真正实现资源、信息的跨区域流动。

例如，湘鄂赣三省于2012年2月10日在武汉签订了《加快构建长江中游城市集群战略合作框架协议》，建立了三省高层间定期会晤的省际联席会议制度，携手共

---

❶龚胜利，张涛，丁明磊，等．长江中游城市群合作机制研究[J]．中国软科学，2014(1)．

❷狭义上的珠三角经济区包括广州、深圳、佛山、东莞、惠州（不含龙门）、中山、珠海、江门、肇庆（市区和四会）。大珠三角经济区还包括香港、澳门特别行政区及深汕特别合作区。

建长江中游城市群。次年2月23日，长江中游城市群省会城市首届会商会在武汉举行，长沙、南昌、合肥、武汉四市主要负责人出席并共同签署了《长江中游城市群暨长沙、合肥、南昌、武汉战略合作协议（武汉共识）》。

根据《上海文化产业发展报告发布（2016）》，2017年上海文化产业发展要主动融入“一带一路”建设、长江经济带和自贸试验区等国家发展战略，继续推进文化领域供给侧结构性改革，牢牢把握加快推进具有全球影响力的科技创新中心建设机遇，推动全市文化产业进一步发展。

（五）矛盾冲突中加快国际化进程

如今，我国创意城市的内部空间结构和功能问题得到了很大改善，未来创意城市发展的注意力将更多地放在处理和改善城市间关系问题上，尤其是处理好全球化背景下国际城市关系的有关问题。进入21世纪以后，创意城市已经成为一个全球概念。在经济领域内，全球化带来了市场扩张和劳动分工的进一步深化，这进一步在世界范围内加速了既互补又竞争的城市群的形成。未来，国际间城市交流合作与冲突碰撞日益频繁且融汇交织。这一趋势所带来的必然结果，是全球创意城市中最具活力的龙头/领军企业逐步开始通过各种手段和方式建立并加强国际伙伴关系，包括中外合资、战略联盟和共同生产等。

但创意城市从来都不是自我“加冕”的，而是在长期的历史发展过程中，基于自身独特的经济发展模式、社会结构及其变迁、历史文化资源、工业基础等多种因素的互相作用而形成的。创意城市发展也需立足自身特色，结合区域特定自然、社会和人文环境，因地制宜，选择合适的发展模式，精准定位发展目标，把城市建设成为区域文化中心，吸引普通居民的广泛参与。

要解决“全球化与地方化的矛盾”，在全球化过程中，城市必须更加依靠自身独特的个性。创意城市在未来发展中需因地制宜，深入挖掘本地资源、塑造特色品牌，正确处理好“民族的”和“世界的”关系，依托本地特色，加强创意城市品牌“引进来”和“走出去”。

这一发展趋势在澳门的发展过程中体现得淋漓尽致。葡萄牙对澳门的长期管治及其海上航线的发达，为澳门带来了世界各地的餐饮文化，在多元融合的饮食发展过程中，澳门形成了“中餐之中有西餐，西餐之中有中餐”的特色美食文化。依托于当地特色的美食文化，澳门积极举办各类文化节庆活动，例如澳门美食节、东南亚美食嘉年华、醉龙节、葡韵嘉年华等特色美食节庆活动。同时，不断加强同葡语系国家和联合国创意城市网络成员之间的联系，交流经验、共享资源、激发创意，实现协同发展。

又如，青岛市着眼于全球电影产业发展，坚持“以世界眼光谋划未来，以国际标准提升工作，以本土优势彰显特色”的发展战略，将国际化、高端化作为未来发展路线，加速整合国内外优质资源，先后引进美国传奇、狮门影业、万达影业等60多家国内外影视公司签约入驻，促进优势资源互补，广泛开展跨区域的国际交流与合作。

再如，以陶瓷为立市之本的景德镇素有“中华向号瓷之国，瓷业高峰是此都”的美称。景德镇以其独特的文化特色和精湛的手工技艺，历经千年，创新发展，至今仍保存着极为丰富的文化多样性，既是世界陶瓷的圣地，也是中华文明的重要象征。

第五章　中国文化贸易研究报告

伴随全球化的深入和文化思潮的激荡，文化贸易作为经济合作与文化交流的有效方式，作为贸易发展多样化的重要体现，其地位和作用日益凸显。当前，国际文化贸易总体上呈现强劲的增长趋势，在2006—2015年间，世界文化贸易以年均5.49%的速度增长。随着经济全球化的深入发展，大力发展国际文化贸易已成为促进各国经济增长、改善贸易结构、带动相关产业发展、增加外汇收入、提高各国软实力的强有力因素。当今时代，文化贸易已成为全球服务贸易竞争的重点领域之一。

经济新常态下的中国经济更是要求中国积极发展对外文化贸易，以文化软实力带动经济硬实力的提升。党的十八大以来，《关于进一步加强和改进中华文化走出去工作的指导意见》《关于加快发展对外文化贸易的意见》《关于加强“一带一路”软力量建设的指导意见》等文件先后印发，统筹对外文化交流、文化传播和文化贸易，讲好中国故事，传播好中国声音，文化“走出去”力度空前加大。2017年3月9日，国家商务部新闻发布会公布的数据显示，2016年中国文化的国际影响力进一步提升，对外文化贸易额和文化贸易投资增长迅速。2016年文化产业贸易总额达885.2亿美元，其中出口贸易786.6亿美元，实现688亿美元贸易顺差；文化服务出口中文化娱乐和广告服务增长迅速，同比增长31.8%，出口额达54.3亿美元；文化体育和娱乐业发展迅猛，对外直接投资39.2亿美元，同比增长188.3%，成为文化贸易发展最突出的板块。[1]各省市文化贸易成绩突出，以文化贸易大省浙江为例，

[1] 商务部召开例行新闻发布会（2017年3月9日）[EB/OL]. (2017-03-09) [2018-01-02].http://www.mofcom.gov.cn/article/ae/slfw/201703/20170302530610.shtml.

2017年1—6月，浙江文化服务进出口总额达20.68亿元，同比增长23.73%；文化服务出口7.84亿元，增长84.74%。其中出口至“一带一路”沿线国家达13510万元，占比17.23%，保持高速增长。

一、文化贸易发展的整体情况

2017年，我国继续重视文化产品对外贸易，打造文化品牌，建立文化贸易信息服务体系，紧紧抓住“一带一路”战略背景开展文化交流，利用自贸区建设等机遇开拓文化产品对外贸易渠道，把握文化业态融合的机遇，大力运用“互联网+”和“文化+”等新兴模式发展文化对外贸易。文化服务出口主要集中在文化创意和设计服务、广播影视服务等领域。文化对外贸易规模不断扩大，结构逐步优化，尤其是新兴文化贸易发展势头强劲，动漫、游戏、电影后期加工、数据库服务等新兴领域快速发展。

（一）新闻出版业：网络文学日益改变版权贸易“赤字”

2017年，我国新闻出版业积极谋求新发展，对外交流更加活跃，成效更加显著。中国国际地位的迅速提升使得国外读者的关注点从单一的传统文化内容转向“中国道路”“中国模式”等政治经济制度内容。莫言、刘慈欣、曹文轩等中国作家折桂国际文学大奖，作品被译成数十种语言销往世界各地；各大出版机构利用重要翻译出版平台、数字内容交易平台及世界各大展会平台，提升文化传播力和影响力；中国出版集团、安徽出版集团、凤凰出版传媒集团、浙江出版联合集团等接连在世界各地投资设立分支机构，推进本土化运营，实现国内外同步出版发行；出版集团（社）打造专业翻译团队，培育多语种人才，为优秀作品的译介、版权谈判做准备。2017年，我国新闻出版业“走出去”基本形成了产品“走出去”、作家“走出去”、资本“走出去”的全方位格局。

与此同时，随着我国经济的快速发展和国际地位的提高，以及文化“走出去”战略一步步实施到位，我国图书版权的引进数量和输出数量的差距慢慢变小，且输出数量一直处于较平稳的增长态势。2012—2016年，我国图书版权输出总量增长达18.9%，累计输出图书版权近4万种，图书进入80余个国家和地区；版权贸易逆差从2012年的1：2.20缩小至2016年的1∶1.75，并呈逐年下降趋势。[1]2017年，我国版权贸易持续稳中向好，在北美、欧洲等国家和地区的图书输出所占比例进一步增大，成为我国图书版权新的输出地。有着“世界第二大书展”之称的北京国际图书博览会，2017年共达成中外版权贸易协议5262项，相较2012年同期增长37.32%；达成各类版权输出与合作出版协议3244项、引进协议2018项，同期增长分别为42.4%、29.1%；引进与输出比从1∶1.3扩大到1∶1.61。[2]

值得注意的是，2017年，我国网络文学产业迅猛发展，用户规模不断增长。玄幻、仙侠、历史、言情等题材受到众多海外读者的喜爱与追捧，在“走出去”领域取得了一系列显著成果，被认为是中国文化输出的重要标志。借助网络和翻译渠道，近年来，无论是在日韩及东南亚国家，还是美、英、法等欧美各国，都能看到中国热门网络文学的身影。成立于2014年5月的Wuxiaworld（武侠世界网）有来自全球100多个国家和地区的读者跟读，点击量超过5亿，日均活跃量高达400多万人次，其活跃读者数超过300万人，其中人数排在前五位的国家是美国、菲律宾、加拿大、印尼和英国。[3]而在国内网站中，“晋江文学城”留下每天有一部网络文学作品被签下海外版权的纪录。伴随网文海外翻译热潮，数字阅读核心企业纷纷布局海外市场。截止到2017年年末，阅文集团在日韩、东南亚多国以及欧美地区均授权了大量网文作品的数字出版、实体书出版。2017年5月上线起点海外版起点国际，与Gravity Tales达成战略协议，推动国外网文的正版化进程。掌阅则依靠在外国增加本地化内容及参加各种国际展览，在服务海外读者的同时进一步扩大中国文化的影响力。大量网络文学的输出，有助于改变我国在国际版权贸易中长期存在的“赤字”问题。

（二）广播电视业：影视文化成为公共外交的闪亮名片

近年来，国家新闻出版广电总局借力中央领导重大国事访问和外交活动，积极参与中欧以及中俄、中英、中法、中印尼等中外人文交流机制和媒体合作机制，积极参与亚太广播联盟（ABU）、亚太广播发展机构（AIBD）等广播电视专业国际组织活动，精心策划中国影视对外交流合作重点项目和品牌活动。这些活动充分展示

---

❶田红媛.“走出去”全方位提升文化软实力[N].中国出版传媒商报,2017-10-24.

❷田红媛.“走出去”全方位提升文化软实力[N].中国出版传媒商报,2017-10-24.

❸刘长欣,陶明霞.网络文学20年:从“杂牌军”变身“国家队”?[N].南方日报,2018-01-12.

了中国影视文化的魅力，显著提升了中国影视对外交流合作的水平、层次和影响力。党的十八大以来，1600多部优秀影视剧被译制为36种语言，在100多个国家和地区落地播出。影视节目出口额连年递增，2017年出口额预计还将超过1亿美元。电视剧出口总额占广播影视出口总额的68%左右。[1]影视文化已逐渐成为公共外交的一张闪亮名片，为深化中国与各国的政治、经济合作奠定坚实的基础。

2017年，我国国际一流媒体建设取得重大进展，广播电视节目的出口稳步增长，进口回归正常，不再竞相天价引进海外节目版权，合拍成为重要方式。于2016年年底正式开播的中国国际电视台（中国环球电视网，CGTN）作为中国影视节目“走出去”的领军企业，截至目前，已有7个国际频道在168个国家和地区实现整频道或部分节目落地，国际台已有98家海外落地电台，覆盖全球新媒体超过200多个。[2]随着中国国际传播能力的加强，合作传播能力也得到提升。国际合作合拍成为中国影视“走出去”的重要方式之一。央视与多家国外影视机构合作，推出系列精品节目栏目，取得了较好收视效果。如与新西兰自然历史公司合作，共同创作了《生命的力量》《动物好伙伴》等优秀作品，与南非、英国、澳大利亚等国合作拍摄纪录片《改变世界的战争》《天河》等。一些地方广电机构积极开拓国际市场，取得较好业绩。北京、上海、江苏、浙江、湖南、广东等地区的广播电视台积极打造全媒体海外播出平台，旗下国际频道及海外版权合作业务已经覆盖全球多个国家和地区，拥有众多海外用户。湖南卫视的《我是歌手》节目引进哈萨克斯坦歌手迪玛希，带动该节目在哈萨克斯坦热播，甚至形成“中国文化热”。2017年3月25日开始，哈萨克斯坦官方“哈巴尔电视台”开始引进《我是歌手》，播出译配版，并最终在总决赛实现了同步直播。

此外，2017年，广播电视业创新手段，拓宽渠道，丰富载体，积极推进和打造了一批既有鲜明中国特色，又有广泛国际影响的“走出去”亮点工程，如“中非影视合作工程”“丝绸之路影视桥工程”“友邻传播工程”“中国当代作品翻译工程”“中国电影普天同映”“电视中国剧场”“中国联合展台”等。2017年9月上旬，中国电视剧代表团赴俄罗斯、蒙古国进行交流访问，举办了国产电视剧首次海外推介会和电视剧主创首场海外观众见面会。在政府的支持和重点工程的引领下，截至2017年11月，

[1] 牛春颖. 中国影视:“组团出海”做国际贸易[N]. 中国新闻出版广电报，2017-11-30.

[2] 马黎. 讲好中国故事，传播中国声音[N]. 人民日报海外版，2017-10-24.

已经有1600多部的中国优秀影视作品译配成了英、法、俄、西、阿、葡等36种语言，译配作品时长近6万多小时，在100多个国家实现了落地播出，多部作品在当地电视台创下收视纪录。[1]国内热播剧《择天记》《人民的名义》《三生三世十里桃花》等创下了播放、评论等多项纪录，并引起了不少外媒的热切关注，包括英国BBC和《泰晤士报》在内的海外媒体都曾发文表示密切关注。《欢乐颂2》上线海外视频网站YouTube，《父母爱情》风靡埃及，《何以笙箫默》被韩国文化广播公司（MBC）电视台引进。同时，还出现了一批高质量的网剧和网络综艺被海外市场看好，Netflix买下优酷自制网剧《白夜追凶》的海外发行权，在全球190多个国家和地区播出。

（三）电影业：批片数量放宽，进口片黑马频现

2017年，电影产业促进法顺利实施，“放管服”改革为市场带来更多活力；我国作为世界第二大电影市场的地位更加巩固，成为全球电影市场增长的主引擎；“电影市场规范年”活动深入开展，为产业健康发展提供了坚实保障。在国内电影市场整体繁荣向好的同时，中国电影也在不断开拓海外市场，与20个国家签署了电影合拍协议，金砖国家电影节等活动顺利举办，多管齐下“走出去”，为促进国家间的文化交流、提升中国电影的国际影响力、开拓国产片海外市场发挥着重要作用。2017年，全国电影总票房为559.11亿元，同比增长13.45%；国产电影票房301.04亿元，占票房总额的53.84%（见图5-1）；票房过亿元影片92部，其中国产电影51部（见图5-2）；国产电影海外票房和销售收入42.53亿元，同比增长11.19%。[2]

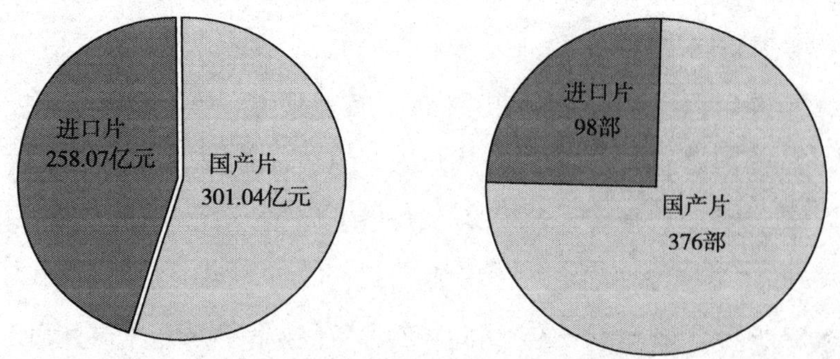

图5-1 2017年国产片与进口片票房对比 图5-2 2017年国产片与进口片数量对比

---

[1] 马黎. 讲好中国故事，传播中国声音[N]. 人民日报海外版，2017-10-24.

[2] 2017年中国电影票房559亿元 51部国产电影票房过亿[N]. 人民日报海外版，2018-01-03.

2017年，不少优秀的国产影片获得了观众的喜爱，更是在国内外斩获多种奖项，让世界看到中国电影的魅力，向世界传递中国文化与中国力量，电影主管部门将2017年定为中国电影的“创作质量促进年”。以华人文化为主的“中国电影普天同映”2017年在海外主推发行了《战狼2》《羞羞的铁拳》《悟空传》《拆弹·专家》《非凡任务》《情圣》等多部影片。其中《战狼2》引爆多国市场，创造了近10年来新西兰和澳洲华语影片发行的票房纪录，以760万美元的成绩成为年度海外发行票房冠军。与此同时，华狮电影发行有限公司也在北美、澳洲等多个海外市场发行了《乘风破浪》《芳华》《前任攻略3》《解忧杂货店》等影片，其中《芳华》创造了北美观影人次超20万的纪录。中国电影与海外电影的交流合作在2017年愈益增多，第二届金砖国家电影节、第四届丝绸之路国际电影节、第23届地中海国家电影节、匈牙利中国电影展等相继举办，为推动中外人文交流积累了重要经验。

回顾2017年的中国电影市场，尽管国产影片表现抢眼，但在不同月份里却多次遭遇进口片的狙击，在全年整体缺少高质量爆款的情况下，国产电影高产出难敌进口片攻势。相较2016年，进口片在数量上没有太大变化，但是票房占比继续扩大。2017年，98部进口片贡献了257.71亿的票房，占比46.16%。[1]2017年，电影市场的现象级事件就是出现了众多类似《天才枪手》《一条狗的使命》等收获高口碑与高票房的非美批片爆款。整个2017年，引进批片数量超过了70部，豆瓣评分8以上的多达10部，批片总票房突破50亿，全部创下了批片在中国市场的纪录。在各方面都创下新高的同时，批片在中国的数量限制逐渐被放宽，批片在国内上映数量从2015年的30部左右增长至2017年的70部。

随着批片放开数量限制，一系列优秀的小成本批片脱颖而出。《闪光少女》《大护法》《忠爱无言》等众多小众影片也借着口碑优势取得了超出预期的票房，让国产影片面临了更多的竞争压力。在2017年TOP10的黑马影片榜单中（见表5-1），小众影片共有5部上榜，分别是《寻梦环游记》《摔跤吧！爸爸》《二十二》《一条狗的使命》《看不见的客人》，其中仅有《二十二》一部国产片。同时值得注意的是，2017年，海外电影仍以好莱坞视效大片称雄，爆米花电影大爆炸。然而，随着观众观影需求的日趋成熟，电影市场对高质量内容的需求更强烈，对进口片同样也是挑战。在前几年的中国市场里，好莱坞大片就是品质与票房的保证，然而2017年，不少观众都表现出审美疲劳。被各投资方、发行方预期超过19.8亿元票房的《变形金

[1] 2017全国电影票房559亿成绩可喜，隐忧同样需关注[N]. 中国商报，2018-01-03.

刚5》不及预期，在公映后因口碑导致票房扑街，最终只拿到了15亿元的票房，海外电影好莱坞视效大片称雄的局面正在被悄悄地打破。

表5-1 2017年TOP10黑马影片

片名	分账票房(亿元)	猫眼评分
寻梦环游记	11.11	9.6
摔跤吧！爸爸	11.0	9.8
战狼2	53.10	9.7
二十二	1.56	9.2
一条狗的使命	5.58	8.9
看不见的客人	1.58	9.4
芳华	12.18	9.1
羞羞的铁拳	20.62	9.1
乘风破浪	9.78	8.7
欢乐好声音	2.00	9.2

（四）动画业：海外动漫占比下滑，漫画平台布局海外市场

据国家新闻出版广电总局电影局发布的数据，2017年，动画电影总票房在经历了连续4年票房走高的情况下，在2017年首次出现下滑，下跌到47亿元，同比下降28.75%，略高于2015年的总票房水平（45亿元）；国产动画占票房总额的比例从2016年的33.44%下跌至2017年的27.11%，票房总额为13.29亿元。

表5-2 2017中国动画电影市场票房统计（亿元票房以上）

电影名称	制片地区	上映时间	票房(人民币)
寻梦环游记	美国	11月24日	11.08亿元
神偷奶爸3	美国	7月7日	10.37亿元
熊出没·奇幻空间	中国	1月28日	5.21亿元
欢乐好声音	美国	2月17日	2.15亿元
蓝精灵:寻找神秘村	美国	4月21日	1.73亿元
哆啦A梦:大雄的南极冰冰凉大冒险	日本	5月30日	1.48亿元
赛车总动员3:极速挑战	美国	8月25日	1.37亿元
大卫贝肯之倒霉特工熊	中国	1月13日	1.26亿元

续表

电影名称	制片地区	上映时间	票房(人民币)
十万个冷笑话2	中国	8月18日	1.33亿元
赛尔号大电影6:圣者无敌	中国	8月18日	1.03亿元
合计	37.01亿元		

回顾这一年海外动画电影在中国市场的表现，不仅有数量的减少，还有票房平均值的降低。2017年票房过亿的动画电影只比2016年少了4部，然而票房值却降低了33亿元。2016年共有13部动画票房过亿元，其中进口片占了11部，而2017年中国动画电影市场票房过亿的电影总共为10部，美国、中国、日本分别为5部、4部、1部，这10部电影总共贡献了37亿元票房，占全年票房比例约79%（见表5-2、图5-3）。

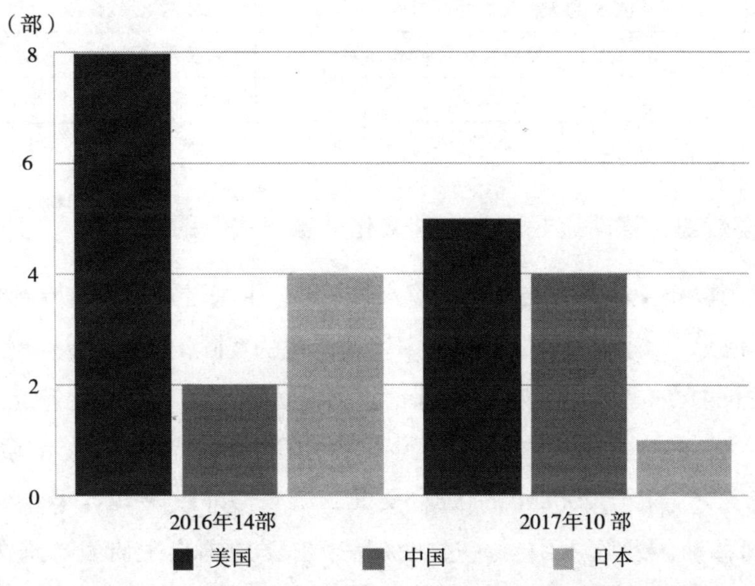

图5-3 2016—2017年票房过亿的动画电影国别统计

据统计，中国动漫企业已与“一带一路”沿线50多个国家的国家电视台或重点企业开展合作，推出了《熊猫和小鼹鼠》《孔小西与哈基姆》等多部优秀动漫作品，以东南亚为龙头、以中东等为重点、以中东欧为新增长点的中国动漫“一带一路”国际合作格局已经初步形成。与此同时，伴随互联网和移动互联网的普及，2017年中国漫画业高速发展。资本大量涌入漫画行业，在一定程度上改善了漫画从业者的生存状况，加速了漫画内容的生产。同时，在泛娱乐大趋势下，推动了漫画内容的IP泛娱乐化，促进漫画和其他文化产业的融合，开拓了漫画IP的商业化模式。2017年，国内主流的漫画平台均在布局海外市场，其出海方式主要分为上线App、入驻海外网络漫画平台和出版单行本3种。除了漫画平台，各漫画CP也在纷纷向海外市场输出优质内容，如翻翻动漫与日本集英社合作年限长，旗下优质的漫画作品先后发行单行本、在日本漫画杂志刊登，同时也入驻日本网络漫画平台“少年JUMP+”（见表5-3）。

表5-3　中国漫画平台出海策略

平台名称	代表作品	主要形式	面向国家/地区
麦萌漫画	《霸道总裁圈爱记》《月殇》《归字谣秽》	上线App	日本、韩国、东南亚
大角虫漫画	《全职高手》《困病之笼》《校花的贴身高手》	上线App	东南亚
快看漫画	《整容游戏》《十二点的灰姑娘》《致命禁区》	入驻网络平台	日本、韩国
网易漫画	《羽烟纱》《甜蜜禁忌》《刀剑异闻录》	入驻网络平台	韩国
新浪动漫	《滚蛋吧！肿瘤君》《渡灵guarding》《铁鸥》	入驻网络平台	法国
腾讯动漫	《一人之下》	发行单行本	韩国

来源：艾瑞咨询研究院自主研究制作

（五）游戏业：移动游戏成为中国文化“走出去”的生力军

根据《2017年中国游戏产业报告》，2017年，中国游戏市场实际销售收入预计达到2036.1亿元，增长380.4亿元。其中移动游戏的实际销售相比去年增长了342亿元，同比增长41.7%。游戏产品的海外销售已经远远超过其他文化产品，成为中国文化“走出去”的生力军。[1]2017年，中国自主研发网络游戏海外市场实际销售收入达82.8亿美元，相比2008年的0.7亿美元，游戏海外收入10年暴增118倍。[2]在2017年中国移动游戏收入中，超过95%是来自于中国自主研发，海外产品只占4.3%，体现了中国游戏自主研发能力的极大提升。

2017年，中国游戏出海的整体格局和发展趋势有了新的变化。第一，市场结构优化，盘子不断扩大。目标市场不再局限于文化相近的东南亚，全球一线的消费市场如欧美、日韩、俄罗斯、中东等地区都有了不同程度的突破，实现了海外地区的

[1] 中国音数协游戏工委(GPC)、伽马数据(CNG)、国际数据公司(IDC).《2017年中国游戏产业报告》.2017-12-19.

[2] 游戏年度数据解读之一：海外出口10年暴增118倍[EB/OL].(2017-12-22)[2018-01-05]. http://games.ifeng.com/a/20171222/44816097_0.shtml.

"多点开花"。根据App Annie报告，2017年一季度，中国手游发行商在美国市场收入环比增速超过80%；法国、英国、德国等欧洲市场收入增速超过50%；日本市场收入增速接近40%。而印度、中东、北非市场也在加速拓展，游戏出海版图不断扩大。[1]截止到2017年年末，中国游戏每年自主研发的产品多达两万多款，出口到全球100多个国家和地区。第二，大、中、小公司以不同方式参与全球游戏市场竞争。其中，实力较强的组建海外团队；拥有资本优势的，借助收并购，快速建立自身的海外市场地位；自主研发能力突出的，借助优秀游戏产品打入海外市场。多数中、小游戏企业则与成熟的海外发行企业合作，还有部分企业为区域海外市场定制开发游戏。第三，中国游戏海外影响力提升，产品品牌地位显著提升。东南亚、日、韩排名靠前的进口游戏多为中国自主研发游戏，并获得苹果、Face book等渠道在全球范围内的推荐。在2017年韩国、日本国内的App Store排行榜，中国游戏常常进入前10甚至登顶。根据2017年11月9日的韩国Google Play畅销榜排名显示，排在前15位的游戏中有6款为中国游戏，虽然中国游戏会在榜单中出现一定变动，但在前15位中基本能维持5席至6席。在日本，中国移动游戏同样表现出色，根据2017年12月20日日本App Store游戏免费榜显示，排名第三的是来自中国的游戏《荒野行动》（见图5-4）。

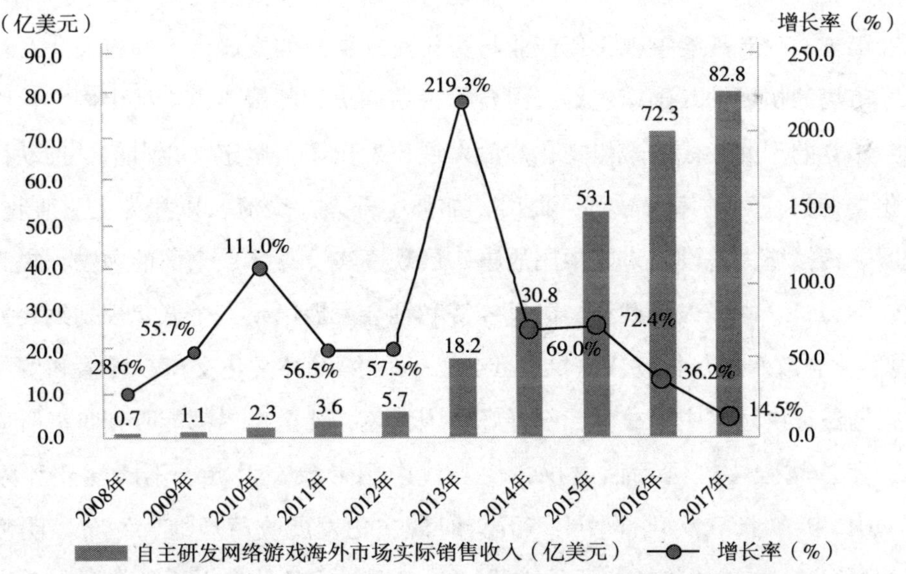

图5-4　2008—2017年我国自主研发网络游戏海外市场实际销售收入

数据来源：中国音数协游戏工委（GPC）&伽马数据（CNG）&国际数据公司（IDC）

---

[1] 海外收入大幅提高，游戏出口规模首超进口[EB/OL].(2017-09-01)[2018-01-05]. http://news.gamedog.cn/a/20170901/2206774.html.

相比之下，海外游戏在中国表现疲软，“前戏”不足，“后劲”乏力。2017年，中国市场上出版游戏约9800款，其中国产游戏约9310款，进口游戏约490款。尽管在端游领域，大多数中国玩家期待的依然是进口游戏，可手游、页游、H5游戏等国产游戏已经全面超越进口游戏。这主要得益于中国智能手机用户的爆发式增长和国内游戏厂商的厚积薄发，国产手游得以“弯道超车”。同时，付费购买游戏的国外游戏规则在中国并不适用，中国玩家更喜欢不断尝试各种免费游戏。国外的经典大作在国内却败走麦城，除了自身问题，还在于国内代理商的运营经验不足以及其本身过于自信而缺少国内合作伙伴。同时，任何一款海外游戏如果想要进入中国还必须通过一系列复杂的审核和修改，如实名制系统、防沉迷系统、屏蔽字系统、版号申请、各渠道SDK接入等。如果在国内缺少有实力有资源的合作伙伴，将很难在中国市场取得较好成绩。

二、文化贸易发展的主要特征

（一）明晰政策，文化发展的顶层设计日益完善

近年来，政府高度重视文化产业与文化对外贸易的发展，明确将文化产业发展及国际市场的拓展纳入国家规划，出台了一系列决策部署，以支持中国文化影响力的提升。党的十九大代表聚焦文化建设发展，发出了“坚定文化自信，推动社会主义文化繁荣兴盛”的伟大号召，提出“加强中外人文交流，以我为主、兼收并蓄，推进国际传播能力建设，讲好中国故事，展现真实、立体、全面的中国，提高国家文化软实力。”《中华人民共和国国民经济和社会发展第十三个五年规划纲要》提出“提高文化开放水平。推动中华文化走出去，统筹对外文化交流、传播和贸易，创新方式方法，讲述好中国故事，阐释好中国特色，让全世界都能听到听清听懂中国声音，不断增强中国国际话语权，使当代中国形象在世界上不断树立和闪亮起来。”2017年2月，《文化部“十三五”时期文化发展改革规划》发布，明确提出“创新对外文化交流、传播和贸易方式，形成更加完备的多渠道、多层次、宽领域的对外和对港澳台文化交流格局。加强与‘一带一路’沿线国家文化交流与合作，促进民心相通，讲好中国故事，传播好中国声音”。

2017年，文化立法、体制改革、新兴产业等多个领域政策出台，以“推进供给侧结构性改革”为路径，以转型升级为目标，为文化贸易提质增效奠定基础。在文化贸易政策领域，2017年1月，文化部发布《“一带一路”文化发展行动计划（2016—2020年）》，从健全机制建设、促进贸易合作、打造文化品牌等五大方面为“一带一路”文化建设工作的深入开展绘制了路线图；3月，国务院印发了辽宁、浙江、河南、湖北、重庆、四川、陕西等第三批7个自由贸易试验区的总体方案。这些新晋自贸区的创新清单中，均有文化产业方面的措施，涉及对外文化贸易基地建设、艺术品市场建设、对外文化贸易、旅游等内容。4月，《关于进一步推进开放型经济新体制综合试点试验的若干意见》出台，促进了试点地区探索扩大贸易投资便利化。6月，国务院还发布了自贸区负面清单2017年版，与2016年版相比减少了10个条目、27项措施。其中，缩减的和文化产业相关的措施共4项，涉及信息技术服务、文化、体育和娱乐业。至此，自贸区文化产业外商投资限制再次放宽。在2017年7月27日商务部召开的例行发布会上，商务部新闻发言人高峰表示，根据此前《关于加快发展对外文化贸易的意见》提出的目标，我国对外文化贸易的顶层设计不断完善。《外商投资产业指导目录（2017年版）》进一步明确了文化领域外资准入限制，《自贸试验区外商投资国家安全审查试行办法》将外商投资重要文化领域纳入安全审查范围，《境外投资管理办法》则为推动文化领域对外投资便利化制定了规范。

（二）“一带一路”，构建文化产业合作新格局

“一带一路”建设，既需要经贸合作的“硬”支撑，也离不开文化交流的“软”助力。2017年，“一带一路”继续引领中国对外文化贸易的快速发展。2017年5月，“一带一路”国际合作高峰论坛在北京开幕，引发世界关注。文化交流成为推进沿线国家民心相通和“一带一路”倡议实施的重要途径。截至2017年年底，我国已与“一带一路”沿线全部国家签订政府文化协定。从文化贸易大省浙江率先传回的数据中也可看出“一带一路”倡议在新一轮对外开放发展中的引领作用。2017年1—6月，浙江文化服务进出口总额达20.68亿元，同比增长23.73%；文化服务出口7.84亿元，增长84.74%。其中出口至“一带一路”沿线国家达13510万元，占比

17.23%，保持高速增长。[1]

2017年10月，文化部组织开展了文化部“一带一路”文化贸易与投资重点项目（2018年）评审工作，确定40个申报项目为2018年文化部“一带一路”文化贸易与投资重点项目，项目涉及范围广、领域宽。黑龙江、甘肃、广东等24个省、市（自治区）入选，内容包括基础设施建设、对外文化贸易服务平台建设等7领域。从分布特点来看，沿海地区多为搭平台、做推广，例如福建省的《织梦盒子》在“一带一路”沿线国家的设计营销推广项目，浙江的贴金工艺的海外拓展项目；内陆地区倾向于结合自身优势和政策形势“因地制宜”，例如内蒙古自治区的“皮雕皮画艺术之乡”暨“中俄蒙”皮艺长廊项目。在项目形式上，既有彝绣、陶瓷等传统中华文化的继承与发扬，又有中国戏曲与爵士乐、木绘艺术国际DIY等中外闻名的交流与融合。既有动漫优秀IP等文化创意产业推广，又有跨境电子商务平台的基础设施建设，内容丰富多样。与此同时，“一带一路”倡议成为学界深入研究的重点课题、研讨交流的重点选题。据不完全统计，中国高等院校和科研机构成立的“一带一路”研究平台目前已超过300家，中亚、东南亚和欧美国家的智库也积极投入“一带一路”研究。2012年以来，我国共有35.19万人赴“一带一路”沿线国家留学。同时，接受了17万人来华学习汉语，在沿线国家共有46万人通过孔子学院、孔子课堂学习汉语。“一带一路”建设逐渐从理念转化为行动，从愿景转变为现实。

（三）自贸试验，推进文化市场开放和管理机制创新

2017年，我国自贸区建设迈入3.0时代，1+3+7的试点新格局初步形成。辽宁、浙江、河南、湖北、重庆、四川、陕西7省《自由贸易试验区总体方案》和国务院《全面深化中国（上海）自由贸易试验区改革开放方案》（国发〔2017〕23号）的发布对自贸区制度创新提出了新的发展目标和更高的要求。第三批7个自由贸易试验区总体方案的创新清单中均有文化产业方面的措施，涉及对外文化贸易基地建设、艺术品市场建设、对外文化贸易、旅游等内容。

在自贸区先行先试的体制创新推动下，自贸区积极推动文化产业资源要素的双向流通和最优配置，吸引国际上的资本、技术、人才、项目等优质资源，同时推动

[1] 以“一带一路”为统领，上半年浙江省文化服务贸易收获颇丰[EB/OL].(2017-07-18)[2018-01-14]. https://mp.weixin.qq.com/s?__biz=MjM5Mjk0NjI1NA3D3D&idx=3&mid=2650121237&sn=0945b4223befcf8f85d47e319 673c262.

更多的中国文化企业进入国际市场，投资、承包或运营海外文化项目，建立横跨境内外的文化服务链、文化价值链、文化产业链。以上海自贸区为例，上海自贸区作为全国自贸区的排头兵，在文化开放方面充分利用自贸区的开放政策，在文化对外贸易、文化金融、文化保税、文化产权交易等方面进行大胆的制度创新，通过国家对外文化贸易基地、上海国际艺术品交易中心等交易平台的建设，迅速提升了我国文化艺术品的交易量，每年带动相关进出口货品总值高达200亿元。与此同时，“免征、免税、保税”政策激发了文化贸易的动力，通关便利大大加速了文化艺术品的流动，节约了交易成本，负面清单管理模式带来了文化贸易与投资的国际自由化。一些外资演出单位、外资演出经纪机构、外资娱乐场所以及外资游戏游艺企业等先后入驻自贸试验区。

在自贸区3.0版时代，浙江、河南、四川、陕西、重庆、辽宁、湖北等地自贸区的设立，将突出沿海和内陆开放型经济高地的使命和特色，适应我国推动“一带一路”倡议的大格局，把更多的东中西省份进一步推向对外开放的最前沿，不但是传统经贸合作的向东开放，而且是向南、向西和向北全方位的开放，集聚和配置全球范围内创意型、科技型、智慧型的文化资源，为我国文化产业打造对外开放的新优势、大力发展文化贸易提供了重要的机遇和动力。

（四）拓展渠道，文化对外传播、交流稳步推进

改革开放以来，我国成立了一批海外中华文化传播机构，创立了丰富的文化交流品牌，搭建了面向国际的高层交流平台。这些海外文化传播机构成为中外文化交流的纽带，搭建起中华文化走出去的桥梁，国外掀起了一股汉语学习热潮，中华文化走出去呈现蓬勃发展趋势。

我国在全球创建了丰富的文化交流品牌，影响深远。截止到2017年，共与全球100多个国家签署了文化合作协定，联合举办“文化年”“中国艺术节”等品牌活动，大力宣传中国传统文化和中国特色社会主义文化。2017年，墨西哥“中国文化年”圆满举办20项近200场文化活动。覆盖了墨西哥22个州市，逾700名中国艺术家、文化学者等访墨，60家当地文化艺术机构、超过100万墨西哥民众直接参与其中，观看转播、参与互动的民众逾千万。[1]

---

[1] 墨西哥“中国文化年”完美收官[EB/OL].(2017-12-20)[2018-01-11]. http://culture.gmw.cn/2017-12/20/content_27139475.htm

此外，不断创新文化交流平台，与美国、日本、非洲等国家搭建多层次交流平台，商讨文化交流事宜。作为国内文化产品与服务“走出去”、国际文化产品与服务“引进来”的重要平台之一，国家对外文化贸易基地正不断完善建设。2017年11月，国家对外文化贸易基地正式开工建设二期内容，包括APAX、Frame Store、中国广播电影电视交易中心、方正集团在内的20余家中外企业，已与国家对外文化贸易基地签约合作。第十二届中国北京国际文化创意产业博览会共签署文化创意产业的产品交易、艺术品交易、银企合作等协议总金额977.28亿元人民币。本届文博会签约、成交呈现四大特点：一是影视文化制作、版权项目签约金额371亿元人民币，占比37.9%，交易活跃；二是落户园区的文化产业合作项目签约478亿元人民币，占比49%；三是文化与科技、金融等融合的项目签约金额171亿元人民币，占比17.5%；四是落实“一带一路”国家战略，文化贸易签约金额138亿元人民币，占比14%，文化走出去项目增加。[1]由文化部外联局支持、国家对外文化贸易基地（上海）主办的第四届“2017中国（上海）自由贸易试验区文化授权交易会”在上海落幕。来自16个国家、国内18个省市的参展商达130多家，展品上万件，参展商数量、展品数量、参展品牌等均超出往届规模。2017年共有16个国家参展，“一带一路”沿线国家占据其中的1/3。众多类似的对外文化贸易活动，逐渐使其成为中外文化贸易、交流的重要平台。中国文化正在多渠道、立体化走出去。

（五）跨界融合，溢出效应凸显为文化贸易注入新动能

随着“互联网+”时代的来临，技术变革引起国际国内经济环境发生日新月异的变化，文化与生产性和生活性制造业、文化与互联网等高新技术、文化与旅游、文化与中医药产业、文化与体育产业、文化与金融、文化与特色农业的融合，催生新的产业形态和经济增长点。“互联网+”时代为我国对外文化贸易发展开辟了新节点，提供了新动能。

第一，跨界融合提升了文化主体的实力和带来业态的多样化。文化产业跨界融合发展的溢出效应明显，在带动相关产业发展中为文化贸易注入新动能。2017年新设立的7个自贸区先后利用多方渠道，构建起文化艺术业与工业、金融业、服务业、科技界等的跨界合作，发展起多层次文化产品和要素市场，推动我国对外贸易

[1] 付连英．中国文化多渠道立体化走出去[N]．国际商报，2017-09-14.

发展。2017年，我国文化产品与服务出口向高端化发展，全媒体传播形态日渐丰富，电子图书、数字报纸、互联网期刊、网络游戏等成为文化走出去的新载体、新渠道。中国（上海）自贸试验区管理委员会与中国国家博物馆达成战略合作，共同启动“文创中国”中国大区运营中心等项目。上海自贸试验区国家对外文化贸易基地，建立起涵盖设计、生产、运营、展示和全球销售的生态文化产业体系，不同的主体集聚一个平台发挥各自的专业服务，迅速形成一个具有国际影响力的文化艺术生产与消费中心。第二，在契合经济转型中，“文化+科技”引领文化产业发展方向，高科技的运用为传统文化的对外交流传播提供了新的渠道和途径。2017年9月，上海昆剧团创作的3D昆剧电影《景阳钟》获第二届加拿大金枫叶国际电影节最佳戏曲影片奖、最佳戏曲导演奖；3D全景声京剧电影《萧何月下追韩信》的导演滕俊杰获第二届中加国际电影节最佳导演奖。第三，随着我国文化“走出去”步伐日渐加快，文化装备“走出去”正在成为我国与国际产能合作的新增长点。11月28日，中国对外文化集团公司与墨西哥费芮演出制作公司签署了《中国对外文化集团公司与墨西哥费芮演出制作公司战略合作协议》。中国对外文化集团公司运用墨西哥“中国文化年”的品牌效应和塞万提斯艺术节等成熟的国际性平台，快速接触潜在客户，进一步推动高科技文化装备“走出去”、发展文化贸易。

（六）全球视野，骨干文化企业多渠道“抱团出海”

近年来，中国外向型文化企业和文化跨国公司不断成长，一些优秀文化企业国际市场定位能力、国际化品牌定位能力和影响力日益增强，人才管理国际化水平大幅提高，国际化经营方式不断升级，海外投资布局加快。2017年9月，蓝海云发布“一带一路”联播平台，为走出去的企业提供“一站式国际推广方案”；中投视讯推出“讲中国故事、绘‘一带一路’——‘中国网+华人码’”文创产品；台湖国际图书分会场汇集古今中外60余万种优秀出版物，设置“一带一路”图书系列展示区、外文原版图书订采区。

根据商务部公示的《2017—2018年度国家文化出口重点企业和重点项目名单》，初步认定“天下华灯”嘉年华等108个项目为2017—2018年度国家文化出口重点项目，中国对外文化集团公司等295家企业为2017—2018年度国家文化出口重点企业，其中北京70家、上海35家、广东24家、江苏23家、浙江18家、山东6家、福建22家。

三、文化贸易发展的主要问题

（一）文化贸易结构不平衡，核心文化服务占比较低

近年来，我国文化贸易发展态势良好，尤其是文化服务贸易快速增长，核心文化服务进出口占文化贸易的比重持续上升。但中华文化在国际市场占据的份额偏低，我国文化服务出口的形式仍然较为单一，长期以来广告宣传服务在文化服务出口中的占比较高，电影、音像服务和版权、著作权以及稿费等占比较少，而在发达国家，版权和许可贸易在文化服务出口中所占的份额高达80%以上。此外，我国仅广告宣传服务存在较大顺差，电影、音像、版权、制作权等核心文化服务存在较大逆差，研发创意服务、建筑设计、工程设计及其他技术服务等也存在较大逆差。文化服务领域存在的逆差与我国文化大国的地位极不相称。

2017年，进入国际市场的中国文化产品仍是特色文化，缺乏原创性的国际文化产品，使得中国核心文化产品在国际市场仅占很少份额。文化制造业在中国文化产业中仍占很大比重，导致文化贸易出口统计的“虚高”，虽然助推了中国文化贸易的大国地位，而实际文化影响力却不强。目前，我国文化产业精品文化不足、草根文化创作量少、传统文化艺术产业创新动力不足导致了其核心竞争力的不足，因难以生产出畅销、常销的文化产品，消费群体规模有限，导致中华文化影响力与世界第二大经济体的地位不相匹配。文化影响力、辐射力和话语权难以从根本上提升，始终徘徊在文化竞争力第二集团，制约了中国“软实力”的有效提升。

（二）中华文化传播不够，国家形象塑造存在认知偏差

首先，中国文化失语。经济全球化下，人们的价值观念和生活信仰受西方文化的强烈冲击，中国传统文化和现代文化面临失语的尴尬境地，制约着中华文化走出去的步伐，尤其表现在中国文化核心价值观和传统文化资源挖掘不够，传播不够，不被西方国家接受上。文化作品缺乏国际视野和对人类文明的关注，制约了中国国际话语权的实现，从而导致中国传统文化输出受阻、中国主流文化难以被国外民众全面认知和接受、中华文化在外国人心中的认可度偏低或产生误解。其次，文化输出内容单一。文化输出主要分为思想文化、艺术文化和实用文化3个方面。《中国国

家形象全球调查报告（2016—2017）》显示，中餐、中医药和武术在海外受访者眼中是最能代表中国文化的三大元素。可见，我国文化输出单一，主要输出的是实用文化，高层次的思想文化传播受阻，尤其是中国的哲学和现代思想国外民众了解最少，以致在外国人心中中国文化仅仅是中国餐加上孔夫子，他们对现代文明的中国了解很少。再次，国家形象塑造存在认知偏差。国家形象是文化走出去的目标诉求，而我国国家形象被西方媒体曲解、歪解，负面形象不断被夸大，且西方媒体反复以“中国威胁论”“新殖民主义”等言论来攻击我国。中国的现代文明、负责任等积极形象还没有得到国际社会的广泛认可。

（三）国际渠道狭窄、平台薄弱，集聚效应难以发挥

目前，我国文化企业不仅缺乏推进文化企业国际传播的整体战略规划，而且国际传播的渠道极为狭窄，中介组织极度匮乏。同时，大部分文化企业各自为政、相互竞争，难形成合力，共同面对外部市场，这已成为制约我国文化企业国际传播的重要因素。虽然游戏类企业已经开始抱团出海并进行产业链合作，但在大部分文化产业中还没有形成集团军，比如电影电视的制作与海外发行联合在国外推出；还没有推动中国优秀传统文化进入外国校园；还没有充分发挥大数据、云计算等先进技术与Twitter、Face book等外国新网络媒体的作用；还没有更加广泛而深入地在国外开展传统节庆活动。反观国外文化交流、传播及贸易之所以强大、通畅，其中一个重要原因是具有庞大的经济与非经济、官方与非官方的通道和平台，这为相关文化企业的国际化发展以及本国文化的国际传播创造了有利的条件。因此，我国文化企业国际传播的渠道还有待拓展，各种文化组织（包括中介）还需要加强以产业链为核心的合作，积极拓展文化传播和推广的渠道和方式。

（四）国际文化贸易面临争端隐患，应对能力不足

随着我国文化产业的迅猛发展，我国国际文化贸易呈现出新趋势和特点。在这种情况下，我国文化产业发展的各项补贴政策，面临不可避免的国际贸易争端问题，集中表现在：第一，现行文化产业发展的专项资金补贴政策，像其他产业经济政策一样，均明示出了政府扶持企业和行业垄断、导致不公平竞争结果，成为严重阻碍我国文化企业“走出去”发展进程的“定时炸弹”，随时可能成为文化贸易争端的被起诉证据。第二，国际文化贸易争端还涉及知识产权保护等方面的问题，我

国企业在“走出去”的过程中知识产权的保护还有待于完善。第三，国内外文化产业行业划分标准和规则不同，隐含了文化贸易争端的潜在性危机。根据我国2012年国家统计局在2004年基础上制定的《文化及相关产业统计分类》最新分类，文化产业划分为3个层次，16大类，59个中类，120个小类。鉴于我国的文化产业划分与欧美有很大差别，以致众多文化产业内容在欧美分类中并不属于文化行业，而是属于经济产业。以美国为例，根据美国政府2007年版本（目前美国的执行版本）的《北美行业分类系统》(North American Industry Classification System) 划定，目前美国一级行业有20个，其中，“信息业”“艺术、娱乐和健身业”的总和基本等同于我国文化产业的主体，而文化产业的补充（文化产品和设备的生产和销售活动）则分别划定于《北美》的制造业、批发贸易以及零售贸易中。美国共划分出1170个行业，其中没有一个行业名称出现过文化一词。[1]只有在一级行业公共管理下的综合经济项目管理中才有两个解释条目涉及文化，一个是政府艺术和文化项目管理；另一个是文化和艺术发展支持项目管理。总之，因国内外在文化产业划分上的差别，极其容易导致我国文化产业陷入贸易争端。第四，WTO协定及其一揽子法律规则均对反补贴做出了硬性规定，我国缺乏应对。同时，各级官员和企业高管对我国文化贸易专项资金政策涉嫌WTO“可诉之补贴”规定所知甚少。文化产业在发展过程中只要违反了上述规定，就将被认定为实施了补贴行为而遭到起诉。

四、文化贸易的未来发展趋势

（一）加强顶层设计，理顺文化贸易管理体制

应在顶层设计上理顺文化贸易管理体制，避免多头管理、数据分散。加强对国家扶持的“走出去”项目的过程管理和项目监督与效果评估，加强统计指标体系构建和统计数据信息发布，形成成熟的政策导向机制，加强文化贸易安全评估和预警机制研究。以部际联席会议形式高规格统筹协调文化贸易，整合资源形成合力，明晰文化贸易主体，政策扶持（财政补贴、税收调节、金融支持）要落到细节，在“语言转译”上国家全额补贴，尽量避免因语言翻译增加文化折扣，提高语言转译

[1] 韩丽君.文化产业政策引发的国际贸易摩擦及应对策略研究[J].辽宁大学学报(哲学社会科学版),2017(5).

水平；提高企业自身的文化创造力，培育文化责任感和使命感；大力发展文化服务中介机构，完善文化产权代理和推广机制；金融机构保驾护航、落实财税支持政策，对以中国元素为背景和内容的文化创造给予支持，重点补贴有利于增强核心文化要素及文化价值认同感的产品与服务，注重文化内容本身的形式创新、传播渠道创新。放宽文化产品和文化服务出口审批权，简化出口手续，协调文化产品和文化服务出口问题，规范出口秩序，建立文化贸易信息共享平台，完善海外文化贸易营销体系，加强对外文化贸易的协调和指导。加强立法促进，文化贸易出口扶持政策只是扩大文化贸易的外在因素，通过强身健体促使文化企业有效供给，立足自主创新的文化品牌才能提升文化贸易的质量和效益。

（二）加强跨界融合，推动文化创新发展

文化与科技的融合已经成为提升文化贸易竞争力的重要突破口。为促进我国文化产品出口健康持续地进行，应鼓励企业开展科技创新，增加对文化出口产品和服务的研发投入，开发具有自主知识产权的关键技术和核心技术，推动科技创新与文化贸易的融合发展，形成一批具有核心竞争力的文化产品与服务。同时，随着云计算、大数据、物联网和移动互联网等新一代信息技术的应用普及，跨境电商发展迅速，也将成为今后我国文化产品出口及其配套服务发展的重点领域之一。通过电商平台将中国制造、中华文化直接向全球消费者展示，从而更好地掌握文化产品出口的主控权。此外，近年来共享经济的发展也将为我国文化产品出口提供更多新的思路、新的发展模式与途径。今后我国可以加大力量推动文化产品共享平台的建设，通过互联网平台高效率整合和低成本配置文化产品出口领域的分散资源、闲置资源，以实现“潜挖、增效、降本、提质”的共享经济目标。依托互联网和大数据，整合我国企业在“一带一路”沿线国家设立的各类文化产品展示、仓储、服务等站点，为我国文化出口企业提供海外展示、仓储、金融服务、国际结算及支付渠道等资源的共享。

（三）推进供给侧改革，提升文化核心竞争力

中国有非常丰富的历史文化，改革开放以后又不断地融合交汇，形成有中国特色的文化体系。中国文化要走出去，要立足在本土，把国内市场做好，保护传统文化，增强民众的凝聚力和自豪感。同时，了解时代的变化和大众的需求，推动文化产业百花齐放。在我国推进供给侧改革背景下，一是要调整和升级我国文化产业结

构，大力提高文化产业内贸易总体水平。逐步改变我国文化产品和服务出口贸易对劳动力低成本与要素资源禀赋的依赖，大力引进先进技术和先进管理理念，开发新型的、具有更高附加值的文化产品，推动文化产业结构调整。二是要大力提高文化产业内贸易质量。我国许多文化产品的产业内贸易类型结构低级化特征明显，垂直型产业内贸易是主流。在未来文化贸易发展中，要大力提高各类文化产品的产业内贸易水平，在服务质量上下功夫，推动文化产品向高端垂直化、水平型产业内方向发展，努力缩小与国外相关进口文化产品的差距，实现服务范围的有效拓展，努力提高自身的国际竞争力。通过全面提高文化产业内贸易水平，为我国文化贸易能够在国际市场上占据有利地位创造良好环境。

（四）实现市场多元化，拓展文化出口市场

我们应充分利用欧美市场规模大、消费者购买能力强的市场规模优势，继续巩固和扩大对欧美市场文化产品的出口。其次，进一步发挥与东亚、东南亚地区相近的地缘文化优势，加强针对中华文化圈地区的出口贸易，充分发挥中华文化资源的外溢效应，进一步扩大文化产品出口。再次，在充分市场调研基础上，积极开展与非洲和拉美地区的文化贸易。最后，充分发挥“一带一路”战略在开拓市场方面的巨大优势，通过与“一带一路”沿线国家全方位合作，带动文化贸易的发展。扶持文化企业与“一带一路”沿线国家围绕重点领域开展项目合作，提升中华文化影响力。

（五）培育文化主体，拓展文化贸易渠道

在我国的文化贸易发展中，创作主体、输出主体、运营主体、宣传主体大多都是国营企业或单位。然而，只通过政府运作促成合作是远远不够的，还应该运用文化自觉意识培育文化人才、打造文化相关企业、机构，乃至形成文化跨国公司，拓展贸易输出渠道。此外，培植海外营销渠道单靠利益驱使是不够的，还需得到引进方的文化认同，因此，通过文化自觉凸显中华文化的魅力，找准文化的基点至关重要。文化的输出并非单纯地拼接文化符号，将文化完全商品化，甚至为迎合他文化圈口味而生产，因为这种脱离自身文化内核的文化产品，只能昙花一现，不会长久发展。只有自觉地创作反映中华文化核心价值内容的文化产品，并将其传播到国际主流社会，才是行之有效的发展路径。而企业的成功，就是企业文化自觉的产物，更是社会文化自觉的产物。

第六章　新闻出版发行服务研究报告

如果说2016年新闻出版发行业的主要特点是传统媒体的衰落和新兴媒体的进击，那么到了2017年，这种新旧势能差距愈加悬殊。2017年是全面落实“十三五”规划的关键一年，也是推进供给侧结构性改革的重要一年。这一年，新闻传媒与出版发行业在调整产业结构、加快转型升级的大势下砥砺前行，传统产业在技术迭代、推陈出新的浪潮中逆势拼搏，新兴业态在产业融合、大浪淘沙中摸索前行，行业之间的融合发展走向新的历史时期。

一、态势与亮点

（一）实体书店全面开花，业态升级推动大发展大繁荣

继2016年6月中央11部委联合下发的《关于支持实体书店发展的指导意见》重磅出台后，北京、上海、广东等地陆续推出地方扶持政策，以真金白银支持实体书店发展，鼓励书店经营模式创新和转型升级。实体书店已经从前两年的“倒闭潮”中逐渐回暖，呈现出连锁化、地产化、多元化发展的新趋势。

在政策红利下，旧书店重装开业，新书店也如雨后春笋般涌现。据不完全统计，2017年新开实体书店超过100家，仅上半年就多达60家，其中言几又、大隐书局、钟书阁、西西弗等民营书店占比90%以上，而西西弗书店表现尤甚，以“书店+地产”模式在全国各地复制推广，截至2017年10月15日，已发展为拥有100家门店、超过1000名员工、100万活跃会员的连锁文化企业。除了扩张规模持续递增

之外，今年“新华书店成立80周年”和“24小时书店热”也让行业内外对实体书店的关注热情空前高涨。据媒体统计，上半年共有7家“24小时书店”开业，全国总量达30多家。在近几年的时间里，这些创新模式的不打烊书店为爱阅读的人们提供了良好的阅读空间，也逐渐成为城市各个角落中的文化地标。24小时书店试图打造文化事业和产业的综合体，营造一种新式而又相对独立的文化生活，可以认为是城市公共文化服务体系建设的一部分，为推动全民阅读、建设书香社会增光添彩。

综观这一年的整体业态，实体书店正迎来大发展大繁荣的历史新阶段，初步构建起线上与线下渠道融合、线下细分市场多品牌经营、网点布局不断优化、产品线与服务链进一步丰富、科技支撑程度不断提高的阅读服务新格局。实体书店的网点正在不断从大中城市向乡镇下移，向社区、校园、商圈、政府机关、超市等区域拓展，成为在终端服务网点建设上的又一套新体系。同时，基于技术全面升级下的智慧书城建设和推进，又不断改变着传统实体书店的运营思维和经营服务模式，自助售书、售书机器人的出现让实体书店拥有更多“新零售”的基因，为其未来发展带来了更多可能。

面对转型升级的压力，国有的新华系书店也不断开拓创新，锐意进取，形成了“大中小特”门店相结合、线上平台协同发展的新发行体系，通过主题化、特色化、智能化的改造升级，将新华卖场打造成新业态、新空间、新体验的城市文化高地和公共文化空间，实现从文化销售商向阅读服务提供商的转变。同时，积极整合和引入符合文化消费要求的品牌战略合作伙伴，逐步完成规模化的多元经营和产业布局，不断提高国有文化企业的消费运营能力与经营效益。

值得注意的是，在政策红利的刺激下，近一两年来，图书电商也积极拥抱实体经济，当当累计开业实体书店百余家，并计划在3年内开1000家实体书店；京东启动“千城千店图书角”计划，已在北京、上海、西安、深圳、长沙等城市陆续开放……图书电商试图通过开设更多的线下门店来增强用户体验，不断巩固和提升图书市场占有率，整个书店行业经营模式也开始进入重新塑造的新时期。

（二）媒介融合深度发展，现象级融媒体产品层出不穷

十年前，“纸媒将死”的论断就已不绝于耳；近两年，休刊潮更是愈演愈烈，2015年至2017年间，每年都有8到10家报刊迎来末路。2017新年伊始，两家知名

报纸《东方早报》《京华时报》正式休刊，人员分流，内容平移，转战互联网；2017年行将结束，又有包括《北京娱乐信报》《渤海早报》等在内的8家老牌纸媒宣布将在新年停刊。剩下的纸媒即便能幸免生存，也将面临合并、缩减的宿命，曾经省会城市中多家纸媒并存的局面已然消失。但与此同时，也有越来越多的传统媒体看清了纷乱的移动互联网竞争世界，更加清醒地认识到自身的优势，并充分利用自身的积累与特色，开始了一场“红海”的战斗。

2017年，传统媒体以构建现代传播能力为中心，“中央厨房”建设稳中求进，供给侧改革大力推进，大数据、人工智能产业布局也已开启，媒体融合已经从“相加”迈向“相融”。《人民日报》、新华社等中央媒体利用媒体形态，推动“中央厨房”“现场云”等加速与地方媒体进行融合；浙江日报报业集团、重庆日报报业集团、上海报业集团、贵州日报报业集团、江西日报社等省级地方媒体的融合发展也风生水起，探出了自己的新路子。

在习近平总书记发表“2·19讲话”一周年之际，2017年2月19日，人民直播平台正式上线。人民直播由人民日报社新媒体中心发起，与新浪微博、一直播合作建设，旨在净化直播环境，引导直播发展，用新技术传播和壮大正能量，百余家媒体机构、政府机构、知名自媒体、文体名人等成为入驻人民直播平台的首批成员。上线以来，人民直播为用户实时呈现了一系列重大主题活动现场。其中，直播访谈品牌栏目《大咖有话》邀请名人大咖做客直播间，自开播以来，每期点击量都在百万以上。人民直播是主流媒体移动传播创新的有益尝试。

这一年，媒介融合驶向深水区，各级新闻媒体为了增强对重大时政报道、主题主线宣传报道的吸引力和新闻传播力，在内容、形式和手段上不断寻求创新突破，报网端微涌现出一批传播广、点击量高、口碑好的优秀作品，现象级融媒体产品层出不穷。“八一”中国人民解放军建军90周年之际，人民日报社推出H5产品《快看呐！这是我的军装照》，将1927—2017年这90年间的军装全部呈现出来，让用户上传照片，利用人脸识别技术，生成属于用户的不同年代的军装照片，上线两天浏览量破两亿，正能量被持续刷屏；在“十九大”报道期间，《光明日报》推出融媒体创意H5产品《党代表通道群英谱》，用轻松诙谐的方式与手机交互技术实现场景和人物的立体化表达，拉近了大会与媒体、观众的距离，采用数字漫画形式，并加入电影式粒子特效，让党代表形象变得更加可爱活泼，也吸引了更多年轻用户的参与；国庆节前夕，澎湃新闻推出H5产品《中国，你来写》，手机用户只要用手指轻轻点击屏幕，“中国”两个字跃然于屏幕之上，一幅展现5年来巨大成就的水墨画卷自动生成，用户可用自己手写的汉字，感受技术呈现之后的最美中国图景，而该H5产品仅发布24小时，上传图片数量已达464万张，峰值每秒点击量达2.4万，最高同时在线60万人。此外还有新华社在“一带一路”国际合作高峰论坛举行前夕推出的微视频《大道之行》，以短片形式综合运用图片、视频、3D动漫等元素，带着人们走进习近平主席“一带一路”倡议的多彩空间；解放军报社旗下中国军网在五四青年节推出的征兵视频《中国力量》，以“燃到爆”的节奏，再一次成为现象级社会热点。这一年传统媒体与新媒体的深度融合发展，深刻贯彻了习近平总书记在党的新闻舆论工作座谈会上的讲话精神，既牢牢坚持党性原则和正确的舆论导向，又积极运用创新引擎，在舆论环境、媒体格局、传播方式都发生深刻变化的大势下，以富有时代特色的传播方式做好新闻宣传，讲好中国故事。

（三）上市融资突飞猛进，中国出版进入资本运作大年

近两年，出版企业上市热潮不断升温，登陆A股、融资扩张、重组并购等资本运作方式，依然是企业拓展版图、提升竞争力的主要思路。从行业周期性发展和资本运营综合视角看，2017年可谓中国出版业资本运作的“大年”。这一年，中国科传、新经典、中国出版、掌阅科技、世纪天鸿5家出版企业相继过会，出版业年度上市企业数量创新高，还有数家出版企业在上市排队中。两支“中字头”的出版企业“国家队”上市，加上世纪天鸿新三板的成功转板，给出版产业注入新的活力，释放了积极的信号。这些不同体量、不同资本类型、不同业务类型、不同上市方式的出版企业迈过IPO的门槛，将中国出版业股改上市的改革带向了新阶段。

这一年，出版企业在资本市场的表现也相当活跃。5月份，上海读客图书有限公司宣布完成1.28亿元A轮融资，估值已达20亿元，这家以快消品营销方式从事图书推广的企业宣称未来将这笔资金主要用于培育超级IP和版权采购。但这个纪录很快被打破，7月份北京磨铁图书有限公司完成C轮3亿融资，投后估值接近45亿元，已经尝过IP影视改编甜头的磨铁未来将会在优质IP打造和开发上继续加大投资力度。对于很多民营出版企业而言，传统的图书出版不再是业务重心，培育全产业链才是长远的目标。

重组并购行为也很明显地反映了出版企业的这一发展思路。以数字出版龙头企业中文在线为例，以文学IP为核心，通过授权、合作分成、联合出品等多种方式多维度深度开发大众娱乐产品，已成为这家成长型企业近几年的主要发展模式。继2月宣布拟出资1亿元设立专门开展股权投资、资产管理的中文在线投资管理有限公司、拟出资1000万元成立致力于IP影视衍生开发变现的霍尔果斯中文光之影文化科技有限公司之后，中文在线又将文学IP扩展到网文和漫画，将投资目光转向泛娱乐的游戏领域，拟收购运营泛二次元手游和社交网站G站的晨之科公司，并在2018年上市公司并购重组审核委员会第1次会议上顺利过会。IP版权争夺战已成为出版企业的红海，将触角伸向未曾染指的动漫游戏领域，试图开辟传统视阈下的新蓝海，民营企业既是在大胆探索企业转型的新出路，某种程度上也是在大胆舍弃出版的核心价值。

对于这种涉及重大资产重组的战略转型，出版企业冒险一搏，但主管部门仍慎之又慎。作为中央文化体制改革试点确定的国内第一家上市试点出版企业，出版传媒集团过去在从单一纸介质媒体向跨地区、跨行业的综合媒体转变、从以书养书的增长方式向战略投资者转变的运营探索上取得了一系列创新突破，但今年在试图收购以运作综艺娱乐节目为主的世熙传媒公司、以期进军综艺娱乐事业的过程中却未获国资部门通过。在资本浪潮的席卷下，以出版、印刷、发行为主业的出版企业，试图在转型升级与跨界融合的趋势中与泛娱乐、泛文化、泛金融发生深度对接，但倘若没有梳理好企业战略核心价值，没有构建好跨界运作商业模式，没有把握好产业自身发展规律，这种冒进不但不能为企业开拓新的盈利空间，缺乏深耕运作的精神同样也不利于产业的长远发展。

（四）知识付费迎来风口，知识服务拓宽数字出版领域

2016年被誉为“知识付费元年”，几家自媒体平台尝试使用会员制、付费订阅、打赏支付等方式让用户购买自己喜欢的知识产品，在消费升级背景下诞生了知识新经济。2017年，知识付费迎来投资风口，用户规模从上一年的5000万激增至1.88亿。[1]

所谓知识付费，简单而言就是把知识变成产品或服务，以实现其商业价值，其

[1] 艾媒咨询.2017年中国知识付费市场研究报告[EB/OL].(2017-12-05)[2017-12-12].http://www.iimedia.cn/59925.html.

本质是通过交易手段使更多的人愿意共享自己的知识积累，通过市场规律和便利的互联网传播而达到信息的优化配置。其最大意义在于能够刺激大多数普通人贡献出自己的认知盈余，重新定义了知识生产的方式。在传统视野下，知识通常被视为有体系的科目内容，但在知识付费领域里，这一概念被大大拓宽，涵盖一切技能、信息和资讯。由于信息生产者与消费者之间存在信息差，在平台的中介作用下，彼此之间获得了信息沟通和商业变现的可能。

从这个意义上讲，知识付费可以视为在线教育的延伸和创新，两者之间既有相同亦有差异。作为数字出版的重要内容之一，在线教育有严格的教研体系，由长期负责教学的专业人士把关教学内容、开展定期辅导和考试等；而知识付费则不需要全职从事教育。同时，相较于线上教育的内容局限，知识付费更加符合移动生产和消费的模式，内容更加多样化、时长更短、展现形式更自由。而这3个特征也是知识付费在这一两年爆发式发展的主要原因，并极大地拓宽了数字出版的应用领域。

知识付费并不是一个独立的行业，而是现有信息服务业互联网化的一部分。得益于移动端内容的繁荣、移动支付的普及和打赏制度的出现，技术应用方面的成熟使得知识付费的兴起水到渠成。另一方面，优质、稀缺、应用性、习得性强的知识或技能越来越受到用户的青睐，在已经习惯于免费从互联网上获取知识和信息的网民中，有越来越多的人愿意通过付费获取更加专业化和更具针对性的知识服务。《2017年中国网络新媒体用户研究报告》显示，30.3%的新媒体用户愿意为视频或文字内容付费。[1]在海量信息充斥的时代，有限的用户时间与无限的信息数据之间的张力更加明显，如何更好地利用碎片化时间来获得自身的知识和价值增值，成为知识付费兴起的内在动因。

目前市场上的知识付费产品主要采取音频录播、视频录播或直播、在线问答、图文分享、一对一咨询等形式，以订阅合辑、单次付费、授权转载、打赏等方式支付费用，平台从中按比例分成。2017年，以喜马拉雅FM、得到为代表的几家主导型知识付费平台进一步向专业化纵深发展，在扩大内容版权储备的基础上，投入更多的资源培养和打造专业主播团队，大力加强平台的内容对接和资源整合水平，构建平台PGC精品化内容生态；以知乎为代表的社区型知识付费平台致力于不断完善

---

❶艾媒咨询.2017中国网络新媒体用户研究报告[EB/OL].(2017-05-11)[2017-12-11].https://www.3566t.com/news/show-8836648.html.

监管机制，扩大UGC内容并确保内容质量，形成围绕知识生产、发布和付费的完整闭环，尝试构建一个高品质和多样化的知识分享型社区；以分答为代表的组合型知识付费平台则努力构建多维度的内容消费矩阵，以PUGC内容生产模式覆盖用户多场景活动，提供多层次知识服务，以满足快捷化的即时答疑需求、碎片化的轻度学习需求或体系化的深度学习需求。对出版业而言，知识付费的兴起虽然颠覆了以往的知识传播方式和商业模式，但与此同时也带来了新的行业发展机遇。优质的书籍依然是社会和科学知识的传播基石，电子图书、数字教材、音像作品等数字出版物依然能为知识付费用户提供更具指向性的知识产品。对于这场知识获取模式的互联网重构，出版企业既要考虑顺势而为，把握行业发展契机，同时又要注意扬长避短，充分释放核心价值。

二、问题与挑战

（一）图书库存问题改善，供给侧结构性改革继续深化

这一年，图书出版发行行业全国市场规模整体仍保持继续增长态势，全年出版产业营业收入达21655.9亿元，同比增幅9.0%，其中数字出版营业收入较上一年增幅高达30.0%，行业占比已将近1/4。在传统出版略显疲态的形势下，作为新兴业态的数字出版对整个行业呈现出较强的拉动作用。全年图书销量为70.25亿册（张/份/盒），纯销售额为852.49亿元，同比增幅分别为4.2%和9.1%，比上一年有显著增长。[1]

令人欣喜的是，这一年图书库存量发生了明显的变化。多年来中国图书市场的批量印刷带来了严峻的滞销问题，图书库存积重难返，存销比惊人，每年出版码洋与库存码洋呈倒挂之势。2011年到2015年，五年间图书库存增量（11.97亿册）是销售增量（1.64亿册）的7倍之多。[2]自2016年供给侧结构性改革提出并实施以来，图书出版发行业也开始了去库存工作，成效明显。2016年，全年图书库存增量减少了2.08亿册，是多年来第一次出现库存增量负增长，库存码洋增幅为5.59%，也较上一年的7.16%有所下降。

---

❶2016年全国新闻出版业基本情况[N].中国新闻出版广电报,2017-07-25.

❷范周.2017中国文化产业年度报告[M].北京:知识产权出版社,2017:66.

表6-1 近年来反映我国图书产能情况的一些重要数据（2011—2016年）

年份	每年出版图书		每年纯销售额		每年库存量		每年出版产业营业收入		每年数字出版营业收入		每年出版社数量	
	种数（万）	定价金额（亿元）	销量（亿册/张/份/盒）	金额（亿元）	数量（亿册/张/份/盒）	金额（亿元）	金额（亿元）	增幅	金额（亿元）	行业占比	中央	地方
2011	36.9	1063.06	65.78	653.59	55.86	804.05	14568.6	17.7%	1377.9	9.5%	220	360
2012	41.4	1183.37	68.32	712.58	56.00	841.88	16635.3	14.2%	1935.5	11.6%	220	360
2013	44.4	1289.28	68.08	735.63	65.19	964.40	18246.4	9.7%	2540.4	13.9%	221	361
2014	44.8	1363.47	69.86	777.99	66.39	1010.11	19967.1	9.4%	3387.7	17.0%	221	362
2015	47.6	1476.09	67.42	781.42	67.83	1082.44	21655.9	8.5%	4403.9	20.5%	219	365
2016	50.0	1580.96	70.24	852.49	65.75	1143.00	23595.8	9.0%	5720.9	24.2%	219	365

图书库存量的减少，重点是确定和保证图书出版的有效库存，关键则在于出版企业如何提高生产的计划性和有效性。在"做强做大"口号的激励下，出版社往往倾向于通过多出版、多印刷来提高增量，通过增加印册来摊薄成本，但由此带来的结果之一是印数虚高、退货增加、浪费巨大。出版行业要化解去库存压力，需要从源头上对图书备货数进行有效预测和控制，对于文献类、学术专著类、教材教参教辅等非畅销书，应当采用按需印刷方式，合理控制图书产量，实现以销定产。

图书滞销的另一个原因在于大量粗制滥造产品混杂于图书市场。书籍是以文育人、传递知识和思想的精神食粮，图书出版业更应以智性价值、审美价值、社会价值为尊，强调把社会效益放在首位、实现社会效益与经济效益双效统一的发展原则。在图书出版发行业开展供给侧改革，需要进一步改变过去重量轻质的粗放型增长方式，严把质量关，鼓励图书出版做精做专，积极生产优质精品供给，实现从规模增长向效益增长的转型。

（二）电商价格战争不息，图书价格保护体系亟待建立

开卷数据显示，2016年，中国图书零售市场网上平台销售码洋总量为365亿元，实体书店销售码洋总量为336亿元，线上销量首次超过线下传统渠道，并呈现出明显增长的趋势。[1]图书线上销售在做大整体市场规模的同时，对地面书店的分

[1] 2017年中国出版行业发展现状分析及未来发展趋势预测[EB/OL].(2017-08-14)[2017-09-03].http://bisenet.com/article/201708/177612.htm.

流作用明显。从竞争格局上来看，当当以接近45%的市场份额位居第一，京东的市场份额提升至22%、名列次席，亚马逊以13%的份额紧随其后，三者合计份额超过80%，形成线上图书零售“三足鼎立”之势。天猫因有较多第三方集聚，也成为比较重要的图书电商平台。此外，微信、微博和近两年火热升温的知识付费App等社群渠道，成为目前线上图书市场的新生力量，是网上销售渠道的重要补充。

相较于实体书店，线上销售渠道依然享有无租金成本、信息化程度高、采购仓储物流的规模效应等经营性优势，有越来越多的企业采用“线上+线下”相结合的方式发行图书，实力较强的电商平台所构建的自有物流体系又进一步提升了消费者的购书体验。但更重要的影响是，电商渠道渐次开展的促销活动以低廉的优惠价格极大地刺激消费，在带来网上购书狂欢的同时，也搅乱了以往图书市场的销售逻辑。

电商“价格战”由来已久。从2011年京东、当当上演图书“大战”至今，促销频率从“6·18”“双11”等重要节点演变为常规打折不断、“一季度一大促”。2017年“6·18”，当当推出了以“60万种图书5折封顶，20万电子书满20减10”的大促，持续整整6天；京东则以发放优惠券的形式，进行3天“价格狂欢”，并在“6·18”当天实现了图书及文娱类产品销售额130.9%的增长。电商平台薄利多销，个别甚至采取压低折扣、拖延回款的做法抢占线上渠道市场份额，不断挤压出版与流通环节应有的利润空间，实体书店更是叫苦不迭。图书价格战在某种程度上已经形成了非理智的恶性竞争，越来越多的行业声音呼吁规范图书市场行为，以防不正当竞争扰乱行业秩序。

为促进我国图书出版发行业的繁荣发展，近几年，国家先后出台一系列力度较大的扶持政策，为图书企业特别是发行环节提供很多支持，这其中就包括2013年由财政部、国家税务总局颁布的《关于延续宣传文化增值税和营业税优惠政策的通知》，规定自2013年到2017年对符合条件的出版物执行不同比例的增值税先征后退政策，同时图书批发零售环节免征增值税，覆盖面扩大至所有国有和民营企业。目前第一个政策执行期已经结束，行业调查结果显示，由于政策执行效果良好，因此有望在未来继续延续。2016年国家11个部门联合发布的《关于支持实体书店发展的指导意见》，从政策引导、土地政策、财税优惠、资金补助、行政简化等方面给予实体书店史无前例的支持，同样成效显著。

针对图书市场混乱的“价格战”问题，业界在将近十年前就呼吁应制定图书定价保护制度，《指导意见》也明确指出，要“规范图书市场秩序，完善图书市场价格管理机制，打击恶意打折、无序竞争行为”，为实体书店发展营造公平有序的市场环境。随着线上销售市场份额的不断扩大，解决图书市场定价问题更加迫在眉睫。国家出版、文化、工商、物价等相关管理部门应联合起来，研究制定完善的图书价格保护体系，尽快出台相应配套的法律法规，同时理顺图书价格市场的行政管理部门关系，明确各级政府的责任管理体系，为中国图书出版产业的良性有序发展保驾护航。

（三）传统媒体顺势而为，自媒体公众号经历行业洗牌

这几年，移动互联网、大数据、云计算、人工智能等新科技的快速迭代，极大地改变了媒体生态，新媒体风生水起，自媒体火爆一时。2015年微信官方统计，公众号数量超过580万，并以每日1.5万个的速度激增，到2016年年底，微信公众号数量已超过1000万个。行业监测最活跃的“10万+”公众号数据显示，2016年微信公众号平均发文138次，平均发文量达518篇。但新业态的蓬勃发展难免泥沙俱下，爆发式井喷的发展在2016年开始回归理性，公众号也转而追求内容原创、阅读质量和口碑影响。大量光靠转载、摘编文字的公众号逐渐无人问津，一些涉及造谣、传播不当言论或者涉黄低俗账号被查封关停。一度备受资本青睐的自媒体行业也未能提供很好的薪酬待遇，七成自媒体从业者月收入不足5000元，约有半数人员日均工作时间超过八小时，[1]行业人口开始出现内部流失。2017年，微信公众号月活数量350万，粉丝月活数量7.97亿，虽较去年同期均有所增长，但官方数据同时显示，47%的公众号并未盈利[2]，庞大的活跃用户大部分都被头部大号吸收了。

2017年，腾讯公司进一步配合新闻舆论导向，规范行业管理，先后处罚了4万多个传谣微信公众号、禁言或永久封停了25个影响力大但违背社会主义核心价值观的微信公众号、查处了大批图片侵权账号，努力给用户营造一个天朗气清的自媒体生态平台。经过这一轮行业洗牌，微信公众号逐渐从数量增长转向质量发展，二八效应明显，尾部公号被不断淘汰出局，头部公号商业变现能力愈发增强，越来越多的优势自媒体将个人账号转向品牌化打造和机构化运营，并尝试开拓垂直细分的矩

---

[1] 2016自媒体人生存状态调查报告：超80%月收入不足万元？[EB/OL].(2017-01-05)[2018-01-03].http://www.anyv.net/index.php/article-993575

[2] 2017年微信数据报告[EB/OL].(2017-11-09)[2018-01-03].http://www.sohu.com/a/203341861_623127.

阵化运作，为用户提供更多更专业、更具特色的内容产品。

新媒体的强势冲击和颠覆力量，淘汰的是传统的媒介渠道和传播方式，而非传统媒体本身。置身于一个全新的发展环境，传统媒体顺应时代发展浪潮与技术革新趋势，立足自身优势，勇于战略转型，积极探索媒介融合之道，依然能在逆境中开拓出巨大的发展空间。经过几年的跟风式发展，现阶段“两微一端”已成传统媒体“标配”，2016年行业统计数据显示，在移动端传播渠道占有情况中，报纸媒体融合传播度最高，百强报纸微信公众号开通率高达100%，93%转型App。[1]2017年，不少传统媒体的新媒体化发展不再满足于内容资讯的简单搬运，权威党报《人民日报》在重大节庆节点对H5的创意应用，“新华社微悦读”在新闻类微信小程序上首开先河，央视系列微视频《初心》点击量超过12亿成为年度爆款，浙报传媒深入探索体制机制改革、剥离新闻传媒类资产……此外，上海报业集团、南方报业传媒集团、封面传媒等企业也在媒体融合方面取得了一定成效，一个个鲜活的案例使传统媒体在这一年亮点频现。传统媒体转型后如何立足自身新闻采编与内容生产优势，如何进一步发挥传统媒体丰富的社会资源、汇聚信息流、线上线下布局垂直产业方面，将成为未来行业发展的主要突破点。

三、趋势与未来

（一）把握跨界融合导向，构建图书全版权运营生态链

互联网连接一切的技术背景与文化产业跨界融合的本质属性，催生了一个打通文学、影视、游戏、动漫、戏剧等多种文创业务领域的互动娱乐新生态。从文学作品到电影、网剧、舞台剧、游戏、衍生品、海外版权、数字版权等多领域开发，一个单体项目的价值发生了几何倍数的增长。在过去几年间，“IP改编”“IP运营”屡屡成为年度热词，好的IP项目经常遭遇多方哄抢。处于产业链的上游，出版社对于版权内容的开发和运营具有先天优势，IP热潮为出版单位提供了新的发展机遇，而在此大潮中进行的全版权开发则是大势所趋。

近几年，传统出版单位开始主动出击，以图书中心、运营中心、工作室、孵化

[1]艾媒报告:2017年中国新媒体行业全景报告[EB/OL].(2017-03-29)[2018-01-03].http://www.iimedia.cn/50347.html.

中心等为名称成立专门化的全版权开发运营机构，敏锐把握优质版权内容和优秀作家资源，深入研究改编方案、呈现形式、营销路径及版权开发保护平台，建立版权资源的大IP运营体系。以辽宁出版集团为例，他们基于版权内容的多屏融合、多路径传播和变现，建设了集团的版权内容分享云平台，一方面积极与移动、联通、电信三大运营商平台和掌阅、喜马拉雅、亚马逊等主流数字阅读平台合作，开展数字图书、有声图书、微课程、短视频等版权内容的全平台传播运营，提升集团数字版权内容的互联网热度，同时也能有效保证版权创作方和代理方的合法权益；另一方面则加大力度延展版权开发，积极投资影视、动漫、游戏产品创作，以资本力量推动产业融合重组，同时不断拓宽文化产业格局，成立专项股权基金，建设文化产业融合发展基地，推动版权资源优势向版权产业优势转变。

类似的项目还有北京新华先锋文化传媒有限公司被中南红文化集团股份有限公司收购，以全版权运营模式开发运作一系列成功的影视作品；人民文学出版社、天天出版社围绕中国第一位国际安徒生奖获得者曹文轩，成立曹文轩文学艺术中心，对其儿童文学作品进行多媒介、全产业链开发；中国出版集团旗下的中国大百科全书出版社与知名作家雪漠共同成立雪漠图书中心，全面立体打造“雪漠”品牌的各类版权分销和运营……文化创意产业的边界拓展与跨界融合的发展趋势，为传统出版产业带来转型发展的时代契机，全力推动内容版权运营发展战略，实现优质IP多维度延伸，最终实现以数字化转型为抓手、以版权内容建设为核心、以全版权运营为生态的媒介相融境界。

（二）把握媒介发展动向，优化数字化新媒体版权保护

数字信息技术、移动互联网的快速发展和广泛应用，深刻地影响了传统媒介的版权管理模式，也极大地改变了过去信息拥有者、传播者和使用者之间的利益格局。如何科学、前瞻地把握媒介发展新动向，思考新的网络环境下关于版权保护的基本原则、保护机制和权利结构等问题，有针对性、有预见性地防范和治理数字新媒体环境下的网络侵权案件，这对出版行业和相关管理部门提出了新的要求。

数字新媒体时代，由于复制权、信息网络传播权和技术措施权的扩张，导致盗版侵权变得容易、低成本而且不易追查，同时还伴随着侵权主体不易识别、侵权行

为取证困难、侵权后果难以界定、侵权案件管辖地不确定等困难[1]。近几年，中央主管部门采取一系列手段，重点治理互联网盗版乱象，譬如国家版权局联合有关部门连续13年联手开展的“剑网行动”，有力打击了网络侵权盗版行为，查处了一批侵权盗版大案要案。结合互联网发展趋势和特点，“剑网行动2017”又重点开展了针对影视、新闻等重点作品版权、App领域作品版权及电子商务平台版权秩序的专项整治，取得了重大成效。

但现阶段网络领域版权矛盾和纠纷仍处在高发期，保护网络版权、打击侵权盗版仍是一项长期、复杂、艰巨的任务，目前我国的版权保护法律体系也仍显滞后。国家版权局印发的《版权工作“十三五”规划》强调，在“十三五”期间，要进一步完善版权法律制度体系，提高版权工作法治水平，加大版权执法监管力度，改善版权保护环境，增强版权创作、运用、保护、管理和服务能力，到2020年实现“初步建成中国特色版权强国”的预期目标。对此，“重拳打击”与“加强规范”必须双管齐下，“重视立法”与“行业自律”应该齐头并进。在国家政府层面，既要进一步强化相关法律法规建设，完善版权保护法律，细化司法解释，探索建立适合于数字新媒体环境的网络授权许可机制，同时继续加大打击侵权行为的执法和惩罚力度，建立常态化的维权通道和申诉机制，降低维权成本和难度，提高全民版权保护意识；在媒体行业层面，既要积极推动行业形成自律规范，抵制侵权行为，同时鼓励企业间的版权保护合作，成立反侵权反盗版行业联盟，探索建立更为高效的版权交易模式，主动自发地推动版权市场的健康发展。

（三）借力大数据新技术，针对消费需求优化出版供给

“十三五”阶段，供给侧结构性改革依然是新闻出版业的重点，需要同时做好“减法”和“加法”，需要借力大数据新技术。“减法”着重去产能、去库存，一方面从出版业源头加强选题管理，通过数据挖掘和深度分析，确定选题等级。同时，结合全面的市场调查数据和科学的分析统计模型，做好市场销量预测，确定图书印数和发行码洋，优化行业流程再造，提高产能有效利用率；另一方面要强化数据使用和反馈能力，提高联动管理水平，包括产业链上中下游的纵向联动管理和编辑、印刷、出版、发行的横向联动管理，实现策划、生产、营销、库存及物流配送的有

[1] 姚海波.数字新媒体版权保护的困境与对策[J].出版广角，2017(19).

效管理机制。借助大数据技术构建行业管理数据库，实行发行网点、实体书店、分销渠道与出版社之间的数据动态管理，实现图书出版的有效测算和库存品种的管理优化。

“加法”则着重通过创新提高有效供给。随着全民阅读氛围的不断增强，实体书店的不断发展，市民文化消费趣味和品位的不断提升，图书出版业正迎来新的春天。借助大数据的技术支持，出版业系统调查读者阅读兴趣，科学发掘细分市场需求，合理把握行业发展导向，有针对性地提供能够满足甚至超越读者期待视野的优质精品图书。与此同时，重视全产业链的精准化发展，从图书选题立项到产品制作打磨，再到分销渠道供货，都要实现精细化的投入和管理，提高产品质量，优化阅读体验，扩大文化影响力。面对行业竞争的加剧和渠道平台的特点，出版企业更加需要重视目标导向，根据用户画像设计个性化产品，做好产品和渠道之间的适配发行，提高产品的有效供给。

此外，企业应加大力度推动传统媒体与新兴媒体的融合发展，发挥出版业自身在内容、作者、渠道等方面的优势，有效整合企业内部资源、行业联动资源和跨产业互补资源，主动借鉴和运用AR、VR、全息等新技术，不断推动业态升级与跨界融合，把握时代特点、热点、痛点、焦点，优化产业结构，提升出版供给。

第七章　中国广播电影电视服务研究报告

一、广播产业研究报告

（一）广播行业年度发展概况

1. 广播行业发展现状

（1）收听情况。与2016年相比，2017年上半年全天时段广播收听率为4.15%，环比降低势头仍未停止，相比2016年全年，跌幅已经达到了13.4%[❶]。其中车载收听率较为稳定，在家收听率呈下降趋势。根据这个趋势，2017年下半年收听率难以上扬，因此总体收听情况呈下降趋势。

在收听地域特征上，地域性较强，中央广播电台这种可以覆盖全国的频率收听率并不高，大部分市场将近90%的市场份额被当地省级和市级电台占有。其中市级频率所占份额较高的地区基本是以非省会城市为主，省级频率所占份额更胜一筹的地区是以省会城市为主[❷]。

在收听人群上，以20～75岁为主，覆盖全年龄段，其中老年人的收听率较高。受新媒体收听的吸引，收听人群年轻人的比重有上升的趋势，赛立信研究所数据显示，广播听众中有近85%是移动互联网用户，移动互联网用户中收听广播的听众有50%以上，两个媒体重叠率较高。45～65岁以上的人群在家收听的比例大于在车上，而25～45岁则是在车上收听的比例大于在家收听（见图7-1）。

---

❶梁帆.2017年上半年广播收听市场简要回顾[EB/OL].(2017-11-29)[2017-12-28].https://m.sohu.com/a/207283812_708049/?pvid=000115_3w_.

❷梁帆.2017年上半年广播收听市场简要回顾[EB/OL].(2017-11-29)[2017-12-28].https://m.sohu.com/a/207283812_708049/?pvid=000115_3w_.

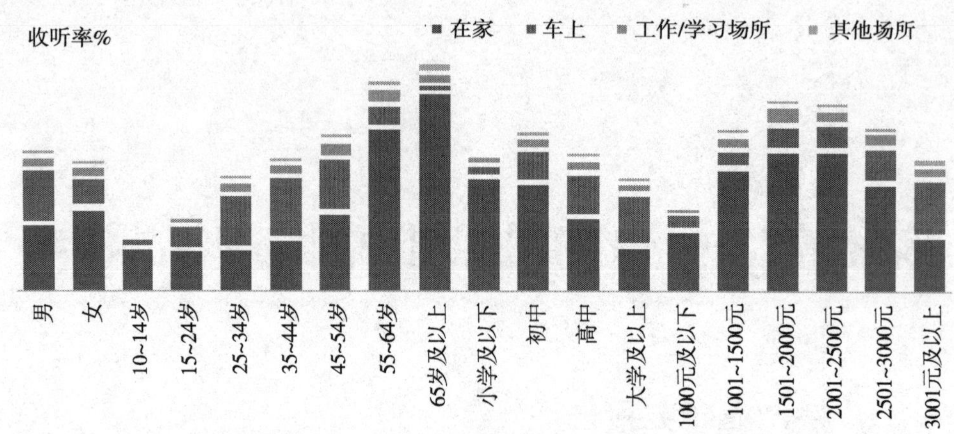

图7-1 2017年不同收听场所各目标人群收听表现比较

数据来源:CSM媒介研究2017年32城市组

(2) 收听频率情况。2017年收听市场频率变化不大，收听频率还是以新闻、交通和音乐类频率为主，值得注意的是，交通类频率价值更加凸显。2017年上半年，交通类频率首次超过了新闻类频率跃居首位。从数据趋势看，交通类、音乐类和经济类频率都呈逐年上涨的态势，而新闻综合类频率则是下降趋势。

2017年上半年，CSM媒介研究调查城市中，交通类频率排名本地市场第一的比例占63%。其中1/3城市的交通类频率占据当地1/3的市场份额（见图7-2）。[1]

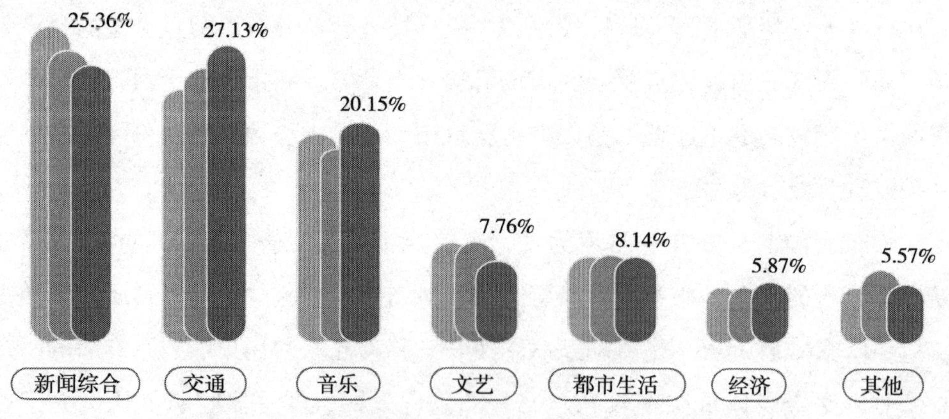

图7-2 历年主要类别广播频率所占市场份额(%)走势

数据来源:CSM媒介研究2017年32城市组

(3) 广告投放情况。2017年前三季度的广告投入在电台上比2016年前三季度高，2017年10月份电台广告的花费同比增幅在连续4个月收窄后，10月份略有反

[1] 梁帆.2017年上半年广播收听市场简要回顾[EB/OL].(2017-11-29)[2017-12-28].https://m.sohu.com/a/207283812_708049/?pvid=000115_3w_.

弹。1～10月份广告增幅最低的是2月份，增幅最高出现在5月份，没有出现负增长的情况[❶]（见图7-3、图7-4）。

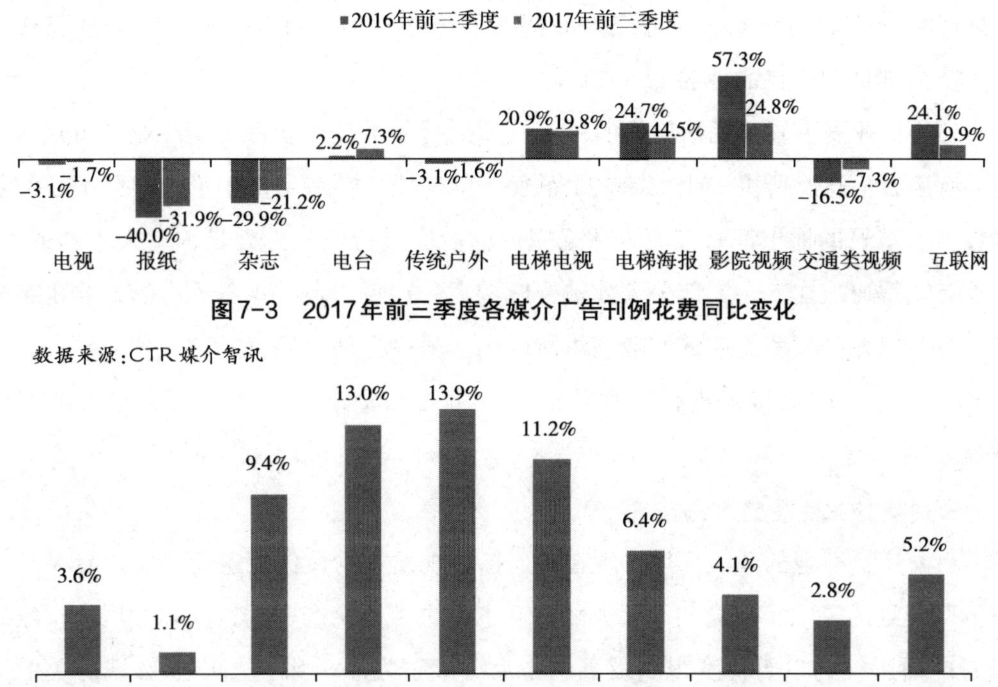

图7-3　2017年前三季度各媒介广告刊例花费同比变化

数据来源：CTR媒介智讯

图7-4　2017年1～10月电台媒体月度同比增长趋势

来源：CTR媒介智讯

2.广播行业发展挑战

（1）广播平台特色定位不鲜明。无论是新媒体还是传统的广播电台，都面临着如何吸引受众来听广播的问题。特色化运营是正确的方向。但在这个过程中，传统广播电台创新乏力，没有凸显自己的地域特色，难以吸引本地的听众。同时，电台本身既有的频率节目长时间不改革，与时代发展脱节日益严重，无法吸引新的听众进入。新媒体广播平台的火热让很多人看到了商机，吸引了一大批同类型的公司抢夺受众，出现了扎堆的情况。同质化较高，模仿行为严重，往往是昙花一现，消失在茫茫的电台App中。

❶CTR媒介动量．CTR媒介智讯最新发布，2017年前三季度中国广告市场涨幅扩大至1.5%[EB/OL].(2017-11-02)[2017-12-28]. http://www.sohu.com/a/201902929_650612.

（2）替代性产品的威胁。注意力经济时代最稀缺的就是受众的注意力，因为受众的注意力是有限的，无法同时进入很多个媒介。广播本身作为窄众化的平台，面临着其他替代性产品的威胁。包括直播、音乐播放软件、打车软件等都有类似分区能替代广播的功能，广播最大的特征是伴随性和想象性，在这方面能替代广播的产品都是对广播的威胁。

（3）行业内人才留用情况不容乐观。广播行业不是劳动密集型产业，听众接收的只有声音信息，所以一个人、一个话筒就能完成广播节目的生产。但是节目的创意设计、节目的播出都是需要人才来完成的。广播行业一方面是创意人才的缺失，较少有新鲜血液注入，大部分人才被互联网大公司吸引走。本身现有的人才也在流失，被新媒体高薪和更广的职业前景所吸引。另一方面是经营管理人才的缺失，有创意却不知道如何将其进行商业化运营，创意与资本结合才能产生较大的经济效益。

3.广播行业发展的生态环境

（1）广播行业的政策环境。现在是广播影视发展的最佳机遇期，2017年是“十三五”规划的第二年，党的十九大的召开也促进了文化产业的繁荣和发展。国家政策对广播影视的重要程度得到提高，中央一级下发了一系列与广播影视有关的文件，中共中央办公厅、国务院办公厅印发的《国家“十三五”时期文化发展改革规划纲要》强调广播影视在加强思想理论建设，提高舆论引导水平培育，践行社会主义核心价值观，繁荣文化产品创作生产，加快现代公共文化服务体系建设，完善现代文化市场体系和现代文化产业体系等方面的作用。9月20日，广电总局印发《新闻出版广播影视“十三五”发展规划》，明确到2020年争取实现的目标、主要任务及保障措施。地方政府加大了对地方电视台扶持的力度，有利于地方广播电台的发展。

在人才管理上，人社部出台了《关于支持和鼓励事业单位专业技术人员创新创业的指导意见》，让传媒人保留公职离职创业成为可能。中央组织部、中央宣传部联合印发《宣传思想文化系统事业单位领导人员管理暂行办法》，其中办法第三十二条指出，建立容错纠错机制，宽容领导人员在工作中特别是改革创新中的失误，营造鼓励探索、支持创新的氛围，旗帜鲜明地为敢于担当者担当，为敢于负责者负责，正确对待犯错误的领导人员等。

（2）广播行业发展的媒介环境。如今媒介融合格局初步形成，融合传统媒体和新媒体的资源共享，集中处理的基本生产方式基本形成，无论是技术上的融合还是经营上的融合在广播领域已经有所进展，传统媒体在技术、公信力、人才储备上有较大的优势，而手机、互联网等新媒体在资金、内容、营销方面是长处，二者在当今媒介融合和环境下都不能彻底地取代对方，通过融合发展，可以为受众提供更立体、更快速、更丰富的信息。

（3）广播行业的社会环境。广播是四大传统媒体之一，尽管也面临着互联网的威胁，但是自身伴随性和想象性的特点，地域性特征明显的特点让广播很难被取代，广播行业发展的社会环境总体向好。包括车载广播保持着常年的稳定增长，随着未来家用车的普及，收听率和广告收入都稳定上升。互联网用户与广播受众的重叠率高，因此培养了一些年轻的受众，未来可能有爆发性的增长。同时广播的受众黏性较高，忠诚度较高，流失的听众数量较少，对广播的认同度和喜爱度较高。2017年音频版权保护受到重视，音频付费的商业模式日渐成熟，因此广播行业的盈利渠道又有所拓展。

（4）广播行业的投融资环境。广播作为文化产业的一大类，因为有轻资产等特点，面临难以融资的境遇，新三板的出现为中小企业以及广播企业提供了新的投融资渠道。2016年5月，文化、体育和娱乐业在新三板排名第8位（见表7-1）。

表7-1　新三板广播影视投融资发展现状

排名	行业名称	挂牌数量	股份总量（万股）	资产合计（万元）	营业收入合计（万元）
1	制造业	3714	18402194.39	76836529.53	59222768.31
2	信息传输、软件和信息技术服务业	1426	5006348.80	15573643.74	14427991.36
3	科学研究和技术服务业	316	1061713.79	3476686.03	2263833.64
4	租赁和商务服务业	315	2549050.62	7786974.44	3809209.57
5	批发和零售业	278	1289371.87	6895502.40	11623485.98
6	建筑业	218	1357242.71	8534725.05	6216047.36
7	农、林、牧、渔业	157	1161815.50	4962835.13	2717701.36
8	文化、体育和娱乐业	155	819292.55	4166199.03	1629941.48
9	水利、环境和公共设施管理业	129	71048.34	3145586.78	1476923.55
10	金融业	113	6966402.46	54331517.22	4954105.97

2016年3月份上市公司市值排行榜中，截至收盘，中国A股传媒行业上市公司市值总额为20587.4亿元，其中市值超过100亿元的公司有66家，市值超过200亿元的公司有31家，市值超过500亿元的公司有6家，分别为世纪游轮、分众传媒、乐视网、万达院线、东方明珠、东方财富，其中世纪游轮和分众传媒均超过了1000亿元[1]。

（二）广播行业年度发展新特点

1.差异化竞争格局基本实现

当今广播市场三足鼎立，形成差异化的竞争格局。传统媒体拥有较为先进的技术，完善的产品生产体系和长时间积累下来的受众群体，在中央级频率以及地方频率上拥有一系列影响力较大的节目，覆盖率广，采用线性播出方式，听众的参与度较低。在互联网的冲击下，传统媒体也积极进行了转型和创新，紧跟时代的潮流，开拓受众交流平台，开通微博、微信以及手机客户端，及时向受众推送节目信息以及与受众进行互动，维持用户的忠诚度和喜爱度。同时开发新媒体产品，包括各种广播的软件，迎合互联网时代受众对非线性播出方式的需求，方便听众对音频进行点播、收藏和下载等。通过转型，传统媒体有了更大的发展空间。

互联网渗透入各行各业，广播行业也不例外。近年来兴起了一系列网络电台，手机软件市场有大量的广播软件，如喜马拉雅FM和蜻蜓FM两者的用户规模在一亿以上，通过大数据对受众进行分析，开发了一系列新的广播节目形式，喜马拉雅有新闻、音乐、娱乐、社会人文、情感、有声小说、财经、教育、儿童、健康、情感等栏目，类型丰富，听众可以根据个人爱好自由选择，受众还可以上传自己的音频和节目，也就是个人电台，每个人都可以有电台，让他人收听，这在传统广播中是不可想象的，用户生产内容是新媒体平台丰富内容和活力的来源，这一形式不需要平台生产内容，降低了内容生产上的成本，但是也面临着优质资源的困境。新媒体对受众进行了分流，受众可以进入不同的节目形式。

广播作为声音的艺术形式，有独特的个人魅力，其他平台为更好地服务受众，增加用户黏性，也积极开辟了广播专区，包括年轻人的聚集地哔哩哔哩，即B站，在里面可以听到各种广播的内容，包括广播剧、听书等节目。网易云音乐开辟了电台专区，个人可以创立自己的个人电台，也有一些公司和企业的商业电台。

2.移动端收听占比大

移动端收听比重越来越大，移动端是指以智能手机、平板电脑、车载、可穿戴

---

[1] 中商产业研究院．2017年3月国内传媒行业上市公司市值排行榜[EB/OL].(2017-04-01)[2017-12-28]. http://top.askci.com/news/20170401/14391694901.shtml.

设备等智能终端为音频载体，收听电台广播、音乐、脱口秀、相声评书、广播剧、教育培训、新闻资讯等音频内容。目前手机的功能越来越多，一部手机就能满足生活的需要，移动端收听方便快捷，满足了人们对碎片化信息的需求，适合现代都市快节奏的生活习惯。

2017年移动电台用户规模达到2.6亿，根据预测，到2020年移动电台用户规模将达到3.8亿（见图7-5），尽管增长幅度有所下降，但总体是处于正增长的状态。移动电台App下载量上，喜马拉雅以4000万的下载量位列第一[1]（见图7-6）。

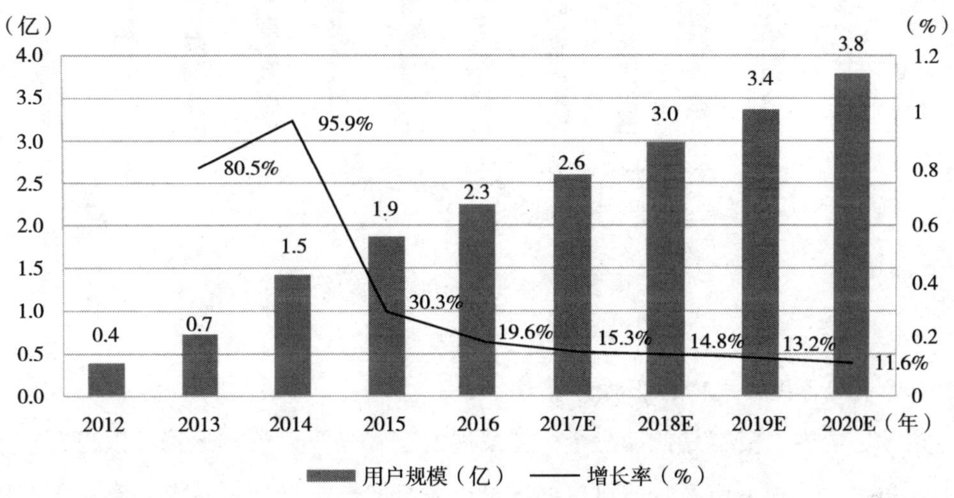

图7-5　2012—2020年中国移动电台用户规模走势

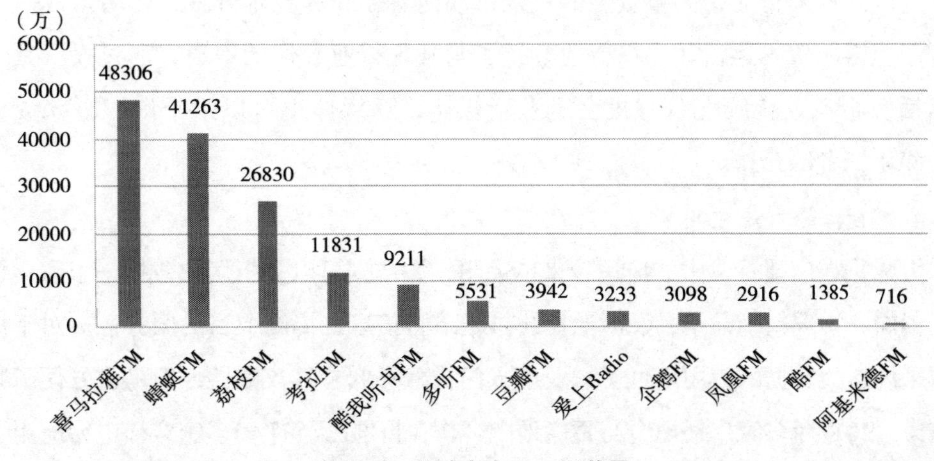

图7-6　移动电台App下载量

[1] 速途网络研究院. 2017年Q1移动电台行业报告[EB/OL].(2017-04-19)[2017-12-28]. https://item.btime.com/407h4rousjq97b85q768n72ult3.

同时，受众对移动电台的满意度较高，最新统计的移动电台App的评分显示，相较于2016年，2017年移动电台用户的满意度普遍提升。App下载量前三的评分均超过9分[1]（见图7-7）。

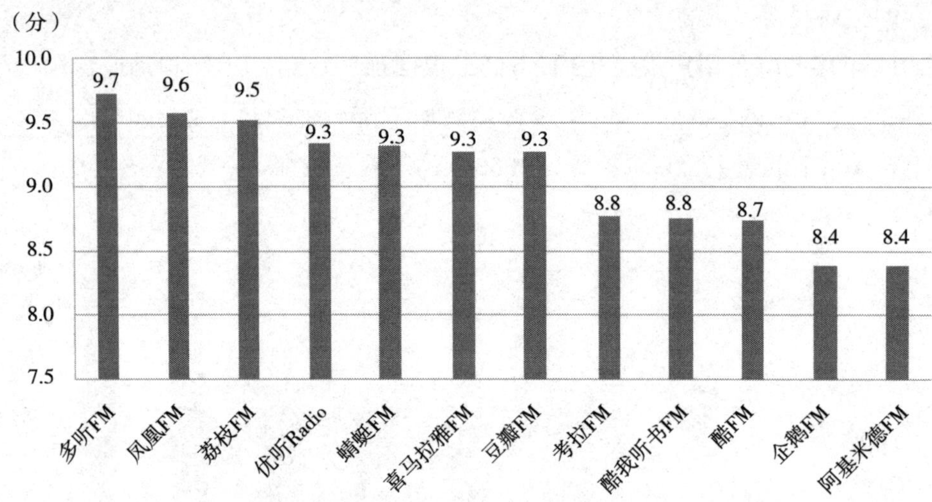

图7-7 移动电台用户满意度

3.资本运营提升广播行业的竞争力

技术、内容、资本是拉动一个行业发展的三驾马车，资本运营可以提升广播行业的竞争力，公司上市意味着可以面向社会发行股票、融资、投资，意味着有更多的资金流入广播行业，大量资金的投入推动内容创新和技术升级，三者形成一个闭合的产业链。资本运营让广播行业开拓了与其他行业合作的渠道，通过投资其他公司盘活资金流，传统电台有机会进入新媒体，新媒体也可以给予传统电台资金支持，深化二者的合作。

4.大数据的广泛应用

大数据在广播行业中的应用越来越突出，大数据可以分析用户数据，了解用户的喜好偏向，实现精准营销，及时给用户推送节目信息，提高节目的服务性。对于传统媒体来说，大数据的应用降低了行业准入门槛，降低了其权威性，但是也方便了数据的收集，2017年多家广播电台与百度地图合作，目前已经有40多家广播电台应用了百度地图的大数据，百度地图的实时数据助力交通广播，为出行的听众提供合理路线，

[1] 速途网络研究院．2017年Q1移动电台行业报告[EB/OL].(2017-04-19)[2017-12-28]. https://item.btime.com/407h4rousjq97b85q768n72ult3.

避免拥堵[1]。对于新媒体来说，大数据让平台可以全面了解受众的喜好，移动电台里的推荐，就是大数据分析用户偏好之后推送的，推荐的节目是否符合受众的口味，也是用户满意度的重要一项。未来大数据会贯穿整个产业链，与受众需求紧密联系。

5.广播受众群体细分趋势明显

大数据的应用和用户对服务性要求的提高，使越来越多的电台细分受众，实行精准营销，而不是采取广撒网的方式。传统媒体早有相关尝试，音乐广播的类型化电台发展就是一个浓缩的案例，类型化电台是经过明确受众和市场定位而标准化生产、流程化运作、循环式播放、同质化传播的一种商业广播运营模式。广播行业细分受众，充分了解每一个受众的需求，提供更人性化的服务，针对不同年龄段、不同收听场所、不同的收听需求设计不同的节目和产品，业务类型精确面对受众。

（三）专题研究

1.直播平台对广播行业的冲击

（1）广告投放的冲击。直播因为其互动性和及时性强的特点，对广播的独特性地位发起了挑战。受众观看直播时间的延长，导致广播受众有一部分流入直播行业，同时因为广播线性播出的特点及以声音信息为主，广告投放的形式很有限，直播平台有字幕标示，可以放商家的信息，同时因为有观众的互动，更能精准灵活地进行广告营销，甚至有主播专门以推销商品为吸引人的手段，可以得到打赏收入、广告收入、产品收入，直播的广告效果好于广播的广告效果，因此越来越多的广告主选择在直播平台投放广告，广告收入是广播行业的重要收入来源，直播对广播的广告收入造成了较大的冲击。

（2）听众注意力的转移。行业拥有3亿左右的用户规模，其特点是及时性强、互动性高，兼具伴随性，是一门综合的艺术形式，兼具视听两方面的信息，而广播只有声音这一信息，直播还可以关闭画面，只播放声音通道。直播威胁了广播的伴随性，广播的伴随性不需要听众的眼睛和双手，因此听众可以在做着其他事情的时候听广播，直播也可以做到伴随性这一点，与主播的互动以及主播的直观形象，都让受众感受更丰富、更有趣。因此大量听众涌入直播行业，造成广播用户数量的减少。

（3）人才转移。无论是传统电台还是移动电台都需要人才进行创作和表现，优

[1] 砍柴网.百度地图大数据撒豆成兵 众广播电台点赞“AI路况情报员”[EB/OL].(2017-12-04)[2017-12-28]. http://news.ikanchai.com/2017/1204/180100.shtml.

秀的电台主持人有自己的粉丝群，但是鉴于广播只转播声音的特点，让这些明星主持无法获得更大的曝光率和关注度，扩大自己的粉丝群，转换为经济效益。直播中的主播则没有形象的限制，电台主持人用自己的声音吸引粉丝，还可以用自己的姣好形象吸引观众，更容易接到广告代言，有更多出席活动的机会，同时有外表形象的加分，会更容易形成粉丝群。综合以上因素，越来越多的明星电台主持选择到直播平台发展，广播人才流向直播。

2.车载广播在广播中的地位

车载广播在广播中具有重要地位，其广告收入和收听率都保持着稳定增长的态势，从广告层面来讲，正是车载收听市场的稳定带来了广告收益的丰盈，广播目前是传统媒体中唯一一个广告花费同比上涨的媒体，车载收听是传统广播重要的价值，也是支撑广告收益的重要支柱。可以说车载广播的收听是广播收听未来的发展趋势和龙头项目，是传统媒体与新媒体争夺的主要阵地。

（1）车载广播市场潜力大。随着我国经济的发展，居民收入普遍提高，可以肯定的是未来家用车的普及率会越来越高，人们在车上的停留时间会越来越长，车载广播的收听率也随之提升。在一线城市车载广播的市场基本饱和，受众年龄趋向于年轻化，三、四线城市家用轿车的普及率未来会提高，车载广播的收听率提升主要来自这里，因此车载广播的市场潜力较大。

（2）车载广播市场稳定。与其他传统媒体受互联网冲击较大而产生较大变化不同，广播平台的广告收入和受众群体相对稳定，因为汽车这一收听场所和形式没有变化，考虑到受众在空间狭窄的车里及安全因素，不可能使用需要眼睛参与的媒介产品，而广播因其伴随性的特点，符合开车和坐车的收听要求，既有娱乐性和休闲性，也不影响开车的安全性，车载广播的收听习惯短时间内不可能被改变，因此车载广播市场发展稳定。

（3）收听需求旺盛。收听车载广播的收听需求稳定，电台、音乐、地图导航是车主3个重要的需求，而电台海量的信息资源可以满足以上3个主要需求，有研究表明，车主中对电台（FM）的使用率高达90%，因此，车主对电台App厂商来讲，是精准的高端用户[1]。另外，车载广播的受众是有车一族和出租车司机，经济水平相对较高，年龄以25~45岁为主的男性为主，个人影响力大，是社会中的核心消费人群。

---

[1] 易观智库：2016中国移动电台市场年度综合报告-Useit知识库[EB/OL].(2016-06-01)[2017-12-28].http://www.useit.com.cn/thread-12310-1-1.html.

（四）发展趋势及未来发展的创新路径

1.丰富广播的内容，打造独家产品

现在是“内容为王”的时代，拥有好的内容资源就意味着可以进行商业运营，内容生产作为产业链的上游，决定着产品的影响力和收益，好的内容产品是后续产业链运营的基础，也是新旧媒体争夺的重要方面，无论是传统媒体还是新媒体都要对节目进行创新，打造独家产品，丰富节目类型，加强传统媒体与新媒体的合作，加强资源的利用率，深度挖掘声音的价值，找到声音与受众契合的需求点。独家产品是平台生存的重要特色，当今广播行业竞争较为激烈，独家产品是从茫茫广播平台脱颖而出的保证。

2.增加与受众的互动模式，用户生产内容

互联网时代让每一个人都能发出自己的声音，广播要紧紧抓住这一社会趋势，增加与受众的互动，增加用户黏性，传统媒体借助社交软件如微信公众号、微博等建设自己的社区，吸引受众互动评论。新媒体平台在线下互动上有所欠缺，可以适当地举行粉丝见面会，增加受众的体验感，形成线上线下联动发力。充分发挥受众的主观能动性，让用户生成内容，保证内容符合用户的表现需要和创新需要，同时这种模式能缓解内容生产的不足，降低内容生产的成本。

3.开拓商业模式，多元化经营

借鉴其他国家电台运营的经验，开拓商业模式，进行多元化经营，降低对广告收入的依靠，这是广播行业长久良性发展的基础。创新广告经营策略，不仅仅局限于广播媒体广告，还要打破思维定式，扩大广告平台，整合传统媒体与新媒体平台的资源，为广告主打造立体的广告服务。开展投资和经营活动，通过子公司开展各类经营活动，在传媒相关行业进行投资和合作，如开发游戏、音乐、出版、旅游等这种朝阳产业。定位增值服务，扩大自己的盈利渠道，以媒体资源整合和再利用为渠道，把自身的粉丝资源转换为经济效益。

4.移动电台的生活化和智能化趋势

未来智能生活是发展方向，移动电台要及时进行生活化和智能化发展，声音控制是未来家庭生活的重要方面，让移动电台能覆盖天气预报、室内气温调节、闹钟、收听节目、导航、定位等智能功能，提高移动电台的利用率，生活化趋势要贴近受众日常生活，使之变成人们生活的一部分。

5.布局欠发达地区业务

与电视等传统媒体在地方省试收视率较低不同，广播具有地域性较强的特点，地方省市的电台收听率高于中央级电台，同时，广播具有覆盖范围广的特点，可以布局欠发达地区，如四线城市和边远地区，这些地区经济不发达，网络的渗透率不高，电视不能随身携带，只有广播能做到随时收听，因此可以发挥广播塑造主流意识形态的作用。

二、电影产业研究报告

（一）电影行业年度发展概况

1.发展形势

（1）行业现状。

第一，票房收入总体仍呈上升趋势。2017年全国电影总票房突破559亿元，较2016年同期上升13.45%。2017年暑假档（6月1日至8月31日）电影票房达到153.09亿元（不包括手续费），相较与2016年同期增长23.09%，国庆档电影票房达到22.51亿元（不包括手续费），同比增长41.39%，由此可见票房收入呈稳步上升趋势（见图7-8）。

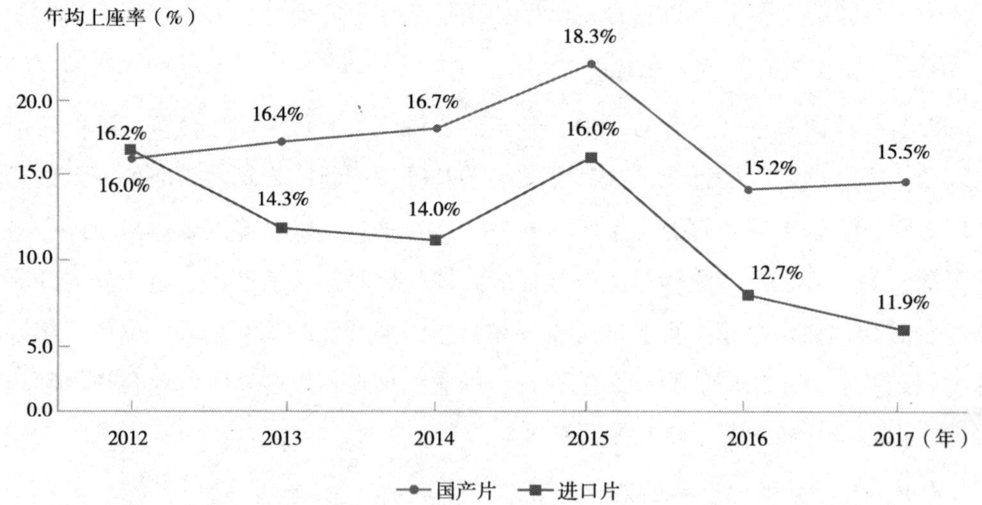

图7-8 2012—2017年中国国产片与进口片年均上座率[1]

注：数据范围2012年1月1日至2017年11月20日

[1] Lisa.年末盘点II：电影生命周期的秘密—缩短或延长都是产业的提升 http://i.mtime.com/25243809/blog/8024929/.

第二，国产电影上座率更高。国产电影上座率呈稳定上升趋势，连续5年上座率高于进口片。截止到2017年11月20日，国产电影上座率达到15.5%，进口片仅11.9%。从场次和人次来看，虽然进口片的排片率较高、放映厅相对较大，但是国产电影的上座率相对更高。

第三，影市发展趋向良性优化。2017年电影市场更趋于理性发展，越来越多的制作精良的影片出现在荧幕上，得到更多关注。影院上映的故事片、纪录片、战争片等剧情性与情感性强的影片口碑比科幻、动作大片等观赏性、视觉性强的影片口碑发酵的周期更长。观众日益注重影片内容质量，对烂片的容忍度越来越低。

第四，全国影院、银幕不断增加。2017年全国电影院数量将达到10140家，比2016年增加1323家，银幕数量有望突破50000块，其中三、四、五线城市的影院与银幕数量增长速度最快。影院与银幕的增长不断满足人民日益增长的文化需求，也是我国电影产业规模化发展基础之一。

第五，中国稳居全球第二票仓。纵观2017年上半年全球票房，美国依然以55.21亿美元电影票房稳居全球第一票仓，中国则以29.68亿元超过日本6.89亿元成为全球第二票仓。

（2）发展环境。

从政策环境方面看，2017年《电影产业促进法》（以下简称《促进法》）于3月1日正式实施，为电影产业提供了良好的政策环境，使电影市场发展有法可依，同时促进电影行业良性发展。《促进法》中明确提出对漏瞒报电影票房罚款上限高达50万元，规定影院为国产片（包含合拍片）的排片场次以及放映时长不少于全年场次与放映时长的2/3。2017年法律环境的完善有效地打击了网络盗版，知识产权保护机制正在逐步加强完善，保护水平及力度也逐步与国际知识产权接轨，有利于激励电影产业持续发展，不断加强电影企业知识产权保护意识，电影产业在投资电影制作、影像制品、后产品开发、IP等方面都可以运用法律保护自身利益。未来电影行业的政策法规会相应地出台，为电影产业提供一个完善的法律环境，促使电影行业健康有序的发展。

从社会环境方面看，随着社会主要矛盾的变化，人们对文化产品的文化需求日益增多，电影作为文化产业的一部分，日益成为人们喜爱的精神粮食与休闲娱乐活动。电影行业多元化发展也培养了人们的观影习惯，激励人们走入影院感受电影的艺术性。90后、00后年青一代逐渐兴起，成为电影消费的主流人群，受其高素养、高教育水平的特点影响，对电影质量的要求也相对提高，促使电影行业的电影制作精良，加强创意元素及多元化制作。年青一代的崛起为电影行业带来了新鲜血液，青年电影人才培养力度加强，今年达到上亿票房的电影《战狼2》与《羞羞的铁拳》都是由青年导演拍摄制作的作品，青年电影人才是国家电影行业蓬勃发展的重要基础之一。

2.机遇与挑战

（1）机遇。

第一，跨界资本的涌入带动资源整合。电影产业的兴起引起了上市公司、BAT以及其他互联网公司的跨界参与投资，在一定程度上资金流乃至新型资源的涌入带动了资源整合。2017年，光线传媒与美团点评交叉持股的猫眼电影与由腾讯为股东的微影时代合并为猫眼微影，腾讯作为互联网三大巨头之一，必定利用旗下微信、QQ等泛娱乐平台资源对其大力支持，在电影制作、网络视频、高新技术等领域跨界展开深度及全面的合作。越来越多的信托投资公司、新闻传媒企业、基金会、互联网企业介入电影行业，将为电影行业提供资金、技术、IP、制造等相关行业资源，促使流动资源整合。

第二，城镇化快速发展为电影产业提供新机遇。2017年年初，我国城镇化率平均达到57.35%，多省城镇化率超过全国平均水平，预计到2020年，全国人口城镇化率有望达到世界平均水平，城镇化率的快速发展能够最有效地释放消费潜力，带来巨大的投资需求。2017年，一线城市票房份额呈饱和状态，二线城市仍为中坚力量，三线城市票房份额正在不断扩张，四、五线城市的潜力正被释放。伴随着城镇化的发展，城市的房地产、交通、通信等相关基础设施建设将逐步完善，这促使人们生活水平提高，文化消费需求增加，为电影产业的繁荣发展提供源源不断的动力。

第三，政策落地为国产电影的发展保驾护航。2017年电影市场整体呈稳步上升状态，知识产权保护意识增强，打击网络盗版行动力度加大，设置国产片保护月，这都得益于《电影产业促进法》的正式施行带来的成效，促使我国电影产业进入全新的法治阶段。《电影产业促进法》不仅是对国产电影的产业保护，更是刺激电影的制度、人才、资本和技术等生产要素禀赋的结构升级。

第四，“一带一路”战略促使国产电影与国际接轨。“一带一路”促使了中国文化与其他文化进行交流，以电影为纽带传承丝路精神在“一带一路”沿线各国各地区举办各类交流活动。2017年相继开展了坦桑尼亚“2017中国电影周”、毛里求斯“2017中国电影展”以及阿尔及利亚中国电影展播周。国家新闻广电总局等主办的丝绸之路影视桥工程已与15个国家签署合拍协议，合拍片逐渐扩展到美、韩、英、法、俄、新西兰以及澳大利亚等，今年更是促使了中国与哈萨克斯坦合拍《音乐家》立项，以及与巴西、俄罗斯、印度、南非五国合拍电影《时间去哪儿》的顺利开展，合拍项目的顺利开展是中国电影与国际电影接轨至关重要的一步。

（2）挑战。

第一，国产电影质量良莠不齐，放映时长占比未达标。2017年电影票房超过500亿元，上映电影达到500部左右，其中国产片占比超过90%，进口片占比不到10%。电影票房虽然稳步上升，但是上映400多部电影，票房仅300亿元左右，其中《战狼2》和《羞羞的铁拳》的票房加起来约达到国产片总票房的30%，而不少国产电影票房只有几千元乃至几百元，可见国产电影票房占比两极分化严重，电影质量良莠不齐，电影票房整体质量有待提高。同时，电影促进法中明确国产电影放映时长要达到年放映时长的2/3，截止到2017年11月20日，国内放映时长为1.58亿小时，国产片放映时长占比只有46.2%，约0.73亿小时，距离规定达标线尚远。[1]

第二，互联网电视及在线视频对传统市场形成挑战。随着互联网的普及，互联网电视与在线视频的观看量不断提高，网络视频的便携性、伴随性更符合人们日常生活碎片化时间，网络视频的快速发展在一定程度上对传统电影市场产生了冲击。人们的时间以及花费在影视内容的时间是有限的，互联网电视及视频投入增加，则意味着其他渠道内容消费减少。虽然互联网电视、视频丰富了人们的文化生活，但也在一定程度上抢占了一部分市场份额。这也是电影产业发展过程中的阻碍之一。

第三，引进国外大片对我国电影产生冲击。中美双方签订的《中美双方就解决WTO电影相关问题的谅解备忘录》到2017年到期，意味着中国承诺每年引进的国外大片34部的配额将增加，分成比例也会相应增加，中国电影产业将进一步对外开放，迎接更强大的好莱坞电影乃至其他国外大片的冲击。

---

[1] Lisa. 国产片上座率更高？可2/3的放映要求你达标吗？[EB/OL].(2017-11-29)[2017-12-26]. http://i.mtime.com/25243809/blog/8023837/.

第四，电影后产品开发不足。电影后生品开发是中国电影产业工业化生产的重要指标，也是完善电影产业链的重要环节。但是国内电影行业的后产品开发相对滞后，忽略了除电影本身外的一个重要的商机。中国电影产业收益绝大部分依靠票房收入，而成熟的好莱坞电影票房收益中的70%来自于电影衍生品，票房收入仅占三成。可见国内电影后产品开发力度欠缺，重点表现在产业服务体系尚不完善、原创力度不足、IP版权意识薄弱等方面。

（二）2017年中国电影行业年度发展特点

1.呈现国产现象级作品，但数量仍匮乏

2017年国内电影票房前十中国产电影占据4部，其中《战狼2》以票房56.79亿元夺得榜首，《羞羞的铁拳》票房收益22.02亿元紧随其后，另外两部电影票房都超过10亿元。值得一提的是，纪录片《二十二》投资成本仅400万元左右，票房却达到1.7亿元，艺术性电影《冈仁波齐》成本1300万元，票房收益1亿元，这些小成本、高收益、高质量的电影日益受到了人们的关注。虽出现几部高质量、高票房的国产电影，但在今年300多部的产出中仍占小比，国产现象级电影数量仍匮乏。

2.“内容为王”时代，电影质量持续上升

2017年，全国新闻出版广播影视工作会议中明确2017年为电影质量促进年，纵观今年电影市场进入理性优化阶段。由中国电影资料馆联合艺恩咨询开展的“中国电影观众满意度调查”显示，2017年观众满意度平均维持在80分以上，其中春节档80.9分，五一档82分，暑假档85.7分，国庆档83.5分。[1]豆瓣评分比去年更高，票房达到十亿元以上的电影较去年数量更多。观众对电影的内容和类型的要求更高，对低端内容坚决抛弃，追求高端内容电影，迫使电影质量逐步提高。

3.艺术电影扶持力度加大，艺术电影市场潜力

全国艺术院线联盟的成立推动了艺术电影的发展，国家对艺术电影的扶持力度不断加大，艺术电影的创作、推广逐渐进入人们的视线，也是中国电影未来发展新态势。艺术院线联盟为艺术电影的发现、放映、投资和推广提供了保障，艺术电影市场得到有力支持。今年纪录片《二十二》《重返狼群》和文艺片《冈仁波齐》《七

[1] 魏巍.2017年全国电影总票房破500亿元[EB/OL].(2017-11-21) [2017-12-26]. http://www.chinanews.com/yl/2017/11-21/8381502.shtml.

十七天》的成功可见艺术类电影市场前景巨大。

4. 主旋律电影制作更精良，但转型路阻且长

从2016年的《湄公河行动》到2017年的《战狼2》，主旋律电影的制作更加精良，特别是《战狼2》的上映打破了中国电影史的票房纪录，这部电影在政治宣传需求和商业需求之间找到了平衡点，是主旋律电影走向市场化的开端。《建军大业》《空天猎》等主旋律电影也获得了过亿票房。虽然《战狼2》找到了合适的叙事方式，既宣扬爱国情怀也保障了经济收入，反观为庆祝建军90周年摄制的《建军大业》聘用香港导演，众多一线明星及小鲜肉加盟仍未取得高效益。可见主旋律电影的政治和商业的平衡点难以把握，转型路仍漫长。

5. 网络大电影总量增加，整体迈向精品化

2017年网络大电影热潮仍未减退，总量仍然保持增长，整体市场规模预计达到30亿元左右，将是去年的3倍左右，年产量预计达到3000部左右。2017年网络大电影票房达到千万元的数量进一步增加，投资也将达到千万元，在一定程度上超过同等制作的院线电影盈利。随着网络大电影的投资成本增加，内容制作趋向于成熟，规范不断明确，延伸出了多类型影片，整体逐步迈向精品化。

6. 网络微视频成人们日常观演习惯，碎片化、伴随性更强

网络微视频在各大视频网站、手机客户端、社交网站中迅速传播，因其时长短、内容丰富，已经成为人们日常观影的习惯。截止到2017年6月，中国网民规模达到7.51亿，互联网普及率达到54.3%，手机网民规模达到7.24亿人。[1]随着网络普及率增加，手机功能不断完善，时间碎片化、伴随性强、更便利的网络微视频因简洁、微小更迎合人们的需求，符合人们的娱乐方式。

7. 影院设备完善升级，促使观众需求增长

电影院设备随着科技发展，硬件设施条件不断完善升级，目前大多数主流院线已经全面实现数字化放映，影院不断引进放映新技术如4K数字放映、杜比全景声、3D、IMAX、巨幕以及TMS数字影院自动化管理系统等。影院设备水平的提高为观众提供了更加完善的观影环境，同时满足人们多样化需求。电影院在环境方面也不

[1] 2017年中国互联网网民数量、网民年龄结构及网民网时长分析[EB/OL].(2017-12.04)[2017-12-26]. http://www.chyxx.com/industry/201712/588890.html.

断完善，增加个性化、定制化的观影环境，如私人厅、VIP厅、情侣厅、双人厅、小包厢等形式。另外为满足观众的特别需求，推出4D电影院、汽车电影院、点播电影院、儿童电影院、高档酒店式电影院等。

（三）专题研究

1.艺术院线

艺术电影常常被人们称为“文艺片”，通常创作者有着独特的叙事方式，反程式化的情节和模式化的人物形象刻画。

（1）艺术院线联盟成立的影响。2016年10月15日建立了国内首个全国艺术电影放映联盟，在电影局的支持下，由中国电影资料馆作为主导单位，带动国内主要电影院线、电影创作领军人物、网上售票平台等多方面力量，打造放映艺术电影的长期发展社会组织。首批加盟的电影院线包括中影影院、万达影院、百老汇电影中心、保利万和电影院线、卢米埃院线、湖北银兴院线、幸福蓝海影业集团、陕西文投、曲江国际影城等，这些影院在国内31个省、自治区、直辖市中挑选100个影厅作为首批放映艺术电影影厅，保证每天放映不少于4场艺术电影，其中1场为黄金场放映，放映艺术电影的影厅座位数不少于100座。

艺术院线联盟的确立保障了艺术电影的发展，顺利开拓市场。我国电影产业经过了十几年的发展，现进入了快速发展阶段，并且取得了巨大的成就。随着人们对文化产品的要求个性化，电影市场分层化，电影创作多样化，为了大力发展艺术电影适应市场，因此确立了艺术院线联盟以推动艺术电影的推广，对艺术电影的创作、放映、传播艺术价值等各个方面具有重大影响。

第一，保障艺术电影的放映次数及渠道。艺术院线联盟涵括了片源方、院线、发行方、票务平台、艺术电影公司等，加上全国已经有60多个城市190多家影院加入艺术院线联盟，专门开设艺术电影放映厅放映具有独特艺术价值的优秀中外艺术电影，现在仍持续扩大艺术影厅的规模。从去年以来一直在努力稳定艺术电影放映场次，为观众提供优质的艺术电影内容，逐步扩大艺术电影放映渠道。

第二，传播艺术价值高的艺术电影。艺术影厅播放的电影经过由专家、学者、评论家、策划人、电影资深人等组成的选片委员会，共同评估和选取符合艺术联盟放映的艺术影片。艺术电影主要选取国产电影中具有较高艺术价值的新片、口碑较好的二轮影片、电影史上经典影片。国外电影主要为电影批片、影展片，也包括世界电影史中的经典之作、世界主要电影节奖项艺术电影以及来自世界各国的优质的现当代艺术电影，着力为观众提供优质内容，传播艺术价值。2017年在艺术院线联盟播放的国外艺术电影《海边的曼彻斯特》取得了818.1万元的票房，说明艺术院线联盟的实践取得了有效成果。

第三，确保电影市场多样化发展。近些年，电影市场多样化、细分化发展趋势明显，越来越多的电影在国内乃至国外获奖，不少商业大片也融入了艺术元素，促使越来越多的观众关注艺术电影，迫切要求增加艺术电影进入院线。现在电影市场主要以爱情片、喜剧片、剧情片、惊悚悬疑片为主流，艺术电影被边缘化，人们即使想接触优质艺术性电影，但限于渠道狭窄。艺术院线联盟保障了电影场多样化发展，在现有基础上把边缘化的艺术电影、纪录片等影片类型放入院线，在一定程度上解决了艺术电影拍片困难的窘境。

（2）艺术院线发展存在的问题。

艺术院线的确立在一定程度上保障了艺术电影的市场，但是在未来发展过程中仍然存在不少问题。

第一，短期内彻底改变局面困难，观众是关键。艺术院线的建立仅仅保障了艺术电影的播放渠道，却难以确保“有场次有人看”的场面，观众掌握着选择的主导权，要想培养艺术电影的观众不仅短期内难以实现，而观众的观影水平也难以在短期内发生改变。国内动作片、爱情片、喜剧片及科幻片仍是创作主流，而观众也追随IP、明星加盟的主流电影。

第二，艺术电影难以与商业电影并重。电影院线一直被商业电影垄断，小众电影、文艺片、纪录片的拍片往往是无用场，无法走入大众视线。主要原因是院线在平衡商业电影和艺术电影时，需要考虑电影的上座率、观众的喜好、影院盈利效果等多方面因素，相比较下来商业电影的盈利效果更明显，因此在艺术电影已经固定进入不少院线背景下，未来发展中是否能得到更多影院的青睐很难保证。

第三，国内对艺术片扶持力度不足。国内虽然设立了电影专项资金和影视互济金，资金多数用于影院建设、扩大银幕数、解决产能问题、补贴主旋律电影等，针对艺术电影的资金扶持力度不足。在为数不多的电影法律法规中对于艺术电影或文艺片的法律表述模糊，定义不清晰。

2.电影知识产权保护成效显著

（1）电影知识产权保护的实施。

第一，《电影产业促进法》对电影知识产权的规定。《电影产业促进法》的第七条规定："与电影有关的知识产权受法律保护，任何组织和个人不得侵犯。县级以上人民政府负责知识产权执法的部门应当采取措施，保护与电影有关的知识产权，依法查处侵犯与电影有关的知识产权的行为。从事电影活动的公民、法人和其他组织应当增强知识产权意识，提高运用、保护和管理知识产权的能力。国家鼓励公民、法人和其他组织依法开发电影形象产品等衍生产品。"法规中分别从执法部门严厉打击侵权行为、增强人们的知识产权意识到保护电影衍生品开发的知识产权作了明确的规定。

同时法规中明确提出要防止盗版，鼓励国产电影制作发行。在电影放映方面，为了打击盗版流通，针对电影播放过程中的偷拍行为，明确指出："未经权利人许可，任何人不得对正在放映的电影进行录音录像。发现进行录音录像的，电影院工作人员有权予以制止，并要求其删除；对拒不听从的，有权要求其离场。"从打击电影盗版源头偷拍着手，确保了正版电影的播放，切断了盗版影片的来源，有力地保护了电影知识产权。

第二，引进先进技术打击网络盗版。2017年10月12日，在北京举办了"电影版权保护暨影院反盗录技术研讨会"，由国家新闻出版广电总局电影技术质量检测所和美国电影协会主办，研讨数字水印检测系统与技术在电影行业中打击盗版的重要作用以及建议。运用数字水印技术在数字电影拷贝母版中嵌入肉眼无法看到的数字水印，一旦盗版被发现，可通过数字水印检测技术系统在一个小时内快速精确定位发生盗录的影厅、放映服务器。美国电影协会联合电影技术质量检测所利用此系统发起过盗版追查，成效显著，进一步防止了盗版影片的传播。

第三，网络侵权链接明显下降。国家不断开展"剑网"行动，大力打击网络盗版链接，盗版影片下线效果显著。今年国家版权局先后对20家大型视频网站、20家大型音乐网站、8家网盘、20家大型文学网站进行了版权监管，勒令16家网站下架侵权作品1128部，下线盗版链接24845条（见图7-10）。[1]

[1] 邹韧.院线电影版权检测前置已成趋势[EB/OL].(2017-12-28)[2017-12-29]. http://www.chinaxwcb.com/2017-12/28/content_365631.htm.

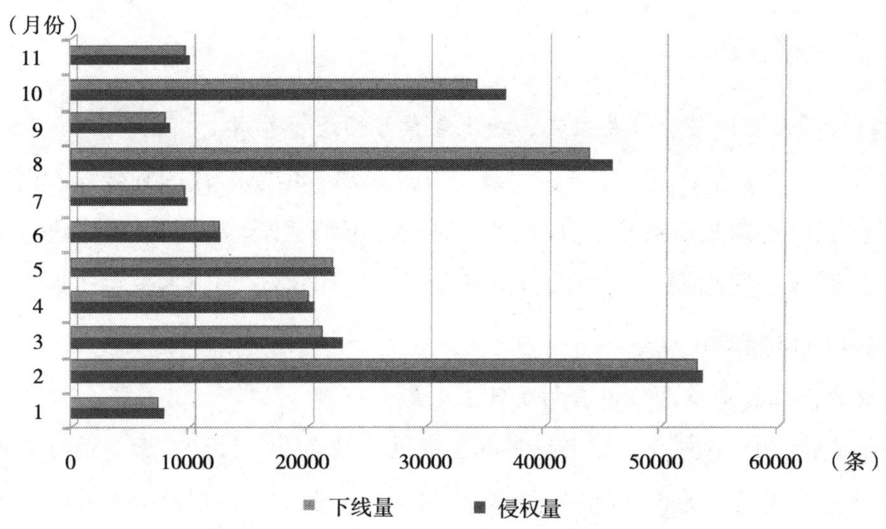

图7-9　2017年1—11月盗版侵权量月度走势

数据来源：冠勇科技

（2）电影知识产权保护未来发展趋势。

第一，相关法律将不断完善出台。《电影产业促进法》的落实是中国电影产业依法发展的重要一步，运用法律规范了电影产业的创作、摄制、发行、放映等环节，保护电影产业各环节的知识产权，促进了电影产业健康繁荣发展。未来电影产业相关法律法规将不断增加，针对电影产业各环节的细分条例将陆续出台，电影产业法律法规更加详细全面，确保电影产业健康持续发展。

第二，电影知识产权从单一到综合保护。电影知识产业在未来将从单一的电影著作权保护发展到电影商标权、电影技术专利权、电影改编权等更多知识产权的综合性保护。保障电影从内容上到非内容上的版权，确保电影产业从业人员的利益不受损坏。

第三，电影后产品的知识产权力度增加。当前我国电影产业后产品开发滞后，但是未来后产品开发收入将超过电影票房收入，因此电影后产品的授权将受到重视，版权保护也进一步提升。后产品如衍生商品、乐园、游戏、光碟、实景娱乐、IP授权、文学等的开发都涉及电影的版权内容，需要纳入到知识产权保护。同时后产品开发涉及电影的全产业链，会为电影带来可观的收益，知识产权的保护不可忽视。

（四）发展趋势

1.网售占比激增移动端为主流，线上售票习惯逐步养成

2017年网络售票占比81.7%，上升了10%，随着信息时代的到来，人们更愿意使用移动客户端购买电影票。未来用户的观影习惯逐渐养成，观影次数也会更乐观，线上售票习惯将进一步扩大，习惯逐渐养成。网络售票将占据主流地位，市场前景也保持上升趋势。

2.电影产业资本多元化，有利于延长电影产业链

电影产业的迅猛发展，越来越多的互联网科技企业、社会资金、信托机构、基金等企业与影视产业的合作将更深入。影视文化企业的上市以及兼并收购，促使电影产业资本多元化，其他行业为电影产业提供更多技术、通信、文化资源等帮助，渗透到电影产业的各个环节，链接产业上下游，有利于完善并延长电影产业链，增加非票房收入。

3.市场潜力巨大，市场规模与北美差距进一步缩小

中国利用短短十几年，市场规模已经扩大了50倍，成为世界第二票仓。人们生活水平的提高，文化需求激增，促使国内电影产业在制作、投资、票务、技术设施等各方面投入不断增强，未来发展空间巨大，市场规模与北美市场差距进一步缩小，2018年有望赶超北美。

4.行业政策逐步落地，知识产权意识逐渐增加强

电影行业政策将不断完善及出台，国家对电影产业的扶持力度也正在加强。经历过几年的知识产权意识的普及，以及网络盗版、抄袭等各类事件为前车之鉴，企业正利用法律保护自身权益，知识产权意识逐步上升。未来相关政策出台将加大对盗版、抄袭等违法行为的打击力度，促使电影产业健康绿色发展。

5.收购+合资，国产电影走向国际成必然趋势

跨国收购和中外合资拍片，资本多元化和电影产业全球化发展，促使国产电影走向国际平台。2017年，万达收购北欧最大院线北欧院线集团、博纳影业与美国著名电影公司20世纪福克斯、好莱坞知名娱乐金融公司TSG合作在海外投资电影、中美合拍《功夫梦》在国外获得过亿票房，都可表明中国电影产业正尝试与国际市场合作、向国际市场推出产品，国产电影正向国际靠拢，国际化成为必然趋势。

三、电视产业研究报告

（一）电视行业发展概况

1.发展现状

（1）电视媒体广告有所回稳，数字媒体广告进入成熟稳定期。

第一，电视媒体广告有所回稳。2017年前三季度，中国广告市场总体向好，增幅为1.5%，较2016年0.1%的同期增幅有明显增大。在上半年，电视媒体的广告花费同比下降3.6%，相比2016年的同期花费降幅收窄了0.2个百分点。虽有精英频道和一些省级地面频道呈现上扬态势，但纵观近年发展，电视广告市场环境依然严峻。

第二，数字媒体广告进入成熟稳定期。由于户外生活圈媒体更加贴近受众的生活圈，因此不少行业都在生活圈媒体投放广告，使得数字媒体广告在今年上半年保持良好的增长趋势，电梯电视媒体的广告花费同比上涨了18.9%，电梯海报媒体的广告花费同比上涨10%。

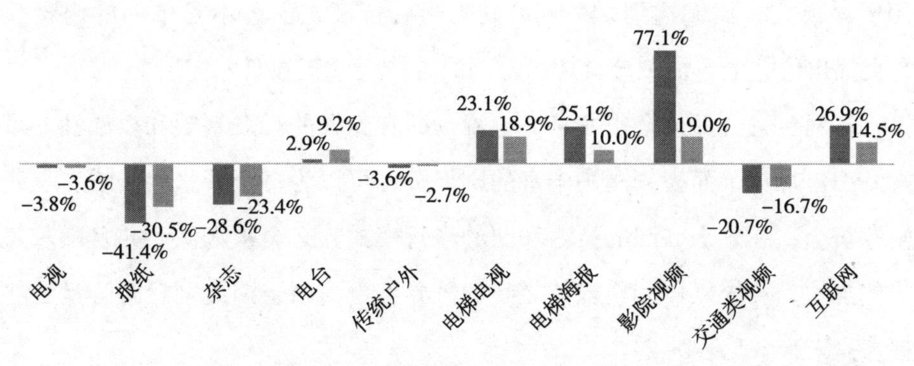

图7-10　分媒体广告花费趋势变化

数据来源：CTR媒介智讯（http：//www.ctrchina.cn/insightView.asp?id=2179）

（2）有线数字电视传播通路继续下滑，IPTV、OTT TV明显上升。

2017年我国的电视传播通路分化格局进一步加剧：有线数字电视用户比例连续两年下滑，跌破60%，亟须转型发展。相比较而言，IPTV和OTT TV呈明显的上升趋势。总的来说，今年我国电视传播通路仍然以有线数字电视用户规模最大，在全国电视人口中占58.8%，直播卫星数字电视用户比例达15.2%。

（3）台网联动深化，合作模式日渐成熟。

第一，网剧反输二、三线卫视黄金档，并且蔓延到一线卫视。2017年上半年，有多部作品以“先网后台”模式进入二、三线卫视黄金档，并且在二、三线卫视也取得了较好的收视成绩。比如，在省级卫视黄金剧场的电视剧收视率排名中，天津卫视《卧底归来》、深圳卫视《云巅之上》等“先网后台”剧目收视率排名分别列于第六、第七位，这一收视表现甚至好于安徽卫视的年度首播大剧《白鹿原》。

“先网后台”模式开始向一线卫视黄金档蔓延。国产医疗大剧《外科风云》可以看作是一线卫视黄金档“先网后台”的起点，腾讯视频采用了“会员抢先看”的播出模式，用仅晚于浙江卫视和北京卫视30分钟的时差上线；优酷独播的《军师联盟》原本计划早于一线卫视黄金档一周的时间上线，但在江苏卫视和安徽卫视的极力争取下，最终延迟了网播，但依然对卫视产生了冲击。

第二，电视周播剧场重播网剧成常态。2017年上半年所播的11部周播剧中有7部采用了该模式，比例达到64%。可见先网后台模式已经不是单一的内容反哺电视，它在播出形式上更加细分合理，台网的合作模式正在日益完善。

第三，网台融合促进合作共赢。电视台拥有庞大的观众基数和权威性，可以为视频网站引流加持，而视频网站丰富的剧集资源可以为资金紧张的二线、三线卫视提供生存机会，在未来，旧的技术和旧的经营模式势必会被淘汰，并且随着媒体融合脚步的加快，传统媒体和新媒体之间的分界不再清晰，因此网台融合是趋势，合作共赢才是未来（见表7–2）。

（4）电视剧、电视新闻独占鳌头，网剧网综小幅波动。

第一，电视剧、电视新闻独占鳌头。2017年，央卫视频道共播出电视剧700余部，电视剧以超高喜爱率成为观众的最爱。由于电视新闻和资讯无可替代的权威性，观众对于电视新闻资讯、评论类节目的喜爱仅次于电视剧，电视综艺节目紧随其后位列第三。

表7-2　2017年上半年“先网后台”电视剧列表

<table>
<tr><th>剧目名称</th><th>首播视频网站</th><th>首播上星电视台</th></tr>
<tr><td>大唐荣耀2</td><td>优酷、芒果TV</td><td rowspan="3">安徽卫视、北京卫视</td></tr>
<tr><td>龙珠传奇之无间道</td><td>优酷、腾讯视频</td></tr>
<tr><td>大唐荣耀</td><td rowspan="5">腾讯视频</td></tr>
<tr><td>青云志2</td><td>北京卫视</td></tr>
<tr><td>狐狸的夏天</td><td>四川卫视</td></tr>
<tr><td>六扇门</td><td>黑龙江卫视</td></tr>
<tr><td>求婚大作战</td><td>东方卫视</td></tr>
<tr><td>卧底归来</td><td rowspan="4">爱奇艺</td><td>天津卫视</td></tr>
<tr><td>射雕英雄传</td><td>东方卫视</td></tr>
<tr><td>云巅之上</td><td rowspan="2">深圳卫视</td></tr>
<tr><td>小情人</td></tr>
<tr><td>大军师司马懿之军师联盟</td><td rowspan="2">优酷</td><td>安徽卫视、江苏卫视</td></tr>
<tr><td>飞刀又见飞刀</td><td>广东卫视</td></tr>
<tr><td>不一样的美男子2</td><td>芒果TV</td><td>湖南卫视</td></tr>
</table>

第二，网剧、网综小幅波动。对于网络视频用户，由于网剧和网综对题材、成本等的门槛相较于电视较低，并且能充分利用受众的松散时间，因此，观众对网剧的喜爱度依然很高，与2016年的57.3%相比同期增长了3%，对于综艺娱乐类节目的喜爱虽与2016年的48.6%相比同期下降了2.2%，但依然以46.4%的喜爱度位列第二。

2. 发展机遇

（1）政策法规促进电视行业规范发展。2017年，广电领域在媒体融合的背景下出现了许多新的亮点，政府在政策管理方面掷地有声，并且对线上、线下两个舆论场的调控管理更具全面性。政府在广播电视的内容、平台、技术和规划等方面进行了规范，力图促进行业有序发展（见表7-3）。

表7-3　2017年广电总局相关政策法规

发布时间	发布政策	政策内容
2017年9月	《关于支持电视剧繁荣发展若干政策的通知》	规范明星片酬
2017年9月	《关于电视剧网络剧制作成本配置比例的意见》	规范制作成本
2017年9月	《新闻出版广播影视“十三五”发展规划》	明确发展目标

续表

发布时间	发布政策	政策内容
2017年8月	《关于把电视上星综合频道办成讲导向、有文化的传播平台的通知》	方向把控
2017年6月	《网络视听节目内容审核通则》	内容审核
2017年6月	《关于进一步加强网络视听节目创作播出管理的通知》	内容把控
2017年5月	《互联网新闻信息服务管理规定》	规定主体资格

（2）电视行业投融资力度加大。2017年电视产业的投资力度不断加大，一部电视剧投资过三亿渐成常态，使电视大制作时代向前又迈进了一大步。电视剧《那时花开月正圆》成本4亿，受到较高关注的待播剧《如懿传》成本3亿，并且东方卫视和江苏卫视以每集300万的价格成为该剧的首播平台。

（3）技术进步拓展电视行业发展空间。2017年，电视技术在不断进步，给受众带来全新的视听盛宴。柔性OLED屏幕使画质更清晰更出色，量子点显示技术增强了画面分辨率，双面电视让用户体验到更加多元化的观看方式，高达8K分辨率的电视已经崭露头角。在技术因素的推动下，电视依然有无限发展可能。

（4）大数据时代助力电视内容制作。随着大数据时代的到来，我国电视媒介的生产与传播模式开始了新转型。大数据对电视生产、营销、播出、反馈都产生了极大影响。尤其在生产阶段，数据先行，通过收集大量的信息，分析观众喜好，从而有针对性地进行内容创作。可以说，大数据更"懂"观众的心，如改编自唐七公子同名小说的电视剧《三生三世十里桃花》，通过大数据的收集了解观众喜好，从而对剧本进行适当改编，满足观众喜好，最终平均收视1.29%，并且取得了较好口碑。

3.面临挑战

（1）电视行业已有的体制机制障碍。从历史角度看，我国的电视媒介管理体制存在着分业管理、条块分割、法律体制的不健全、产权不明晰等弊端。随着新媒体的发展和媒介融合的推进，电视产业需要新的管理体制与其相适应，开放性、融合性、法制化和产权清晰的管理体制是当今电视产业发展的必然要求。

（2）现象级电视节目较少。2017年上半年，《人民的名义》以平均收视3.66%排名第一，并掀起了一股反腐热潮，成为实至名归的现象级电视剧。但除此之外，再无破3%的电视剧，甚至收视排名第二的《因为遇见你》收视也没破2%。电视综艺方面，只有《奔跑吧》和《中国新歌声》第二季收视破2%，这说明有高原缺高峰是电视产业面临的重大挑战。

（3）电视人才的流失。近年来随着新媒体的发展，电视媒体人才流失严重，比如湖南广播电视台副台长、芒果TV董事长聂玫选择离职，不但带走了大量资源和创意，而且直接影响到了节目的制作、播放等核心业务。因此，要积极采取措施避免人才的流失，这就需要建立相应的媒体人才评价机制、加强人才培养和管理并且完善有效的人才流动机制。❶

（4）电视观众的分流。这是新媒体快速发展对电视行业带来的最明显的变化。特别是对于年轻观众来说，他们的碎片化时间较多，而多媒体更方便将这些时间利用起来，因此，他们更愿意使用多媒体，使得电视观众分流，所以电视媒体要积极寻求与新媒体的融合发展，实现共赢。

（二）电视行业发展新特点

1. 电视剧

（1）现实题材电视剧更受青睐

2017年是现实题材电视剧的春天，尤其是反腐题材剧崭露头角。《人民的名义》在海内外掀起了狂潮，引起的话题热度不容小觑。在该剧播出期间，网媒关注度近9万条，视频点击量接近200亿次，微博提及量高达247.3万条，微信公号刊发量达21769篇，并且相关微博话题的阅读量接近8亿次，足见观众对其关注度。《欢乐颂》播出时，各路公众号刷屏分析角色性格，观众也对富二代、凤凰女、房产问题等话题争论不下。暑期播出的现实题材电视剧《我的前半生》依然是收视和话题兼备。这主要是因为现实题材电视剧能够回应社会关切问题，引领需求，更能引起观众共鸣。

（2）电视剧走出去步伐加快

近年来，我国反输海外的国产剧相比早年不仅数量提升，而且质量也得以大幅提升，增强了国产剧的影响力。《三生三世十里桃花》《微微一笑很倾城》《锦绣未央》等在美国视频网站Drama fever播放时，全都进入了该网站点击量前五，有的甚至位居榜首。其中，《三生三世十里桃花》目前仍然是该网站亚洲剧场每周TOP10榜单上占据时长最久的中文剧集，该剧还横扫东南亚市场，在新加坡Starhub网络点

❶董超超.新媒体时代传统媒体广播电视人才流失问题研究[J].百家论坛,2017(18).

播平台上的点击率比同类型其他电视剧高出40%。可见，具有过硬的制作能力和品质是国产剧走出去的必要条件。

2.电视综艺

（1）电视综艺节目呈现多元化发展，待播综艺过剩。

第一，电视综艺节目呈现多元化发展。2018年，中国电视综艺节目呈现多元化趋势发展，各卫视在周间偏重实用性节目，比如生活服务类的综艺。在周末，不但有娱乐性的综艺节目，包括户外、喜剧、音乐等类型的综艺，如《中国梦想秀》《极限挑战》《超级战队》，还有文化类节目，如《朗读者》《国家宝藏》。

第二，待播综艺过剩。2017年的中国电视热闹非常，品牌节目依然占据话题中心，新节目更是层出不穷，但是除了极少量优质节目以外，整体的节目品质并不高，且节目内容同质化现象严重，造成了综艺节目的过剩。这就需要各制作公司找准定位、洞察市场，拥有自己的核心竞争力，积极进行商业模式的探索和创新，从而在综艺市场上形成自己的影响力。

（2）文化类节目深受观众喜爱。

今年，文化类节目如《中国诗词大会》《朗读者》和《国家宝藏》等都做到了收视与口碑齐飞。这些节目成功地避开了市场红海，以深沉隽永的独特气质打动了观众，它们为聒噪浮华的综艺市场注入了一股"清流"，特别是大型文博探索节目《国家宝藏》，融合了纪录片、喜剧、演播室综艺等多种艺术形态，使得传统文化实现了现代化转化，真正让"文物活起来"，该节目豆瓣评分高达9.2，并且收视率大有超越《舌尖上的中国》之势。这类节目的热播，有利于形成文化创新风潮，对电视节目创新带来启示。

3.网络剧

（1）类型多样，青春、悬疑占据半壁江山。

从2017年豆瓣评分8分以上国产剧汇总表来看，上榜网剧题材包括悬疑剧、青春剧、古装剧、军旅剧等，题材多样并且口碑都较好。其中，上榜的12部剧中，悬疑剧占4部，青春剧占3部，引起大热的《致我们单纯的小美好》虽未上榜，但是在播出期间总能引爆话题，剧集结束之后依然能屡上热搜，热度不减，截至12月25日已有30.1亿的播放量（见表7-4）。

表7-4　2017年豆瓣评分8分以上网剧汇总

排名	剧目	题材	豆瓣评分
1	白夜追凶	悬疑推理	9
2	一起同过窗2	青春校园	8.9
3	大军师司马懿之虎啸龙吟	古装战争	8.5
4	你好，旧时光	青春校园	8.5
5	大秦帝国之崛起	历史战争	8.5
6	河神	悬疑探案	8.3
7	无证之罪	犯罪悬疑	8.2
8	少年有点酷	青春校园	8.2
9	杀不死	荒诞悬疑	8.2
10	大军师司马懿之军师联盟	古装历史	8.1
11	花间提壶方大厨	古装喜剧	8
12	射雕英雄传	古装武侠	8

（2）IP改编剧持续引发话题热度。

《致我们单纯的小美好》《你好，旧时光》《河神》《无证之罪》等网剧都由小说改编，在尊重原著的基础上，编剧进行了合理改编，使这些剧在播出期间成为观众的讨论热点。近年，各大制作公司都在抢占IP资源，但是打造出现象级网剧的情况少之又少，因此，拥有IP的数量并不重要，重要的是深耕IP，挖掘核心价值，打造真正精品，实现市场和艺术的双赢。

4.网络综艺

（1）多元化发展，满足受众需求。

网络综艺类型多样，作为网络综艺里的特殊类别，亲子类栏目在2017年上半年的网络综艺市场中持续强势，虽然上半年只播出了两档，即《放开我北鼻2》和《妈妈是超人2》，但播放量排名靠前。在上半年，脱口秀节目成为网综的主要内容模式之一，播出多达11档，占上半年全部网综的36%，其中《吐槽大会》《奇葩大会》《火星情报局》等节目成为热门网综。此外还出现了多类美食节目，如《吃光全宇宙》《拜托了冰箱3》等。

（2）“综N代”实现网络综艺“IP化”。

上半年的网综市场中，热门“综N代”综艺节目共有9档，占上半年网综节目总量的30%。由于这些节目在上一季的播出中反响较好，并且有了观众基础，同时为了吸引更多的新观众，形成网综品牌，因此这些节目大多延续第一季的节目模式但又有所创新，使这一系列网综逐渐“IP化”，从而持续保持热度。

（三）专题研究

1.电视产品走出去迸发活力

（1）内容多样。

第一，国产剧走出去。今年，有多部电视剧走出去，并取得了不俗的成绩。大热剧《人民的名义》在YouTube网络剧官方频道上的更新速度和国内完全同步，每一集都有几十万次的点击量，BBC甚至称其为中国版“纸牌屋”。《三生三世十里桃花》自登陆美国视频网站Drama fever后，观看量从播出开始就稳步上升。《楚乔传》在国内播出后，第一时间落地越南，实现了无时差传送。值得一提的是网络剧《白夜追凶》，其海外发行权已被Netflix买下，未来该剧将通过Netflix在全球190多个国家和地区播出，这成为国产剧走出去的创举。

第二，综艺节目走出去。综艺节目《世界青年说》以其国际化的制作理念和全球化的文化视野，在播出之后被翻译成多种语言在网站上播出，深受国外网友的欢迎。在戛纳电视节期间，法国制作公司表示有意购买文化类节目《朗读者》的模式。老牌节目《非诚勿扰》几度引起全球热。综艺节目走出去总体向好，但是原创类综艺节目走出去占比不高，需要将中国魅力展现出来，使用通用的国际语言，使中国原创综艺更多地走出去。

（2）面临的问题。

第一，输出区域有限，没有实现全球化。我国电视产品走出去多以亚洲和欧美为主，具体来说，包括以韩国、日本为主的东亚地区，以新加坡、马来西亚、泰国、越南、印度尼西亚等国为主的东南亚地区，此外还包括非洲、中亚、西亚等第三世界国家和地区，并且我国电视剧还难以走进欧美主流电视剧播送平台，欧美等国家电视受众对中国电视剧的认知度低，所以国产剧并没有真正冲出亚洲，走向世界。

第二，输出题材相对单一，难以全面展示中国形象。目前，能被海外观众所接受的国产剧题材主要有动作、历史、古装、功夫等，但许多剧集都成为外国观众碎片化的消费单位，被他们视为肤浅的娱乐产品，娱乐意义更多，这对现代中国国家形象的建构和我国软实力的提升并无裨益。

第三，电视内容缺少共通性，文化折扣高。由于中外文化的巨大差异和国产剧的制作内容缺少共通性，使电视产品输出海外时面临较高的文化折扣，从而降低我国电视产品对海外观众的吸引力，成为我国文化产品出口的严重障碍。

（3）解决路径。

第一，政府要做好顶层设计，扩大走出去工程实效。目前，政府部门对电视剧走出去的扶持主要集中在资金支持、政策鼓励、简化出国手续、贷款支持、出口退税等方面，但是由于很多政策的科学性不够、举措措辞模糊和低操作性等问题，使国产剧走出去的现状和工程目标之间背道而驰。这就需要政府做好顶层设计，合理布局电视产业结构，扩大工程实效。

第二，电视制作机构要重视国际化表达，减少文化折扣。中国电视剧制作机构要承担起走出去的重任，将现代中国的正确形象融入剧中，利用国际化的表达方式努力降低剧集输出的文化折扣，不断提高国产剧及其承载的中国文化和价值观的影响力。

第三，自建走出去平台，加强中外合作。国产剧要走出去，自建平台显得尤为重要。在海外建立自己的平台，除了建立面向海外华人的平台之外，还可以建立英文全媒体平台，从而拓展国产剧的出口渠道，这是较为直接、有效的方式。

2.文化类节目成为现象级综艺

（1）类型多样。

2017年出现了类型多样的文化类节目，因“高而不冷”的形象深受观众喜爱，如文化朗读类节目《朗读者》《见字如面》，大型文博探索节目《国家宝藏》，以及轻氧纪录片《了不起的村落》等，其中《国家宝藏》成为连接文物与现代人们之间的情感桥梁，运用创新的综艺形式帮助人们更好地了解传统文物，使文物“活起来”，豆瓣评分高达9.2分，实现了双效统一。

（2）出现的问题。

第一，审美的同质性。文化类综艺节目从过去的少人问津到现在的扎堆荧屏，反映出了我国电视节目制作的不足之处：同质化问题。这主要表现在两个方面，内容上几乎都是成语、汉字、历史典故和诗词等，形式上是答题竞赛+专家点评，内容和形式已无新意。文化类节目要形成自己的核心竞争力，才能在同类节目的竞争中脱颖而出。

第二，难以避免过度娱乐化。随着市场的发展，为了吸引观众和提高节目收视率，有很多文化类综艺节目植入了许多娱乐元素，实际上沦为了选秀娱乐节目，也有的文化节目引导观众情感，影响了观众的理性思辨能力。[1]《朗读者》也不乏用感人肺腑的故事来征服观众，除了能引起观众的情感共鸣之外，也有“煽情”的嫌疑，被观众诟病。

（3）发展建议。

第一，注重内容为王，形成自身特色。文化类综艺节目必须注重自己节目的内容深度，坚持内容为王，将优秀的中华传统文化融入节目制作，并且辅之以必要的形式深入浅出地把节目深意表现出来，形成自己的特色和核心竞争力。

第二，深耕中国文化，加强创新能力。文化类节目要避免同质化，需要找准自己的核心价值，要深耕中国文化，并不断创新节目内容。现象级文化类节目《国家宝藏》就很好地做到了这一点，将故事和文物相结合，用小剧场的形式讲述文物故事，尊重年轻观众的审美，并运用堪称业界良心的舞美，在开播前后受到了大量关注，并且开播后得到了观众的口碑传播，影响力不断增大。

（四）发展趋势

1.媒体融合强强发力，大数据产业将大有作为

第一，媒体融合强强发力。电视产业要实现长足发展，必须发挥互联网精神，实现媒体融合纵深发展。因此电视产业今后的重要发展趋势，必然是推动电视媒体与其他媒体的深度融合。首先是强化顶层设计。领导部门要开展专题研讨，研究部署媒体融合的各个方面，主要包括体制机制、技术保障和统筹规划等。其次是要重视新媒体集群的建设，从而形成全方位的传播矩阵。具体来说，就是日后会形成以电视新闻为龙头，以视频为重点，以用户为中心，以“三微一端”为重要渠道，建成多终端、多语种、全覆盖的“一云多屏”新媒体传播体系。

第二，大数据产业将大有作为。大数据是电视产业重要的生产资料，未来电视产业要实现媒体融合的强强发力，大数据产业将大有作为。首先，电视产业利用大

[1] 段婷婷.“语-图”互文与文化类综艺节目的问题探究——以《朗读者》节目为例[J].视听,2017(11):31-32.

数据进行内容生产，按照以用户为中心的原则，借助网络发布的搜索数据和实时走势来为内容制作提供依据。其次，电视产业利用大数据进行营销，大数据的营销是精准营销，使受众的个性需求得到充分的尊重，才是成功的营销之道。

2.不断加强内容制作创新，提高竞争力

电视媒体一直是文化传播和文化实践的重要载体，并且肩负着弘扬民族文化和主流文化的重任，有着“爱国、为民、崇德、尚艺”的文艺使命，因此，电视产业的内容制作必须有自己的文化坚守，要弘扬社会主旋律，诠释社会责任和传播民族文化。同时电视产业要永葆青春，必须对内容进行创新，创新是不断优化电视品质的引擎，优秀的电视原创节目更能实现双效统一。因此要打造具有中国符号的电视品牌，注重本土文化的创新，推动电视文化繁荣发展。

3.整合升级营销策略，创新营销模式

在新媒体语境下，电视媒体面临着冲击和挑战，但同时也给电视发展带来了更多的机遇，未来的电视营销策略会整合升级，使电视产品在激烈的市场竞争中有一席之地。在创新产品策略方面，要尊重市场，根据目标受众来选择节目的风格和类型，并能及时根据观众反馈来改进节目，同时利用符合现代观众审美的后期特效吸引观众的注意力，这样就能占据营销优势。在价格策略方面，要更多地考虑电视广告的购买方式。在渠道策略方面，要积极利用新媒体平台来进行宣传，充分地利用媒体融合的优势创新营销模式。

4.加强后产品开发，延长产业链

电视是国家体系的重要文化符号，是国家形象输出的重要载体，而成功的衍生品的开发不仅可以给电视产业的发展带来勃勃生机，找到产业利益增长点，而且对提升国家软实力具有重要意义。因此，今后衍生品的开发必须与电视节目保持一致，即与节目的内容定位、受众定位和推出时间上保持基本一致，此外，衍生品还应该具有特色并且品种丰富，有多样的营销渠道，最重要的一点是开发的衍生品必须加强对知识产权的保护和利用，有了知识产权的支撑，我国未来电视衍生品的开发市场定会一片大好。

第八章　2018年文化艺术服务发展报告

一、文化艺术服务发展现状

2017年，文化艺术服务业发展依然保持着快速增长的趋势。2017年从文化艺术服务业整体发展状况来看，我国文化艺术服务业在前三季度收入达到283亿元，比去年同期增长16.3%，高于文化及相关产业企业营业收入增长率11.4%。由此可以看出，2017年我国文化艺术服务业已经迈入高速增长期（见图8-1）。

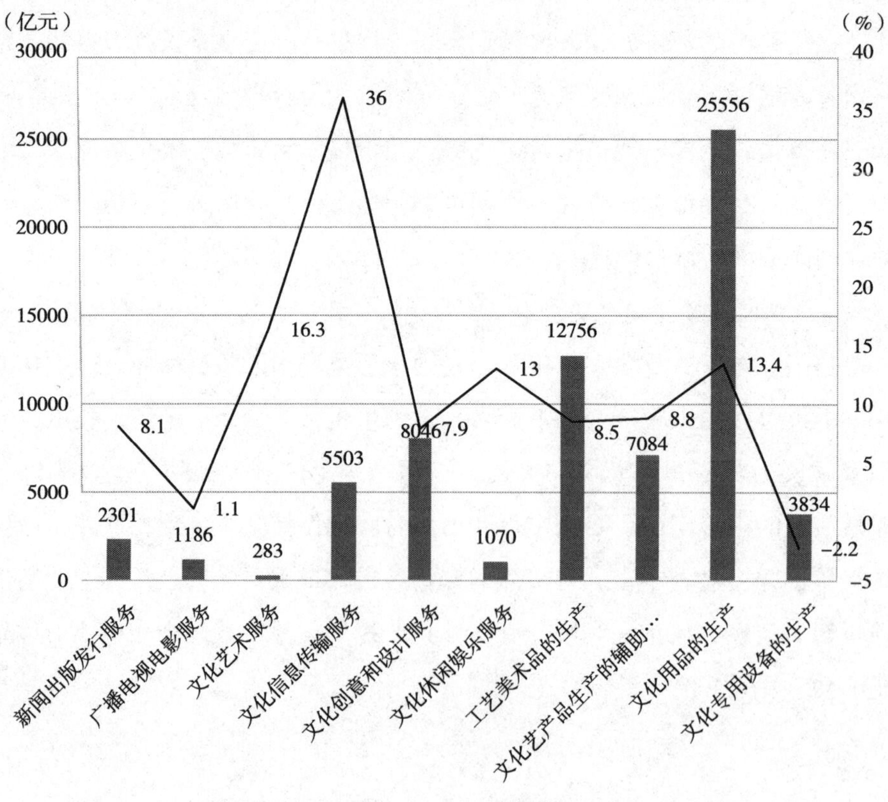

图8-1　2017年前三季度全国规模以上文化及相关产业企业营收状况

数据来源：国家统计局

（一）文艺创作与表演服务

从文艺创作与表演服务整体发展状况来看，2017年文艺创作与表演服务行业持续升温，演出场次、票房收入、观众人数都比去年同期增长。艺术表演团体数在2016年达到12301个，比去年增长1514个。文化演出的收入渠道不断拓展，2016年艺术表演团体票房收入突破311亿元，比去年同期增长20.8%，其他类的艺术表演团体在6年来增长迅猛。惠民演出场次不断增加，政府补贴力度加大，2016年，艺术表演团体到农村演出达151.6万场次，其他类艺术表演团体到农村演出达到129.08万场次，其中政府采购的公益演出活动达到14.23万场次。在产业化的发展思路指引下，文艺创作与表演服务将迎来市场化的革命性升级（见图8-2）。

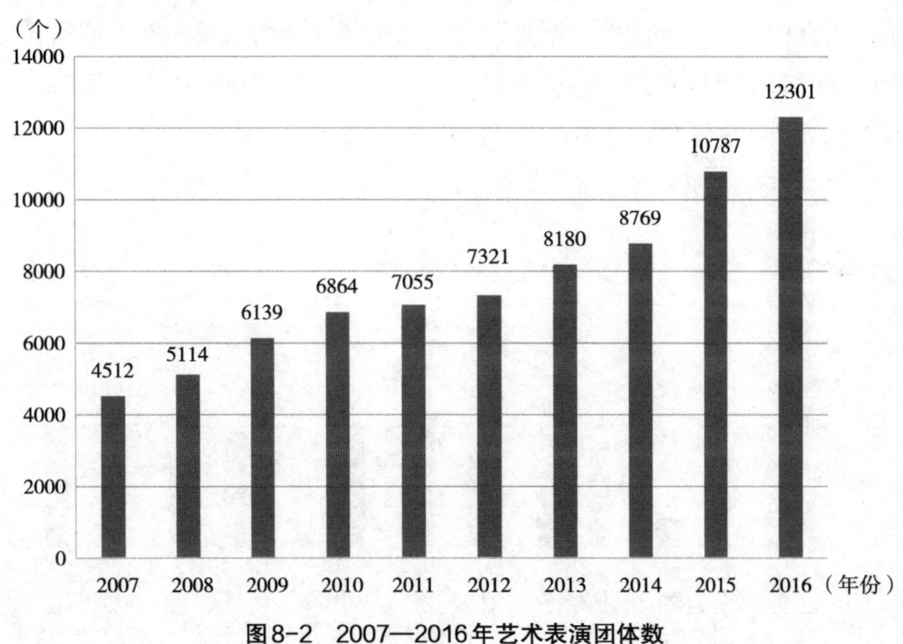

图8-2　2007—2016年艺术表演团体数

数据来源：国家统计局

1.各垂直细分市场百花齐放

从行业垂直细分市场发展状况来看，截至2017年上半年，专业剧场演出总场次突破4万场，比去年同期上升16.81%，票房总收入34.01亿元，比去年同期上升

13.52%。演唱会、音乐节等大型演出场次较去年有所下降，但是票价的提高和观众人数的增长使票房收入呈现逆势增长的趋势，迷笛、草莓、张北三大音乐节日均量突破1万人。音乐节的商业模式不断拓展，除了基本的门票、赞助费、广告费之外，周边衍生收入，如美食长廊、创意市集、篝火晚会、家庭乐队、星空露营等主题休闲娱乐，以及T恤、海报、DVD等创意产品开发也成为音乐节的利润增长点。此外，儿童剧市场增长显著，2017年上半年演出场次同期增长1%，票房收入同期增长2%，儿童演出突破了传统“剧”的范围，音乐会、戏曲、舞蹈等都推出了面向儿童观众的专场演出，并且越来越多的机构开始尝试购买国外版权、制作中文版儿童剧。

在演出剧目方面，外国戏剧已经在中国戏剧演出市场中占有相当吃重的地位，引进剧目在2017年纷至沓来，在第五届乌镇戏剧节上，立陶宛导演马斯·图米纳斯作品《叶普盖尼·奥涅金》、巴西导演保罗·马瑞尔斯作品《水渍》、大嘴突击队剧团作品《西方社会》等外国引进剧目，皆受到中国观众的欢迎，不过如何在引进国外戏剧的同时对国外剧目进行融会贯通的二度创作，如何体现出“中国特色”是对中国戏剧市场的一大挑战（见图8-3、图8-4、图8-5、图8-6）。

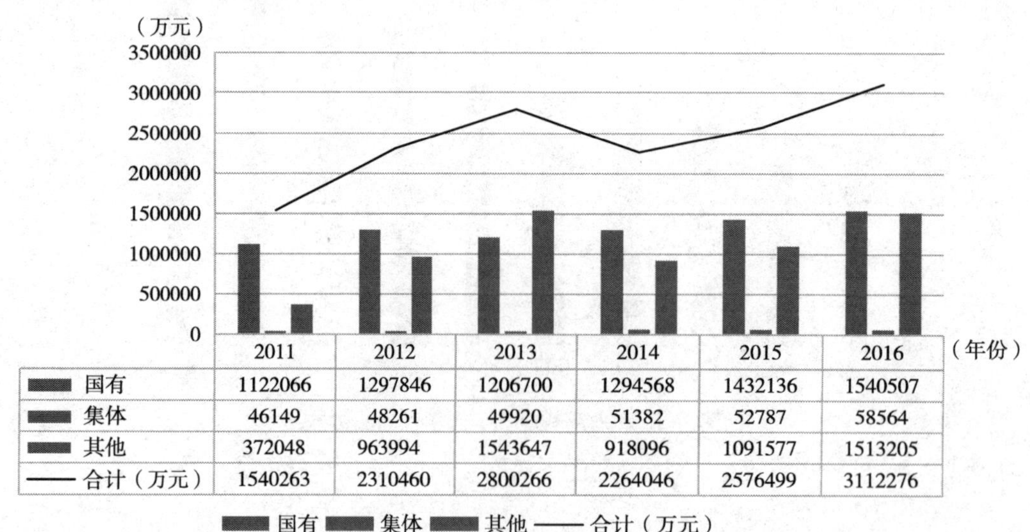

	2011	2012	2013	2014	2015	2016
国有	1122066	1297846	1206700	1294568	1432136	1540507
集体	46149	48261	49920	51382	52787	58564
其他	372048	963994	1543647	918096	1091577	1513205
合计（万元）	1540263	2310460	2800266	2264046	2576499	3112276

图8-3 2011—2016年艺术表演团体收入

数据来源：国家统计局

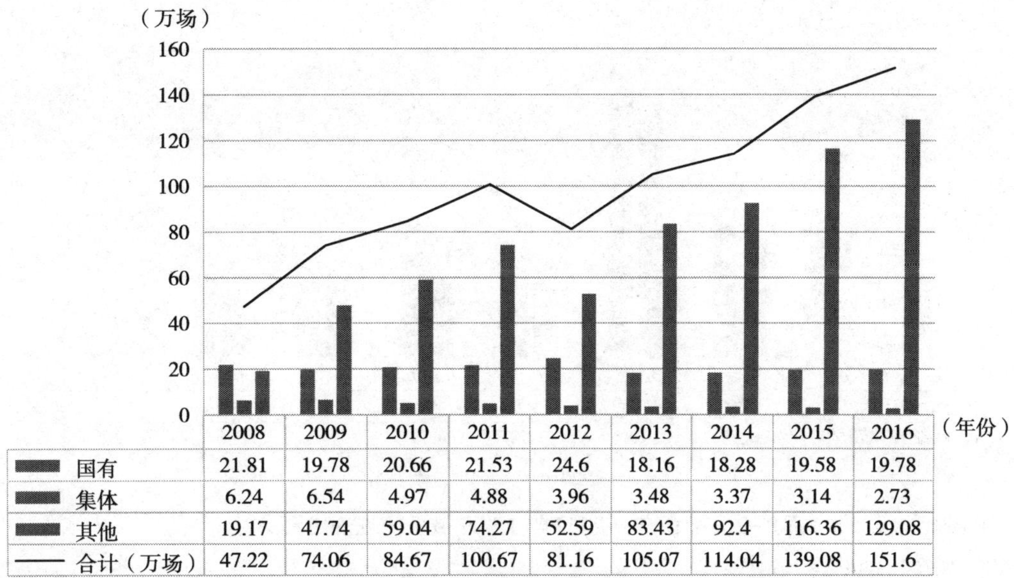

	2008	2009	2010	2011	2012	2013	2014	2015	2016
国有	21.81	19.78	20.66	21.53	24.6	18.16	18.28	19.58	19.78
集体	6.24	6.54	4.97	4.88	3.96	3.48	3.37	3.14	2.73
其他	19.17	47.74	59.04	74.27	52.59	83.43	92.4	116.36	129.08
—— 合计（万场）	47.22	74.06	84.67	100.67	81.16	105.07	114.04	139.08	151.6

图8-4　2008—2016年艺术表演团体到农村演出场次

数据来源：国家统计局

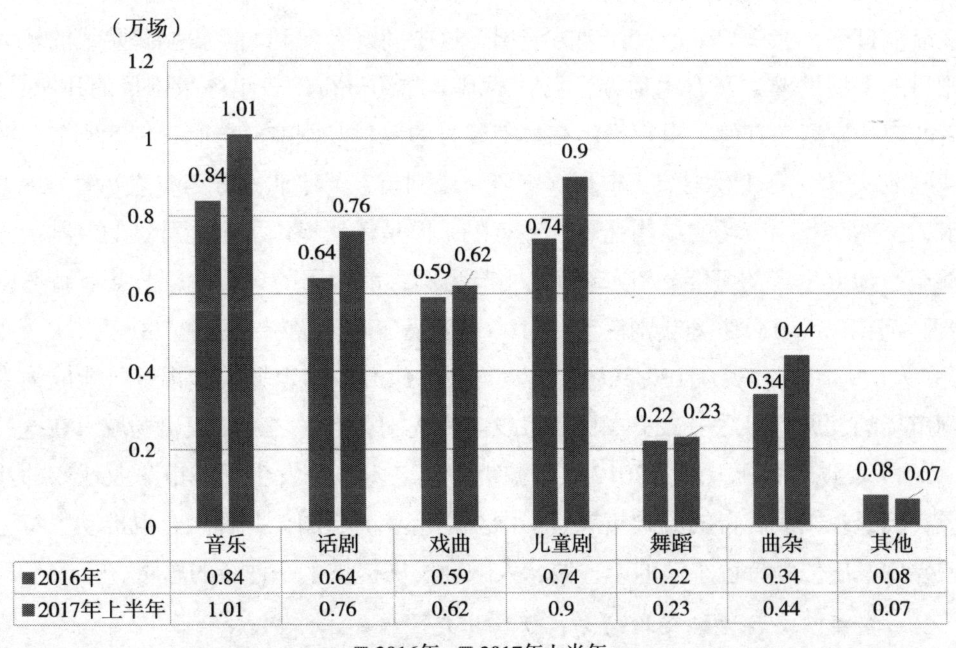

	音乐	话剧	戏曲	儿童剧	舞蹈	曲杂	其他
■2016年	0.84	0.64	0.59	0.74	0.22	0.34	0.08
■2017年上半年	1.01	0.76	0.62	0.9	0.23	0.44	0.07

图8-5　2016年、2017年上半年专业剧场演出场次对比

数据来源：2017年上半年演出市场发展报告

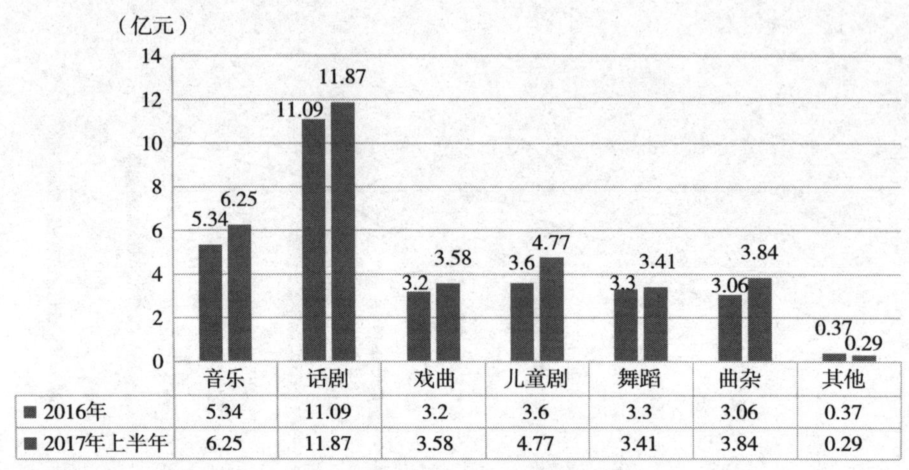

	音乐	话剧	戏曲	儿童剧	舞蹈	曲杂	其他
■ 2016年	5.34	11.09	3.2	3.6	3.3	3.06	0.37
■ 2017年上半年	6.25	11.87	3.58	4.77	3.41	3.84	0.29

图8-6 2016年、2017年上半年专业剧场演出票房对比

数据来源：2017年上半年演出市场发展报告

2.戏剧走进地方生产的商业模式逐渐成熟

2017年，文艺创作与表演服务中不可忽视的一个市场现象是，戏剧走进地方生产的市场模式逐渐成熟，戏剧演出主要集中在北京、上海、广州等特大城市的局面正在逐渐被打破，在京沪生产，往地方演出，这中间既有保利剧院等剧院院线的较大体量剧目的多城巡演，又有由地方剧场、戏剧节邀约进行的较小体量剧目的几地赴演。后者的快速发展尤其值得重视，山东牟家院村的乡村戏剧节、合肥青年戏剧节、三星堆戏剧节、方峪ART戏剧节、宁夏（青年）戏剧节、天津北方青年演艺展演等地方戏剧节，虽然对戏剧市场的结构性影响还有限，但是仍然提供了难能可贵的戏剧走入地方甚至在地方生产的可能。[1]以乌镇戏剧节为例，前四届的乌镇戏剧节共有特邀剧目65部，演出225场，16场戏剧活动，5100多场嘉年华，吸引了嘉宾700多人次，媒体700多人次，游客和观众100多万人次，“戏剧+旅游”的市场模式很有可能成为未来戏剧市场的发展趋势之一，资本目光将投向传统剧场空间之外的演出场域，在这一方面，2017表演艺术新天地、2017上海城市空间艺术节等发生于城市商业地产的戏剧节展，已经在以其各自的方式拓展着中国戏剧市场的版图。此种融合也推动了特色小镇差异化发展，为特色小镇的产、城、人融合发展提供了一种新的思路。

3.与互联网、科技融合推动文艺创作与表演服务不断创新

传统演艺行业在2017年不断寻求新的创新突破，开始试水网络直播，国家一级

[1] 奚牧凉.戏剧创作力量准备好应届市场升级了吗？[N].北京日报,2018-01-04.

演员、北方昆曲剧院邵天帅和梅派传人、北京京剧青年演员白金通过网络直播表演《牡丹亭》《长生殿》《贵妃醉酒》等经典昆曲、京剧曲目，观看人数突破140万人，为大众普及了关于戏曲妆容、服饰等基础知识。网络直播为传统艺术提供了走进大众、走进现代生活的渠道和与广大网友直接沟通交流的平台，发掘潜在观众，培养新晋观众，为传统艺术注入新活力。将庞大的线上用户向线下进行转化，提高演出市场的观众量，从而更好地增强传统艺术舞台生命力和市场生存能力，使线上线下实现有效对接成为值得进一步研究的课题。

4.文艺创作与表演服务与旅游业融合不断深入

文艺创作与表演服务行业与旅游业的深度融合一方面得益于政策推动，鼓励演艺产业与旅游资源进行整合，丰富旅游演艺产品，培育旅游演艺市场；另一方面旅游演艺已经成为旅游行业市场追逐资本，提高市场竞争力的有效手段。2016年全国旅游演出总台数232台，同比增长6%。全国演出市场总票房121亿元，旅游演出票房43.03亿元，占比达36%。与此同时，中国旅游演出市场在全国逐渐形成了以《宋城千古情》《狮子王》中文版等主题公园类演出为主的长江三角洲旅游演艺圈，以《三亚千古情》、长隆大马戏等主题公园类演出为主的珠江三角洲旅游演艺圈，以《九寨千古情》《丽江千古情》《印象丽江》等实景演出为主的西南区域旅游演艺圈。其中主题公园类演出最受欢迎，2016年的观众人数占据全国旅游演出观众总人数的40%，演出票房收入达到19.97亿元，同比增长30%，市场占比由2013年的24.7%增长至2016年的46.4%，未来几年，主题公园类的旅游演出将依旧是旅游演艺市场发展的重心所在（见图8-7）。

2017年实景类的旅游演出增速放缓，2016年同比增长0.1%，票房收入达到12.5亿元，演出16015场，接待观众1457万人，单台剧目平均票房为2000万元。在这种趋势之下，关注内容成为实景演出转型发展的核心，在特定场景打造演艺IP的实景演出项目越来越受到资本关注，音乐类演出、戏剧类演出纷纷加入实景演出的阵营，无论是分布在古城、古镇的民谣音乐节，还是以海浪沙滩为卖点的电音音乐节，定制化的演出项目成为市场发展的新趋势，品牌效应逐渐放大，以千古情系列为主体，印象（又见）系列、山水系列、长隆系列三大品牌并驾齐驱以及多个演出品牌构成的“1+3+N”的主体架构继续领衔演出市场，同时“旅游+节庆”的演出模式成为旅游地品牌构建、增加消费转化效率的主要方式之一，中国文化旅游的红利时期已经到来（见图8-8）。

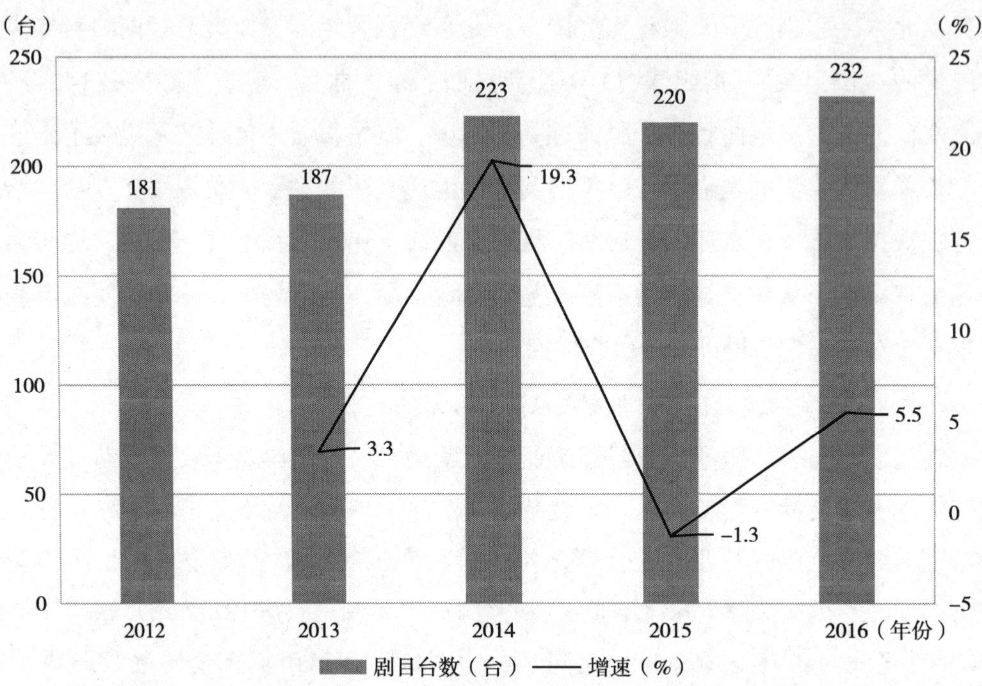

图8-7　2012—2016年全国旅游演出剧目台数变化情况

数据来源：道略文化旅游.2017中国旅游演艺报告

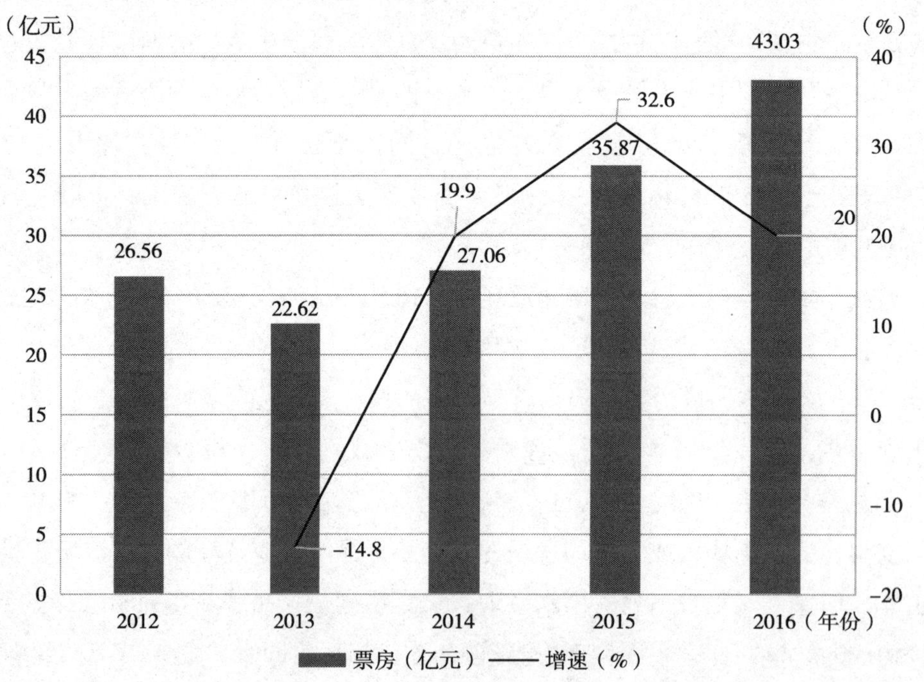

图8-8　2012—2016年全国旅游演出票房变化情况

数据来源：道略文化旅游.研究中心发布《2017中国旅游演艺报告》

（二）图书馆、档案馆服务

2017年，我国图书馆、档案馆服务继续稳步向前发展，总分馆制继续推进，图书馆业机构数量在2016年年末达到3153个，国家综合档案馆数量达到3336个，博物馆数量达到4826家，在国家文物局公布的2016年度全国博物馆名录当中，有87%的图书馆已经实现了免费开放。2017年11月4日，《中华人民共和国公共图书馆法》获得高票通过，并于2018年1月1日正式施行，政策颁布不仅有助于公共图书馆的稳步向前发展，同时对于我国图书馆事业乃至文化事业的提升有着巨大推动作用。2017年，图书馆、博物馆等文化场馆的服务功能不断优化升级，服务模式更加多元开放，同时，多方力量的参与将文化场馆服务质量推上了一个新的台阶（见图8-9）。

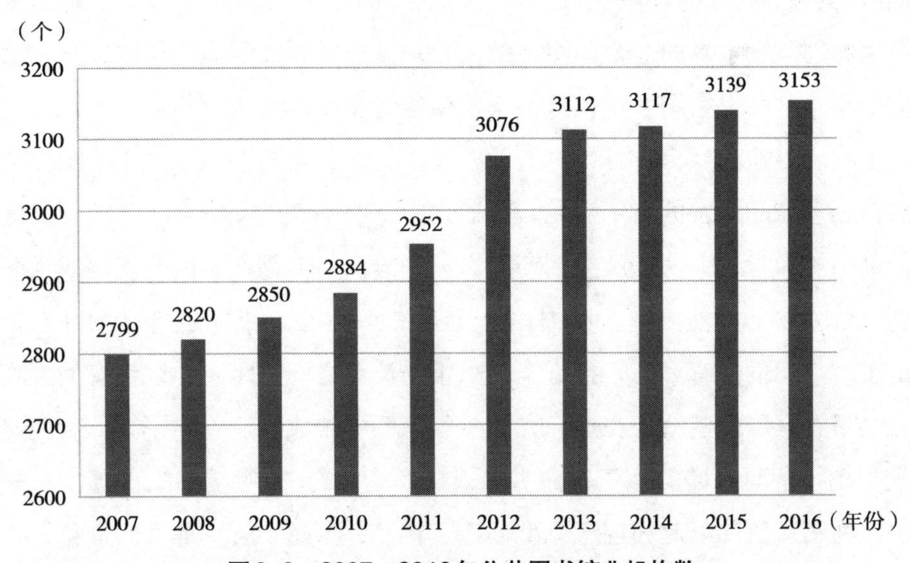

图8-9　2007—2016年公共图书馆业机构数

数据来源：国家统计局

1.博物馆、图书馆等文化场馆文创产品开发愈加活跃

近年来博物馆的文创产品开发已经不足为奇，以文化创意衍生品的开发让公众把文物带回家，从而实现文物的"活化"传承的模式不断发展成熟，北京故宫博物院在文创产品开发上面成为业内典范，其率先与BAT互联网企业阿里、腾讯进行合作，"故宫淘宝"销售开发的一系列文创产品截至2015年年底，销售额已经突破10

亿元。基于博物馆本身特色优势开发的文创产品也开启了博物馆品牌构建之路，南京博物院基于其自身“宁”的特色优势，将馆藏南朝“竹林七贤与荣启期”模印砖画衍生出系列玩偶，利用馆藏精品“大雅斋系列”元素制成瓷器日用品，这些具有南京博物院文物元素或者涵盖南京元素的文创产品，能够最大程度地避免同质化产品开发。与此同时，以展带销的文创产品销售模式进一步激发博物馆文创产品市场活力，江西省博物馆在“海昏侯热”之后，不但将“惊世大发现——南昌汉代海昏侯国出土成果展”作为江西省博物馆的常设展览，还开发出多种包括稳居、装饰品、日常生活用品等在内的海昏侯主题文创产品。文物展览与文创产品开发相结合，一方面提高了观众对于文创产品的内涵价值理解，另一方面也可以从观众的购买情况当中得到观众反馈。

图书馆也在文创产品开发方面逐渐发力。一方面政策的支持为图书馆的文创产品开发提供了机遇，2017年9月12日，在文化部的指导推动之下，旨在加速提升全国图书馆文创研发水平的“全国图书馆文化创意产品开发联盟”正式成立，由国家图书馆牵头全国几十家图书馆，致力于改变绝大多数图书馆可用资金少、创意产品缺乏的现状。早在2016年5月，国务院办公厅转发文化等部门《关于推动文化文物单位文化创意产品开发的若干意见》的通知中，明确鼓励文物文化单位创新体制机制，借助市场力量，大力发展文创产品。另一方面，文创产品的开发也成为图书馆自身创新性发展的必然要求。图书馆的优势在于“书”，而文创产品的开发让图书馆跳出了“书”的固有形态，拉近了图书馆与读者之间的距离，以创意的形式推进了全社会书香氛围的营造。在这一方面，国家图书馆成为业内领军者，利用研究我国京剧早期行头与脸谱的珍贵馆藏古籍《庆商生平》，国家图书馆设计了一整套彩绘戏曲人物图谱，并以此为创意原型创造了状元、哪吒、公主等卡通形象，衍生出公交卡、书签等数十类文化创意产品。文创产品的开发，是弘扬传统文化的另一种形式，有利于推进博物馆、图书馆等文化场馆的良性运作以及创新性发展。

2.文化场馆功能、服务模式不断拓展

2017年年初，国务院法制办就《全民阅读促进条例》公开征求意见，其中指出“国家鼓励和支持促进阅读的新技术开发与应用，促进数字阅读和阅读便利化”，在政策激励之下，各地图书馆都在不断进行服务模式的探索创新，“图书馆+”对于传统图书馆服务效能进行了重新定义。在2017年，共享模式融入图书馆发展当中，社会闲置图书通过共享实现流动并且不断更新，使图书馆的服务空间更加开放，打破了传统图书馆的功能界限。广东省清远市的微图书馆，是由当地清远日报发起的“蓝丝带共享微图书馆”众筹就近公益活动，在50个社区人流密集的地区以及江滨公园建设共享微图书馆，借助互联网手段将整个城市变成了一个大书柜，以共享读书推进全民阅读实施进程。其次，图书馆借阅书籍等业务与其他实体场馆业务融合，形成跨界打造多元化公共阅读体验的新模式。在江苏省靖江市设立有12家“牧城书驿”读书点，覆盖银行、咖啡馆、商店等多个市民生活场景，真正将全民阅读嵌入到市民日常生活当中，让市民碎片化的时间得以合理利用，此外，靖江市还依托城市图书馆总馆阵地，着力构建了“图书馆+机关事业单位”“图书馆+乡镇文化站与村（社区）综合文化服务中心”“图书馆+流动图书服务车”“图书馆+电子书借阅机”“图书馆+马洲书房”“图书馆+牧城书驿”“图书馆+牧城伴读角”七类模式，构建图书阅读服务体系，提升公共文化服务水平。另一方面，文化场馆的服务生态更加开放、多元、智能，随着公共图书馆网借业务的不断开展，C2C模式与B2B模式齐头并进，利用移动互联网手段和技术催生阅读社交圈子将是未来大趋势。文化资源逐渐变成民众的普遍共享，数字化博物馆建设推动博物馆“无墙化”，智慧图书馆通过物联网实现智慧化的服务和管理，高新技术与互联网正逐步改变着文化服务生态。

（三）文化遗产保护服务

2017年我国文化遗产保护服务取得突破性进展。文化文物机构达到310641个，比2015年增长11492个，在可移动文物保护方面，5年来累计完成可移动文物修复和博物馆藏品预防性保护项目1000余项，修复文物4万余件。2013年以来，共实施考古发掘保护项目3000余个，取得重大发现。全面推开古籍保护工作，加强古籍修复中心建设，已累计修复古籍超过270万叶。对于非物质文化遗产的保护，已经启动的实施非物质文化遗产记录工程目前已对839位国家级项目代表性传承人开展了抢救性记录。为了对非物质文化遗产及其孕育发展的环境进行整体性保护，文化部设立了21个国家级文化生态保护实验区，各省（区、市）设立了146个省级文化生态保护区（见图8-10）。

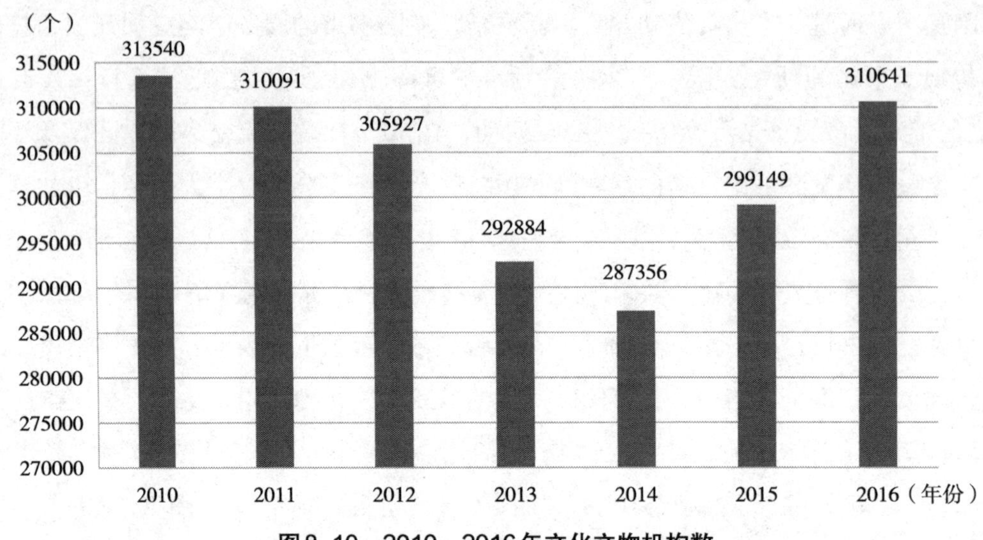

图8-10 2010—2016年文化文物机构数

数据来源：国家统计局

1. 文物保护与传承并举

在文物保护工作中，一方面推进文化遗产资源普查，完善保护名录体系，积极推动联合国教科文组织相关遗产名录申报工作。目前我国世界遗产总数达到52项，居世界第二；入选的非物质文化遗产相关名录项目总数达39项，居世界第一。2016年12月，五部委共同编制《"互联网+中华文明"三年行动计划》，为文化遗产保护工作指明了一条与互联网深度融合的发展道路，通过构建文物信息资源开放共享体系，培育一批具有示范性、影响力的文化产品和品牌，来满足人民群众的多元精神文化需求，在2017年，这个项目在国家文物局组织开展下，已经吸引了392家企业参与，经多轮评审，共有69个项目入选2017年度示范项目库。在这69个入库示范项目中，既有基于基础建设的数字资源、数据平台类项目，也有面向公众服务的展示、传播、教育研学类项目，还有面向应用服务的交互、体验类项目。既有对文物资源的深度挖掘，也有成熟IP的融合创新，还有基于大数据、智慧化的技术服务。在文化遗产传承方面，一方面依托博物馆、图书馆、美术馆、文化馆等公共文化机构的特色资源优势，进行文化创意产品的开发，实现文化遗产的创造性转化与创新性发展；另一方面推进文化遗产保护与旅游业深度融合，加快文化场馆品牌构建，形成新的文化地标，同时，在非物质文化遗产传承方面，积极践行"见人见物见生活"的理念，通过《中国传统工艺振兴规划》、中国传统节日振兴工程、中华老字号保护发展工程、戏曲振兴工程等一系列文化传承项目，以创意、创新的融入促进文化遗产的“活化”传承。

2.文化遗产保护工作积极对接文化外交

2017年不断深化文化遗产领域对外和对港澳台交流合作，故宫博物院支持香港筹建香港故宫文化博物馆，两岸非物质文化遗产月等活动成功举办，一系列文化活动的举办增进了内地与港澳台地区的文化认同感，使港澳台同胞共享中华优秀文化遗产。在文物领域，与50个国家签署双边协定或合作谅解备忘录。成功与哈萨克斯坦、吉尔吉斯斯坦联合申报“丝绸之路”世界遗产。5年来，文物出境展览近300个、入境展览100多个。在非物质文化遗产领域，与蒙古等国联合申报人类非物质文化遗产代表作，与泰国、日本、英国开展交流。同时文物保护工作主动融入“一带一路”战略，建设“一带一路”文化遗产长廊，成立丝绸之路国际博物馆联盟，举办丝绸之路（敦煌）国际文化博览会、丝绸之路国际艺术节等品牌活动。积极推进文物保护援外工程，成为文化外交的新亮点，文化遗产对外展示传播渠道日益拓宽。我国已建成的35个海外中国文化中心和512个孔子学院多次举办文化遗产主题活动。与国际组织的合作更加密切，积极参加并承办联合国教科文组织有关会议，参与创立濒危文化遗产国际保护基金，联合国教科文组织在我国设立了亚太地区世界遗产培训与研究中心和非物质文化遗产国际培训中心。2017年，“欢乐春节”在全球140多个国家和地区的500余座城市举办了2000多项文化活动，海外受众总人数突破2.8亿人次，全球参与城市和人数再创新高，其中市场化运作项目达500余项，占项目总数的1/4，海内外合作企业近230家，“欢乐春节”品牌效应逐步形成。海外中国文化中心建设顺利推进，中华文化在世界范围的影响力不断扩大。

（四）群众文化服务

2017年，群众文化服务建设在稳步推进的同时，更加注重群众的文化需求，通过技术手段，整合文化信息资源，实现“政府端菜”与“群众点菜”相结合，服务效能进一步优化。

1.群众文化机构建设稳步推进

2017年，从群众文化服务的整体发展来看，群众文化阵地建设稳重有进，2016年年末共有群众文化机构44497个，乡镇综合文化站34240个。群众文化人才队伍不断壮大，全国群众文化机构的从业人员达到182030人，比2012年年末增加16.5%。各级文化行政部门进一步规范管理，按照群众文化机构的功能、任务以及服务人口规模，对群众文艺工作岗位进行合理配置，配备相应的专业人员，进一步提高群众文化专业化水平。同时群众文化机构的服务效能不断增强，2016年年末全国群众文化机构共有馆办文艺团体7779个，组织举办文艺活动、训练班、展览以及各类理论研讨和讲座等各类文化活动183.97万场次，比2012年增长52%，参与文化活动的人次达到57896万人，比2012年同期增长31.5%。群众业余文艺团体在2016年达到39.84万个，老年大学857个，基层群众文化团队建设进一步加强（见图8-11）。黑龙江嫩江县在群众文化服务方面通过积极探索，打造了一条“草根明星”培养之路，目前已经发现并培养了包括唱歌、跳舞等各类草根明星1000多人，草根文艺队伍200多支，不但丰富了群众的文化生活，而且还提高了嫩江县的文化影响力。

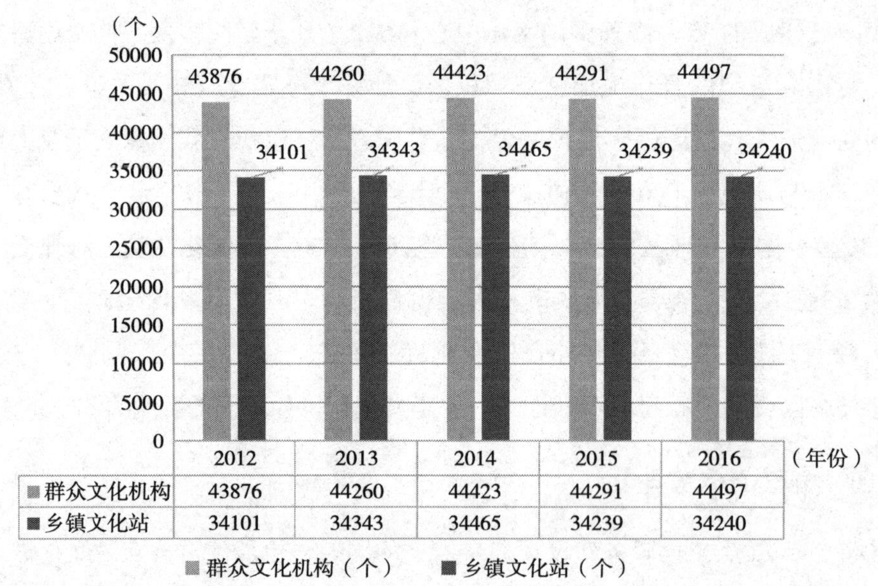

	2012	2013	2014	2015	2016
群众文化机构	43876	44260	44423	44291	44497
乡镇文化站	34101	34343	34465	34239	34240

图8-11 全国群众文化机构和乡镇文化站数量

数据来源：《党的十八大以来群众文化机构发展成就》

2.线上线下联动提升服务效能

2017年11月29日，国家公共文化云正式开通，这是统筹整合文化共享工程、数字图书馆推广工程、公共电子阅览室建设计划三大文化惠民工程，升级推出的公共数字文化服务的总平台和主阵地，主要包括国家公共文化云网站、微信号、移动客户端，突出手机端服务功能定制，可以实现共享直播、资源点播、活动预约、场馆导航、服务点单等功能，实现菜单式、点单式、预约式、超市化的一站式公共数字文化服务。全国的公共文化资源在线上平台聚集，汇聚各地公共文化服务和活动，继承公共文化服务场馆和空间，按需点单满足了人民群众多层次的文化消费需求，进一步推进了公共文化服务均等化，提高了公共文化服务效率。

3.社会力量在群众文化设施建设中发挥作用愈加明显

群众自发参与、民间资本主动融入的众筹、众包模式在群众文化设施建设，特别是乡村文化设施建设当中，继续发挥更大的作用。非国有的博物馆占全国博物馆总数超过1/4，社会各界捐献文物、给予资助的热情不断高涨。相关社会组织、志愿者队伍不断壮大。2017年上海市嘉定区文化众筹功能正式登陆文化云，个人、文化社团组织、商家都可以在平台上发起众筹活动向群众募资。湖南省怀化市罗新村以及周边村落建成的活动中心，皆是由村民提议并自主召开群众大会商议，然后由村民筹资建设完成。从方案的设计阶段的民众广泛参与，到项目的具体实施，群众和民间资本在群众文化设施建设逐渐发挥力量，实现了公共文化服务建设供需双方之间的无缝对接。

（五）文化研究与社团服务

2017年在文化研究与社团服务方面，文艺科研机构增长至232个，中国特色新型智库建设取得新进展，中国智库数量在2016年达到435家，成为世界第二大智库大国，而高校智库占据我国智库体系的半壁江山，新时代的智库建设已经迈入内涵式发展的新阶段。从文化艺术领域理论研究方面来看，其与时代发展的结合更加紧密，在以文化自信为精神标识的特定时代语境当中，文化艺术理论研究特体现出了“中国特色”。从2018年度国家艺术基金资助项目报告数据统计情况看，围绕实现中华民族伟大复兴中国梦、弘扬社会主义核心价值观和传承中华优秀传统文化进行的项目申报成为年度热点，其中，围绕纪念改革开放40周年、新中国成立70周年、建军90周年和建党100周年，讴歌党、讴歌祖国、讴歌人民、讴歌英雄的艺术创作和艺术活动明显增加，涉及各类申报项目共372项；贯彻落实习近平总书记的重要指示批示，围绕中央和省委重点宣传的重大典型及重要精神开展的艺术创作60项。2017年7月24日上午，2017“汉学与当代中国”座谈会在京开幕。此次座谈会邀请了来自美国、法国、德国、印度、哈萨克斯坦等全球22个国家的26位海外汉学家、中国问题研究专家和智库学者。此次座谈会在“全球视野下的‘一带一路’”这一主题下分设了“传统文化与当代中国”“中国方案与全球治理”“共同发展与共同价值”三大议题，与会的知名专家学者结合各自领域的学术研究共议全球视野下的“一带一路”。文化艺术研究正以多样化的形式展现出中国精神和中国力量（见图8-12）。

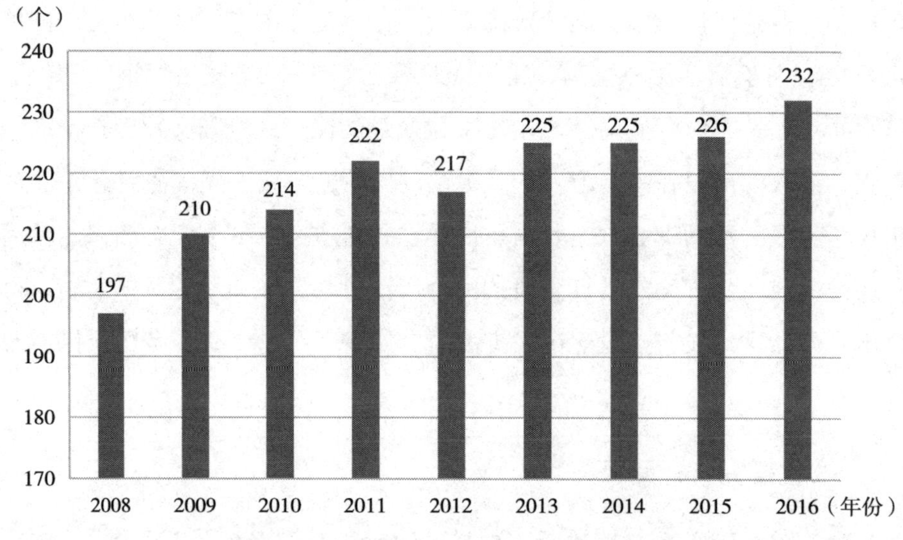

图8-12　2007—2016年文艺科研机构数量

数据来源：国家统计局

（六）文化艺术培训服务

2017年，文化艺术培训服务全面进入“互联网+”时代。“互联网+”的兴盛改变了各大行业格局，市场逐渐走向多元化。互联网正在改变着传统的文化艺术培训的经营模式，文化艺术培训市场进一步扩大，在线授课模式日益受到人们喜爱，以视频或直播等新型媒介进行授课的方式，打破了时间与空间的局限。

十九大中提到社会的主要矛盾发生了变化，人们的精神需求不断增加，居民消费水平的提升大大带动了文化教育支出的增加。同时，随着艺术考试将纳入中考，未来将在全国推行实施，也促进了文化艺术培训市场的繁荣增长。据互联网研究院相关数据可知，2016年中国艺术培训的市场规模约600亿，并且每年以30%的速度迅速增长，预计在未来五到十年，艺术培训市场规模将不断扩大，有望突破千亿以上的市场规模。国家二胎政策的开放以及国家越来越重视文化素质教育，传统的线下文化艺术培训将全面走向线上教育。与此同时，文化馆、美术馆等公共文化机构也依托互联网进项线上培训服务，2017年6月，集文艺培训、艺术鉴赏、文艺活动信息、文化场馆预约、在线学习、预约演出于一体的宁波“一人一艺”云平台正式上线。在云平台上，宁波各级文化馆的专业艺术干部、业余文艺团队骨干成员和社会联盟机构的优秀艺术师资在线接受预约和咨询培训服务，100多个各类文化艺术活动场地免费接受群众网络预约和使用，3万多分钟的各类艺术培训视频让广大群众足不出户就能跟着老师学艺术。云平台还实现了与电脑端、手机端、数字化设备等多种终端的无缝对接。

互联网重构了传统文化艺术培训方式。线上文化艺术培训产业链主要包括内容提供方、平台提供方、教学运营提供方、第三方服务提供方、平台入口以及最终用户。内容提供方即为文化艺术培训的视频制作商，他们将自制或者采购的培训视频销售给自营网站或者平台提供方。平台提供方则是自营网站或者第三方播放平台，自营网站主要为用户提供教学视频等服务，第三方播放平台则是联系培训机构和最终用户的中介。第三方服务提供方主要为培训机构提供技术方面的服务。教学运营方负责具体的线上及线下的具体培训教学，建立在线下实体店的基础上。未来，文化艺术培训线上规模将进一步扩大，市场潜力巨大，但培训机构需要在培养专业互联网技术人才、互联网营销人才、付费习惯等方面加大力度。

二、文化艺术服务发展特征

（一）内容创新优化文化艺术服务品质

1.内容创新满足人民群众多层次文化需求

2017年文化艺术服务内容异彩纷呈。一方面通过文化艺术服务进社区、进学校、进乡村等一系列政府行动，促进公共文化服务的均等化，以文化超市、文化惠民卡为主要形式的文化惠民工程，以个性化、订单式的服务，满足了人民群众多元化的需求。另一方面，随着人们消费收入的增加，文化消费的能力进一步提高，对于文化消费的内容也提出了更高的要求。2017年文化惠民工程深入实施，覆盖城乡的国家、省、市、县、乡、村（社区）六级公共文化服务网络基本建成；以“戏曲进校园”为代表的弘扬中华传统文化的文化活动持续推进；以“感知中国”“中国文化年”“欢乐春节”等为代表的文化品牌活动深化中外人文交流；文艺创作佳作频出，文学、戏剧、电影、电视、音乐、舞蹈、美术、摄影、书法、曲艺、杂技以及民间文艺、群众文艺等各领域，涌现出一批批思想精深、艺术精湛、制作精良的文艺作品；群众文化活动广泛开展，形成了不少有影响力的活动品牌。一系列的文化建设成果以及文化现象表明，文化艺术服务生态正朝向更加多元化方向发展，文化艺术机构的服务功能也更加开放、包容，满足人民多层次文化需求的目标正在逐步实现。

2.消费升级推进文化艺术服务品质化、内涵式发展

2017年随着新技术和平台的涌现，人们面临着越来越多的选择，因此人们对于高品质的产品以及高质量的消费体验的期待也越来越高，文化品位的提升驱动着消费的升级，而消费升级驱动的品质消费也已经扩展到文化艺术服务的各个消费领域。越来越多的博物馆、美术馆都依托于自身的特点，致力于面向不同的受众群体开展多样的公共教育活动，为观众提供高质量的公共文化服务，杭州的中国扇博物馆、上海玻璃博物馆、北京汽车博物馆和西瓜博物馆等主题鲜明的博物馆图书馆也进入到大众视野，图书馆正在打破传统定义，从单纯的阅读空间向复合型的知识共享空间、创客空间进行现代化转变，文化场馆正在完成一场从数量增长到质量提升的华丽转身。传统手工艺、传统民俗节庆等非物质文化遗产也在寻找现代化转型之路，以适合大众消费语境的形式进行“活化”传承。《鼎盛王朝·康熙大典》《梦里老家》等一些常演常盛的实景演出，皆是结合本土文化进行特色定位，深入挖掘当地文化的内涵与特质，进行深层次的产品打造，强者愈强、优胜劣汰在旅游演出领域内表现的愈加显著。中华优秀传统文化在文化艺术服务领域的内容创新当中扮演着越来越重要的角色，将本地的特色文化资源转化为生产动力，将传统文化的内涵融入产品设计、生产的各个环节，形成差异化竞争的优势，也是当前文化艺术服务领域转向品质化发展面临的一大挑战。

（二）技术发展丰富文化艺术服务形态

1.“互联网+”拓展文化艺术服务空间

新时代，文化艺术服务领域的各项内容都自觉走向了与互联网深度融合发展的道路，以线上服务平台集合文化资源，以微博、微信、App、客户端实现文化艺术服务主体之间的交流互动成为当前互联网应用的主要形式。在今年实施的《中华人民共和国公共图书馆法》中提出建设线上线下结合的文献信息共享平台，加强与学校图书馆、科研机构图书馆以及其他类型图书馆的沟通交流，开展联合服务。如今数字图书馆建设如火如荼，成都图书馆于2014年年初开始在全市建设“数字移动图书馆”平台，目前已经在各人群密集的公共场所投放68台“数字移动图书馆”，真正实现了“人在哪里，阅读就在哪里”，同时成都图书馆已经与全国56个图书馆建立了馆际互借与文献传递关系，年文献外借量224.56万册次，此外，成都图书馆还拥有9600万篇/册、共计100.39TB的海量资源，囊括23个优质数字资源库，面向读者免费开放。除此之外，“文化上海云”、重庆“公共文化物联网”、张家港公共文化全媒体平台等的构建，使得文化艺术在更加宽广的领域实现了服务的便利化、高效化，在与互联网的深度融合之下，文化艺术服务逐步实现了用户自主化、服务移动化、工作网络化，文化艺术服务机构通过互联网共处于一个云端空间，用户可以在任何时间、任何地点，以任何方式获取任何内容。

2.“科技+”丰富文化艺术服务形式

当下我们已经进入了一个数字化生存的时代，文化艺术服务设施高科技化、服务功能智慧化、文化资源数据化已经是大势所趋。在文化部《“十三五”时期文化产业发展规划》中明确提出要促进高新科技在演艺、娱乐、文化旅游等传统文化行业中的应用，支持发展电子票务、演出院线等现代流通组织形式，建立互联互通、安全高效的文化产品流通体系。政策的下达实施推动了人工智能、大数据与云计算自上而下地在文化艺术服务领域得到广泛的应用。目前，文化·海淀——海淀公共文化服务数字平台在北京市海淀区北部文化中心正式上线。该平台综合了VR（虚拟现实技术）、AR（增强现实技术）、智能感知等前沿技术，整合了文化活动、文化设施、图书期刊等公共文化资源。老百姓拿着“菜单”随意“点菜”，就能享受订单式、一站式的公共文化服务。为了能给特殊群体提供更好的阅读服务，吉林长春图书馆于2014年专门设立了视障人士阅读室。阅读室配备了盲文点读器、高清注视阅读器、盲文打字机等设备。于2015年1月开始免费向公众开放的辽宁省科技馆集科普教育、科技交流、休闲旅游于一体，馆中设球幕、4D、巨幕等4个影院，它也是全国同类设施中规模最大的展馆。高新科技与文化艺术服务的融合愈加深入，新兴的技术理念正在改变着传统的服务方式，并且在逐渐改变着人们的生活。

（三）多元资本创新文化艺术服务商业模式

1.政策激励为社会资本介入提供保障

文化艺术服务本身具有较多的公共文化服务属性，政策的颁布为文化艺术服务的可持续发展提供了保障，一方面，政府以政策的颁布强化了政府的主体责任，通过列入国家或地方发展规划、成立专项项目，加大对文化艺术服务领域的专项投入，促进文化艺术服务建设。另一方面，以创新投融资、搭建服务平台、设立专项资金、政府补贴、贷款贴息等形式，来引导和激励社会力量进入文化艺术服务领域。群众力量主动参与、民间资本主动融入建设公共文化服务场馆、设施的现象在各地遍地开花，打破了以往政府单一主体运作的形式。2017年1月，国办发文，提出引导社会资本以政府和社会资本合作的模式参与文化设施、体育设施的建设运营。在各方的努力下，国家“十三五”文化发展改革规划纲要也正式将推广文化领域的PPP模式作为推进文化体制改革创新的重要内容。最近，文化部建议成立文化PPP基金。政府、群众以及民间资本等多元主体参与文化艺术服务建设的多元主体新格局已经崭露头角并且在不断发展成熟当中。

2.行业整合重构文化艺术服务市场生态

2017年，文化艺术服务领域行业整合的速度不断加快，产业化发展的思路延长了文化艺术服务业的价值链，品牌机构强者愈强，并且不断将市场向海外拓展，各类文化艺术联盟加快构建，实现业务打通，合作共赢，不同领域的市场主体也在积极探索不同的商业模式，与其他领域的合作生产运营将文化艺术行业的产业生态推向了大融合。据悉，作为拥有将近40部优秀戏剧作品的开心麻花，未来将开始进军全国一、二线城市的购物中心，以剧场与文创、酒吧、咖啡厅、餐饮的创新性“前店后场”的剧场模式，来探索新的商业场景。多元资本之间通过合作、并购来进行产业运作、属地运营与渠道深耕，从而也推动了文化艺术服务业与其他行业之间的深度融合。

三、文化艺术服务发展趋势

（一）社会力量介入标准更加规范化

规范化与标准化是任何行业获得健康发展的有力保证，文化艺术服务领域内的公共文化服务内容逐渐由政府包办，转向社会参与、志愿服务，以政府引导或者奖励的形式来扶持培优民间文化团体，吸引民间资本与公益团队等社会力量来进入文化服务领域，社会筹资建设施，企业盈利助文化的新型投融资模式也拓宽了文化艺术服务的融资渠道。但是在以上模式不断发展的同时，也伴随着缺乏行业规范的问题。一方面，许多众筹项目缺乏专门的法律法规进行系统化的规定与管理，虽然此前政府已经颁布了《国务院关于鼓励和引导民间投资健康发展的若干意见》《股权众筹融资管理办法（试行）》等一系列管理方案，但是当中对于众筹网站的批准设立、业务经营范围许可、资金风险控制等方面并没有做出明确的规定。[1]因此，未来我国在社会力量介入文化艺术服务领域的法律法规亟待完善。另一方面，文化艺术服务的平台建设需要进一步提高其专业化程度，从项目的审核到资金的注入，再到最后项目的落成实施，每一个细节都需要平台的细致监督，特别是在网络化的时代，项目的知识产权也需要平台的专业化管理与维护。最后，现在的社会资本介入模式还处于较为粗放的阶段，需要有专门的组织机制来进行宏观统筹与协调管理，来保证项目的顺利进行，使文化艺术服务能够真正地惠及人民群众。

（二）文化艺术服务方向更加人性化

体验经济时代的来临意味着人们越来越注重消费的生活化、社会化与品质化，以用户为中心的服务更能够激励人们的消费热情，近年来文化艺术服务也更加注重提升其自身的品质，面向社会，走进生活，拉近与人民群众之间的距离成为未来文化艺术服务发展的核心战略，也是当今时代发展对于文化艺术服务提出的必然要求。一方面多种业态融合的文化综合体式的服务生态将成为未来文化服务设施建设的主流，在浙江宁波的海曙区文体中心，将图书馆、文化馆和体育馆“三馆合

---

[1] 张天意.公共文化服务的众筹之路还有多远？[EB/OL].(2017-06-30)[2018-01-13].http://mp.weixin.qq.com/s/w3vUwUdIrqTuyzql1MvBHA.

一”，进行综合运营，开展馆际之间的项目合作以及活动交流，以馆养馆的模式既整合了资源，又盘活了场馆的功能空间。另一方面，技术的发展将极大丰富人们的感官体验，文化艺术服务建设是智慧城市建设的重要组成部分，数字化技术在文化艺术服务领域的深度应用，成为用户从“观”到“赏”的桥梁，也推动着文化艺术服务的智能升级和城市的迭代更新。3D电视、互联网电视、手机电视、大存储智能计算机、大屏幕球幕投影仪等3D立体数字技术以及海量信息资源存储技术，以及VR、AR、机器人等人工智能高科技已经成为文化艺术服务设施的主流配置，而进一步规范技术使用的管理标准，以及专业技术类人才的培养，系下一步工作的重点。

（三）与其他领域的融合更加深入

未来，文化艺术服务业与创意产业等文化产业的其他领域的融合将更加深入，与旅游、金融、餐饮等其他产业间的融合将更加深入，与科技、互联网等高新技术领域间的融合将更加深入，在深度融合的过程当中，文化艺术服务业也会以更好的姿态融入城市的社会经济发展当中。

在与创意产业的融合当中，文化艺术服务以创新创意的形式不断进行着创新性发展。图书馆、博物馆等文化场馆以文化创意产品的开发来盘活经典，从发展文化大IP到创意产品的落地，再到品牌的构建，文化场馆的社会化、产业化运营模式不断进行着创新。各类优秀文化遗产也在进行创造性转化当中，以颇具创意的形式向国际传达中国语言，展现中国形象。未来，中华优秀传统文化将会随着创意产品的开发走进更多人的生活当中，传统文化的内涵会进一步被挖掘，从而进一步转化成为生产的原始动力。

文艺创作与表演服务也在随着旅游演艺市场的繁荣以及文旅小镇建设的推进，开辟了更加广阔的市场前景。一些实体文化场馆在通过融合的形式培植情怀、突出特色，与数字化产业形态进行竞争，台湾诚品书店24年来不断优化经营模式，把营运范畴扩展到画廊、出版、文创商品等方面，通过连锁而不复制的经营模式，如今已成为亚洲最具品牌的文化企业之一。与此同时，文化、旅游、餐饮、演艺、娱乐、休闲等多种产业形态的共存共生，形成了文化社区式、文化综合体式的公共文化生活空间，构建起了一种崭新的邻里关系，以此将文化艺术服务更好地融入人们的生活以及城市的发展当中。

文化艺术服务与科技、互联网的深度融合呈现出功能网络化、移动化，资源数据化、仓储化的趋势。随着数字技术的普及，文化艺术服务的各项内容都已经走向数字化生存。2017年3月，《中华人民共和国公共文化服务保障法》正式实施，其中第十一条明确“国家鼓励和支持发挥科技在公共文化服务中的作用”，使科技与公共文化服务的融合发展上升到了法律高度。在未来，新兴技术的将会在产业创新升级、生活便捷安全、城市功能优化等方面发挥更好的作用。

（四）文化艺术服务发展空间更加国际化

2017年，中外人文交流取得重大成果，目前中国已经在欧洲、亚洲、非洲和拉丁美洲建立了30个中国文化中心，其中在“一带一路”相关国家设立的文化中心数量达到了11个，文化艺术服务依托于国家重大战略，在开展文化外交、展现中国形象方面扮演着重要角色。2017年，海外中国文化中心以推动“中华优秀传统文化走出去”为目标，于6月在全球29个海外中心同期举办“传承与创新——中国非遗文化周”系列主题活动。29个海外中国文化中心举办各类非遗活动共计160余场，通过非遗展览、传承人讲座、现场展示、演出和文创产品推介等形式，让非物质文化遗产走近国外民众，中国的文化软实力在不断地提升，中国文化的影响力也在遍及世界。与此同时，文化企业也在借助“一带一路”国家发展战略，积极进行产业海外市场布局，品牌效应逐渐放大。江苏演艺集团、《云南映像》等多个文化艺术服务领域项目成功入选国家文化出口重点企业和重点项目名单。2017年11月1日，在越南岘港召开的APEC会议前夕，中国企业山水盛典文化产业股份有限公司与越南GAMI集团正式签署制作协议，并召开首次新闻发布会，双方将强强联合打造《越南往事》等大型文化实景演出项目，开启海上丝路文化产业的新征程。未来，利用好国际国内两个市场、两种资源，既是符合国家发展大方向的要求，也是文化艺术服务拓展市场，提高竞争力的重大机遇。

第九章　2017年文化信息传输服务业报告

2015年12月16日，习近平总书记出席第二届世界互联网大会时深刻指出："以互联网为代表的信息技术日新月异，引领了社会生产新变革，创造了人类生活新空间，拓展了国家治理新领域，极大提高了人类认识世界、改造世界的能力。"

2017年，正值中国经济新旧动能转换之际，在以信息传输、软件、信息技术服务业等高新技术产业的引领下，经济增速稳步提升。工业与信息化部部长苗圩表示："2017全年，预计全国软件和信息技术服务业收入增长14%，互联网行业收入增长40%。而2018年，互联网行业、软件和信息技术服务业收入分别增长30%和13%左右"。[1]十九大报告中，明确提出"加快建设创新型国家"，网络强国、数字中国、智慧社会建设成为全面建设小康社会的重要组成。建设小康社会不仅仅是信息传输服务网络的基础设施搭建，更重要的是由技术与各行业融合而推动的发展动力变革、增长质量变革和供给效率变革，是技术带给每个使用者的需求满足和生活质量提高。

一、文化信息传输服务业年度发展概况

（一）领跑文化产业发展，实现两位数以上增长

根据国家统计局对全国规模以上文化及相关产业5.4万家企业的调查并发布的《2017年前三季度全国规模以上文化及相关产业企业》统计结果显示，文化及相关

[1] 宫超.走进工业及信息化强国第一方阵[J].瞭望,2018(1).

产业10个行业中，除文化专用设备的生产外，9个行业的营业收入均实现增长。其中，实现两位数以上增长的4个行业分别是：以“互联网+”为主要形式的文化信息传输服务业营业收入5503亿元，增长36.0%；文化艺术服务业283亿元，增长16.3%；文化用品的生产25556亿元，增长13.4%；文化休闲娱乐服务业1070亿元，增长13.0%（见表9-1）。[1]

表9-1　2017年前三季度全国规模以上文化及相关产业企业营业收入情况

文化产业企业营业收入	绝对额（亿元）	比上年同期增长（%）
新闻出版发行服务	2301	8.1
广播电视电影服务	1186	1.1
文化艺术服务	283	16.3
文化信息传输服务	5503	36.0
文化创意和设计服务	8046	7.9
文化休闲娱乐服务	1070	13.0
工艺美术品的生产	12756	8.5
文化产品生产的辅助生产	7084	8.8
文化用品的生产	25556	13.4
文化专用设备的生产	3834	-2.2

文化信息传输服务业位居增长首位，得益于我国近8亿网民日益丰富的文化需求拓展出的巨大市场空间，得益于资本市场提供的发展能量，更得益于国家顶层设计激发的创新活力。《新一代人工智能发展规划》《大数据产业发展规划》《关于推动数字文化产业创新发展的指导意见》等国家战略规划引导信息传输网络加快向高速、安全、智能、泛在方向发展。新一代高速光纤网络、高速无线宽带加快普及，5G和超宽带技术研究深入推进；下一代广播电视网（NGB）建设推动广电传输覆盖网络融合创新、转型升级，向互联互通、宽带交互、智能协同方向发展；物联网广泛应用，越来越多的设备、终端等接入信息网络。文化内容与互联网、移动互联网、广播电视网深度融合，提升了文化信息活跃度和传输效率，并转化为数字文化

[1] 国家统计局.2017年前三季度全国规模以上文化及相关产业企业营业收入增长11.4%[EB/OL].(2017-10-30)[2017-12-20]. http://www.stats.gov.cn/tjsj/zxfb/201710/t20171030_1547444.html.

经济，成为国民经济加速重构的重要支撑。2017年，文化信息传输服务业不断推进传统文化产业创新和新兴文化业态培育，从基础设施建设到广泛渗透各个文化领域，发展亮点纷呈，已经成为我国文化发展抓住新一轮科技应用和产业革命机遇的主导力量。

（二）传输网络建设推进，移动网络用户为主导

文化信息传输网络基础设施建设稳步推进奠定了产业发展基础，“光进铜退”持续推进，光纤端口占比超3/4。宽带网络加速向全光网升级，截至2017年6月，光缆线路总长度达到3406万公里，同比增长23.3%。光纤端口达到6亿个，占宽带接入端口总数（7.4亿）比重提升至81%。我国地级市基本建成光网城市，实现全光纤网络覆盖，具备百兆以上接入能力（见图9-1）。

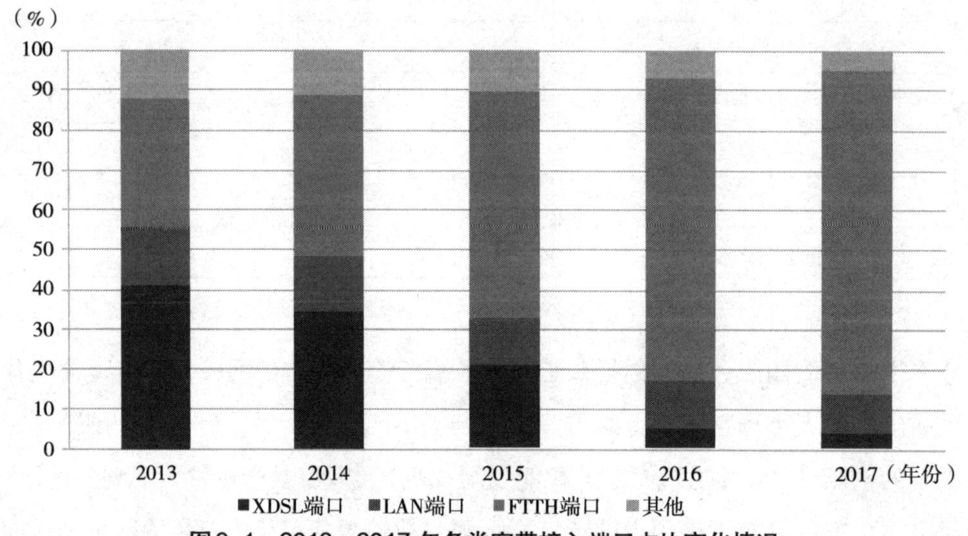

图9-1 2013—2017年各类宽带接入端口占比变化情况

数据来源：《中国互联网行业发展态势暨景气指数报告》

4G网络覆盖日益完善，4G基站占比近五成。截至2017年6月，移动电话基站数累计达到592万个，同比增长14.2%。其中4G基站快速部署，较上年年末新增36万个，累计达到299万个，占移动基站的比重达50.5%，实现城区、县城深度覆盖，乡镇和重点行政村、高铁、地铁、景区等重点场所基本覆盖（见图9-2）。

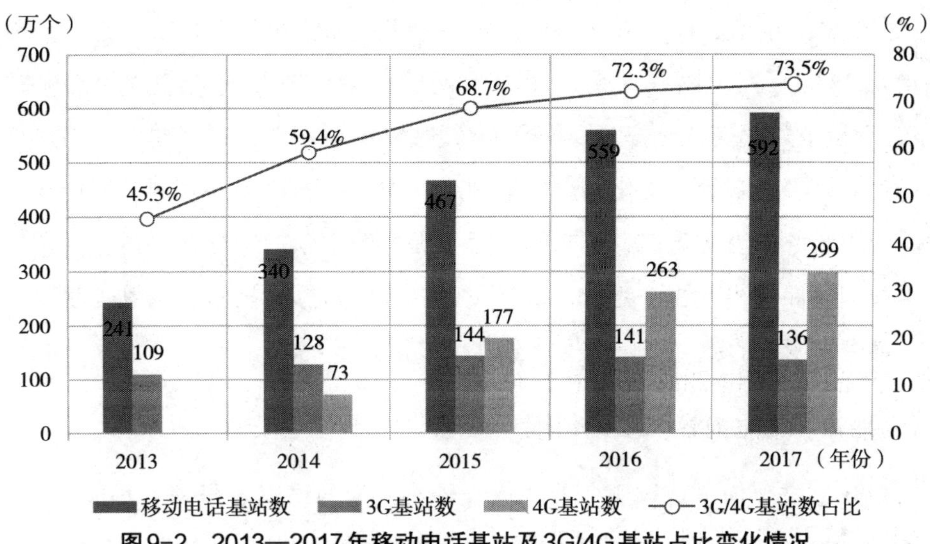

图9-2　2013—2017年移动电话基站及3G/4G基站占比变化情况

数据来源：《中国互联网行业发展态势暨景气指数报告》

随着新一代信息技术的发展，广播电视传输网络转型升级势在必行。《“十三五”国家信息化规划》提出，建设泛在先进的信息基础设施体系，推进下一代广播电视网建设和有线无线卫星融合一体化建设，推进广播电视融合媒体制播云、服务云建设，构建互联互通的广播电视融合媒体云。《新闻出版广播影视“十三五”科技发展规划》提出，要通过科技创新，全面增强和提升广电融合媒体制播能力、服务能力和传输覆盖能力，显著提升广电终端标准化智能化应用能力。广播电视网络正在向广播、电视以及互联网业务的大融合方向发展，通过多元生成、多端传播，传统媒体与新媒体的界限正在被彻底打通。截至2017年3月底，全国333个地市中，超过240个地市有线网完成了数字化转换。有线数字化率超过84%，但大部分还是单向用户。[1]根据《地面数字电视广播覆盖网发展规划》，到2020年，全国地面数字电视广播覆盖网将基本建成，地面模拟电视信号停止播出。

宽带网络、移动互联网络、数字广播电视网络等基础设施的建设，培育了持续增长的网民规模。2017年上半年，我国网民规模增长趋于稳定，以互联网为代表的数字技术正在加速与经济社会各领域深度融合，成为促进我国消费升级、经济社会转型、构建国家竞争新优势的重要推动力。截至2017年6月，我国网民规模达到7.51亿，半年共计新增网民1992万人，半年增长率为2.7%。互联网普及率为

[1] 王效杰.广播影视数字化技术政策与重点任务[J].有线电视技术，2017(9).

54.3%，较2016年年底提升1.1个百分点。我国手机网民规模达7.24亿，较2016年年底增加2830万人。网民中使用手机上网的比例由2016年年底的95.1%提升至96.3%，手机上网比例持续提升。[1]全国有线数字电视用户2.51亿户。从用户规模增长和场景应用服务来看，文化信息传输网络的用户已向移动互联网全面迁徙，移动互联网应用服务成为文化信息传输网络服务提供的主角。综合、立体、泛在的文化信息传输网络促进线上线下融合，数字文化内容向数据、技术、场景等领域深入扩展，信息网络积累的庞大用户数据资源进一步得到重视。

（三）数字文化内容同步，泛娱乐生态业已形成

2017年，文化信息传输服务业中增长最快的为网络娱乐服务。2017年上半年，网络音乐、视频、游戏、文学用户规模增长率均在4%以上。数字文化内容释放自身价值，移动视频、直播业务等盈利模式逐步清晰。网络游戏、网络文学、网络视频、网络音乐、网络直播、网络新闻等新业态用户规模稳步增长，行业不断向正规化发展（见表9-2）[2]。

表9-2　2017年上半年数字文化内容的用户规模及使用率

类别名称	用户规模（亿人）	用户使用率（%）
网络游戏	4.22	56.1
网络文学	3.53	46.9
网络视频	5.65	75.2
网络音乐	5.24	69.8
网络直播	3.43	45.6
网络新闻	6.25	83.1

泛娱乐产业的快速发展，促使传统文娱产品界限加速消融，同一个内容IP在不同形式的娱乐产品之间互动转换，迭代融合。泛娱乐产业的快速发展不仅有力地带动了新经济、新模式、新技术的发展和普及，更是我国网络强国建设和社会主义发展繁荣的标志性成果。

[1] 中国互联网信息中心.第40次互联网发展报告[EB/OL].(2017-08-02)[2017-12-10].http://www.cac.gov.cn/cnnic40/.

[2] 中国互联网信息中心.第40次互联网发展报告[EB/OL].(2017-08-02)[2017-12-10].http://www.cac.gov.cn/cnnic40/.

泛娱乐产业链上不同环节之间的产业联动日益加深，版权内容趋于稳定，网络平台自制内容迅速发展。各大网络平台均布局包括文学、漫画、影视、游戏及其衍生产品的泛娱乐内容新生态，生态化平台的整体协同能力正在逐步凸显，运营正规化和内容精品化是当前发展的主要方向。2017年，在泛娱乐产业中网络游戏、网络文学、网络视频成为社会和资本关注的焦点。

1.网络游戏年度发展概况

网络游戏行业发展稳定，营收规模显著增长。2017年1—11月，网络信息服务收入规模达5821亿元，同比增长27.9%，其中，网络游戏（包括客户端游戏、手机游戏、网页游戏等）业务收入1341亿元，同比增长22.1%（见图9-3）。[1]2017年，国民手游《王者荣耀》持续火爆，老牌游戏《英雄联盟》《梦幻西游》表现稳定，新游戏《荒野行动》《恋与制作人》逐渐走高，新老结合，共同助力游戏市场规模再创新高。

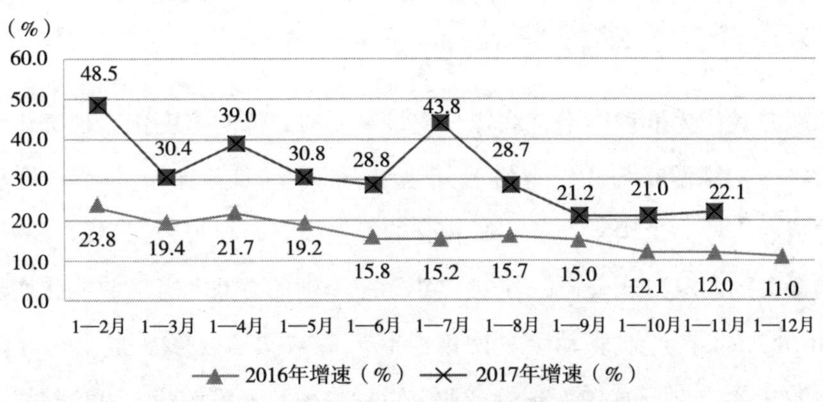

图9-3 2016—2017年网络游戏收入增长情况

在人口红利逐渐消失的今天，网络游戏市场增长率不降反升，表现出网络游戏作为数字创意产业重要业态的强劲生命力。随着城乡居民人均可支配收入的提升和网络玩家逐步养成付费习惯，用户能够并且愿意在游戏上投入的时间和金钱也越来越多，整体ARPU值的提升为游戏市场规模的进一步发展打下了坚实的基础。从网络游戏类型细分来看，移动端游戏占比高，已突破60%，增速快并即将赶超PC端游

[1] 工业与信息化部.2017年11月互联网和相关服务业保持快速增长[EB/OL].(2017-12-27)[2018-1-10]. http://www.miit.gov.cn/n1146312/n1146904/n1648355/c5990780/content.html.

戏，网页游戏则逐步冷却（见图9-4）。[1]随着用户移动化、碎片化娱乐需求的提升和移动设备性能的更新迭代，未来移动游戏的占比将会进一步上升。

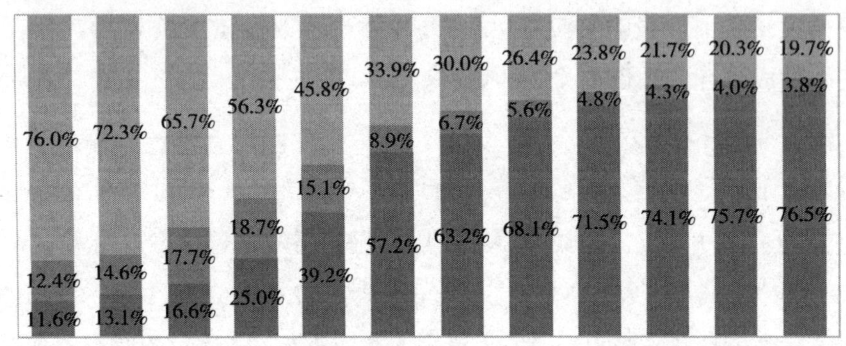

图9-4 2011—2022年中国游戏市场细分结构

注释：①中国网络游戏市场规模统计包括PC客户端游戏、移动端游戏；②网络游戏市场规模包含中国大陆地区网络游戏用户消费总金融，以及中国网络游戏企业在海外网络游戏市场获得的总营收；③部分数据将在艾瑞2018年网络游戏相关报告中做出调整

移动端游戏作为推动网络游戏增长的最主要动力，向重度化、社交化、电竞化进一步发展。网络游戏与IP产业链上其他环节的联动日益加深，“影游联动”发展模式日趋成熟，成为泛娱乐产业互联融合的经典模式。财报数据显示，腾讯和网易作为国内最大的两家游戏公司，其2017年第一季度的游戏业务营收同比增长分别达到34%和78.5%。在产业联动上，网络游戏厂商与文学、影视企业的合作日益紧密，从上游IP生产到下游IP变现的产业链更加稳固。阿里游戏、万达院线、蓝港互动等游戏厂商陆续在2017年上半年公布了IP改编游戏计划，并联合优酷、爱奇艺等视频网站进行影视作品协同营销。大IP能够在流量非常昂贵的情况下，以较低的成本吸引用户去关注和使用。

从游戏本身的发展来看，2017年网络游戏社交性加强是促使重度游戏保持极高营收能力的核心元素。人口红利触顶后，网络游戏市场逐渐从增量市场向存量市场过渡。进入年轻用户为主的泛娱乐消费时代，游戏化社交更充分融入游戏化元素和

[1] 艾媒咨询.2017年中国游戏行业年度数据发布[EB/OL].(2017-08-02)[2017-12-10].http://www.iresearch.com.cn/report/2982.html.

游戏设计技术，在移动社交用户体验的各个环节，包括用户上手、用户参与、用户留存、付费用户转化等提供不同的策略支持，用富有趣味的社交功能提高用户的活跃度和使用黏性，打破交流壁垒，增强用户在线上线下的互动沟通，形成长久而强烈的社交关系。在社交软件中植入H5小游戏，如微信小游戏，进一步利用用户的碎片化时间，使移动端游戏向非重度玩家渗透扩散。

竞技游戏在2017年上半年的PC端和手机端均延续了强大的营收能力，以此为基础衍生出的赛事活动等周边产业生态呈现繁荣景象，推动阿里巴巴、苏宁、京东等电商企业先后“跨行”进入这一领域。电竞行业中围绕明星选手、游戏主播、赛事活动等新生业态逐渐成熟，进入爆发期。作为游戏直播最核心的版权内容来源，对重要电竞赛事的转播授权成为游戏直播平台之间竞争的重中之重。以电竞赛事直播起家的游戏直播转播平台，正逐步从单一的电竞明星秀场，发展为更加多元化的游戏内容和主播展示平台。伴随电竞直播向游戏直播以及生活直播的发展扩散，产业链也将进一步被打通。由于直播自身的强互动性，其粉丝消费的转化率相比其他行业更高，主播粉丝群体的消费转化有望带来百亿级的电商销售。

2.网络文学年度发展概况

截至2017年年底，国内各类原创文学网站作品总量累计达1630万部。手机网络文学用户的增长数量远超网络文学整体规模的增长数量。随着移动网络以及终端设备的普及，移动端网络文学充分利用了用户的碎片时间，并致力于不断提升用户体验，必然构成各大文学平台竞争的核心战场。

作为互联网内容产业重要的IP源头，网络文学本身凝聚了内容价值，更易于形成粉丝经济。网络文学作品逐渐成为影视题材、游戏题材的重要构成，成为跨界泛娱乐化运作的源头以及IP生态的核心。

2017年1—9月，网络播放覆盖人数TOP10的电视剧中有5部是改编自网络小说，且排名占据总榜单前四（见表9-3）。网文IP改编的电视剧在社交媒体及视频播放平台的数据表现亦十分突出。在2017年度，网文IP改编的电影票房表现突出，由于其自身故事内容的丰富性和网络人气的活跃度，为电影带来大量原著粉，节约了营销宣传成本，兼具风险小、回报高的特点。热度较高的网文IP备受市场青睐，进行系列创作开发，形成一个网文IP，在一段时间内在电视屏幕、电影屏幕和手机屏幕同时“霸屏”，形成超级IP。

表9-3　2017年1—9月电视剧覆盖人数前10中5部改编自网络小说

排名	电视剧	覆盖人数（万人）	原著
1	三生三世十里桃花	14908	唐七公子《三生三世十里桃花》
2	楚乔传	13016	潇湘冬儿《11处特工皇妃》
3	择天记	11805	猫腻《择天记》
4	欢乐颂2	11671	阿耐《欢乐颂》
5	我的前半生	9025	出版小说
6	人民的名义	8513	出版小说
7	鬼吹灯之精绝古城	6960	天下霸唱《鬼吹灯》
8	那年花开月正圆	6848	剧本改编
9	因为遇见你	6394	剧本改编
10	漂亮的李慧珍	6173	韩剧改编

网络文学IP市场价值最大的领域是网络游戏改编，在网络游戏中IP价值更为放大，从产品人气到市场表现都取得了较大成功，产生了千亿量级的市场规模，用户付费率高，实现多方互利共赢。网络文学创作的更新周期支撑了游戏的后续更新，同时也通过影游联动能够极大挖掘用户价值，不同业态相互借力，提升IP效应。

在泛娱乐产业生态形成之前，网络文学IP价值主要建立在版权销售上，以数字付费阅读为基础，实现作家直接分成收益，同时进行版权延伸拓展。随着泛娱乐生态链的打通和成熟，网络文学的创作和内容储备成为文化产业重要的“头部资源”，为整个产业链输送内容和故事，通过网络文学IP将影视、游戏、动漫、出版等不同的内容形式串联起来，将以制作方、投资方、运营方三种或以上的多重角色深度介入“全产业运作”，以多元化的表现形式及开发方式满足不同用户的个性化需求，促进了泛娱乐生态全类型作品的覆盖，网络文学也从最初的衍生价值升级为内容品牌化，不断释放产业潜能。

3. 网络视频年度发展概况

2017年，网络视频行业继续在竞争中发展，各大视频网站都在努力布局包括文学、漫画、影视、游戏及其衍生产品的泛娱乐内容新生态，生态化平台的整体协同能力正在逐步凸显。2017年6月，国家新闻出版广电总局印发《关于进一步加强网络视听节目创作播出管理的通知》，强调网络视听节目要与广播电视节目同一标准和尺度。这是主管部门继2016年对直播节目、新闻信息服务、网生内容进行监管后，对于网络视频行业整体内容质量管控的进一步规范，对各播出平台的内容布局产生较大影响。在具体业态中，网络综艺与网络短视频出现了井喷式发展，成绩亮眼。

2017年，各大视频网站花重金购买版权综艺节目以保证流量，同时也加大自制综艺节目的投入，大阵容、大资本、大制作正在成为网络综艺节目发展的新常态。2017年新上线网络综艺节目197档，其中重点节目126档，投入较大、专业水准较高的节目日渐增加。全年新上线网络综艺节目播放量总计552亿次，同比增长120%，其中排名前十的网络综艺节目播放量达231亿次，占总量的42%，头部效应较为明显。[1]网络综艺的影响力明显盖过了电视综艺。众多网络综艺节目在不同的细分市场中把握住了观众的欣赏习惯，形成持续热点。《中国有嘻哈》制作成本达2亿元人民币，已经超过很多一线卫视黄金档综艺的收入；《吐槽大会》等节目成为现象级，不仅受到网民关注，甚至成为大众文化热点；《见字如面》《了不起的匠人》等节目弘扬正能量，传播优秀文化，一改网络综艺低俗媚俗之风，受到观众好评。

2016年被称为“短视频元年”，早期短视频平台开始进行初步的商业变现尝试，2017年，短视频用户规模的增长和广告主的关注带动了整体市场规模提升，使短视频市场规模达57.3亿，同比增长达183.9%。除了独立短视频平台外，越来越多的综合性平台也开始布局短视频。新闻资讯平台、社交平台、传统视频网站都在嵌入短视频业务，丰富传统新闻的信息承载量，吸引更多用户参与互动，补充长视频的不足，争取用户碎片时间，短视频的发展增加了平台用户黏性，迎合现代用户的观赏习惯。未来1~2年内，短视频平台将开放大量的商业化机会，为流量变现带来较大的市场规模增长。

二、文化信息传输服务业发展动因分析

文化信息传输服务业是基于互联网平台和技术实现的文化内容深度互联和融合，通过内容产品链接、受众关联，文化信息传输服务业不仅扩大了受众范围，更

[1]国家新闻出版广电总局监管中心.2017网络原创节目发展分析报告[EB/OL].(2017-08-02)[2017-12-10]. http://www.sohu.com/a/209368218_728306.

重要的是实现了内容核心的规模效应，挖掘产品的长尾价值，提高行业整体回报率。2017年，文化信息传输服务业依然保持快速增长的原因主要有三点。

（一）文化信息获取成本大幅降低

文化信息传输服务业的发展离不开网络技术的快速发展、网络基础设施的完善和网络信息的广泛覆盖。随着互联网基础设施建设的大幅度提升，网络资费逐年下降，降低了广大消费者获取文化信息的费用成本。近年来网络提速降费取得了积极进展，资费水平连续6年快速下降。2016年年底八项降费举措惠及客户，中国移动流量资费由2015年年底的1.35亿户扩大到4.1亿户，流量单价降低34.7%。截至2017年6月，固定宽带用户每月平均包月费用（ARPU值）达45.4元，同比下降13%。移动数据单价下滑至31元/GB，较2011年下降91.6%。网络信息资费水平的降低，使人们更愿意通过网络获取信息，在任何时间、任何地点，进行阅读、听歌、观影和游戏。信息资费门槛降低，也刺激了广大农村地区的网络文化信息消费，农民们用手机查资讯、开网店、看视频，价格因素约束文化消费的逐渐松绑，使网络文化信息更易得。

（二）数字文化经济范式加速形成

英国演化经济学家卡萝塔佩雷斯对于技术革命和由此带来的社会进步有这样的规律总结：每次大的技术革命，最终都形成与其相适应的技术和经济方式，在这个过程中，往往经历两个阶段，第一个阶段是新的技术作为一项新兴产业或基础设施广泛的安装；第二个阶段是新技术带来各行各业的蓬勃发展。这两个阶段之间大体经历20~30年的时间。

文化信息传输服务业成为文化产业增速第一的行业，其根本原因是数字科技技术与各文化领域融合渗透，由此带来的新业态、新模式和新组织方式。信息传输网络的建设作为骨干网络优势，是产业发展基础，持续推进产业垂直整合、跨界融合，推进上下游垂直整合，打造协同业务体系，形成“数字文化经济”才是驱动行业整体发展的核心。数字文化经济有力推进文化产业升级换代，带来发展理念、业务形态和管理方式的深刻变革，逐渐构建适应新技术新产业新业态新模式发展的市场框架和制度保障，推动文化生产方式从封闭走向开放，文化资源利用从碎片化走向整合重组，文化消费方式从数量走向品质。

（三）产业发展制度环境整体利好

文化信息传输服务业发展除了遵循信息技术本身的规律之外，良好的制度环境和高效率的市场组织对产业的发展至关重要。制度具有降低交易成本、提供激励机制、为实现文化企业、平台公司、创意个人之间的合作创造条件等基本功能。文化信息传输服务业连续多年位居文化产业各门类增长首位，很大一部分是得益于有效的市场安排、制度安排和良好的发展环境。有效的投资、产权、激励制度，调动了创业者的积极性，政府优惠的财税政策、提供的贷款担保和直接的资金扶持对文化信息传输服务业的发展也发挥了巨大的作用。

三、文化信息传输服务业发展趋势

（一）传输服务进入新常态，产业发展动力转换

长期以来，庞大的用户人口基数是文化信息传输服务快速发展的基础，文化企业习惯于依靠流量挖掘、兑现商业价值。2015年之后，我国互联网用户增长空间触顶，高速增长时代正式终结。以互联网业务收入为例，2017年1—11月，我国规模以上互联网和相关服务企业（简称互联网企业）完成业务收入6409亿元，同比增长20.1%，但增速小幅回落（见图9-5）。

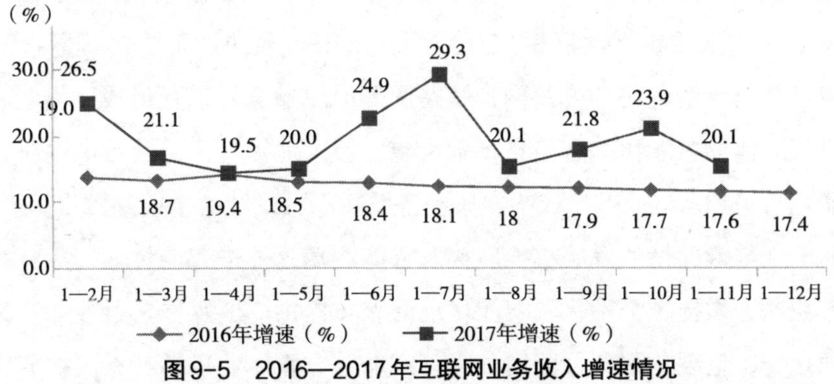

图9-5 2016—2017年互联网业务收入增速情况

文化信息传输服务业以用户增长拉动新的空间正在缩水，获取新用户的代价和成本越来越高，各大平台、企业到了深耕存量用户的时代。当前，我国正处于经济

结构转型升级与新一轮科技革命和产业变革突破爆发的历史叠加期。文化信息传输服务业依靠用户增长和网络流量的资源驱动老路走不远，亟待开辟新的发展路径，新旧动能接续转换客观需求也日趋迫切。随着文化信息传输服务业进入新常态，业态整体向内容品质化、平台一体化和模式创新化方向发展。

首先，文化信息内容平台进一步深化内容品质，专注细分市场寻求差异化竞争优势。文化信息的开发和分发，将呈现精品化和垂直化趋势，在多频互动时代，文化信息内容更多呈现“视频化”内容，信息传输渠道立足已经形成的“多屏”市场氛围，加强内容资源的整合和衍生品开发。其次，各类文化信息服务不断融合社交、市政服务、交通出行及民生消费等功能，打造一体化服务平台，拓展文化信息内容的场景应用范围。最后，信息传输网络向智能化发展，网络信息服务沉淀的海量数据及大数据技术的应用，为文化产品和服务优化提供更多可能。

（二）文化经济脱虚向实，智能化网络加速重构

一直以来，文化资源被视为一种“柔性资源”与其他产业融合发展，进而形成生产性服务业和生活性服务业。文化信息传输服务业的快速发展将加大文化产业中有形资产的配重，通过信息基础网络的重组、扩张，加速文化信息传输网络的重构。

智能化基础设施将成为文化信息传输网络发展的重要支撑。信息网络加快向高速移动安全泛在方向发展，新一代高速光纤网络、高速无线宽带加快普及，5G和超宽带技术研究深入推进；物联网广泛应用，越来越多的设备、终端等接入信息网络；数字经济与传统电网、公路网、铁路网等深度融合，正在形成万物互联、泛在感知、空天一体的智能化综合信息基础设施，极大地提升经济活动的网络化、数字化、智能化水平和运行效率，成为支撑经济发展不可或缺的重要基础设施。

广播电视传输网络的发展将推广普及智能终端，推进智能传输，广电智能终端必须能够快速、敏捷、个性化和智能化地部署和提供广电媒体融合业务和服务；具备开放地聚合、呈现、服务、营销和管理广电融合媒体业务的特点。在智能广电网络的基础上，构建广电融合媒体生态，提供全媒体服务。开展物联网、车联网等新业务，拓展服务领域，服务智慧城市。探索智能终端与融合媒体服务云的协同联动机制，促进融合媒体业态创新。

（三）网络技术步入新周期，供给侧改革持续深化

当全球信息传输网络步入动力转换阶段，正从“人人相联”向“万物互联”迈进，物联网作为互联网的网络延伸和应用拓展，实现对物理世界的感知识别、实时控制、精确管理和科学决策。在新的产业周期下，能部分替代人脑“高级”计算活动的人工智能，成为整个信息产业、特别是其中最为活跃的互联网产业下一步的探索着力焦点。

当文化信息传输网络进入人工智能计算产业周期时，基于互联网的文化产业新业务基础逻辑将从“感性感知”，跃进为“理解与决策”，文化内容产品的生产基于机器学习技术快速进步，并将逐步具备自主“认知学习”能力。未来文化产业发展将凭借不断接近人类智慧的人工智能，全面弥合虚拟与现实的边界。面向人与物体的精准图像识别理解、自然语音识别与理解、手势体感三大技术将成为真实世界与虚拟世界之间的重要转化渠道。未来的文化新业态，将在视频、语音、动作三个方面形成产品创新，在人与虚拟世界间的“自然交互理解”中进行全产业链的重点布局。

在人工智能技术周期，智能搜索将帮助文化产品持续改进的核心技术，为全体互联网用户提供全面、高效的个性化、精准化服务，大幅提升业务体验。在模糊搜索与个性化推荐方面，融合人工智能的匹配算法使搜索引擎能够理解文化信息内容，针对模糊需求提供搜索结果，并可围绕用户属性、习惯和兴趣标签提供更加个性化的主动推荐。围绕搜索引擎，根据不同的场景应用，匹配语音、视频和交互应用将成为商业模式和产品服务创新的重要领域。

（四）发展范式根本变革，关键生产要素持续演化

在新的产业周期更迭中，文化信息传输服务业较其他行业门类更容易形成技术驱动文化产业创新发展的范式，首先通过“关键生产要素”变迁实现。如果既有文化产业的生产要素为资本、需求、土地和创意，在新的发展范式中，驱动文化产业创新演进的将是资本、技术、数据、需求四大要素。

文化信息传输服务中资本推动热点领域持续升级，“文化信息+电商”的垂直服务平台受到市场青睐，服务农村文化消费的产品成为发展新动能的抓手。文化与其他产业的融合业态继续为投资热点，文化旅游、文化创意设计服务、传统文化互联

网化的需求爆发，为融合业态提供支撑的专业文化综合服务平台将取得快速发展。数字内容释放自身价值，持续受到资金追捧。数字技术、综合信息基础设施的智能化、泛在化深刻影响文化业态创新。

文化信息传输服务积累沉淀的大量数据，将成为文化产业基础性战略资源和商业模式创新源泉。数据被认为是新时代文化产业基础生产资料与市场生产要素，以海量数据为基础的大数据技术将改变认识和改造文化产业的方法论；云计算技术将变革文化产业的资源配置方式，数据资产化将推动未来文化产业发展从实体物质化开始向数字虚拟化转型。建立并完善涵盖基础、技术、产品、平台、应用、交易和管理的文化产业大数据标准体系。建立大数据管理制度，明确数据采集、传输、存储、使用、开放等各环节的范围边界、责任主体和具体要求，推动文化资源信息系统和公共数据互联开放共享，依法推进数据资源向社会开放，将成为下一步文化信息传输服务的重点工作之一。

（五）网络治理体系待理顺，治理方式加快转变

文化信息传输网络持续演进、广泛渗透、跨界融合，网络治理体系面临空前挑战。文化信息传输业务范畴向传统领域延伸，原有治理体系亟待顺应“互联网+”变革浪潮，全面适配重构，并且随着互联网业务范畴大幅拓展，传统互联网治理问题放大化、复杂化、严重化趋向凸显。网络平台治理、数据开放与数据监管、个人信息保护、网络安全成为当前网络治理探索的四个重要方向。

加快现有网络信息法规政策动态调整，优先解决旧制度与新业态之间的矛盾。探索构建包容创新的审慎监管制度，在认可新业态特殊性前提下寻找矛盾解决方法、稳步推进旧业态向新业务过渡。推进多元治理体系建设，发挥治理体系改革牵引作用，正确处理政府和市场关系，建构整体、协同、系统的治理格局，强化数字治理手段建设。着力解决“治理主体是谁”的问题，构建多元化、立体化的治理主体；着力解决“治理主体间关系”的问题，构建边界清晰、分工协作、平衡互动的治理结构；着力解决“用什么方法治理”的问题，构建运用大数据、云计算等数字技术的治理手段；着力解决“保障治理有效运转”的问题，构建政策、法律、监管三位一体的治理制度。

放眼全球，新一轮科技和产业革命加速兴起，工业互联网、物联网、车联网等新型网络形态不断涌现，大数据、云计算、人工智能等应用技术拓展升级，5G时代正在开启，各项创新技术已经成为文化产业变革和增长的重要驱动力。面向未来，随着我国社会主要矛盾的变化，文化信息传输服务业发展如何解决不平衡不充分的问题，大力推进质量变革、效率变革、动力变革，集中力量提升中高端供给能力、价值创造能力、核心技术掌控能力、生产力布局调控能力，是积累核心竞争优势的关键。在新的发展时代，加快建成适应科技新变化、优质高效多样化的产业供给体系，从而支撑和引领建设现代文化产业发展体系是文化信息传输服务业的必然使命。

第十章　2018年中国文化创意和设计服务研究报告

文化产业是一个综合性、渗透性、关联性比较强的产业，与多个产业存在天然耦合关系，具有跨界融合的深厚基础和广阔空间。文化创意和设计服务与相关产业的融合，是文化产业跨界发展的重要趋势，也是文化产业供给侧改革的重要内容。社会主义新时代，随着我国人均收入和精神生活水平的提高，文化需求层次不断提高且日益多样化，新一轮科技革命又不断促使技术、信息、资本等要素跨国界、跨区域流动日趋频繁，以“跨界”为新供给特征的现代文化市场体系逐渐凸显出新的趋向。文化创意和设计服务与相关产业的横纵联合和深度交融产生的产业黏性和发展活性，是文化与经济跨界发展催生新业态的沃土，既符合经济社会发展向多元动力、混合动力发展的市场逻辑，又具备不断地颠覆原有动力结构并优化经济发展的组织结构的特征，既引领了2017年文化产业融合发展与协同创新的升级之路，又不断开拓了未来文化产业创新驱动、共生共享、嵌入发展与内涵更新的成长路径。

一、文化创意和设计服务行业发展特征

（一）广告服务业

1.深化改革，重塑行业新格局

随着十九大的胜利闭幕，我国经济发展进入新时代，经济体制改革进入攻坚克难的深水区，转变经济发展方式，调整产业结构成为新常态，许多企业被迫关、停、并、转，在一定程度上造成经济紧缩、裁员降薪，转型之痛正在逐步显现。受

此影响，2017年中国广告行业整体环境不容乐观，改革转型的蝴蝶效应逐步扩大，并将加速行业洗牌，对广告市场产生深刻影响。

首先是广告主大幅度削减广告投放预算，马太效应加速行业洗牌。广告主有限的经费预算会更加慎重地寻找更具执行力的广告公司，媒介代理也愈加集中。根据尼尔森网联AIS全媒体广告监测（2012年1月—2016年11月），2016年的广告投放市场与2015年相比呈现以下趋势，传统六大行业中仅有药品及健康产品行业出现近20%的增长，饮料、化妆品/个人卫生用品、食品、商业/工业/农业和零售服务行业都有不同程度的下降，其中化妆品/个人卫生用品下降22%，幅度最大。其次，随着数字化时代的到来，广告主开始转向自媒体，亲力亲为做好营销传播。广告主与代理商的关系逐渐变得微妙起来。甲方提要求，乙方负责创意策划和媒介投放的传统运作模式，不再适应广告业发展现实。“互联网+”思维促使广告主纷纷成立广告策划部门，深耕“两微一端”。最后，广告投放预算减少以及广告主纷纷转向自媒体的发展趋势，共同对传统广告媒介造成冲击。根据艾媒的统计，2006年传统四大媒体电视、报纸、杂志和广播占比达88.39%，而在2016年，传统四大媒体占比只有58.87%，下降了近30%。未来，不具备互联网思维的广告市场主体将举步维艰。

2.完善标准，确立行业新秩序

现阶段，我国已经成为世界第二大广告市场，以传统媒体和新媒体为依托的广告业发展迅速。广告作为特殊的商品形态，已经形成了相对成熟的产业链，同时建构在两大媒体领域的主要商业模式和生存基础已经形成。但是，在新的市场环境下，4A协会用以抵制业内竞相压价行为的15%佣金约定早已名存实亡，零代理费已经很普遍。媒体折扣、返点也已经透明到成为客户比稿竞价的条件。

首先，广告业标准逐步完善。随着《工商总局、国家标准委关于加强广告业标准化工作的指导意见》的出台，广告业标准化建设已经提上议事日程。广告业技术和管理要求将在全国范围内实现统一，国家标准和行业标准逐步确立，团体标准的培育和发展提速，企业标准逐步搞活，广告业标准体系规范开始形成。在标准制定、推广实施和监督管理等方面也取得了新的进展。其次，广告代理行业“传统生态”重塑。媒介代理机构、广告技术合作伙伴和媒体逐步启用第三方可见性测量，以防止数据造假、根除欺诈。同时，代理合同的透明性也在逐步提升。最后，区块链有望降低媒体和广告业的信任成本。在行业标准构建和传统生态改善的背景下，区块链成为一种新的消费者关系管理工具，在广告投放验证、数字版权管理和数据安全等方面发挥重要作用，有效降低广告主、代理商和受众之间的交易成本和信任成本。

3.技术创新，重构广告新生态

第三次科技浪潮已经到来，科学技术的持续进步、“互联网+”的深入推进，传统媒体形态被彻底改变，结构与重构并存，新的媒体生态逐步重构。科学技术的进步丰富了广告传播的手段、内容和形式，使广告更加个性化、体验化、实时化，更有利于在碎品化的时间里抓住受众眼球，顺应了注意力经济时代的发展趋势。

首先，互联网技术创新了媒体广告形态。根据艾瑞的统计，2006年互联网和移动互联网媒体在全球广告份额中所占的比例仅为5.7%，而到了2016年，则上升到了33.84%，并且还在持续上升，未来将超过电视媒体成为第一媒体。传统媒体在经历结构与重构之后，纷纷互联网化，传统媒体和新兴媒体的界限越来越模糊，相互融合的趋势越来越明显。其次，随着网络数据的积累，大数据技术已经成为互联网广告的重要工具。通过深入挖掘受众信息，大数据技术推动了广告产品和服务在舆情监测、信用评估、品牌推广、营销效果评估等方面取得了良好的成效，并使得广告服务内涵更加广阔，更加个性化，更具有针对性。最后，户外广告实现了互动式创新。LED、LCD等技术的成熟和互联网技术的发展，使得视频媒体的布放更加容易，传统的户外大牌广告、公交站台广告逐渐被改造成多媒体屏幕或增加了二维码、NFC、WiFi等互动手段。同时，随着智能手机的普及，增强现实技术、虚拟现实技术、3D全息技术的成熟，户外广告出现了增强虚拟现实、游戏互动等新型交互式体验形式。

4.内容营销，塑造营销新潮流

信息技术革命后，消费者逐渐获得了信息的自主选择权，不再被媒介劫持，从被动的接受者向主动的创造者转变。因此，广告生产者创造主动的内容，吸引消费者关注，在消费者进行决策、商品和服务搜寻时为消费者提供必要的信息，非常重要。同时，伴随着传统媒介成本上升，企业在自媒体创造内容的成本却在下降，内容营销越来越受到企业重视。

首先，互联网广告已经从流量战争转向内容战争。以“BAT”为首的众多互联网平台、媒体和广告代理商都在积极的布局内容战略，争夺用户的碎片化时间。广告主也在积极开拓自己的内容平台或媒体工作室进行品牌传播。其次，内容营销在广告中的地位不断提升，在数字时代，内容仍然为“王”。内容营销发展到现阶段，整个广告行业正进入纵深化发展阶段，以内容和“IP”为核心，打造营销产业链，进行一体化整合传播，实现品牌营销的完整闭环。最后，行业资源正在加速整合，创意、科技、数据、技术和艺术相互激发，以内容为核心、以创意为支撑、以科技为手段的内容营销深入发展。

（二）文化软件服务

1.行业整体发展运势平稳

从文化软件服务业的发展情况来看，2017年软件和信息技术服务业步入创新升级、产品迭代、群体协同的稳步成长期，在产业和技术融合的带动下，信息化浪潮不断推进，软件产业保持持续稳步增长，加快向宽平台、全用户、智慧型、生态化发展，以“技术+模式+生态”为核心的协同创新持续深化产业变革。2010年度我国软件与信息技术服务业收入为1.36万亿元，2016年我国软件和信息技术服务业共实现软件业收入4.9万亿元，同比增长14.9%。2011年至2016年我国软件业收入年均复合增长率达到了20.81%，从GDP占比来看，从2007年到2016年，我国软件与信息技术服务业收入占GDP的比重从2.2%提升至6.59%。软件与信息技术服务业已经成为拉动我国经济增长的重要行业之一，显著高于同期我国GDP的增速，软件行业在国民经济中的地位进一步提升，并有望在未来继续保持高速增长的态势（见图10-1、图10-2、图10-3）。

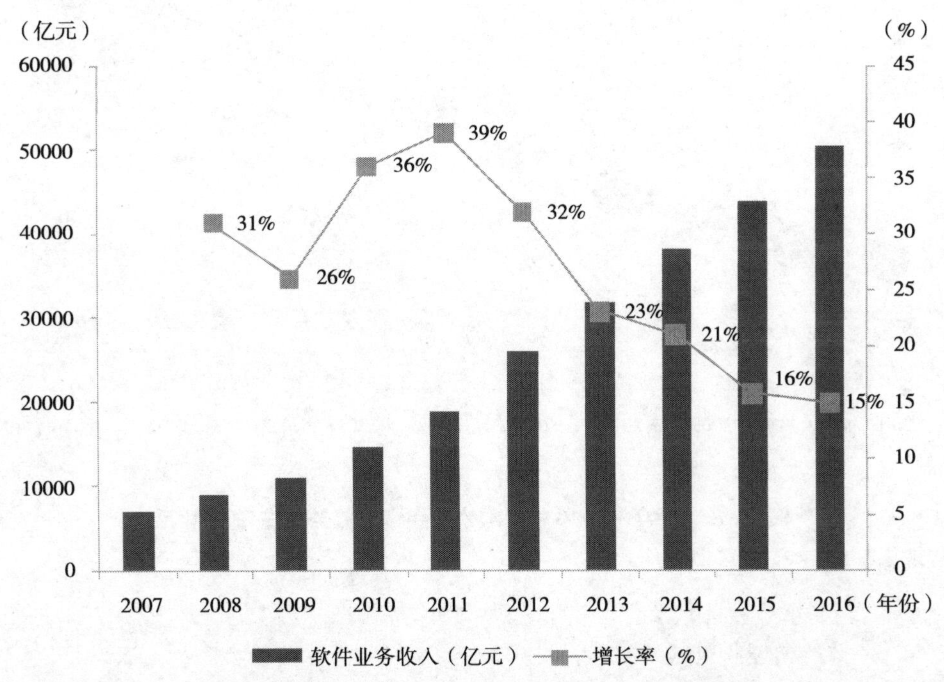

图10-1　2007—2016年软件业务收入及增长情况[1]

[1] 中国产业信息网.2017年中国软件行业发展现状和行业发展趋势分析[EB/OL].(2017-06-29)[2018-01-02].http://www.chyxx.com/industry/201706/536869.html.

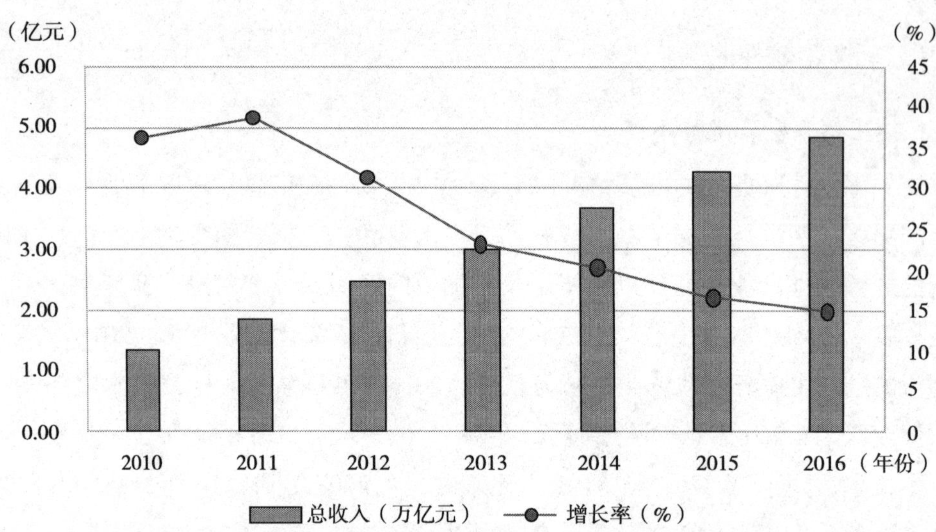

图10-2 2010—2016年我国软件和信息服务行业收入变化情况[1]

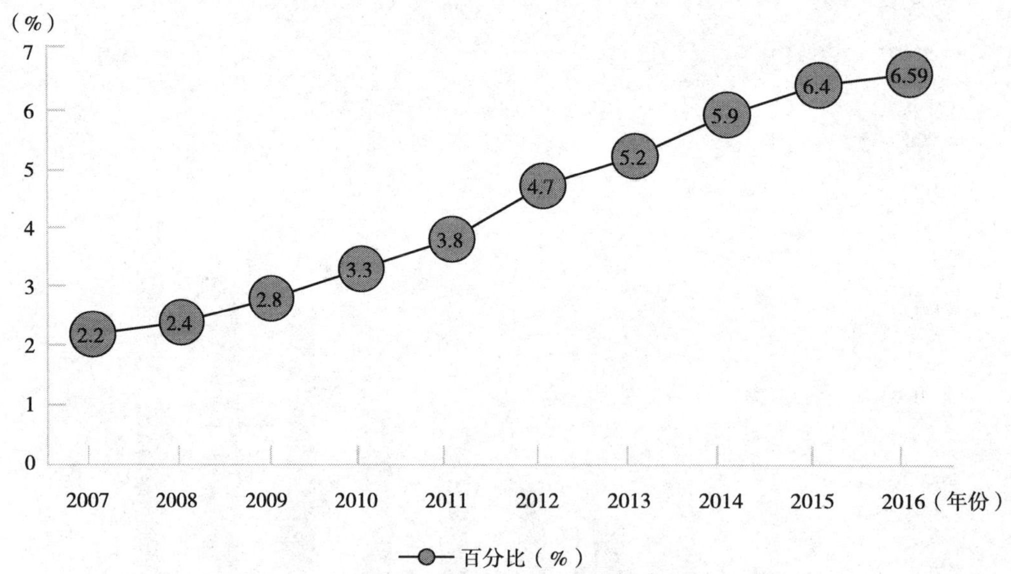

图10-3 2007—2016年我国软件和信息服务业占GDP比重

数据来源：国家统计局数据库

2.“互联网+”重构行业生态

互联网思维由表及里地深入融合到各行各业的全流程，线上线下互动联通一体

[1]中国报告网.2017年我国软件与信息技术行业市场规模、发展背景与相关政策法规分析[EB/OL].(2017-06-07)[2018-01-02].http：//zhengce.chinabaogao.com/it/2017/0C2U0052017.html.

化步伐加快，以全领域服务为核心的软件应用，深度融入用户生活消费、用户内容生产的全方位。随着大众在新时代消费观念转向生活的精致化升级，用户更加注重消费的便捷性以及高品质，企业也在以互联网思维不断进行商业模式的创新，由单一的商业模式转向线上与线下联合、内容与商业的联合以及从商品的按需定制。一大批创新型企业以资源整合以及碎片化的形式为用户提供更多生活方面的细致关怀以及情调享受。喜马拉雅FM引入全球最大中文数字阅读平台阅文集团作为战略投资者，已获得阅文集团旗下海量网络文学作品的有声改编权，开启了“听书”时代，在喜马拉雅FM平台上，有声书已经成为最热门的收听品类之一，热门有声书的累计收听人次一般能达到2000万以上，最畅销的能达到8000万至1.5亿人次。微信作为国内最大的社交平台之一，又以微信小程序备受追捧，新推出的小游戏“跳一跳”刷爆朋友圈，坐拥微信巨大流量，既满足了个人求关注和炫耀成绩的心理，又吸引了朋友圈更多的用户参与到游戏当中来，其社交性远远大于游戏本身的娱乐性。互联网时代，内容成为消费者与商品之间深度连接的纽带，消费结构的不断升级、消费渠道的深度融合，形成了以用户为核心的行业新生态。

3.“科技+”深化行业变革

以大数据、人工智能等为代表的高新技术深度植入软件与信息服务行业，线上线下的数字化创新以及资源数据的云化分享在全行业领域的融合更加突出，连接无处不在，计算无处不在，数据无处不在，使软件无处不在。随着经济转型、产业升级及“两化融合”进程的不断深入，传统产业的信息化需求不断激发，带来巨大的市场机遇。以个性化为特征的软件应用开辟新媒体时代文化软件服务业新图景，网络为平台、软件为载体、数据为要素、云计算为方法和途径成为文化软件融合应用的显著特征。一方面，AI、大数据、云计算引领产业新变革，催生新的业态和经济增长点，推动数据成为战略资产。根据亿欧智库与阿里研究院发布的《2017中国AI投资市场报告》中显示，2017年中国AI商业化的二次革命已经到来，AI投资市场自2012年开始呈现爆发式增长，在2017年前三季度投资金额达到177亿元的新高度，超过2016年投资金额总数，AI投资市场持续升温。另一方面，“软件定义”加速各行业领域的融合创新和转型升级，软件定义制造成为制造业数字化、网络化、智能化的新标志和新属性，软件定义服务催生一批新的产业主体、业务平台、融合性业态和新型消费，智慧物流实现主要城市朝买夕到，智能电网实现能源传输可靠高效，智能制造实现数字工厂渐行渐远，智慧农业实现农业精益生产安全绿色，高科技培育壮大行业发展新动能（见图10-4）。

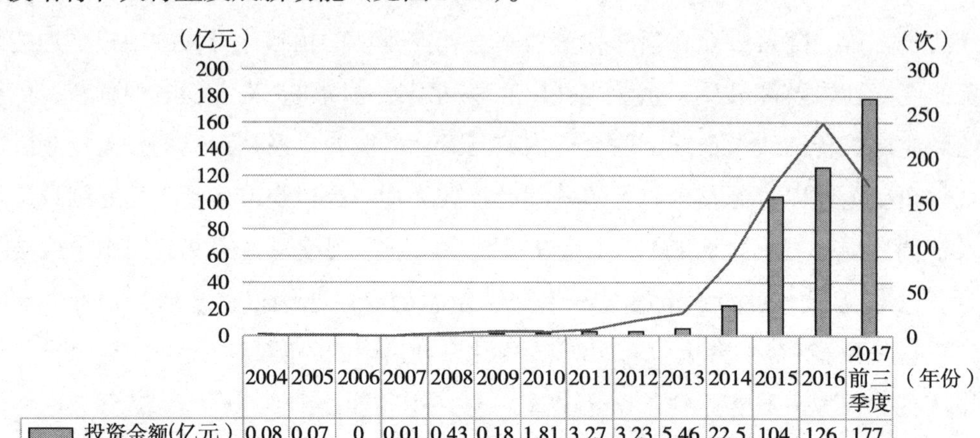

	2004	2005	2006	2007	2008	2009	2010	2011	2012	2013	2014	2015	2016	2017前三季度
投资金额(亿元）	0.08	0.07	0	0.01	0.43	0.18	1.81	3.27	3.23	5.46	22.5	104	126	177
投资频数	1	1	0	1	3	5	4	7	17	25	83	171	239	169

图10-4 2004—2017年中国AI私募股权市场投资频数与投资金额变化[1]

4.行业发展与国家战略并行一致

软件和信息技术服务业是引领科技创新、驱动经济社会转型发展、实施创新驱动发展战略的核心力量，是建设制造强国和网络强国的核心支撑，是推动国民经济发展的重要抓手。建设强大的软件和信息技术服务业，是我国构建全球竞争新优势、抢占新工业革命制高点的必然选择。2017年颁布的《国家创新驱动发展战略纲要》中提出加强工业化与信息化深度融合，把数字化、网络化、智能化、绿色化作为提升产业竞争力的技术基点，推进各领域新兴技术跨界创新。文化创新、科技创新与商业创新深度融合的文化软件业，是推动产业体系创新，创造产业发展新优势，推进产业质量升级的重要力量。另一方面，世界产业格局的变革、全球产业的激烈竞争给我国文化软件业的发展带来了新的挑战和机遇。“一带一路”、中国制造2025、“互联网+”行动计划、大数据、军民融合发展等国家战略的推进实施，以及国家网络安全保障的战略需求，赋予软件和信息技术服务业新的使命和任务。2017年7月1日，第21届中国国际软件博览会“一带一路”软件行高峰论坛在北京成功举办，文化软件业正以新的姿态深入到国家战略推进当中，通过国际间的共建共享、共创合作、共赢发展，加快了软件企业的国际化战略布局，创新了国家间合作交往新模式。

[1] 金融界.亿欧智库&阿里研究院：2017中国AI投资市场研究报告[EB/OL].(2017-10-13)[2018-01-02]. http://biz.jrj.com.cn/2017/10/13152323226331.shtml.

（三）建筑设计服务

从建筑设计服务的发展情况来看，2017年建筑设计服务业步入产业结构调整、提质升级、与公共文化服务融合发展的深化改革期，增速稳中趋缓，机遇与挑战并存，政策主导性逐步显现，产业集中度不断提高，呈现出建筑设计服务与城市规划建设协同发展的新趋势。

1.国家产业结构调整转变行业投资方向，新的投资热点不断涌现

建筑业的发展与建筑设计服务行业的发展紧密相关，2017年是建筑行业产业结构调整的改革期，行业面临一系列的挑战与机遇。一方面，产业结构的调整使行业投资方向发生重大转变。房地产市场的冷却以及国家政策对于新建项目的限制，使建筑项目大幅减少，建筑设计服务行业设计周期延长，市场化竞争激烈，行业整体效益下滑。另一方面，在国家相关政策的引导和新的项目计划出台的情况下，行业新的投资热点不断涌现，雄安新区的建立，"一带一路"倡议的推进，特色小镇、新农村建设的持续发力，海绵城市、地下综合管廊、智慧城市等的发展需求有效提升经济增长的内生动力，带动建筑设计市场需求增加。棚户区改造等保障安居工程的实施推动了住宅设计市场的增长。另外，根据国家统计局数据，我国城镇化率由2010年的47.50%提升至2016年的57.35%。"十三五规划"纲要提出，到2020年我国城镇化率将达到60%，中国社会科学院发布的《城市蓝皮书：中国城市发展报告No.8》指出，预计到2030年我国城镇化率将达到70%左右，我国城镇化的快速发展也为建筑设计服务行业持续带来巨大的市场需求空间。从行业整体发展来看，尽管市场遭遇多重挑战，但行业发展仍前景可观。国家统计局数据显示，2017年前三季度国内生产总值593288亿元，同比增长6.9%，全国建筑业总产值为139260亿元，比上年同期增长10.7%。

2.建筑设计服务与公共文化服务建设的融合更加深入

加强公共文化服务体系建设是中国特色社会主义文化建设"双轮驱动"的"双轮"之一，随着我国新型城镇化的不断推进，城镇居民数量持续增加，城镇化率不断提高（见图10-5），相应的公共设施和公共建设的需求也逐步上升，公共建筑领域的投资规模也不断扩大，由此带动建筑设计服务市场需求增长。国家统计局的数据显示，我国教育、文化、体育、娱乐、卫生、社会保障、社会福利、公共管理、社会组织领域的固定资产总投资规模从2006年的6985亿元增长到了2014年的24080亿元，年均复合增长率为16.73%（见图10-6）。

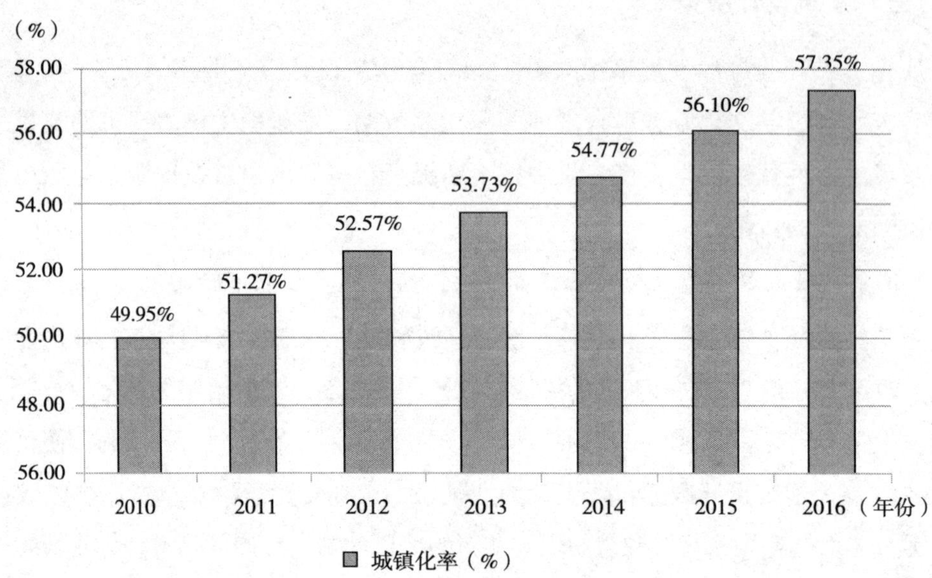

图10-5 2010—2016年中国城镇化率

数据来源：国家统计局

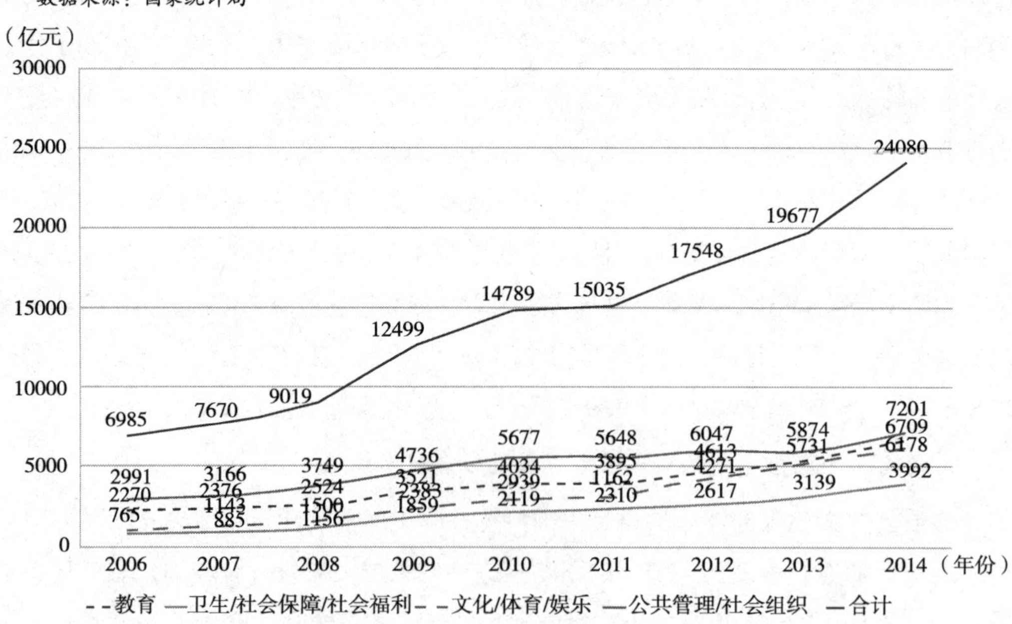

图10-6 2006—2014年教育、卫生、体育文化设施和政府公共机构领域投资情况

数据来源：国家统计局

3.建筑设计创意性凸显，技术创新促进行业迈升新阶段

随着社会的不断发展，经济水平的不断提升，建筑不再仅仅作为满足人们居住

需求和办公需要的空间。城市整体的规划设计以及人们对于所处环境要求的不断提高使得建筑设计行业的设计标准不断转变。在建筑设计服务行业中，创意的重要性不断凸显，成为影响行业发展的核心竞争力。建设的艺术创作得到重视，建筑师的地位不断提升。另外，建筑行业技术水平低、劳动力密集、效率低产业链割裂等问题呼唤行业的技术创新。随着科技水平的不断提升，新型技术的开发突破了建筑设计服务行业的诸多技术瓶颈，提高了行业的效率，推动了行业的转型升级，促进了行业新业态的诞生。

4.行业发展嵌入城市发展规划，协同城市发展战略

2017年，建筑设计服务逐步嵌入城市发展规划，协同新型城镇化建设。在城市发展中，随着科技园、工业园、文化产业园的兴起，产业和园区的规划对于建筑设计提出了更高更复杂的要求。建筑的外观设计、空间结构设计、功能设计都要服从于城市空间的整体规划。城市中旧厂房和工业遗存的改造升级是城市更新进程中的重要环节，与建筑设计密切相关。另外，建筑设计的理念更加强调绿色环保，助力打造绿色生态城市。

（四）专业设计服务

从专业设计服务的基本情况来看，2017年，我国专业设计服务与其他产业融合发展更加深入，产业集中度不断提升，相关的设计服务产业链逐步完善，设计服务孵化实验平台初步建立。专业设计服务与其他行业融合衍生出设计产业新业态，新业态的产生促进新型设计服务系统建立。

首先，创意创新成为专业设计服务行业发展中的核心要素，企业差异化特色化塑造能力逐步凸显。2017年，在专业设计服务中，创意的重要性不断凸显。十九大报告中指出，中国特色社会主义进入新时代，我国社会主义矛盾已经转化为人们日益增长的美好生活需要和不平衡不充分发展之间的矛盾。为了进一步满足人们的美好生活需要，专业设计服务行业的供给侧改革进一步推进，设计精品的创造得到重视。其次，专业设计服务的产业链逐步完善，产业集中度加强。一方面，相关产业园区的建立有效提升产业集中度，构建设计服务生态圈。相关企业的集聚使设计服务的产业链不断完善，企业间壁垒不断被打破，产业上下游链条实现无缝对接，形成产业闭环，促进产业健康可持续发展。最后，专业设计服务的数字化进程加快，

数字化平台建设逐步完善，与科技的融合不断加深，设计服务对其他产业附加值的提升效用更加明显。随着科技创新水平不断提高，行业信息化建设步伐加快。互联网与科技的不断渗透对行业未来的发展提出了新挑战，企业由单一型设计服务向多元化综合设计服务迈进，企业业务领域不断扩大。在市场竞争不断加剧的发展背景下，行业内产业链一体化的盈利模式逐步构建，企业业务市场不断扩展，聚合国际区域与国内高低端市场，业务跨度实现从单一到多元化发展。

二、文化创意和设计服务发展特点

（一）技术创新丰富文化创意和设计服务业的发展领域

文化与技术两者的融合由浅层融合转向深度融合，技术在文化创意与设计服务业中的创新应用催生出了新的商业形态和产业森林。

1.技术创新催生产业发展新平台

2017年的文化创意与设计服务业，借助于多屏组合实现产业发展平台创新，并且随着以互联网为基础的数字平台的发展，使得每一个人、每一家企业通过数字技术紧密地联系在一起，形成共生共赢的数字生态共同体。碎片化时代传统媒体传播效率不断下降的状况之下，驱动品牌价值提升的方式主要是依靠新媒体对城市主流人群的有效到达与沟通，分众传媒从创业到营业额破亿，专注打造电梯媒体品牌，成为对城市消费主流人群到达率最高的媒体平台，据BRAND Z发布的最具价值中国品牌百强榜，阿里、腾讯、京东、滴滴、蒙牛等中国TOP100品牌中，有超过95个选择互联网进行广告投放，有80个选择电梯媒体进行投放。当前的媒体生态圈主要由三部分组成，以CCTV为代表的传统媒体具有高覆盖以及高公信力的优势，以BAT为代表的互联网媒体具有高连接和强互动的属性，以分众媒体为代表的生活空间具有高到达和高匹配的品质，三大平台协同使用，产生最佳平台传播效果。

2.技术创新成就产业发展新形态

2017年，AI技术、云计算、大数据、物联网在产业中的应用成为全行业共识，文化创意与设计服务业借助于新兴技术不断实现产业优化以及转型升级，呈现出交互沉浸、大规模定制化、去中心化以及多元与个性化并行的技术文化趋势。技术社会发展引擎正由互联网转向AI，自主云平台快速崛起，大数据产业布局全国。人工智能与文化产业的深度融合催生软件平台、视觉识别、可穿戴设备、游戏操控平台、虚拟现实、影视创作等行业领域的新变革，近期国务院发布《新一代人工智能发展规划》，提出了2030年的发展目标，人工智能核心产业规模将超过1万亿元，带动相关产业规模超过10万亿元，这一东风政策的颁布为人工智能的发展提供了保障。2017年联想集团在大数据方面发力，与80余家工业大数据生态伙伴组成了工业大数据产业应用联盟，发布联想数据职能战略，将大数据生产推上新台阶，云计算、大数据为产业发展提供资源整合、数据支撑，未来数据将成为新的生产力，实现从“无”到“有”的转化。2017年传统文化继续借力于高科技实现新生，腾讯公司围绕保护长城这一主题，启动“长城你造不造”行动，用创新创意来复兴和活化中国的传统文化遗产，再造一个“新”的长城，“长城小兵”IP形象，借助公众号与互动小程序，用有趣实用的内容讲述长城故事。北京朝阳门元末明初的街景借助于AR小程序，用声音以及三维模型动画重新“活”了过来，创新性的观看体验增强人与传统文化之间的互动交流，技术创新成就传统文化发展再生新模式。

（二）内容创新提升文化创意与设计服务业的发展品质

2017年，伴随着消费升级，用户的消费需求出现了结构性的变化，从价格、功能的刚性需求转向以生活方式为主的综合因素的柔性需求，意味着对于产业的创新性发展提出了更高要求，差异性竞争成为企业未来的发展方向，而内容创新为企业特色发展提供可持续的内生动力，也是将商品与用户联系起来的黏合剂。

1. 内容创新优化产业发展品牌

2017年，伴随经济发展进入新常态，高消耗、偏重数量扩张的生产方式难以为继，各行业纷纷主打内容战略，同时，在信息经济时代以及碎片化消费的驱使之下，海量数字内容生成，从消息、短视频等数字资讯产品到网络文学、动漫影视、游戏、音乐等数字文化产品，大众对于内容质量提出更高的要求，加速行业洗牌，企业合并加速，内容生产质量呈现出两极分化，据企鹅智酷调查数据，56.1%的自媒体用户对于质量表达了明确的担忧，短时间内获取更有效的信息成为新时代人们更迫切的需求，从文案到素材，紧跟热点成为占据流量高地的有效手段。网易公司向来是以产品价值为主，用户对其评价是“网易出品，必出精品”。

在知识经济上升趋势的关口，网易蜗牛读书正式上线，秉承网易一贯的品质风格，精选有深度阅读价值的出版书，以“阅读时长”为付费维度，主打“每天免费读书一小时”功能，帮助用户把碎片时间化整为零，通过专业领读人的书评文章、共读活动等方式，带领用户高效找书、深入读书，构建价值阅读社区，网易在20年的前进道路上，以品牌价值赢得人心。

2.内容创新整合产业发展链条

2017年，文化创意与设计服务业与其他行业融合步伐加快，深度融合簇生产业向多元化方向发展，创意加持为产业附加值赋能，特别是与制造业的融合，成为国民经济新的增长点，工业设计产业化、产品化，产业边界外延拓展，2017年度国家级工业设计中心数量已经达到110家。产品设计注重功能性，还更加注重以人为本，更加注重贴近生活，更加满足全用户生活消费需求，台湾文创真正把生活美学融入创意设计的全领域，家喻户晓的“伴手礼”、精细的手工制作、传统的在地文化以及宗教妈祖文化依靠创意赋能，带动整个城市的创意生活美学营造。另一方面，2017年文化创意与设计服务业行业内部链条整合步伐加速，通过混合生态，促进传媒、电影、广告、音乐、时尚等文化创意领域与互联网、金融、科技等产业深层次、全方位的融合，实现集群化、规模化发展，加速实现由“中国制造”向“中国创造”“中国智造”转化的内在要求。阿里巴巴在2017年3月并购大麦网，大麦网由此成为继UCWEB、阿里音乐、优酷土豆之外的阿里大文娱板块的新成员，并购之后，大麦网将与阿里音乐实现业务打通，加速阿里文娱内容生态建设，以内容为导向的行业整合，在完善产业链条的同时，也在促进行业发展迈向新的高度。

（三）多元资本催化加速成长

1.政策扶持，优化发展环境

近年来，在不断加强金融支持政策的引导下，我国文化创意和设计服务与相关产业融合发展深度不断提高，呈现出多向交互融合的态势；领域不断扩展，文化创意和设计服务已贯穿在经济社会各领域各行业；创意市场日益活跃，文化金融新业态不断涌现。

2014年3月，国务院印发了《关于推进文化创意和设计服务与相关产业融合发展的若干意见》（以下简称《若干意见》），文中列举了八项政策措施，其中第六项加大财政支持，包括增加专项资金规模、高新技术企业税收减免、出口增值税和营业税减免等内容；第七项加强金融服务，包括建立健全无形资产评估体系、发展非金融企业债务融资工具、信贷资产证券化等内容。《若干意见》的出台，将有效鼓励和引导资金注入，为推动文化创意和设计服务与相关产业融合发展进入新阶段提供长期有效的政策支持。

除此之外，国家陆续出台了《关于深入推进文化金融合作的意见》《关于推动文化文物单位文化创意产品开发的若干意见》等一系列文件，以深化“放管服”改革、创新金融产品和健全风险分摊机制为突破口，对进一步推动金融支持文化创意和设计服务与相关产业融合发展进行了重要的探索和创新。地方政府纷纷出台政策法规，增强支持力度，引导社会资本注入。

2.资本注入，增强发展动能

文化创意和设计服务与相关产业融合发展，需要金融资本、创意资本和文化资本协同促进，其中金融资本是硬件支撑，创意资本是先导，文化资本起决定作用。处理好三者的关系，有利于增强发展动能，加快融合发展进程。

在基础设施建设和产业发展方面，需要政府进行直接投资或间接引导，但是最重要的还是要鼓励和引导社会资金的注入，发挥市场在资源配置中的决定性作用。截至2016年11月，全国有209家文化企业上市，共实现融资3932.93亿元；全国挂牌新三板文化企业共有1192家，共发生645起金融事件，涉及资金达314.65亿元[1]。

在金融资本市场如火如荼发展的同时，创意资本在文化创意和设计服务与相关产业融合发展中的作用也日益凸显。随着教育水平普遍提高，以及大众创业万众创新的带动，创意阶层崛起，普通民众的创意热情也不断提高、创意实践日益丰富，为文化创意和设计服务与相关产业融合发展奠定了良好的微观基础。与商业资本不同，创意资本以商业创意（不同于艺术创意）为先导，打通文化创意和设计服务融合发展产业链，包括内容制作、发行、市场营销、品牌塑造、消费和享受等各个环节，从而实现创意的资产化、产业化和资本化，完成由文化价值向经济价值的转化和增值。

不同于金融资本和创意资本，文化资本在文化创意和设计服务中占有更根本、更具有决定性的地位。在融合发展过程中，以文化内容和知识产权的开发和运用为核

[1] 熊花.文化创意产业金融支持对策研究[J].企业经济,2017(9).

心，开展产权和资产的资本运作，构建起以股权基金、产业基金等为主体的股权融资体系和以银行贷款等为主体的债券融资体系。我国文化资源丰富，但开发利用程度不高、层次偏低，对文化产权的开发与保护重视不够，随着文化创意和设计服务与相关产业融合发展进程的不断深入，这一状况正在不断改善，文化资本产权化、资本化程度日益提高，以混搭、嫁接和改良为特点的文化资源开发模式正在形成。

（四）用户社群重构创意生态

十九大会议指出，我国经济社会发展进入新时代，社会主要矛盾发生了深刻的变化。当前，人均收入普遍提高，基本物质需求基本满足，“脱物化”消费形态正在形成，人们对于多样化、个性化的精神文化需求日益旺盛。高涨的消费热情与能力同供给不平衡、不充分之间的矛盾刺激着用户从产品使用者、消费者向内容生产者、产品设计者、话题参与者转变，不同的内容标签会把用户精准细分成各种各样的小群体。同时，创意阶层不断壮大，又对融合发展的内容制作、传播渠道、产品和服务提出了更高的要求。

这场深刻的变革正在重构未来文化创意和设计服务与相关产业的创意生态，催生出以兴趣为基础构建起来的各类社群。用户社群化正在降低产品在企业发展战略中的地位，未来产品将仅仅是连接用户的工具，构建用户关系形成忠实用户群才是重中之重。传统企业往往过多的关注传统资源，而文化创意产业、设计产业和相关产业的融合发展则更加关注用户，强调对用户个性化需求的把握，抓住用户的吸引力正在成为有关企业的重要战略目标。

在互联网经济下，文化创意和设计服务在与相关产业深度融合发展的过程中，正在加速实现与用户的深度对接，推进新旧动能转化，将用户融入企业的社群经济生态圈，全程参与产品设计、研发、制造、流通和销售，通过不间断的、融洽的交互和连接，长久地抓住用户注意力，培育忠实的用户社群，开拓更广阔的市场。为此，有些企业已经开始着手建立自己的用户社群，旨在解决用户产品使用过程中遇到的问题、测试新产品，增加与用户的互动机会，增进与用户的情感，提高用户的忠诚度。

近年来，在国家和社会的大力支持下，“大数据技术”不断发展，推动产品营销从传统的粗放式营销向精准化营销转变。文化创意、设计服务和相关企业拥有大量的数据资源，通过大数据技术充分挖掘其背后隐藏的价值，实现更加个性化、精准化、差异化的服务，科学合理地指导企业的产品设计、研发、制作、流通、营销，正在成为有关企业降本增效的重要法宝。通过"大数据技术"深入洞察用户需求，加速数据资源整合，加强与各领域的融合创新，是推动文化创意、设计服务和相关产业进行社群营销的重要力量，也是未来竞争力的关键所在。

三、文化创意和设计服务发展的趋势

（一）行业加速整合，从密集要素投入转向持续创新驱动

1.新一轮科技创新对行业发展提出新挑战

随着行业领域的全面数字化升级，行业和企业的科技属性不断显现，新的技术突破对行业布局具有决定性影响。新一轮的科技创新对行业提出新挑战，数字技术、人工智能、虚拟现实技术、增强现实技术等技术的不断完善和渗透使文化创意和设计服务在自身进行不断融合创新的同时，也促进了其他相关产业的创新。伴随着科技的不断发展，移动互联网、物联网、智能制造等新兴产业加速发展，云计算、大数据等信息技术的广泛应用，新模式、新业态被不断催生，企业中软件、硬件和服务的融合越来越紧密，传统企业借助数字化发展全面转型升级。以新技术为引擎的文化科技融合及其衍生的新业态，在占据更加广泛市场的同时以高附加值成为行业业态创新的佼佼者。2018年，文化创意和设计服务步入市场化改革的深水区，市场化改革对于各方主体的适应能力提出新的挑战。政府简政放权、深化改革的力度不断加大，文化创意和设计服务市场进一步开放，对行业技术水平、服务模式提出了新挑战。技术创新是产业可持续发展的引擎，是转变产业发展方式、实现工业转型升级的重要支撑，文化创意和设计服务必须要加强自身的技术创新，主动迎接挑战，变革自身企业的生产方式、发展模式和管理手段。未来，掌握科技新技术战略制高点，才能把握未来核心竞争力。

2.供给侧结构性改革对行业发展提出新要求

近年来，我国经济发展进入新常态，面临一系列新的矛盾冲突和问题，文化创意和设计服务的发展不可避免地面临着结构性失衡，行业自身的供给侧结构性改革

势在必行。当前，供给侧结构性改革逐步进入攻坚区和深水区，这就要求行业必须充分把握市场发展的变化，加强与新技术新业态的融合，以目标导向为原则，提供优质供给，满足市场需求。以建筑设计服务为例，建筑设计应坚持新时期的建筑方针，告别千篇一律，拒绝一味的追求高大豪华，建筑的设计应与地域特色相结合，体现出民族特色和时代风貌。专业设计应更加关注服务对象的需求，在解决好产品功能和美感的设计基础上，进一步强化用户体验和心理感受等多向度等问题，以期做到引领一种新型审美模式和生活美学的建立，而非仅仅被消费者牵着鼻子走。

3.互联网平台建设对行业发展提供新机遇

信息化、“互联网+”与行业深度融合催生新业态，大数据的应用精准定位行业发展目标，新时代下的平台建设为行业发展提供了新机遇。互联网与各领域的融合发展开拓了文化消费领域新市场，技术融合将衍生新的文化消费新业态，结合互联网传播营销渠道，将为人们提供更丰富、更优质的文化产品和文化服务。另外，平台思维的渗透将重构产业发展模式，促进产业更新升级。文化创意和设计服务开始逐步从线下跃升线上，构建在线设计服务平台，产业发展更加数字化，企业的应用平台思维和多元数据整合思维不断提升，业态创新和行业变革能力逐渐提高，互联网平台建设为行业发展提供了新动能。未来，行业应继续扩大与互联网融合发展的广度和深度，深度挖掘行业与互联网融合的特点，构筑完善的线上设计服务平台。

（二）产业继续升级，从企业竞争到共生共享的创新生态

1.产业结构升级，行业重新洗牌

随着经济的不断发展，行业间的竞争逐步加剧，企业间并购重组频繁，最终将进一步促进产业结构升级，行业重新洗牌。产业结构的升级将有效调整产业供需间的矛盾，提升优质供给，消除低端供给，推进行业的供给侧改革。其次，企业加速整合将有效减少“信息孤岛”，实现信息的及时传播与共享，有效提升信息的价值。未来，产业发展应依托丰厚的文化资源，丰富创意和设计内涵，加强科技与文化的结合，促进创意和设计产品服务的生产、交易和成果转化。加快数字内容产业发展，推动文化产品和服务的生产传播消费的数字化，网络化进程，强化文化对信息产业的内容支撑、创意和设计提升。

2.完善产业链条，构建产业创新生态系统

企业间的竞争将促进企业的优胜劣汰，淘汰能力欠缺的企业，进一步扩大优质企业的规模。企业间的有效整合有助于打造完整的产业链条，延伸产业链条价值。企业间优势互补，实现信息与资源的共通共享，构建完整的产业网络。2018年，行业将进一步建立起与相关产业全方位、深层次、宽领域的融合发展布局，提升相关企业的文化含量。窄平台遵从零和博弈，宽平台坚持共生共赢，文化创意和设计服务行业未来将构筑共生共赢的创新生态系统。行业间通过新型城镇化建设、特色小镇的发展以及文化产业园区的推进，实现全产业链的构建，打造创意生态产业单元，形成以点带线，以线促面的产业发展格局。互联网加速行业快速整合，融合发展，使企业互联互通，共生共享，完善产业发展链条，形成优势互补、良性循环的产业发展格局，建立行业生态平衡系统。行业信息化建设方兴未艾，与行业融合的深度和广度不断拓展，未来，信息化和“互联网+”还将深刻影响企业组织形态、工作方式、思维模式和创新思维，改变行业业态格局。

（三）产城不断融合，文化创意和设计服务深度嵌入城市发展

1.文化创意成为城市发展新引擎

2018年，以产促城、以城兴产的产城融合将继续成为文化创意和服务设计发展的重要趋势。未来，产业与城市以城市为基础，进一步融合发展，在承载产业空间和发展产业经济的同时，以产业为保障，驱动城市更新和完善服务配套，进一步提升土地价值，产业城市与人之间活力不断涌现，持续向上发展。2018年，创意在城市发展中的重要性将进一步凸显，文化创意和设计服务行业对于其他行业附加值的提升作用将进一步提高，创意成为新时代下城市发展的新引擎。

2.协同新型城镇化建设，构筑智慧城市

2018年，文化创意和设计服务将进一步协同新型城镇化建设，在构筑智慧城市的进程中起到重要的催化作用。在发展当中，优化人居生活环境，提升城市景观面貌，打造生态宜居的城镇环境将成为文化创意和设计服务未来与城市融合的重要发展方向。在产城融合的背景下，文化创意和设计服务的细分行业领域如何从自身行业特点出发，促进城市发展成为行业重点。平面设计、景观设计、园林设计、建筑设计、装饰设计等细分领域应协同发力，共同打造功能完善、布局合理、形象鲜明

的特色城市。未来在历史文化名村建设、传统村落和历史建筑的保护，以及新型城镇化特色小镇等的发展中，文化创意和设计服务将发挥更加具有主导性的作用。

3.推进城市更新，助力城市功能多元化发展

文化创意和设计服务产业通过横纵联合与其他产业融合发展，从而满足新需求，创造新供给，为文化发展提供新模式、新业态。通过产业融合发展，将文化因子渗透到经济社会各领域各行业。文化创意和设计服务产业和其他产业的融合发展，对于经济结构的调整、发展方式的转变，城市进程的更新具有重要作用。产业与城市功能融合、空间整合，“以产促城，以城兴产，产城融合”。以建筑设计服务为例，建筑物的设计与改造在城市更新中具有重要价值。建筑物的设计如何体现出地域文化特色，蕴含当地文化内涵，在老建筑的改造中，如何在保存历史文化价值和空间记忆的同时使其与现代社会接轨，使传统街区旧貌换新颜，这些考量都要纳入城市规划的范围中。通过文化创意和设计服务向社会各领域渗透，推动城市更新步伐，深度嵌入城市发展格局，推动城市功能的多元化发展。以青龙胡同文化创新街区为例，以“新邻里”概念为目标，旨在于生活城市层面、数字街区层面、创新和共享经济层面、文化创新产业化层面、公共空间和公共艺术层面，营造“传统居民社区”与“新兴创意产业”的崭新邻里关系。未来，文化创意和设计服务行业在城市发展中的重要作用将持续显现，助力城市功能多元化发展。

第十一章　中国文化休闲娱乐服务研究报告

文化休闲娱乐服务业作为文化产业的重要组成部分，是一个国家生产力水平高低的标志之一，是衡量社会文明的尺度，是人类精神文明和物质文明的结晶，在满足人民群众精神文化需求、扩大和引导文化消费、带动就业、促进经济发展等方面具有重要作用。

根据《文化及相关产业分类（2016）》分类方法，文化娱乐休闲服务业主要包含景区游览服务、娱乐休闲服务、摄影扩印服务3个部分。在我国经济总量和人均GDP不断攀升的时期，文化休闲娱乐服务产业在国民经济中所占比重也在逐年增加，种种迹象表明，这是一个极具活力和优良发展前景的产业。

2016年，文化休闲娱乐服务业实现增值2270亿元，同比增长11.1%，占文化产业比重7.4%，比2015年降低0.1个百分点[1]。营业收入达1242亿元，比上年同期增长19.3%[2]，较2015年持平稳增长态势。2017年前三季度，文化休闲娱乐服务业作为文化及相关产业领域实现两位数增长的4个行业之一，营业收入达1070亿元，比上年同期增长13.0%[3]，文化休闲娱乐服务业呈现出良好稳定的发展态势。2017年以来，文化休闲娱乐服务产业发展持续受到国家重视，国家层面已多次出台有利于行业健康发展的政策。随着居民娱乐性消费支出的不断增长，文化休闲娱乐服务市场

---

❶国家统计局.2016年我国文化及相关产业增加值比上年增长13%[EB/OL].(2017-09-26)[2018-01-07]. http://www.stats.gov.cn/tjsj/zxfb/201709/t20170926_1537729.html.

❷国家统计局.2016年全国规模以上文化及相关产业企业营业收入增长7.5%[EB/OL].(2017-02-06)[2018-01-07].http://www.stats.gov.cn/tjsj/zxfb/201702/t20170206_1459430.html.

❸国家统计局.2017年前三季度全国规模以上文化及相关产业企业营业收入增长11.4%[EB/OL].(2017-10-30)[2018-01-07].http://www.stats.gov.cn/tjsj/zxfb/201710/t20171030_1547444.html.

发展潜力不断释放。[1]资料表明，2015年前后，发达国家将全面进入“休闲时代”，休闲将成为人类生活的重要组成部分。虽然我国是发展中国家，但随着社会的不断进步和经济的飞速发展，文化休闲娱乐服务产业的发展势头也不容小觑。

一、文化休闲娱乐服务行业现状分析

（一）景区服务领域发展现状分析

景区服务领域主要覆盖游览景区管理、公园管理、野生动物保护（动物园、海洋馆、水族馆管理服务）、野生植物保护（植物园管理服务）。

1. 景区管理

旅游景区（touristattraction），是指以旅游及其相关活动为主要功能或主要功能之一的区域场所，能够满足游客参观游览、休闲度假、康乐健身等旅游需求，具备相应的旅游设施并提供相应的旅游服务的独立管理区。近年来，伴随我国居民生活水平的不断提升，居民参与旅游活动的欲望及支付能力均不断增强。而“带薪休假”以及“黄金周”长假等政策又为居民提供了更多的闲暇时间，加上便利的交通设施，潜在的旅游需求正不断地转化为现实的、有效的旅游需求。伴随我国驱动旅游有效市场需求各要素不断完善，其对旅游需求的有效释放产生了极大的促进作用。2017年，中国景区旅游行业持续发力，产业规模持续扩大、产品体系日益完善、市场秩序不断优化，当前景区的发展现状概括为以下几点。

国内居民景区旅游需求不断扩大，旅游消费支出不断增加。2016年，我国城镇居民人均可支配收入达到3.3万元人民币，整体达到中等偏上收入水平。[2]农村居民人均可支配收入也达到1.2万元人民币。消费水平提高、消费观念转变，旅游消费日趋大众化，我国的高人口基数带来庞大的旅游消费需求。[3]

景区旅游产业经济总量持续增加，产业规模不断扩大。2016年，国内旅游人数

---

❶北京中元智盛市场研究与限公司.2016—2021年文化休闲娱乐服务行业前景及趋势预[EB/OL].(2017-03-31)[2018-01-07].https://wenku.baidu.com/view/ef44486ca36925c52cc58bd63186bceb18e8ed5c.html.

❷国家统计局发布的《2016年国民经济实现“十三五”良好开局》显示，人均可支配年收入31990元及以上水平，划为中等偏上收入组。

❸中国产业信息网.2017年中国旅游景区行业发展前景分析及市场规模预测[EB/OL].(2017-10-23)[2018-01-07].http://www.chyxx.com/industry/201710/575038.html.

44.4亿人次，收入3.94万亿元，分别比上年增长11%和15.2%。2017年上半年，国内旅游人数25.37亿人次，收入2.17万亿元，分别比上年同期增长13.5%增长15.8%。随着国民收入的不断增加，人民对于景区旅游的需求增长，用于景区旅游的消费支出不断增加，整个市场资金充足，发展极具活力。政策的利好，旅游服务机制的完善，未来旅游市场规模将会持续上升。

在线度假市场交易规模保持较快增长，门票增量带动周边游产品火热发展。随着互联网，尤其是移动互联网的发展，以及依托"互联网+"的智慧旅游平台的升级，使游客在线购买景区门票成为一种常态。2017年，中国在线度假市场交易规模达到1271.1亿元，增长率为32.0%，随着全民旅游时代的到来以及互联网的高速发展，预计在2018年，在线度假市场的交易规模会持续增长，突破1500亿元。在线购买的方式突破时空局限，在拉动内需、促进国民经济发展方面发挥了重要作用。2016年在线周边游市场交易规模，景区门票交易份额达到60%，相较2015年提升7.4%。2016年景区和目的地资源整合仍然是投资热点，并且随着迪士尼的开园营业，门票作为周边游的核心产品增量放大，并带动住宿、餐饮等相关产业发展。

2. 公园管理

公园管理是指对公园的整体进行管理、整治，以使公园的设施完好、植物繁茂等。其中包括：对公园内古树名木的保护和管理，保证古树名木正常生长；对公园设施进行维护和保养，保证设施完好；保护公园内的文物和有纪念意义的建筑物、设施等，建立保护措施，保证文物和设施完好；加强公园内的环境保护；做好园林植物病虫害防治工作，防止园林植物病虫害发生和蔓延；在公园内明显的位置设置游人须知、引导标牌、警示标设施；建立健全安全管理制度，加强游乐设施、节假日游园等活动的管理，保障游客生命财产安全。《公园设计规范》中定义："公园是供公众游览、观赏、休憩、开展科学文化及锻炼身体等活动，有较完善的设施和良好的绿化环境的公共绿地。"具有改善城市生态、防火、避难等作用。公园一般可分为城市公园、森林公园、主题公园、专类园等。现代的公园以其环境幽深和清凉避暑而受到人们的喜爱，也成为情侣、老人、孩子的共同休闲圣地。

功能定位和分类更加明确。在我国，公园按照不同的功能可以分为主题公园（可归为景区）、综合性花园、儿童乐园、文化公园、体育公园等。2017年，随着政府对公共文化设施资金投入的加大，公园在基础设施上有了很大改善，每个城市的公园规划日趋成熟，公园的数量也在不断攀升。各个公园根据自身的区位优势和现有特点在发展中的定位也越来越清晰。

数量持续增加，人流不断攀升。近年来，各省市具备公共文化服务性质的公园数量在不断增加。公园的占地规模也在不断扩大。越来越优美的公园环境吸引着更多的市民在节假日前往游览。公园无人问津的现象得到有效改善，公园的公共文化服务效率有很大提高。

注重生态设计，凸显绿色集约。绿色是公园的主体，绿荫、草地、花卉乃至水体、土壤是公园的生命系统。以自然为师，尽可能利用自然过程本身的力量保持公园的自然生态特征。在综观全园基础之上，辨明各景区的景色潜质或特点，在改造过程中要巧于利用自然环境和善于结合人文背景去强化这些特点，使景区有明确的主题，景点有鲜明的特色。

3. 野生动植物保护（动物园、植物园管理服务）

野生动植物在整体生态系统中属于低级或次低级的位置，但一个稳定的生态系统，其自身的能量流动与物质交互都是成一定比例的。野生动植物的保护直接关系到全球生态健康和安全，对保护人类共同家园、实现人类文化传承和经济社会可持续发展意义重大。保护野生动植物就是保护人类共同的未来。❶

保护力度不断加大，动植物保护工作成效显著。我国政府高度重视野生动植物保护工作。一方面，建立自然保护区和天然林保护等重点工程，逐步建立起以自然保护区为主体的野外保护体系，极大地改善了野生动植物栖息环境。另一方面，坚持完善立法、健全执法协调机制、强化管控措施，不断加大野生动植物保护力度，取得显著成效。各个城市制定了不同规格的城市公园建设和管理办法，为城市动植物园的发展制定规则。各级政府出台一系列管理、保护、处罚的规章制度，注重对野生动植物的保护与培育，力求在尊重生态多样性的前提下积极开展园区文化环境建设。

动植物园区建设功能更加多元化和立体化。一直以来，打造和建设城市动物园、植物园都是一个城市承载地标性功能的重要建筑措施。无论中小城市还是各大卫星城市，对于动物园、植物园的整体规划都带有城市本身特有的园区特色，针对当地民俗风貌，综合城市动植物种类特征，整合周边动植物资源，建筑风格迥异的

❶新华社．中国常驻联合国代表刘洁一：保护野生动植物对可持续发展意义重大[EB/OL].(2017-06-07)[2018-01-07].http://news.xinhuanet.com/world/2017-06/07/c_1121101986.htm.

园区。如今的动植物场馆的建立不仅立足于对野生动植物的保护，在场馆建设、管理服务中也承载着多元化、多方位的社会服务功能，打造动植物观赏、自然科普、人与自然合二为一的生态文化圈，为国民大众提供寓教于乐的文化休闲娱乐服务。

自然保护区和森林公园建设规模进一步扩大。截至2017年6月底，全国建成自然保护区1800多个，面积超过1.33亿公顷，占国土面积的16%以上，新建成的森林公园面积达到了750多万公顷。[1]国家重点保护的300多种珍稀动物及130多种珍稀植物的栖息地和生存环境都得到了很好的保护。自然保护区和森林公园起到的社会效益及生态效益也越来越深入人心，得到了社会各界的一致认可。此外，专门针对濒危野生动植物的研究项目在全国各地纷纷得以开展。目前已建成的濒危野生动物繁育中心已达到14个，珍稀植物种质资源保护基地达到400多个。大熊猫、野生扬子鳄、东北虎、金丝猴等多种珍稀野生动物的繁育工作也都取得了极大的突破，基本都已建立了人工繁育种群，种群数量都已得到了保障。其中以大熊猫的保护工作最为成功，该项目的实施不仅有效地保证了大熊猫的种群数量没有下降，还极大地拓宽了野生大熊猫的生存环境，让大熊猫逐步摆脱了濒临灭绝的困境。

（二）娱乐休闲服务领域发展现状分析

娱乐休闲服务，是指提供营业性歌舞（KTV）、游艺等娱乐活动的服务。传统的娱乐业包括舞厅、夜总会、咖啡厅、酒吧、茶艺馆、卡拉OK厅、游戏厅、台球厅、保龄球馆、网球场、游泳池等。随着娱乐业的发展，高尔夫球场、迪厅、日光馆、蒸汽馆、健身中心、戏水园、网吧等娱乐项目已成为我国娱乐消费的热点。娱乐消费满足消费者寻求休闲与享乐的高级消费需求。娱乐服务行业常采用吸收会员、有奖销售、折价销售、举办活动等方式促销。不同娱乐项目吸引具有不同爱好、兴趣、年龄的消费者，不同档次的娱乐服务吸引了不同层次的消费群体。

1. 歌舞厅（KTV）娱乐活动

KTV是娱乐休闲服务领域的重要组成部分，狭义上是指提供卡拉OK影音设备与视唱空间的场所。广义上指集合卡拉OK、慢摇、HI房、背景音乐并提供酒水服务的主营业为夜间的娱乐场。2017年对于KTV行业来说是砥砺前行的一年，这一年出现了一些新技术、新模式、新趋势，其发展现状主要包括以下几点。

[1] 蒋嘉豪．我国野生动植物资源利用的现状与保护[EB/OL].(2017-07-11)[2018-01-07].http://www.unjs.com/zuixinxiaoxi/ziliao/20170711000008_1388928.html.

转型升级加快。KTV行业在我国发展近30年，在历经了行业发展最初爆发性增长的成长期后，当下已进入行业发展的成熟期，进入成熟期的行业的一个特点就是转型升级。目前转型升级刚处于概念导入期，整个行业处于酝酿阶段，尚未形成成熟完善的体系，行业内很多优秀的KTV企业均开始进行探索尝试。目前主要形成的概念主要集中在以下几个层面：（1）在跨界整合泛娱乐板块：如KTV餐饮、KTV影吧、KTV酒吧、KTV其他娱乐形式等的泛娱乐综合体。（2）新技术高科技的融入板块：如KTV互联网化、VR、巨幕、多屏互动、3D全息、智能化管理的应用等。（3）新思维新理念的融入：随着消费的升级及消费者的迭代，传统经营思维模式的老牌KTV在经营中遭遇滑铁卢。[1]一方面，经营者要突破传统，敢于进行模式创新、管理创新、营销创新。另一方面，针对全新的消费族群，提供更具个性化的服务。

迷你KTV锋芒初显。迷你KTV自2016年开始迅速发展，已经掀起全民K歌之风，有望成为王者荣耀之后的最强娱乐炸弹。资本市场上，迷你KTV已成为新风口，2017年资本继续涌入，龙头公司“友唱”估值已达6亿元人民币。迷你KTV市场规模增速有望持续保持在三位数以上，2017年市场规模将达38亿元，但相较于数百亿的市场空间渗透率仍然较低，未来空间广阔。

智慧KTV大行其道。线上互动式唱歌软件以及移动端App越来越多，冲击着实体店的KTV消费。基于互联网，智慧KTV解决方案通过在线预订、自助开房、在线超市、电子会员卡、移动支付、营销插件等系统融合KTV传统业务，拥抱移动互联网，深入解决行业问题，提升企业竞争力，更好的营销触达、更便利的消费使用、通过线上线下的融合管控，精准掌控消费者大数据。[2]

两极化发展。发展多年的KTV行业爆发性增长，造成市场上的KTV大多同质化现象严重，雷同的装修、雷同的目标客户群、雷同的客户体验。2017年KTV行业向两个极端发展，一个极端是小型化、精致化、低成本的KTV店。依靠便利的交通，良好的服务，简洁的装修，干净整洁的环境，最重要的就是较低的价格，满足消费者唱歌休闲的基本需求。其核心是满足消费者的基本需求，并提供超高性价比的价

---

[1] BBSPROSOUND.2017年KTV行业年终总结：砥砺前行中回归本质[EB/OL].(2017-12-25)[2018-01-07].http://www.bbsacoustics.com.

[2] BBSPROSOUND.2017年KTV行业年终总结：砥砺前行中回归本质[EB/OL].(2017-12-25)[2018-01-07].http://www.bbsacoustics.com.

格。另一个极端就是满足顾客个性化的需求，提供高规格的私人定制化品质店。这种店多发展在一线、二线城市，定位高端，真正地为城中追求高品质、稀缺性、个性化、专属服务的精英群族准备的。其核心是专注做好顾客体验。

回归本质。KTV的本质是服务，是给消费者带来身心愉悦。消费者要求越来越高，单一化的消费模式已经不能满足现阶段的消费者需求。2017年是回归行业本源和初心的一年，砥砺前行，厚积薄发，凭借优秀的产品和卓越的服务，真正赢得客户和市场。2017年，KTV市场继续稳中有升的趋势，KTV产品也百花齐放，细分精准客户群定位KTV继续保持增长，小型化精致KTV需求呈现爆发迹象，顶级高端定制化KTV在一线、二线城市大有可为。

资本化。"资本"这个词在几年前对于传统KTV的经营者来说遥远又陌生，随着国内几家量K的上市，以及国家对于文化娱乐行业发展的支持，近年来越来越多的投资机构将目光投向了KTV行业。资本并购、上市融资、投资租赁、持股联盟等多种资本形式将会出现。2017年，KTV行业是资本大举进入的一年，资本的进入，大大加快了KTV行业转型升级的脚步。2017年，国家政府层面也加推出行业评级、行业培训体系建设、行业标准化建设等一系列举措。无论如何，KTV+企业先把自身做好，把价值做高，拥抱变化，拥抱创新，真正意义上回归行业服务，才是最重要的。未来的KTV将转向多元化、多样化、特色化、个性化、细分化。[1]

2. 室内游乐活动

室内游乐活动，是伴随经济发展成长起来的一个新兴行业，包括大型室内游乐场、电玩游戏游艺厅、室内儿童乐园等。

(1) 大型室内游乐场。大型室内游乐场注重区位选择与产业融合。当前中国室内游乐场的生态是以时尚和文化为内核、以消费心理高度感性为特色的，较为明显的体现在经营面积、机台设备和环境营造三大方面。室内游乐场大多数位于时尚、高档的大型百货商场或都市中心繁华地段，投资商聘请专业的设计公司营造独特的游戏体验环境，且与商场整体的配套设施相映成趣，凸显消费者与整体环境的消费体验关系。

发展规模逐渐扩大，由一线大城市向二线、三线中小城市新兴市场拓展。目

[1] BBSPROSOUND.2017年KTV行业年终总结：砥砺前行中回归本质[EB/OL].(2017-12-25)[2018-01-07].http://www.bbsacoustics.com.

前热门发展趋势是以韩国“乐天世界”为原始模板的大型室内主题公园。过山车、旋转木马、跳楼机等大中型设备搬到室内，将改变户外游乐园季节性、假日性的约束，成为“全天候”超大型游乐中心。这种开设在城市综合体MALL里面、面积在2万—10万平方米的超大型室内游乐公园也是未来世界及中国室内游乐场的另一发展方向。

室内IP游乐项目正在起步。目前，室内游乐项目现在以规模和目标人群分，大致有以下三种：①最热门和普遍的是幼儿向的室内游乐园，多分布在大型商场和游乐场所内，与IP衍生产品的幼儿早教及玩具做结合，如巧虎欢乐岛；②规模较小的成人向的室内游乐以密室逃脱、体验站类的为代表，这种游乐项目有较强的叙事性，与IP内容结合非常紧密，代表项目有最近上线的南派三叔亲自参与设计的“盗墓笔记密室逃脱”；③以Joypolis为代表的规模比较大的成人向IP室内游乐项目。IP主题已成为各行业的话题与趋势，IP主题乐园更是全国各大商业地产的追捧与需求。要想把主题化或IP在乐园及游乐行业运用得好，就要把个性与文化做到极致。打造独一无二的强烈个性，把文化内涵通过各种不同的创意从主题零售商品、主题游乐设备、主题环境都逐一呈现出主题的灵魂。[1]

（2）电玩游戏演艺厅。市场规模不断扩大。据有关机构调查研究显示，2014年我国电玩城市场规模为33.23亿元，到2016年增长至36.70亿元。据2017年年初发布的数据预测显示，今年电玩城的规模将增至39.24亿元，随着VR等新型娱乐项目的引进，电玩城行业的市场规模还将不断扩大，到2020年，中国电玩城市场规模将增长至48.02亿元。[2]

消费人群覆盖各个年龄层，主要以年轻人为主。在没有互联网的时代，电玩城的机台品类较少，大多为格斗过关类街机，因此顾客基本上都以男性为主。随着电玩城的装修服务不断升级，机台品类不断丰富，到店内消费的女性及情侣玩家也不断增加，因此在很多城市，电玩城玩家的男女比例为5：5。

行业竞争日趋激烈。电玩游戏演艺厅主要面临三个方面的竞争：首先是来自互联网线上娱乐的竞争。随着互联网行业的迅速发展，移动网络普及率不断提高，越

---

❶游艺风.剖析2017，从专家角度看室内娱乐的大势[EB/OL].(2017-11-30)[2018-01-07].http://www.chinaamuse.com.

❷游艺风.开电玩城，是单打独斗还是加盟大品牌?[EB/OL].(2017-09-06)[2018-01-07].http://mp.weixin.qq.com/s/oUKUAFu7KLcR9-ETAigPgw.

来越多的年轻消费者被手机游戏、电脑网络游戏所吸引，线下的电玩城因此面临冲击。其次是行业内部的竞争。由于电玩城一般投资较大，对选址要求较高，所以有一定的入场门槛，在激烈的市场竞争中，很多规模较小、市场竞争力较弱的电玩城被迫退出市场，而一些知名品牌电玩经营场所，如大玩家超乐场、风云再起、汤姆熊、城市英雄等，在不断发展中也竞争激烈。最后是来自娱乐行业其他业态的竞争。从娱乐休闲的基本作用来看，电玩城可被网吧、手游、网游、KTV、影院等其他娱乐消费替代。

（3）室内儿童乐园。新型室内儿童游乐项目不断涌现。近年来，国内儿童游乐市场不断涌现出新型的儿童游乐项目，主要包括寓教于乐类型、角色扮演类型、科普娱乐型、纯粹娱乐型以及早教型。寓教于乐概念是一种新型的儿童游乐理念，意为让孩子在参与游戏的同时能从游戏中获得快乐和知识；角色扮演类儿童项目针对不同年龄层次的儿童的心理特点，开发出来的相应的游戏具有相关联的教育意义；科普娱乐型的游戏项目主要是针对学龄后的儿童，设备及设施的主要类型是科学、科普类；纯粹娱乐型多是由一些中小型的安全性较高的儿童游艺项目和儿童游乐设备组成，依据年龄层次的不同，有不同类型的针对不同阶段和年龄层次的设备设施；早教是儿童市场新兴的一种商业教育类型，其特点是针对低龄儿童开发，没有大型的助教设备、设施，主要特点也是结合游戏开发智力，在很大程度上迎合了家长的兴趣。

集中分布在一线城市及中东部较发达地区。其中京沪两地占据了全国总量的1/3。一线城市较大的市场容量、较高的消费水平、项目认知及接受度吸引了大量投资者的关注。[1]一般来说，室内儿童乐园以商场自营和连锁品牌为主，规模较大。许多商场几乎一整层都是儿童游乐项目，包括抓娃娃机、电玩、交通小镇、积木池、手工区、淘气堡等，辅之以儿童购物，风格统一，有英伦主题、沙漠主题、海底世界等，打造一站式主题儿童乐园。

3. 网吧

网吧，是指向社会公众开放的、提供上网服务的营利性场所，为消费者提供电脑相关硬件，消费者可自由操控软件设施。一般有以小时、通宵两种收费方式。

---

[1] 奇乐儿儿童主题公园.先进室内儿童乐园的现状[EB/OL].(2017-10-16)[2018-01-07].http://blog.sina.com.cn/s/blog_7005c03a0102x6vt.html.

网吧经营逐步走向精细化、规范化、高端化。在网吧转型趋势下目前很多地方的网吧业都已告别了散、乱、差的局面，各方面都有了很大的提升。随着网吧政策开放及用户需求的多样化，整个行业都在发生着转型、变革，网吧正逐步由单一的上网场所转变为多元化的休闲娱乐场所，并且趋向于高端化、网咖化、精细化。截至2017年6月，全国网吧规模同期对比基本持平，网吧数总量增加0.2个百分点。其中大型网吧呈小幅减少态势，发展稍显困顿；中型网吧明显增长，经营状态稳定；小微型网吧略有增幅，整体变化趋势趋于平稳；微型网吧依旧量小力微。连锁网吧占比逾2成，小型连锁下降明显，大型连锁品牌影响力扩大，经营管理更加集中有序。❶

经济发达地区市场优势明显。网吧向网咖转型成功与否是建立在消费群体的消费取向上的，因此，城市居民的生活品味是网吧转型发展的关键要素。一线、二线城市网吧总量占比近半，二线城市网吧占比幅度最大且有增长态势，说明伴随网咖的发展，网吧在经济发达地区的市场优势有所增长。

网吧软硬件设施持续升级。在硬件设施方面，网吧终端向高清屏、大内存发展。在软件设施方面，为顺应移动互联网热潮，截至2017年6月，9成以上的网吧提供Wi-Fi服务，7成以上的网吧提供Wi-Fi、手机连接线，作为网民娱乐的辅助服务。❷网民多样化的需求对网吧的转型升级提出了更高要求。近七成网吧业主认为网吧VR对网吧经营有帮助。

网吧主导用户仍为男性，但女性用户数量增幅较大。由于网吧环境的改善和娱乐体验的多元化，吸引了更多女性用户。截至2017年6月，网吧用户的两性比例分别为83%、17%，男性较同期减少8%。女性增长8%。学生、务工者群体仍是网吧主流人群，但同比有所下降，白领玩家的大幅加入，为网吧的经营注入新的活力。

网民的主要目的是玩游戏，聊天交友、影视娱乐活动其次，分别占比79%、78%、54%。移动端服务诉求虽然增加，但用户实际使用手机软件比例减少，说明网民到网吧精力仍集中在PC端。近一半的用户会在网吧用手机下载手游，其中八成以上会通过Wi-Fi下载。在游戏类型上，端游依旧是目前网吧最主流的游戏类型，

---

❶顺网科技.2016–2017年中国网吧行业顺网大数据报告蓝皮书[EB/OL].(2017-07-26)[2018-01-07].http://www.donews.com/news/detail/4/2961453.html.

❷顺网科技.2016–2017年中国网吧行业顺网大数据报告蓝皮书[EB/OL].(2017-07-26)[2018-01-07].http://www.donews.com/news/detail/4/2961453.html.

网吧用户9成以上仍是端游忠诚玩家。端游玩家游戏集中度较高，基本上集中在MOBA、FPS以及横版格斗这三类游戏。玩家最喜欢的依旧是MOBA类游戏，2017年占比高达64.26%。网吧页游以MMORPG为主，玩家最为喜欢玄幻、武侠以及三国类题材。[1]单机游戏黏度有所提升，高质量的单机游戏有望成为玩家新宠，相较国外单机市场的火爆，国内单机游戏有增长趋势。55%的网民看直播时有过打赏行为，游戏打得好、才艺好是打赏的最重要的两个原因。

4. 主题公园

主题公园（Themepark），是根据某个特定的主题，采用现代科学技术和多层次活动设置方式，集诸多娱乐活动、休闲要素和服务接待设施于一体的现代旅游场所。近年来，在全国范围内掀起了一股“主题公园热”。我国各种主题公园类型丰富，包括各种森林公园、动植物园、地质公园、温泉公园、文化公园、海洋公园、历史文化公园等。20世纪80年代初，主题公园开始进入我国旅游圈，是市场催生的产物。经过20余年发展，国内主题公园2700多个，投入资金达3000多亿元。进入20世纪90年代以后，国内旅游热的兴起，使庞大的国内旅游市场被启动。据数据统计，2015年及2016年新开园达30家，目前在建17家主题公园。[2]预计到2020年共有64个主题公园将建成。

由东到西呈阶梯状分布。主题公园在国内的发展依然处于不平衡的态势，并呈现出明显的区域特征。我国主题公园由东到西，呈阶梯状分布的特点，与我国经济水平与消费现状吻合。其中东部地区占据了国内主题公园市场的绝对主力，分布多、规模大，占比58%；中部分布次多且规模不大，占比23.3%；西部分布较少且规模较小，占比18.7%。[3]主要集中在珠三角、长三角和环渤海等沿海地区，如长三角聚集了上海、无锡、苏州三大主题公园群。

发展模式深化创新，品牌IP大有所为。轻资产模式的拓展、多元化盈利的追求、增开新项目等都成为今年主题公园市场的新尝试，也是主题公园在黄金时代的运营之术。在主题公园兴建的热潮之下，轻资产的方式成为不少主题公园拓展市场

❶顺网科技.2016—2017年中国网吧行业顺网大数据报告蓝皮书[EB/OL].(2017-07-26)[2018-01-07].http://www.donews.com/news/detail/4/2961453.html.

❷华侨城文化旅游科技.2017年国内主题公园发展现状及趋势分析[EB/OL].(2017-08-25)[2018-01-07].https://weibo.com/ttarticle/p/show?id=2309404144768014801660.

❸中国产业信息网.2017年中国人造主题公园行业现状分析及发展趋势预测[EB/OL].(2017-11-30)[2018-01-07].http://www.chyxx.com/industry/201711/588246.html.

的方向。同时，IP文化的创新也是主题公园在轻资产输出过程中的重要举措。如今的主题公园领域，从一代产品景观观光型、二代产品器械游乐型向具有IP内容体验消费的产品模式转变。这个转变出现的背景就是当前主题公园的消费人员结构的主要群体是“90后”，这个以社群化、亚文化、二次元文化长大的族群，不再关注社会大众的喜好，而是变为追求刺激和个性。

盈利结构有待完善。据统计，目前国内主题公园只有10%盈利，70%处于亏损状态，20%经营效益基本持平。一方面，由于前期投资过大，后续投入不足，生命周期较短，消费者二次消费意愿低；另一方面，营收来源单一，季节性明显，缺乏知名IP，园区管理能力偏弱等。[1]上海迪士尼进驻中国市场之后，也让国内主题公园市场进一步看到了盈利结构的进步空间。康宁翰集团中国区总经理RickSolberg公开表示，中国的主题公园80%收入靠门票，20%收入靠零售，餐饮和住宿等消费几乎为零。而在国外，主题公园的收入30%是门票，30%是零售，40%是餐饮住宿。公开数据显示，按照迪士尼的普遍经营来看，乐园1元的门票能拉动8元的消费，其70%左右收益来自衍生品等二次消费。[2]实际上，国内主题公园基本都有自己的衍生品，但真正打响品牌的却寥寥无几。产品缺乏创意、没有文化支撑，甚至出现制作粗糙的现象。

游乐体验全方位升级。将现实环境与虚拟世界相结合，对融合场景、原生场景、网生场景的营造，结合现代科技（VR、AR、5D、全息技术），打造场景化、沉浸式的震撼体验。其中，融合场景打造的是场景化·沉浸式的体验，是在构建不可复制的场景体验；原生场景打造的是景观与人等物理实体构建的场景体验，这种体验是体验的核心；网生场景打造的是VR、AR、全息、5D技术等呈现带给观众的体验，随着科技的发展，网生场景愈发重要。据《2016年场景白皮书》调研，2020年增强现实市场规模将达到1040亿，虚拟现实市场规模增至42.1亿元。

文化演艺比重加大，主题选择倾向文化性和多元化。近年来，游乐方式都在朝着“夜游”的方向发展，文化演艺业态在主题公园中的重要性不断提升。如上海迪士尼演艺类项目占到了24%，芜湖方特东方神话演艺类项目占比达30%。同时，在

---

[1] 中国报告网.2017年我国主题公园产业分布现状及经营特点分析[EB/OL].(2017-07-07)[2018-01-07]. http://market.chinabaogao.com/gonggongfuwu/0M2WI12017.html.

[2] 华侨城文化旅游科技.2017年国内主题公园发展现状及趋势分析[EB/OL].(2017-08-25)[2018-01-07]. https://weibo.com/ttarticle/p/show?id=2309404144768014801660.

主题的选择上更加注重文化性和多元化，深入挖掘可利用元素，从而实现全面和可持续发展。泛主题公园项目备受关注，大型主题公园的崛起除了给区域吸引“人气”外，还形成了涵盖餐饮、商业等多业态的产业群，成为推动区域经济的新势力。以迪士尼为例，主题公园早已不再是单一的游乐场，而是集动漫、影视、服装、玩具、出版、电影、网络于一体的泛文化娱乐产业巨擘。

（三）摄影扩印服务领域发展现状分析

摄影扩印服务业是运用照相机、感光材料和灯光设备，在室内外拍摄人物、风光及静物，后期通过冲洗、扩印照片、塑造可视画面形象和数码影像制作的一种行业，是第三产业的重要组成部分。[1]按照服务内容大致可分为新娘快递、婚纱摄影、全家福、爱婴宝贝等，可以满足不同顾客的需求与期望。2016年，摄影扩印服务行业总收入3168.7亿元，同比增长17.1%。行业经营单位41.6万家，同比增长3%。从业人员602万人，同比增长0.9%，新增就业5.2万人。摄影扩印服务行业再次为国家“稳增长、惠民生、保就业、促和谐”做出了新的贡献。[2]

整体规模持续扩大，业态结构趋于合理。2016年，摄影扩印行业通过创新着力培育壮大市场主体，通过细分行业业态加快产业链条延展，推动行业经营项目整合，经营模式创新，培养新型业态，保持整体规模持续扩大和科学联动发展。行业由婚纱摄影类、儿童摄影类、综合摄影类三类扩展细分为五类：即婚纱摄影类、儿童摄影类、综合摄影类、产品制作类、影像服务类。占比分别为34.8%、26.2%、13.0%、21.0%、5.0%。从区域发展看，以北京、上海、广州、江浙地区为中心的东部沿海地区是最为集中的发达地区，中西南地区是带动行业增长的重要力量，西北地区增势良好。行业结构稳步优化调整，整体规模不断扩大，各业态细分发展，主体业态稳步增长，新生业态发展迅速，相关配套企业及区域发展渐趋协调。

行业效益稳步增长，服务产能继续扩大。依据商务部典型企业数据和行业会员企业调研数据测算，2016年，摄影扩印服务行业总收入增加462.7亿元，达3168.7

---

[1] 摄影扩印服务行业管理操作指南[EB/OL].(2016-03-22)[2018-01-07].https://wenku.baidu.com/view/6bb9b805de80d4d8d15a4ff5.html.

[2] 商务部服务贸易和商贸服务业司.2017年中国人像摄影行业发展报告[EB/OL].(2017-08-24)[2018-01-07].http://fms.mofcom.gov.cn/article/lingzxz/teseqiye/.

亿元，同比增长17.1%。经营单位数量增长1.23万家，达41.6万家，增速为3%。从业人数增长5.2万人，总人数为602万人，增速为0.9%。[1]增长因素主要包括3个方面：一是政策端，国家经济结构调整政策有力，措施到位，消费对国民经济作用超过60%，大环境对行业发展具有强大推动力。供给侧结构改革深入进行，全面建成小康社会目标有利于服务消费持续快速增长。相继出台了加快服务业发展的一系列文件和优惠政策，推动了人像摄影业的建设与发展。国家二孩政策为儿童摄影企业需求提供了高景气度的市场需求，政策红利释放明显。二是需求端，影像市场持续升温，婚纱摄影保持平稳，儿童摄影增长较快，艺术摄影、肖像摄影、全家福摄影、亲子摄影、旅游摄影需求旺盛，手机人像摄影推动全民摄影格局形成。用镜头记录着美、见证着爱、传递着情的影像需求日益进入百姓生活，成为人民群众精神文化生活的一部分。人像摄影已成为零到百岁的高频和刚性需求。三是供给端，主体创新升级，经营多元发展。旅游摄影、婚礼摄影、个性摄影、定制摄影、家庭摄影、摄影基地建设、"互联网+"人像摄影、摄影产品供应等领域快速增长。满足消费、创造消费在供给侧改革中实现创新与突破。生产、供应、服务及教育培训领域促使企业资源整合规模化发展。"互联网+"为人像摄影发展创造边际与可能，促进行业资源共享与产融结合。资本投资建设的规模显著，优质资源并购整合步伐加快，新型竞争格局正在形成。在创新与投资双向拉动下，行业发展的进程加快，行业服务产出能力持续扩大，总体绩效平稳增长。

新增长点不断涌现，多元发展速度加快。人像摄影行业在大众创业、万众创新的双创浪潮中，激流勇进。多业态经营，多元素体验，大力实施企业产品到行业产品的产业链自我增项连接；以企业自身多品、多项、多业务的消费升级带动行业产业升级。消费精致化、个性化、多样化渐成主流。新产品、新业态、新产业蓬勃发展，新的业务和产品不断涌现，市场主体不断壮大，创新动力和市场活力进一步增强。旅游摄影从国内到国外全面展开，继续保持高速增长。业态创新加速，创新企业不断增加。市场需求、生产要素、技术进步、资源环境进一步优化，催生和培育了一批新的增长点。

总体盈利有所改善，经营能力不断提升。受"互联网+"等技术创新推动，规

[1] 商务部服务贸易和商贸服务业司.2017年中国人像摄影行业发展报告[EB/OL].(2017-08-24)[2018-01-07].http://fms.mofcom.gov.cn/article/lingzxz/teseqiye/.

模化、集约化生产水平大幅度提升。企业诚信经营、品牌建设促进行业运营潜力得到进一步释放，节能降耗、减负增效效果明显。低价竞争有所改变，产品与服务的精致化、差异化、个性化、多样化渐成主流，正在系统性提升核心竞争实力和整体行业盈利水平。2016年，摄影扩印服务行业平均利润率为11.3%，同比上升2.3个百分点。其中婚纱摄影平均利润率约为8.2%，同比上升1个百分点。儿童摄影平均利润率15.8%，同比上升2.2个百分点。综合摄影平均利润率8.7%，同比上升0.8个百分点。产品制作摄影平均利润率为16.5%。影像服务类摄影平均利润率为10.8%。[1]

"互联网+"助力行业发展，信息化催生业态变革。2017年，科技革命加速企业变革，信息化互联网技术方兴未艾。运用SaaS服务[2]、图片传输、大数据、云计算、移动互联网等进一步提升了人像摄影业的规模与水平，提供了创新动力和技术支撑。"互联网+"助力摄影扩印服务行业进入新的发展时代，加速融合实现传统产业的在线化、数据化、产业跨界融合、多元供给创造多样需求。在互联网思维影响下，企业越发追求回归行业本质，专注产品和服务，强化诚信与素质，积极塑造企业品牌，借助互联网传播企业口碑，在变革过程中实现品牌价值升级。从整合、营销、传播、支付、消费者体验各个环节重新定义行业的运营和发展模式，全面提升品牌价值和专业能力。

二、文化休闲娱乐服务行业存在的问题

自2013年下半年以来，文化部推动上网服务行业转型升级取得明显成效，形成了一套可借鉴可推广的思路、方法和路径。同时，一些歌舞娱乐和游戏游艺企业先行先试，在拓展消费人群、参与公共文化服务等方面进行了成功探索。这些都为文化娱乐行业转型升级积累了有益经验。2016年9月，文化部印发《关于推动文化娱乐行业转型升级的意见》，更是对扩大文化消费，推动文化娱乐行业转型升级，促

---

[1] 商务部服务贸易和商贸服务业司.2017年中国人像摄影行业发展报告[EB/OL].(2017-08-24)[2018-01-07].http://fms.mofcom.gov.cn/article/lingzxz/teseqiye/.

[2] "SaaS"是Software-as-a-Service(软件即服务)的简称，它是一种通过Internet提供软件的模式，厂商将应用软件统一部署在自己的服务器上，客户可以根据自己实际需求，通过互联网向厂商定购所需的应用软件服务，按定购的服务多少和时间长短向厂商支付费用，并通过互联网获得厂商提供的服务。

进行业健康有序发展起到了积极的推动作用。但与此同时，我们也不能忽略文化休闲娱乐服务行业的发展在市场、服务、技术、文化、监管等方面仍存在着诸多问题。

（一）“市场”：行业稳定的支撑与抓手

目前，我国的文化休闲娱乐行业仍处于转型升级阶段，市场发展不完善的问题亟待解决，如同质化严重，产品类型单一，管理模式不完善，专业人才缺乏，经营模式陈旧，过度商业化，区域发展不平衡等。

同质化严重，产品类型单一。文化休闲娱乐行业火热，各类型产品纷纷涌现，导致了供大于求的局面，数量众多难免出现同质化问题。这在主题公园、网吧、游戏游艺厅、歌舞娱乐厅、旅游景区上体现得尤为明显。近十年来，中国主题公园快速崛起，并呈现井喷式发展态势。虽然我国主题公园发展前景广阔，有望成为世界上最大的主题公园市场，但其质量和内容尚有巨大的提升和创新空间。国内多数主题公园的文化主题不够突出，整体设计和规划欠缺，同质化竞争严重。我国尚未有针对主题公园发展的行业发展规划，相比国际大型主题公园，国内主题公园开发商仍然将目光集中在如何提高游客量，而忽视提高零售、游戏、餐饮以及体验产品的附加值。同样的问题还存在于旅游景区中。低端旅游产品严重供过于求，而中高端产品供给不足，供给侧结构不合理、不平衡已不能适应需求侧多元化、升级型的市场消费。各个室内游乐场及电玩游艺厅的游戏游艺机与游乐设施结构同质化程度高，可替代性高。行业虽然处于快速成长阶段，但是存在无序发展的现象。即便是近两年被称为传统网吧的救命稻草的网咖，经历了扎堆开业之后，也面临着消费群体重叠，经营模式单一的同质化问题。一个区域甚至一个城市的文化休闲娱乐场所千篇一律，缺乏清晰的定位，最终只能承受同质化带来的低层次竞争的结果。

管理模式不完善，专业人才缺乏。一些传统文化娱乐行业的管理模式较落后，并且缺乏创新和专业的管理人才，导致业内管理混乱，无法形成连锁经营模式。如缺乏竞争机制导致的人才断裂，人员素质整体过低，一直是困扰国内景区的一大问题。景区管理中许多岗位缺少专业培训，也没有对应的人才输入渠道，因此从事景区营销和管理的人员多数是外行转业的非专业人士。同时，旅游景区还存在招人难、留人难的问题，特别是老景区，往往管理模式比较死板，待遇水平较低，更难招到合适的人才。同样的问题也普遍存在于KTV管理过程之中。KTV管理缺乏专业化、系统化、流程化的管理模式，KTV企业管理人员经过经验积累，熟悉KTV的一般管理流程，但是缺乏专业系统的训练，专业的管理人才短缺。中国室内游乐行业主要问题是业内无龙头企业，行业进入门槛低，产品及经营模式单一。

经营模式陈旧，过度商业化。文化休闲娱乐行业本应兼顾经济效益和社会效益，然而很多娱乐行业经营模式单一，存在过度商业化的现象。以景区为例，许多景区为了吸引游客，建造假景观、编造假文化、营造假环境，景区的开发行为沦为造假行为。景点过分依赖门票经济，是景区盈利模式单一，过度商业化的另一种表现。门票收入是景区经济收入的主要来源，价格逢节假日必涨成了一种常态现象。在利益驱动下，景区资源成为某些企业或行政管理部门谋利的工具，高票价在短期内的确能为景区增收，但从长远来看，抬高了消费门槛的同时也降低了游客的重游率，反而得不偿失。随着越来越多游客的涌入，景区景点渐渐变成了商业区，本来是供游客参观的休闲娱乐度假场所，慢慢变成吆喝叫卖、讨价还价甚至是坑蒙拐骗的集市。很多以“文化”为口号的旅游景区“关卡林立”，形形色色的商贩云集，各种低档伪劣的旅游产品充斥旅游景区。景区还存在着超负荷接待、变相开发、管理混乱等问题，长此以往，不仅伤害了游客的利益，也对景区的形象和声誉造成了不可逆的破坏。

区域发展不平衡。我国的文化休闲娱乐行业近两年有向三线城市发展的趋势，但大多数依然集中在一线、二线城市，尤其是歌舞娱乐厅、主题公园、动植物园区等，这些行业的发展有较大的区域依赖性，由地域消费水平决定。相较于一线城市的纵深发展，二线、三线城市的发展方兴未艾，受到区域内人们的经济收入水平、消费观念差异的影响，文化休闲娱乐服务行业在全国区域发展不平衡。

（二）“服务”：行业可持续发展的关键

文化休闲娱乐服务行业是一个十分注重服务品质的行业，服务品质的优劣直接影响甚至决定行业是否能够健康持续发展。提高行业的服务质量，越来越成为消费者关注的焦点。遗憾的是，在中国文化休闲娱乐服务业飞速发展的同时，其服务质量一直参差不齐，大大阻碍了行业的发展。目前影响我国文化休闲娱乐服务行业服务质量的问题主要有以下几个方面。

从业人员服务意识不强。文化休闲娱乐服务行业从业人员有义务、有责任向消费者提供高效优质的服务。但是目前不少企业对服务质量不够忠实，从业人员的服务意识比较淡薄，具体表现为对不同消费层次的客人不能一视同仁，重视高消费群体，轻视普通消费者；部门间协调不到位，存在服务空白地带；接待顾客投诉时相互推诿，服务速度慢等。2018年1月，黑龙江雪乡一家庭旅馆“坐地起价”的消息将原本刚刚进入旺季的雪乡推上风口浪尖，一时间各种关于雪乡旅游坑人的爆料层出不穷。这些“宰人”的家庭旅馆多数位于雪乡周边的林场，距离景区有相当一段距离，往来不便。游离在雪乡景区外的还有各式各样的自费项目，由私人承包经营。由于不在景区内，缺乏监管，这些旅馆和自费项目常常被游客投诉价格贵、态度差，游客在旅游过程中怨声连连。

景区旅游摊点、商店服务质量不高。目前，我国部分旅游景区摊点、商店不符合景区服务质量的标准。具体表现出以下两种现象：一是“散”。景区周边的旅游商品所设摊点、商店过于分散，难以形成具有竞争力的旅游商品市场。二是“乱”。景区内外缺乏监管，相当一部分产品无质量保障，且价格虚高，有些景区甚至存在尾随游客兜售商品，强买强卖的现象，旅游体验非常恶劣。

基础设施建设投入管理力度不够。这在景区中体现得尤为明显。很多景区存在规划资金多，实际投入资金少等问题，甚至有很多景区对基础设施建设处于常年零投入状态。此外，一些景区在完成基础设施建设后，便不再花费多余的资金进行维护保养，由此导致的安全事故隐患层出不穷。2017年4月9日，多名游客在木兰胜天景区自山顶沿玻璃栈道下滑游玩的过程中发生事故，造成一死三轻伤的惨剧。部分文化经营场所没有从思想上重视安全管理，缺乏安全意识，存在突出问题和安全隐患，这些问题都对基础设施的建设和管理提出了更高的要求。

娱乐休闲服务行业更是频频出现服务品质差的现象，如KTV和网吧片面注重硬件数量，而服务质量却跟不上。网吧是提供网络休闲服务，更确切地说是提供电脑及网络使用服务的场所，但是单纯提供硬件方面的服务，“软件”方面的质量跟不上硬件的发展将导致严重的资源浪费，传统网吧风光不再，网咖的兴起正好说明了传统娱乐休闲行业发展的突围之路在于服务品质的提升。

（三）"技术"：创新和产业融合持续引领行业转型

在新互联网的语境之下，无所不在的数据、算法造就了无所不在的创新，也引领了传统行业与"互联网+"更深入的创新与融合。在文娱产业方面，科技的创新驱动着产业的转型，然而转型过程中仍存在一些技术层级的问题亟待解决。

据国家旅游局统计数据显示，近年来我国国内旅游人数一直保持10%以上的上升趋势，仅在2017年上半年旅游人次达25.37亿次。早在2015年，国家旅游局发布的《"旅游+互联网"行动计划》中明确提出，到2018年，将推动全国所有5A级景区建设成为"智慧旅游景区"；到2020年，将推动全国所有4A级景区实现免费WiFi、电子讲解、在线预定、信息推动等功能全覆盖。但截至目前，相关建设还在不断完善中，譬如最基本的在线门票的售卖还未实现100%全景区覆盖。此外，各大景区与新媒体的融合较之2016年，开通微博与微信公众号的景区明显增多，但在互动性和实时性上尚有待提升。目前，由于人工智能与数字科技的进步，游客未能充分掌握旅游资讯，多选择在成行之前通过互联网渠道了解目的地、住宿环境、周边设施等信息。此前在宋城、上海迪士尼、华侨城早已宣布要加入AR/VR技术，这种新技术在旅游业中应用前景相当广泛。我国景区中，应用该技术的案例少之又少，未来需要不断的技术投入，满足游客的需求。

游戏游艺行业自诞生以来就与科技密切相关，包括4K、体感传感器、虚拟现实以及各色电子设备的更新换代，这些新技术正在逐渐将游戏游艺行业推向一个新的高度。但就我国目前情况来看，由于大环境、资金支持、玩家培养，技术水平等问题，游戏的市场还不够成熟，再加之技术门槛成本高，开发难度大，我国游戏游艺行业尚处在不断摸索的阶段。手游行业在近些年来虽然发展势头迅猛，但从所暴露出的低俗、同质化、快餐化等现象可看出，游戏游艺行业并非走在健康发展的道路上。根本还需要从政策入手，从从业者入手，以良好的产品和娱乐观带动整个产业转型升级，达到整个产业链又好又快的发展。

就电影业来看，拍摄技术、特效技术、后期处理技术、放映技术、相关影视设备的更迭在不断刷新未来电影的可能性。在内地票房迎来爆发式增长的背后，可看出国产电影的制作水准正在节节攀升，逐渐缩小与好莱坞电影的差距。但同时也可看出该行业蓬勃发展的背后，我国自有高新技术和产品的匮乏，自主知识产权的技术产品偏少，从摄影器材到放映器材，再到处理软件、剪辑软件等多依赖引进，在自主研发能力上还有待加强。

（四）“文化内涵”：充实行业的核心竞争力

文化产业包含诸多组成部分，其中文化休闲娱乐服务行业是重要的组成部分之一，行业应将社会效益放在首位，遵循“双效统一原则”，作为弘扬中华优秀文化内涵、社会主义先进文化的载体，在精神层面不断满足人民群众日益增长的精神文化需求。在2017年的十九大中，习近平总书记指出：中国社会主要矛盾已经转化为人民日益增长的美好生活需要和不平衡不充分的发展之间的矛盾。由此可得，人民群众日益增长的美好生活不仅仅需要丰富的物质文化，还需要丰富的精神文化内涵。充实文化休闲娱乐服务行业的文化内涵，是从源头抵制腐朽落后文化，保障全产业链茁壮成长的重要措施。

文化内涵是景区人文景观的核心，然而我国景区的同质化、商业化现象严重，古街古镇千篇一律缺乏创新意识，加之对自然生态环境的破坏、古建筑街区的保护，更加剧了同质化现象。同时，由于政府缺乏监管，盲目引进商户，使得原本应当着重发展高质量文化旅游的景区沦为商业街区，无法在游客旅游的途中得到文化的陶冶。

我国的主题公园虽然类型、数量众多，但基本只有“旅游+地产”一种商业模式。譬如华强方特文化科技集团股份有限公司旗下的方特梦幻王国，先后在国内打造了一系列主题乐园，包括芜湖方特梦幻王国、郑州方特梦幻王国、厦门方特梦幻王国、青岛方特梦幻王国、株洲方特梦幻王国等十个大型文化科技主题乐园。以方特为例，主题公园需要配发房地产项目作为资金支持，否则很难实现收支平衡。因此，开发商的重点就很难分配给主题公园的文化核心中，类似的样本在我国屡见不鲜，这种模式的组合导致主题公园的文化主题不突出，并且一次性旅游现象严重，无法通过身后的文化内涵吸引游客，未形成全方位的文化产品产业链。

（五）“法律法规”：保障行业健康发展

目前我国文化休闲娱乐服务行业的相关监管有待提升，立法也亟待完善。部分娱乐场所还存在违法经营的现象，特别是在二线、三线城市中该现象尤为严峻。

2017年北京市第十四届人民代表大会常务委员会通过了《北京市旅游条例》，

目的在于保障旅游者、旅游经营者和旅游从业人员的合法权益，规范市场秩序，保护和合理利用旅游资源，促进旅游业健康发展。但是景区旅游内一些倒卖门票、非法载客、欺诈、隐形附加费用的现象仍旧存在。

并且在2017年，全国诸多旅游城市也出台了相应的管理办法和管理条例，对于当地景区来说有了法律上的约束和保障。但是，政府的监管力度尚需加强，对于违规行为处罚机制不尽合理，对于不法商家和游客的不文明行为没有相应的管理措施。

保障景区、休闲娱乐场所等的健康发展，还需从完善相关法律入手，加之增强政府的监管职能，将法律落实到位，方能保障我国文化休闲旅游行业健康发展。

三、文化休闲娱乐服务行业的发展趋势

（一）智慧服务发展强化互动体验

为顺应移动化、便捷化的消费趋势的发展，互联网数字文化产业逐渐兴起。互联网数字文化产业是以信息化推动文化产业发展，鼓励利用新一代信息技术改造提升服务业，创新要素配置方式，推动服务产品数字化、个性化、多样化。在体验经济时代里，文化休闲娱乐服务行业作为文化产业繁荣发展，满足人民群众日常休闲生活的主要服务行业，其行业本身就具有广泛的社会参与性与大众互动性，进一步强化与用户的互动体验感受，提供智慧化服务以提升服务质量与服务效度，是文化休闲娱乐服务行业增强用户黏度，促进行业长足发展的重要前提。近年来，国内外文化休闲娱乐服务产业的竞争日益呈现出信息化态势，依靠新的信息技术移位或占据文化产业竞争制高点已成为新趋势，科技创新成为文化休闲娱乐服务行业发展的新引擎，运用高新技术特别是信息技术改造传统文化产业，创新文化生产方式，提升文化休闲娱乐服务水平成为新目标。

随着“智慧地球”“智慧城市”等概念的相继提出，“智慧+”被广泛运用到各行各业，文化休闲娱乐服务行业旨在提供智慧化服务以强化与用户的互动体验感受。当前，“智慧旅游”正在从一个新概念变成可感可触的新体验，“智慧景区”的建设已经成为我国旅游业发展的一个新趋势。据统计，截止到2017年年底，全国共

有5A级景区227家，4A级景区超过千家，3A级景区不计其数。早在2015年，国家旅游局曾发布了《“旅游+互联网”行动计划》，明确到2018年，将推动全国所有5A级景区建设成为“智慧旅游景区”；到2020年，推动全国所有4A级景区实现免费Wi-Fi、智能导游、电子讲解、在线预订、信息推送等功能全覆盖。“智慧景区”能够通过智能网络对景区地理事物、自然资源、旅游者行为、景区工作人员行迹、景区基础设施和服务设施进行全面、透彻、及时的感知，实现人与自然和谐发展的低碳智能运营景区，能够有效地保护景区生态环境，为游客提供更加优质的服务，为社会创造更大的价值。文化休闲娱乐服务行业以搭建网络互动平台，利用现代信息技术，借助移动终端，与用户实现网络实时互动，使游程安排进入触屏时代，提供信息咨询、在线支付等全方位的全时服务，提升服务管理水平，拓展服务维度，精细服务环节，延伸服务链条，发展智慧服务。

与此同时，与体验经济紧密结合的KTV、“密室逃脱”体验馆、桌游空间以及影音扩印等也越来越来注重智慧服务的供给，紧跟数字信息时代的脚步，积极运用互联网等现代信息技术，改进服务流程，扩大消费选择，培育信息消费需求，丰富信息消费内容。文化休闲娱乐服务行业能够让人们获得临场的感官享受和神经的快感，扩大人们的视听和娱乐空间，积极开拓与时代科技相结合的新技术开发，将互联网、数字化、人工智能等高新技术产品融入整个文化休闲娱乐服务业的建设中，强化交互式体验服务场景的营造，是文化休闲娱乐服务行业未来发展的新趋势之一。

（二）服务打造品牌提升竞争实力

随着经济社会的发展，我国的消费结构正在发生转型升级，在经过基本生活用品消费、彩电和冰箱消费、汽车和住房消费的前三次消费升级后，第四次消费升级正在向旅游、教育、娱乐等文化类消费转变，文化消费将成为新的经济增长点。从前景上来看，全球的文化休闲娱乐服务产业在满足文化消费需求上具有广阔的发展空间，文化休闲娱乐服务业有着“无烟产业”的美誉，大力发展全球文化休闲娱乐服务产业已经成为全球方兴未艾的大趋势。以优质服务打造品牌，是实现口碑营销的基底，文化休闲娱乐服务行业的竞争在未来将越来越体现在服务质量的较量上。

2017年6月，国家发改委印发《服务业创新发展大纲（2017—2025年）》（以下简称《大纲》），为今后一个时期深入打造中国服务新品牌、建设服务业强国以及服务业发展提供指引。其中，《大纲》将文化服务与教育培训、健康服务等并列作为扩大社会服务有效供给的重点领域，提出要推动其发展，从而达到优化服务供给结构的发展目标。文化休闲娱乐服务行业在未来的发展将进一步营造全社会重视服务质量的良好氛围，打造“中国服务”品牌。服务质量是服务类企业的立业之本，坚持质量第一、诚信经营，强化质量责任意识，制定服务标准和规范，推进文化休闲娱乐服务业职业化发展，强化企业员工培训，以服务品质拉动整个文化休闲娱乐服务行业的升级，将更加专业化，更加人性化的消费体验传达给每一位消费者，进而实现品牌化运营，以服务打造品牌将是文化休闲娱乐服务行业在未来提升行业竞争力的不二选择。

（三）市场诚信加强创新消费金融

近年来，文化休闲娱乐服务行业市场诚信逐渐加强，行业投资发展趋势由粗放式的投资建设逐渐向精品投资建设升级，行业投资主体趋向多元化。《国家“十三五”时期文化发展改革规划纲要》指出：“加强文化消费场所建设，开发新型文化消费金融服务模式”，鼓励文化休闲娱乐服务等服务类行业创新消费金融，支持发展消费信贷。消费金融在一定程度上能够刺激人们的消费，提前消费受互联网金融发展的影响，在国内已经成为一种不断发展和扩张的流行产物。在人们可支配收入固定或增速有限的情况下，通过刺激提前消费可提升人们在某一时间段的消费水平。未来消费金融的发展能够促进文化休闲娱乐服务行业的发展，拉动文化休闲娱乐消费内需，刺激文化消费经济增长，提升消费者文化消费的速度。对于文化休闲娱乐服务行业而言，消费金融最关键的就是消费场景的生活化，即通过各种语言、画面、视频等方式刺激人们的消费欲望，继而刺激消费者完成消费，在消费者进行消费的过程中推出相关的消费金融产品或方式，以此完成商品的销售、支付、消费金融交易的全过程。此外，在大数据时代下，消费金融中涉及的征信环节也是文化休闲娱乐服务行业所必不可少的，文化休闲娱乐服务行业通过征信的方式可获取大量消费者数据信息，经由大数据分析，结果可为消费者提供更具有诱惑力的场景以及更为丰富的服务，从而进一步提升消费者的服务体验感受。消费金融在未来将成为文化休闲娱乐服务行业制造黏性，保留客户以及吸引竞争对手用户的一大利器，成为提升客户服务体验的一大工具。

（四）供给结构优化助推产业升级

文化休闲娱乐服务行业在满足人们精神文化需求、扩大和引导文化消费、带动就业、促进经济发展等方面具有重要作用。近年来，随着城镇居民收入的稳步提升，人们对于消费的需求已从生存性向发展性升级，对于消费产品的属性和质量更为重视，整个社会也涌现出越来越多的新消费形式。可以说，人们的需求在推动着整个行业的转型升级，而落脚点，则必须是供给侧改革带来的产业结构优化。文化休闲娱乐服务行业的发展应充分考虑到现阶段人民群众的真实需要，紧紧围绕消费需求，提升休闲娱乐产品品质和服务的供给能力，让供给水平适应居民消费结构升级的需求。避免消费外流，让供给端有效匹配以实现经济健康发展。

供给结构优化助推产业升级是大势所趋，未来的发展方向有两个方面：一是丰富经营业态，二是实现全产业链发展。2016年，文化休闲娱乐服务业营业收入为1242亿元、增长19.3%。这得益于国家鼓励娱乐场所丰富经营业态，发展连锁经营，推动文化娱乐行业转型升级，并给予相应的扶持。而文化产业与互联网深度融合产生的新业态和新模式，为文化休闲娱乐服务行业的发展开拓了新维度，这样的发展态势也得到了数据的印证，2016年文化产业十大行业中，以“互联网”为主要形式的文化信息传输服务业发展速度最快，营业收入5752亿元、增长30.3%。所以，应该顺应“互联网+”发展趋势，鼓励行业与互联网结合发展，实现场内场外、线上线下互动，增强体验式服务，不断拓展新型文化产业业态。

另一方面，整个行业需尽快实现内容资源的整合和衍生品开发，实现全产业链发展。例如宋城集团在其原有的“主题公园+文化演艺”的主营业务基础上，打通了电影、主题公园、演艺创作的产业链条，大力推进文化全产业链模式，赢得了无限商机。2016年，宋城演艺盈利约9亿元，归属于上市公司股东的净利润比上年同期增长35%~55%。宋城演艺又先后在三亚、丽江和九寨沟三个热门旅游目的地形成复制，放大了“千古情”IP的社会和经济效应。由此可见，行业的发展要以产品研发促进转型升级，以转型升级带动产品研发，逐步形成产业链上下呼应、合作共赢的格局。

（五）业态集聚融合打造综合一体

文化部2016年印发的《关于推动文化娱乐行业转型升级的意见》中明确表示：鼓励歌舞娱乐场所利用场地和设备优势，依法提供观影、演出、游戏、赛事转播等服务，办成多功能的文化娱乐体验中心。鼓励在大型商业综合设施设立涵盖上网服务、歌舞娱乐、游戏游艺、电子竞技等多种经营业务的城市文化娱乐综合体。鼓励娱乐场所跨区域开展连锁经营，鼓励连锁场所入驻城市文化娱乐综合体。鼓励连锁企业提升服务水准，引领行业创新，支持连锁企业上市，做大做强行业品牌。从政策和实际情况看，综合体是未来行业发展的趋势，也是业态集聚，强强联合的必然结果。

国家大力推进“城市共同体”的建设，强调“命运共同体”的概念，从文化休闲娱乐服务行业角度，可通过景区游览服务、娱乐休闲服务和摄影扩印服务，打造一个区域、一个城市、甚至一个国家的特色，形成有别于传统城市综合体的新形态。形成辐射带动城市经济、孕育城市活力生机、兼具“包容性”与“生命力”的城市多功能综合有机体，协同其他行业和地区，为城市发展助力。同时，打造综合体，必须根植于地方特色，多元融合不同业态，以国际化视野诠释当地文化，发挥行业的资源与优势。

文化休闲娱乐服务行业未来的发展，当坚持以市场为导向，以社会效益为原则，以满足广大人民群众日益增长的文化休闲娱乐需求为目的，进一步加强载体建设，改进管理方式，创新经营理念，促进文化休闲娱乐等服务业跨越式发展。以区域为依托，建成空间布局合理、业态结构相融、辐射带动广泛、区域特色鲜明的文化休闲娱乐等服务产业集群，汲取融合力量，形成特色鲜明的综合体。

综合体的发展和打造，必然促进文化创意产业的出现，吸引相关文化企业在地理位置上的集聚，首先，可以增加不同企业间的接触，推动合作，其次，会带来竞争压力和差异化发展，最后，可以推动集聚区公共服务平台的发展，带来政策咨询，小额贷款等服务。同时，综合体的发展会反哺当地社会和经济的发展，增加文化软实力。如现在的商超、产业园区和主题公园等产业的发展，都以“文娱休闲+”模式，打造全产业链艺术综合体，但同时也应该注意，需在主体业态明确的基础上实现跨越式发展。综合体，当是有生命力的、生态的城市目的地。

（六）注重社会效益创造美好生活

当前我国进入了精神消费、品质消费的时代，然而精神产品不足、品质产品缺乏是文化产业面临的突出问题。文化休闲娱乐服务行业与民众生活息息相关，除了创造出巨大的经济效益，也应当在未来的发展中，更加重视发挥社会效益，提供高品质的文化产品和服务。

党的十九大报告中强调："中国特色社会主义进入新时代，我国社会主要矛盾已经转化为人民日益增长的美好生活需要和不平衡不充分的发展之间的矛盾。"这一转变，强调了人民的需要已经不再是"落后的生产力"无法满足的"日益增长的物质文化需要"，而是更上了一级台阶，由基本温饱转向更高的精神需求，这也对行业的发展提出了更高的要求。"美好生活"是人民的向往，是党的奋斗目标，也是文化休闲娱乐服务行业未来发展的原则之一，行业应坚持双效统一，创造美好生活。以社会主义核心价值观为引领，以融合发展、创新供给、拓展受众、提升形象为总体思路，坚持把社会效益放在首位，坚持正确发展导向，改善行业发展环境，增强企业社会责任，着力解决制约文化娱乐行业发展的关键问题，推动行业健康有序发展，不断丰富人民群众文化娱乐生活。

从行业整体看，应鼓励企业参与公共文化服务。包括鼓励营业场所面向中老年人、低收入人群及特殊群体开发专项服务产品，提供优惠服务。鼓励娱乐休闲场所参与基层公共文化服务，组织与承接公益性文化艺术活动，开展艺术讲座、声乐器乐舞蹈培训、休闲健身等多种形式的便民利民公共文化服务。支持生产企业开发适合公共文化服务的文化娱乐产品。

从微观层面。景区服务领域应完善基础设施建设，提供优质的公共文化服务。搭乘"互联网+"翅膀，提升旅游业的文化内涵和附加值，加强景区设施和纪念品在文化、历史、民俗等方面的创意设计，突出文化的软实力。在娱乐休闲服务领域，除了加强歌舞厅、室内游乐、网吧等娱乐场所的日常监管，应充分发挥娱乐服务场所的桥梁作用，搭建平台，服务民生，推出"叫好又叫座"的高品质文化产品，让人民的"美好生活"拥有现实路径。在摄影扩印服务领域，充分利用互联网思维带来产业融合新思考，与电商、旅游业、主题公园等跨界合作，给记录下人民的"美好生活"以技术支持和具体实现方式。

第十二章　2017年中国工艺美术品行业年度报告

2017年，中国传统工艺行业迎来了国家强力振兴的重大战略布局，各种利好政策接连出台，“文化自信”“传统文化”“工业文化”“复兴传统手工艺”成为年度热词，中国传统工艺美术重构自己的话语体系迎来了大好机遇。在此背景下，系统研究工艺美术行业发展现状，并提出针对性的促进行业快速发展的相关建议，对于全面推进我国工艺美术行业转型升级、促进行业未来持续健康发展具有重要意义。

一、2017年中国工艺美术品行业发展现状

（一）工艺美术品行业发展概况

工艺美术品也称工艺品，是以美术技巧制成的各种与实用相结合并具有欣赏价值的物品。中国工艺美术品类繁多，分十几大类，数百小类，品种数以万计，花色不胜枚举。大类大致包括陶瓷工艺品、雕塑工艺品、玉器、织锦、刺绣、印染手工艺品、花边、编织工艺品、地毯和壁毯、漆器、金属工艺品、工艺画、首饰等。

中国的工艺美术行业经过近20年的发展，已成为世界上最大的生产国和出口国。随着中国经济的迅速崛起以及对外交流的进一步深入，作为与文化、旅游、家具装饰等产业紧密相连的工艺美术产业，迎来了难得的发展机遇。目前，我国工艺美术行业已经建立了较为完善的产业体系，行业规模不断壮大，集中度稳步提高，品种和技艺推陈出新，产品在国内外影响力和知名度显著提升，涌现了一批德艺双馨的工艺美术大师，但也面临着专业人才短缺、创新意识薄弱、小微型企业生存压

力加大、不同地区产业化程度不均衡、行业配套水平低下、自主品牌建设滞后等突出问题。此外，随着“互联网+”与工艺美术产业的不断深入与融合，中国艺术品市场从初期的网上画廊、网上拍卖、网上展览等，已经发展到通过互联网平台进行展示、互联网电商、互联网金融的实践，可以说，“互联网+”让艺术品创新业态的生发有了更多新的进展与亮点。

根据中商产业研究院发布的《2017—2021年中国工艺美术品市场现状调研与发展前景分析报告》显示：2017上半年，中国工艺美术品进口额达9.95亿美元，同比增长3.22%；仅6月份进口金额达2.2亿美元。在工艺美术品中，首饰及仿首饰进口额1.1亿美元，占6月份总进口额的50.2%。除了首饰及仿首饰进口比较多之外，珠宝及纤维或尼龙制地毯也是进口额比较多的工艺品。

在出口额方面，2017上半年我国工艺品出口额达134.4亿美元，同比增长13.7%，仅6月份出口额就达28亿美元。相对于进口额来说，可见我国是工艺美术品生产大国。在出口美术工艺品中，2017上半年出口额排名前三的美术工艺品分别是首饰及仿首饰、花画工艺品和地毯挂毯类工艺品。其中，首饰及仿首饰工艺品出口额高达59.2亿美元。就国内工艺美术行业整体发展情况来看，2017年1—10月，全国工美行业累计主营业务收入利润率为5.37%，同比增长0.04%。但全国工美行业累计完成亏损企业数447.00家，同比增长1.59%（见图12-1）。

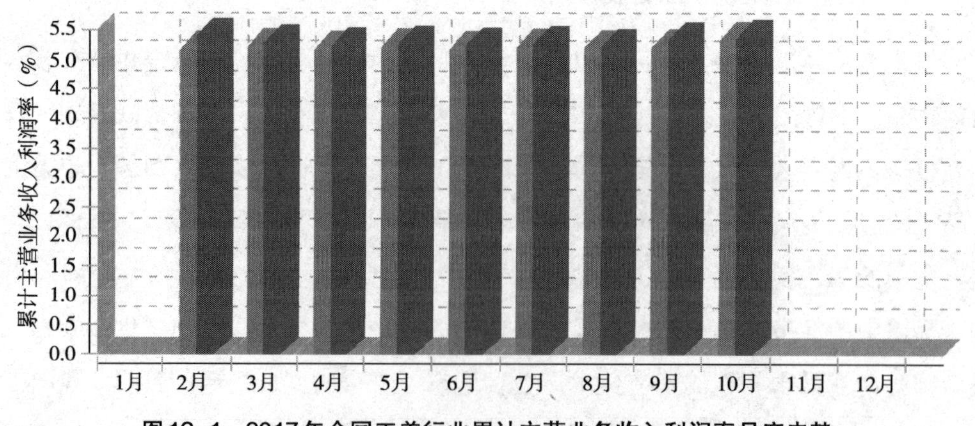

图12-1　2017年全国工美行业累计主营业务收入利润率月度走势

资料来源：中国轻工业网（http://www.clii.com.cn/zhhylm/201712/t20171213_3915955.html）

（二）工艺美术行业发展的特点

1.以转变经济发展方式为方向，着力提升企业发展水平

党的十九大报告中提出了“推动中华优秀传统文化创造性转化、创新性发展”。优秀的传统民间工艺美术作为传统文化的重要组成部分，应该将创造性转化和创新性发展应提上重要议程，把增强自主创新能力作为工艺美术发展的战略基点和提升产业结构、转变增长方式的中心环节，推动原始创新、集成创新和引进消化吸收再创新，促使行业发展向主要依靠科技进步带动转变。

全面提升企业工业化水平。当前，工艺美术企业在品种和技术方面都在不断推陈出新，努力实现企业工业化水平提升和创造性发展。传统工艺美术更是不断追求生产方式和制作技艺的革新进步，在继承传统技法的同时，不断采用新技术、新工艺。从盘、捏、拉、塑、刻、画、吹、錾、铸到冲压、喷涂、电镀、切割乃至电脑设计、自动控制等技术，都在实现着由个人、小作坊的全程生产向工业化的流水线生产，专业化生产以及社会化协作生产的转变。而在使用的材料方面，工艺美术企业在运用泥、石、木、棉、布、金、银、铜、铁、锡等传统材料的同时，也在不断运用新的材料，如塑料、矿物、废品以及新型复合材料等。就整个行业来看，传统工艺美术企业在造型、品种、技法、生产方式、材料、功能等方面都在不断地更替演进。

积极推进产品创新优化产品结构。产品创新是企业生存和发展的生命，对于工艺美术企业也是如此。2017年，工艺美术行业积极推动产品创新优化产业结构。总体来说，一方面是在题材和内容上的创新，通过工艺美术品与文化、科技、旅游、生活等行业的不断融合，探索工艺美术品开发的新途径、新题材，催生新的艺术品产业业态，开发工艺美术作品的衍生品和授权品，使工艺美术产品更加丰富和多元化，促进工艺美术企业产品结构优化升级；东阳木雕现除了纯粹的艺术品外，还和家具、建筑等结合起来，像无锡灵山、雷峰塔白蛇故事，以及这次G20主会场出现的东阳木雕壁画、会议座椅、摆件作品等，无不体现了中华民族的精湛技艺和高规格的艺术风格。

另一方面，“新型材料”“新技术”“新设备”也成了传统工艺美术企业转型升级，优化产品结构的拓展方向，对中国传统工艺的振兴与发展具有举足轻重的作

用。以往的传统工艺美术品大多以木、竹、藤、草、泥、石、皮革、羊毛等天然材料为主，产品具有自然的质地美和纹理美。也有些手工艺品以珍珠、犀牛角、珊瑚、翡翠，以及金、银等贵重材料制成，具有较高的经济价值。但新近发展的或正在研发的一些材料，如高纯金属及靶材、稀贵金属、新一代非晶材料、电光陶瓷等先进陶瓷，微晶玻璃、精细合金等，具有比传统材料更为优异的性能，有力地推动了现代工艺美术品的发展。而电脑、电动机械工具，甚至于3D打印、各种雕刻机、激光快速成型机、数控机床等现代机械工具更是为工艺美术行业利用新工艺来创新优化产品提供了更大的机遇和可能性。

培育打造工艺美术产业大企业。根据国家统计局相关统计资料显示，2016年一季度，全国工艺美术行业规模以上工业企业共5169家，规模以上企业累计主营业务收入2362.7亿元，与上年同比增长5.59%，实现利润121.6亿元，同比增长5.49%。目前，工艺美术行业内企业不断强化品牌培育，强化集聚意识，加快形成具有规模经济的产业集群。通过“兼并、收购、控股、参股”等方式加快扩大规模，实现由单一的原料生产加工向文化创意、工艺研发、推广营销、进出口贸易等方向发展，做优、做大、做强，增强核心竞争力。北京工美集团作为工艺美术行业的龙头企业，坚持工艺美术主业，整合集团内外部资源，优化集团产业结构，扩大产业规模，力争在2020年年末销售收入超过150亿元；提升自主品牌产品在集团总营业收入及利润中的比重，不断巩固“国礼造办”地位、进一步提升行业黏合度和工美品牌影响力，不断探寻新的利润增长点、进一步提升集团抗风险能力；共同把集团建设成具有较强核心竞争力和广泛国际影响力的工艺美术文化创意产业集团。

大力推动信息化在工艺美术企业的应用。伴随着科学技术的发展和信息化时代的到来，信息技术已经渗透到全球各个技术领域。信息技术也不断渗透和融入我国传统工艺美术行业，信息技术在企业产品研发设计、生产过程控制、企业管理、市场营销、人力资源开发、新兴业态培育、企业技术改造等多环节发挥着重要作用。我国目前的工艺美术教育已经不再是过去的简单教学，而演变为创意教学，在教学中充分引入了计算机设计，传统大学教育在不断发生变化，由原先的偏重手绘设计、基础课教学，变为现在针对不同学生在创意课和技术课中作出调整。除此之外，目前利用信息资源建立的工艺美术品网上超市产权市场能够利用现有信息网络资源，针对各自地区工艺美术产业发展特点，建立工艺美术品网上超市为各地区工艺美术品交易提供中介平台，为繁荣工艺美术产业、弘扬传统文化服务，提升了工艺美术企业的信息化水平和生产方式变革。

2.以特色产业集聚区建设为载体，优化结构构建整体优势

完善区域产业发展协作体系。目前我国工艺美术行业正在不断加快工艺美术特色区域建设，培育壮大特色产业集群。围绕区域主导产业，加快发展配套产业与工艺美术服务业，健全公共服务体系，提升产业配套水平，完善区域产业发展协作体系。着力挖掘和展现少数民族地区具有文化特色的传统品种和手工技艺，培育以自然资源、人文传统为支撑的传统工艺美术特色集群。在部分地区，由政府牵头，通过打造“手艺小镇”，集群当地特色工美产业，如浙江青田石雕小镇、东阳木雕小镇、龙泉青瓷小镇，通过规模化运作，产生1+1>2的效果，同时还能带动文化消费、推动旅游业，创造更大的经济价值，实现良性循环。这种模式，值得全国借鉴。

工艺美术品市场交易体系逐渐成熟。中国的艺术品市场交易体系主要包括画廊、拍卖、博览会、沙龙、私下交易、民间社会市场、网上交易及文交所等不同交易体系的不同主体、支撑体系与交易形式等的集合。2017年就工艺美术品整个行业来看，中国的工艺美术品市场交易体系正在不断发育并走向成熟，无论是工艺美术企业产权还是工艺美术专利技术、工艺美术品，都可以在产权市场选择“集中竞价”“动态竞价”“一口价”“一次性报价”等多种网络竞价方式进行更加有效和公平的交易，满足了客户的多种需求，使工艺美术品市场交易拓宽了渠道，市场体系不断完善。而工艺美术品产权交易平台的不断完善和成熟，可为工艺美术大师、工艺美术品生产企业提供技术转让和使用权许可、技术人才的引进及羡慕投融资合作等全套服务，还能利用平台资源将投融资与互联网金融（众筹）相结合，唤醒沉睡资本，活化文化产权，为解决工艺美术品项目资金问题提供多种渠道。[1]

工艺美术公共服务体系日益完善。2017年，工艺美术行业整体产业经营水平逐步提高。科研创新能力在不断增强，围绕工艺美术产业发展的设计研发、展览展示、物流配送、人才培养等服务不断健全完善，有效地促进了工艺美术产业的发展。杭州作为历史文化名城，由于经济发展和城市化快速扩张，文化生态急剧恶

[1]秦冬冬.美术品交易平台服务工美行业创新发展[J].产权导刊,2015(6).

化，传统工艺美术与民间技艺趋于消失，张小泉剪刀、西湖绸伞、王星记扇子等代表杭州本土文化的工艺美术技艺濒临失传，工艺行业后继乏人。因此，结合城市有机更新，杭州工艺美术博物馆群积极探索与努力践行有示范意义和推广价值的文化传承方式。杭州工艺美术博物馆群不但通过对物质文化遗产的工业遗存空间进行改造利用，打造创新公共文化空间，而且将传统工艺美术与民间技艺等非物质文化遗产作为核心亮点来打造杭州特有的公共文化服务产品和体系，实现社会公共文化资源共享最大化，提升杭州公共文化服务能力。❶

3. 以国内外市场多产业统筹发展为手段，产业规模得以壮大

工艺美术品“走出去”。随着《关于加快发展对外文化贸易的意见》以及《关于推动文化文物单位文化创意产品开发的若干意见》等相关文件的落实和推进，工艺美术行业正在积极加快拓展海外市场的步伐，2017年5月，随着“一带一路”国际合作高峰论坛的召开，更是将富有中国特色文化创意产品开发与面向国际推广提上新的日程。借助互联网的发展势头，我国的工艺美术企业通过网络平台成功将产品销售到海外市场，致力于同国际接轨，将蕴藏在工艺美术中的中国传统文化在海外发扬光大。2017年6月14日，中国故宫博物院馆藏珍品、清代宫廷画家郎世宁所绘《秋林群鹿图》在泰国曼谷中国文化中心开幕的“造物记——来自中国的创意礼物”展览现场展出。作品一经展出引来了当地民众的热烈反响，不仅赢得了普通观众的喜爱，也引发了当地商业机构洽谈落地销售合作的热情。今后，中国工艺美术品会更加充分利用中国进出口交易会、深圳文博会等交易平台并积极举办专业会展，以会展品牌拓宽我国工艺美术产品在国际市场的需求空间。

工艺美术专业化和高端市场建设。随着工业4.0时代的到来，2017年我国工艺美术行业生产不断融入现代智能制造技术，推动手工艺产品向定制化、小批量化、标准化和品质化提升，传统工艺美术行业零星分散布局、创作条件差、小规模手工作业、家庭个人作坊式水平面貌有所改善，工艺美术行业生产程序协作加强，生产技术管理水平提高。此外，工艺美术行业不断推进传统工艺文化融入现代商业消费市场，与国际化市场接轨，吸收其优秀文化和先进设计理念、技术和技艺，加快开发具有国际高端水平的产品，提高重点国际市场占有率，向创作题材多元化、生产手段现代化、产业发展规模化、工艺技术科学化方向发展。围绕

❶陈伟，王坚.杭州工艺美术博物馆群工业遗存的保护[J].浙江建筑，2014(4).

供给侧结构性改革和消费结构升级换代，我国工艺美术行业正不断加快生产方式向数字化、网络化、智能化、柔性化发展。2017年5月10日“中国品牌日”的设立，更是从国家层面出发，全面鼓励企业发挥品牌影响力，扩大自主品牌的知名度，推进全民品牌教育，力求打造国际具有影响力的著名品牌，提升工艺美术产业发展核心竞争力。

整合产业发展关键性生产要素，突破工艺美术产业发展瓶颈。目前，我国工艺美术行业在资金、人才、技术、管理、品牌等方面也注重开展资源和价值链的整合，并结合工艺美术特点进行金融创新，积极开辟传统工艺美术旅游线路，开发特色鲜明、适销对路的旅游工艺品、新型室内装饰工艺美术新产品、工艺美术礼品和仿古艺术品，融合旅游产业协同发展。针对工艺美术业创新发展需要，有针对性地引进和培养工业设计、市场营销，打造一支专业技术水平高、管理能力强的人才队伍，以求全方位整合产业发展的关键性生产要素，突破工艺美术产业发展瓶颈。上海世界手工艺产业博览园以打造全国最具品牌价值的文化创意手工艺产业集市平台，拓展手工艺产业销售新渠道为目标，开设超过1000家“手工艺从业者工作室”，建立10000家“手工艺创意集市”，全面推进“世界手工艺产业博览园”的“个十百千万”文化工程，真正实现融艺术创作、艺术收藏、文化交流、文化衍生品、授权产品开发于一体的产业链，使之成为既有艺术高度，又有充实内容的文化综合体。❶

提高创意产业发展水平，实现工艺美术业与创意产业良性互动。自2014年国务院关于《推进文化创意和设计服务与相关产业融合发展》以及一些鼓励创意产业发展的政策和措施出台以来，传统工艺美术与文化创意产业不断紧密融合，文创经济和设计理念的思维和方法越来越多地应用到工艺美术产业中，成了工艺美术产业转型升级的推力。工艺美术行业通过举办工艺美术创作大赛和展览，增强了全社会的创新意识，在全社会营造出支持创意产业发展的良好氛围，培育了工艺美术创意产品市场环境。同时，开发符合现代生活和审美的新产品也使得诸多传统工艺美术在文化创意产业中获得新生的机遇，为工艺美术行业发展带来新的发展思路，拓宽了工艺美术产业的发展空间。

---

❶徐锦.共同见证工艺美术行业盛举[J].上海工艺美术,2015(04).

二、中国工艺美术品行业的发展机遇

（一）"一带一路"为工艺美术拓展发展新空间

2017年开年，《文化部"一带一路"文化发展行动计划（2016—2020年）》（以下简称《计划》）就提出逐步完善文化交流合作机制，打造文化交流合作品牌，推动"一带一路"文化产业繁荣发展等。此计划的实施，使工艺美术行业成重点发展领域，同时也为工艺美术行业发展带来新的契机。在《计划》的扶持下，国家将倡导工艺美术行业与沿线国家和地区的艺术人才和文化机构联合创作、共同推介，开展交流互访，形成品牌活动。在国内将实施"中华优秀传统艺术传承发展计划"，通过国家艺术基金对优秀项目予以支持。传统工艺美术里优秀的非遗项目、非遗传承人将有机会更加深入地与沿线国家和地区建立交流合作机制，推动工艺美术走出国门，进一步扩大合作范围，与沿线各国的沟通与交流也将为工艺美术创作提供新思路，实现创新发展。

（二）供给侧结构性改革倒逼工美行业中高端发展

2016年5月，国务院办公厅发布《关于开展消费品工业"三品"专项行动营造良好市场环境的若干意见》（以下简称《意见》）。《意见》中指出，开展消费品工业增品种、提品质、创品牌"三品"专项行动，改善营商环境，从供给侧和需求侧两端发力，着力提高消费品有效供给能力和水平，更好满足人民群众消费升级的需要，实现消费品工业更加稳定、更有效益、更可持续的发展。"三品专项行动"可以说是国家深化供给侧改革的重大举措，是帮助工美人"去库存""再生产"的有力举措。工艺美术品行业发展缺乏内生动力的原因之一在于过多依赖初级产品，对技术和人力资源产生挤出效应，供给侧结构性改革强调要素的优化和创新配置，包括人才、创新、技术进步等。从供给侧进行结构性调整，从供给端着手，有助于产能集中到中高端市场的供应上来，在一定程度上倒逼工艺美术品的中高端供给。

（三）国内与国际市场需求的快速增长

随着我国国际地位的提高和对外交流的扩大，世界对我国优秀民族文化认同程度也将随之提高，以中华优秀文化为内涵的工艺美术品的国际需求将持续上升。我国元代青花瓷自产生的那一刻起，便以其独特的魅力风靡中国，远销海外，成为中国陶瓷生产与出口的大宗商品。据不完全统计，元青花瓷在国内约100件，国外有200多件，主要散布在埃及开罗、伊朗德黑兰、土耳其伊斯坦布尔、英国、美国、日本的博物馆、美术馆中。其间土耳其和伊朗的保藏无论从数量上还是质量上均可谓国际保藏之冠。而在国内，随着城乡居民收入水平的提高，消费结构加快升级，精神文化产品需求越来越大。工艺美术品特别是旅游纪念品、环境装饰用品、家庭装饰和陈设品、礼品和收藏品将成为新的消费热点。据中国建筑装饰协会公布的数据，早在2016年，中国家装市场就已经突破4万亿，这为未来工艺美术行业带来了巨大的发展空间。

（四）高新科技拓展工艺美术品创新发展空间

高科技的发展为工艺美术行业带来了新的发展机遇和更广阔的发展空间。传统工艺美术在传承与创新的发展过程中，通过与创意设计、现代科技以及时代元素的融合，使其蕴含的文化含量与科技含量不断地增加，在一定程度上提高了产品的附加值；当前，自动识别、虚拟现实、物联网、人机交互、人工智能等技术在艺术品身份识别、设计、打样、生产、展示和销售中逐步加以应用，为建立工艺美术产业新模式的生态圈奠定了坚实的基础。通过现代化的科技手段，结合现代先进工艺设备，探寻失传工艺品的制作技艺、原材料配方，完成传统工艺难以实现的精细化制作等；未来，工艺美术行业将形成新的发展模式，以工艺美术市场需求和客户为中心的工艺美术电商、交互工艺品、3D打印、虚拟现实、混合现实、App、用户体验等将打破原先视觉造型展现模式，实现多元工艺美术要素重新综合组合展现的模式，而这一切都要得益于高科技的迅速发展。

（五）文化消费需求刺激工艺美术品市场繁荣

作为一个有着13亿人口的发展中大国，随着我国经济的快速发展、国内扩大内需政策的实施以及城乡居民收入增长带来的消费习惯和消费水平的提高，享受型消费模式日益显现，个性化、艺术化和多样化消费日益成为消费主流，人们对于具有浓郁艺术和文化特色，个性鲜明的工艺美术品的消费需求不断增加，对工艺美术产品的购买数量、频率会相应增加，这为工艺美术行业发展提供了无限的市场空间。

据业内人士分析，中国艺术品市场潜在的需求是6万多亿元，而目前的规模只有几千亿元。随着我国中产阶层的壮大，对精神文明的需求更加迫切，这将进一步推动我国从投资型经济向消费型经济转化，艺术品消费将继续增长。

（六）收藏投资热提升工艺美术品的行业热度

未来5年，文化艺术品投资将成为继房地产、股票之后，中国人最为热衷的第三种投资方式，艺术品投资以其独特的魅力越来越为人们所瞩目。从目前的需求来看，将工艺美术作为生活装饰品及收藏的市场占40%~50%，另外就是礼品市场，占30%左右。随着艺术品收藏的升温，大众对于高端工艺品的需求也有所增加，工艺美术作品也开始上升到收藏级别。国际艺术品市场发展规律显示，当一个国家人均GDP超过3000美元，就会出现收藏趋向；当人均GDP达到5000美元至8000美元，艺术品收藏会出现快速增长期。而中国人均GDP在2016年已经达到5万人民币（约8090美元），中国的艺术品收藏已经步入快速增长期，具有巨大的增长潜力。[1]艺术品收藏热必然会带动工艺美术品整个行业的发展。

三、中国工艺美术品行业存在的问题

（一）科技创新水平与国内外市场竞争不相适应

目前，我国的工艺美术企业多为民营企业，企业规模小，人力、物力、财力都比较薄弱，缺乏先进的经营和管理理念，对于工艺美术品的研发设计能力不足，新技术、新材料的应用和普及程度不高。且大部分品种缺乏深层次开发，产品题材保守，造型守旧，产品同质化现象较为普遍，现代工艺品、旅游纪念品、礼品收藏品、玩具、首饰等发展滞后，由此就导致产品市场度不高，特别是对于现在年轻人缺乏吸引力，制约了产业向更高层次的提升和发展。此外，当前工艺美术企业普遍品牌意识薄弱，特别是以外贸出口为主的工艺美术企业，多为产品订单生产或贴牌生产，这样就导致产品附加值低，品牌建设滞后，难以开拓国外市场的影响力，在国外市场的竞争中处于不利地位。

---

[1] 数据来源：中商产业研究院。

（二）市场体系建设与产业化经营发展不相适应

目前，我国工艺美术品展示、精品收购和产品交易的设施和场所严重不足，专业市场没有形成体系，一般市场缺乏规范。产品市场定价机制尚未形成，并且存在不同程度的无序竞争，产品标准覆盖率低，市场监督机制不健全；评估、拍卖、定价、经纪、推介等市场中介机构发展滞后。当前我国从事工艺美术行业的大多都只是一些作坊或作坊型小企业，而且这些工艺美术企业彼此间并没有太多的交集，生产起来投入少、速度快、成本也很低。由于缺乏创新，缺少统一标准，使工艺美术行业难以做到规模化和产业化，更难以凸显品牌的效应。再加上由艺术品市场交易体制不规范、法制不健全、诚信缺失的市场环境而导致的艺术品市场信息不透明，不仅会造成艺术品价格严重偏离艺术品价值，而且还助长了赝品泛滥和虚假炒作的气焰。另一方面，企业的市场意识与服务意识不强，市场服务体系和交易市场平台支撑不够；技术装备较为落后，与现代科技、信息等结合程度较低，对创新创意的重视程度有待提升。

（三）行业服务体系建设与市场经济体制的要求不相适应

目前围绕工艺美术产业发展的设计研发、展览展示、物流配送、人才培养等服务尚不健全，新的行业管理体制尚需进一步建立和完善，协会组织缺乏相关的政策、资金、组织手段和与政府沟通、协调的机制，引领整个工艺美术行业发展的作用得不到充分发挥。同时，信息统计、人才培训和技术交流、法律支援和政策研究、市场预测、传统技艺记载等服务体系不健全，服务能力和水平都有待进一步提高。再加上工艺美术平台不完善，行业金融服务体系和信用担保体系的不健全，促使工美小微企业在遇到危机时缺乏自保能力。因此，还要进一步强化政府引导扶持和增强行业协会服务功能并重，强化政府引导、扶持、保护，加强市场监管，搞好工艺美术基础设施建设。建立健全行业协会组织，发挥行业协会应有的功能和作用。

（四）高技能人才与支撑行业发展和实施精品战略不相适应

人才是工艺美术行业发展繁荣的核心和基石，行业的健康发展需要初级、中级、高级人才梯队的共同建设。目前我国工艺美术行业大师级人才的数量偏少，年龄普遍老化，待遇普遍偏低；北京工艺美术行业企业员工的平均年龄为43.22岁，而各岗位（如设计、生产等）在职人员的平均年龄与全行业平均年龄基本一致，尤其是大师的年龄普遍较高，说明人员老化是一种整体现象。与全国制造业从业人员年龄结构相比，工艺美术行业青年人比例较低（30岁以下的仅占17.17%），40岁以下的中青年职工比例显著低于制造业平均水平。全行业的师承制度还没有真正建立起来，许多技艺后继无人；高级技师比例偏小，创意人才严重不足，设计人员中能够综合文化、艺术、科技、经济因素进行创作的人员稀缺。工艺美术行业高端人才培养不足，行业既缺乏充足的基础人才，又没有足够的中坚力量。国家实施精品战略要努力生产更多传播当代中国价值观念、体现中华文化精神、反映中国人审美追求的精品力作，为全体人民提供昂扬向上、多姿多彩、怡养情怀的精神食粮，而目前工艺美术行业人才培养还难以很好地满足这一战略目标。

（五）保护性政策与优秀技艺传承和弘扬先进文化的要求不相适应

目前，我国在关于民间艺术传承和保护上虽然颁布了各种法规、条例，并在认定上有许多规定，然而对以何种法律机制和手段来进行的保护规定却很少。一些相关的政策措施往往都是注重保护形式，但没有实质的保护力度，也无法为民间艺术拓展新的生存空间，一些传统的工艺美术产品和技艺，在高科技支持下倍率级增长的社会劳动生产率面前，处于弱势。长此以往，部分民间艺术就趋于消失。

此外，对于工艺美术行业缺乏有效的资金支持以及足够的市场需求，相当一部分传统工艺美术技师、大师创作条件较差，待遇不高，创作积极性不强，一些生产传统美术品的企业只能关闭破产或者转产；父艺子不学、师技徒不受的情况也比较严重，特别是对于传统的手工艺人和传承人没有有效和可持续的保障机制，使传承出现断层，致使许多传统技艺流失。

四、中国工艺美术品行业发展的对策建议

（一）制定完善法规、规划与产业政策

我国目前约有2/3的省市没有出台工艺美术行业的保护办法，因此要制定完善各地区的《传统工艺美术保护办法》及相关细则，加快推动这些地区借鉴国内外政府支持工艺美术行业的发展经验制定符合本地特点的保护办法。此外，要正确审视工艺美术行业的艺术性和生产性等双重属性，加强对行业属性和发展定位的研究，

注重与非物质文化遗产、文化创意产业等相关领域的政策对接，在理论研究的基础上，积极探索适合工艺美术行业特征的税收政策，争取相关部门的支持；在行业产权环境与市场秩序等方面，进一步加强规范化管理，从行业立法、行业规范、平台建设等方面对工艺美术行业的发展给予有力支撑。[1]为工艺美术行业创造了一个“以法护业”“以法兴业”良好发展环境。

世界上有的国家设立了专门针对保护、传承、发展传统手工艺的振兴研究院，这些研究院利用现代技术对传统工艺进行科学分析，从而达到用数据记录分析、挖掘改良技艺的双重效果。此外，振兴研究院致力于研发可替代天然材料的人造材料，研究推广新技艺，并结合调研进行产品的市场推广，从科学的层面为本国手工艺行业的广大中小企业提供了便利的技术服务和创新支持，切实地促进了行业的整体发展。

（二）加强传统工艺美术的保护

2017年1月份，中共中央办公厅、国务院办公厅印发了《关于实施中华优秀传统文化传承发展工程的意见》（以下简称《意见》）。《意见》中指出，要推动中华优秀传统文化的传承与发展，在大国崛起的背景下实现文化崛起。我国农村和少数民族地区是民间艺术资源富集的地区，也是工艺美术产业的重要基地，具有产业门类丰多、品种丰富、分布广的特点，但长期以来，存量丰富且生活根基深厚的手工艺文化资源未得到充分利用，许多技艺濒临失传。因此一定要加强对传统工艺美术的保护和研究，以宣传推广和申请非物质文化遗产等手段加强传承保护工作。鼓励工艺美术大师出版相应的研究论文集等书籍。利用多种宣传形式，对传统工艺美术的品种、技艺、历史沿革、风格特点、艺术价值、鉴赏保护等进行宣传展示，以健全传统工艺美术品种与技艺的保护体系，特别是要加大对传统工艺美术资料、珍品、传统品种与技艺的研究和保护力度，加快抢救濒危品种。此外，对于工艺美术的保护不仅是对于技艺和传承人的保护，还需要提升对传统工艺美术知识产权的保护工作，依据传统工艺美术的特点和知识产权的法律法规进行有效创造。

（三）完善多元化投入机制

实行政府引导、市场主导和企业投资主体作用相结合，开辟多元化投入渠道。

[1] 赵敏，工艺美术行业发展的研究现状及政策建议[J].科技创新与生产力，2013(9).

加快建立常设性工艺美术产业投资引导基金，吸引社会投资，扶持中小企业的发展。加强对工艺美术产业发展的财政、金融和税收政策支持力度，整合、梳理现有扶持传统工艺美术产业发展的相关政策及资金，积极引导和鼓励金融部门改进金融服务，增加对工艺美术产业的信贷投入；加强与金融机构合作，创建政、银、企合作平台，为工艺美术企业提供信贷授信、信用评级、资产评估、贷款担保的“一条龙”服务；支持培育以资本为纽带，跨地区、跨行业、跨所有制的大型工艺美术企业集团，为该类企业集团创造上市融资条件；鼓励支持开展适合于工艺美术产业的信贷产品创新，推动著作权、专利权、商标权、收益权等权益质押贷款业务。

（四）建立市场化运行机制

实施创新驱动战略，搭建产学研销互动平台，与市场无缝对接。通过建立打造工艺美术品交易平台，工艺美术品制作者与科研院所、学校，工艺美术品制作者与投资人可以方便快捷的进行对接合作，实行产权共有，促进新作品、新产品的创意设计开发，更好地传承与发展传统工艺美术制造技艺，开展更广泛、更深入的产学研互动；使工艺美术品制作者可以更好的了解市场需求，根据市场的需求和变化及时调整经营理念和产品定位，通过线上线下互动营销，满足不同类型消费者需求，使工艺美术品达到艺术性与商业性的统一，从而实现规模化、产业化发展，走上规范化、专业化、市场化的运行轨道。[1]

（五）实施“互联网+”行动计划

在全球新一轮科技革命和产业变革中，互联网与各领域的融合发展具有广阔前景和无限潜力，已成为不可阻挡的时代潮流，加快推进互联网与工艺美术行业的融合，运用互联网思维、大数据技术，结合文化旅游、家具装饰、生活用品等行业，推动跨界融合发展，是推动我国工艺美术行业转型升级、创新发展的重要举措。继故宫淘宝、网易严选后，京东平台全面向个体手艺人开放，互联网巨头纷纷布局工艺美术产业。阿里巴巴在其旗下的二手闲置物品交易平台“闲鱼”中，建立起互动交易社区“中国非遗传承鱼塘”，并率先上线了包括千角灯、龙舟、麒麟在内的10种东莞非遗技艺。“中国非遗传承鱼塘”在展示非遗技艺的同时，也为这些濒临失

[1] 秦冬冬.打造工艺美术交易平台服务工美行业创新发展[J].产权导刊，2015(6).

落的传统手工艺寻找传承者和购买者，无疑将会为全国非遗技艺的传承发展提供新的思路。

（六）健全人才培养体系

首先要建立工艺美术人才信息库，围绕加快产业发展，重点培养一批工艺美术大师、专业技术人才和市场开拓经营人才。注重对现有初、中、高级从业技艺人员的再培训、再教育，鼓励将行业技术人才每年选送中国美院等专业院校短期培训、深造。鼓励龙头企业与大师、名师联合举办工艺美术培训班。其次是要发挥相关院校专业优势，聘请大师进院校，鼓励在校学生拜师学艺，使其成为培养工艺美术专业人才的重要基地；完善师承制度，健全培训体系，加强技师队伍建设，优化人才队伍结构。例如，苏州工艺美院一方面推动“非遗”传承人进校园，依据优势学科，系统推动“非遗”研究性保护和开发；另一方面，学院积极推动教师拜师“非遗”传承人，让传统技艺以新的形势持续发展。学院已在校内建有桃花坞木刻年画社、雷山苗族文化展示馆、工艺美术传承创新实验区等各类非遗传承载体；开展了苏州传统失蜡铸造工艺的挖掘与传承研究，“百工录”职业教育专业教学资源库建设等项目活动。

（七）健全行业组织协调服务体系

积极引导和鼓励工艺美术特色企业的集聚，加快品牌培育，吸引社会资本和优质资源，在工艺美术的研发、加工、流通和配套服务方面形成有力的支撑。要进一步搭建产业发展的信息服务平台和人才培养体系，打破条块、共享资源，互通信息，加快全国融通和国际交流，推动产业发展水平的提高。目前世界发达国家在艺术品行业管理层面均设有相关行业组织，有效地开展艺术品评估、鉴定、修复、保险、物流、教育等工作。在重点产业园区、特色街区、产业集聚区建立一批技术推广、质量评价、管理咨询、融资担保、人才培训、市场拓展等工艺美术综合服务平台。引导工艺美术产业链的整合，解决企业研、产、供、销配套服务问题，这一模式也为我们健全工艺美术行业组织协调服务体系提供了良好的借鉴。

（八）加强知识产权保护

传统工艺美术的现代性转换，不仅要更新思维、与时俱进、加强保护施，而且要加强对传统工艺美术知识产权的保护，对于传统工艺美术品的保护同样具有多样性的特征，其不仅有外观设计上的保护，也有工艺技术上的保护。第一，应进一步加强民间手工艺知识产权保护与利用。对于具有“难开发、易复制”特点的手工艺产业而言，需用更加完善的知识产权制度确认和保护文化产品组织者和创造者的合法权益，增强文化创意产业的核心竞争力。第二，鼓励有条件的地方设立知识产权保护专项资金，资助企业为自主创新的作品进行版权登记和外观设计专利申请产生的费用，通过“企业登记，政府买单”的形式，提高企业登记或注册的积极性。第三，完善政府知识产权公共服务平台，加强法律援助，注意建立知识产权服务托管平台，为中小企业服务。具体可以在有条件的地区尝试建立以手工艺品为核心的“产权银行”，通过工艺流程交易、非物质遗产作品交易、工艺技术标准交易、创新专利及产权交易、出版交易、艺术授权等服务内容的设立，改变手工行业的经济增长方式，最大限度地传承、保护和发展传统手工艺术。

五、中国工艺美术品未来发展趋势

（一）艺术品金融化、资产化、大众化

我国艺术品市场经历了30多年的快速发展期后，整个市场的交易规模已近4000亿元的水平，特别是拍卖市场的规模已经达到600亿元至700亿元的平台规模。近几年，艺术品开始超越房市、股市，跻身成为投资领域的新贵，越来越多的资本通过艺术品抵押、艺术品按揭、艺术品信托、艺术品基金等各种金融形式介入艺术领域引导社会资本加大对工艺美术产业的资本投入，形成工艺美术投融资本、收藏鉴赏、人才资源、技术信息、消费提升、专利版权、成果转化等市场培育和联动发展。

今后一段时间，中国艺术品资本市场将是推动中国艺术品市场发展与转型的重要力量，艺术品及其市场资源的资产化将成为中国艺术品市场发展的核心。近几年来，在中国艺术品市场不断兴起以信托模式交易为中心的艺术品信托或以艺术品资产权合约份额化为中心的艺术品产权类证券化交易。事实上，无论是艺术品信托还是艺术品产权类证券化交易，都是中国艺术品资本市场发展的一种形态和结果，其实质是艺术品这种艺术资产正在逐步地成为一种金融资源与金融资产。

（二）艺术品大众化

互联网时代的消费者对于艺术的认知，已经从博物馆中的收藏品演变成了生活处处皆艺术，处处是生活美学的时代，艺术从精众到大众的渗透和滴入，让艺术、互联网与生活之间建立了新的链接。中国艺术品市场或将进入到一个具有广泛参与度的大众性的市场。此外，推进工艺美术产业与科技、商贸、旅游、会展、金融等产业的相互渗透、跨界融合，能够进一步扩大工艺美术品衍生市场的壮大和发展，不断开发工艺美术新产品，提升质量，扩大品牌企业的生产规模和盈利水平。“书画版权开发中心”的建立，让中国执着于书画艺术的普通老百姓有了市场需求。“中艺财富投资1000多万元从德国、日本等地购置了最先进的数字化保护设备，将近20年来收藏的10万多幅当代名家作品进行版权开发并投放市场，从而让艺术精品走出深阁，走下神坛。让普通书画爱好者能低价买入自己喜爱的书画作品。同时，为了杜绝真假虚高、鱼目混珠现象，中艺财富画院特意将书画复制品进行编号编码，以维护书画艺术品市场秩序”。

（三）艺术电商将成为艺术品市场的主力军

在互联网日益发达的今天，艺术品电商越来越显现出数字革命强有力的爆发之势，成为未来交易的新模式。目前国内已有艺术品电商逾千家，除嘉德在线、盛世收藏网、博宝网等著名电商企业外，雅昌、艺术国际等艺术类门户网站也拥有电商平台，此外，传统艺术品经营机构也在不断向网络渗透，截至目前，我国已有的艺术品在线交易网站已有200多家。中国目前艺术品网上交易只占总交易的1.5%，占比率较低，全球范围内，艺术品线上交易也只占总交易额的4.8%，尽管艺术品仍然是一个线上化很低的行业，目前艺术品电商实际成交量也不理想，但无人否认艺术品电商必将成为未来工艺美术行业的发展趋势。在“互联网+”汹涌澎湃的时代，以社交网络、移动互联网、云计算、大数据等为代表的新兴互联网技术不断涌现，基于这些大量新兴技术，也会将艺术品电商带领到Web 3.0大互联时代。

（四）工艺美术产业走向集群发展

传统工艺美术品种的生产仍然处于分散布局、小规模手工作业、家庭作坊式的水平，不利于传统工艺美术的产业化、市场化发展，不利于创建产业品牌。今后工艺美术行业将加快建设集原材料供应、信息沟通、文化技艺交流、物流营销于一体的大型工艺美术流通平台和有影响力、权威性的传统工艺美术专业市场，并结合各类传统工艺美术产业的分布特点和旅游景区的建设，合理规划，构建多层次、有特色的传统工艺美术产业市场体系，形成各具特色的传统工艺美术产业园区产业，以及布局更科学、特色更鲜明、结构更优化、人才更集聚、技术更先进、发展更强劲的现代工艺美术产业集群。政府层面也会制定并不断完善规划，从财政、物质、技术、营销、人才培训、协调服务等方面给予支持，以市场为导向，推进传统工艺美术发展。

（五）艺术品行业与大数据融合加强

“十三五”规划纲要中指出，实施国家大数据战略。把大数据作为基础性战略资源，全面实施促进大数据发展行动，加快推动数据资源共享开放和开发应用，助力产业转型升级和社会治理创新。大数据时代的到来，为艺术品行业发展提供了新的发展动力。利用“大数据”平台获取各类信息，通过大数据的分析和运用，结合自身的特长、能力，推进工艺创新、材料更新、优化结构、产业链条，推进科学决策、有效发展。利用大数据系统，还可以积极打造工艺产品专属的“名片”“身份识别证明”，保证质量、保证真实，为艺术品的再次、多次流通保驾护航，真正实现工艺美术产业与市场的无缝对接，在引领消费者认知的同时，帮助提升艺术鉴赏力，进而推进消费增长。总之，互联网思维与现代化产业模式的结合，将会使工艺美术行业快速地完成重组和重构，使得行业整体的影响力、渗透力持续加大，使工艺美术在经济转型新时期获得可持续的发展。

第十三章　2017年中国文化产业园区发展报告

文化兴国运兴，文化强民族强。在习近平总书记所作的党的十九大报告中，以深阔的历史视野，非凡的战略智慧，将文化发展放到兴国强族的高度，用近2000字的篇幅，系统阐述了进入中国特色社会主义新时代，我国文化发展的历史使命、行动纲领与战略路径，气势恢弘、催人奋进。纵观中华文化的发展历程，我们正迎来一个历史性的繁兴时代。

从全球文化产业的发展历程来看，通过促进文化主体在特定空间的集聚，进而构建产业集群、培育创意阶层、加速城市更新，是世界各地共同的经验。例如大家所熟知的美国苏荷区、伦敦西区等。我国文化产业园区起步较晚，但是星火燎原，发展强劲。近年来，随着“一带一路”、京津冀协同发展、长江经济带的建设，以及文化部与各地方政府的支持，文化产业园区数量正快速增长，据不完全统计，目前我国已拥有各类园区3000多家。园区已成为了文化企业创新的集聚平台、城市经济发展的强力引擎、国家文化繁荣兴盛的重要载体。

2017年是我国文化产业园区创新发展的重要年份。在中华文明走向伟大复兴的历史背景下，在满足人们对美好生活的新需求中，各地园区坚持“双效统一”，积极创新发展模式、优化服务品质、构建创业生态，在探索实践中形成了突出的特色与亮点，但与此同时，名实不符、产业同质等现象仍然存在，需要在未来进一步加以解决。

一、文化产业园区的发展概况

（一）文化产业园区的概念与特征

“文化产业园区”一词概念的界定，至今还未有严谨的、具有广泛共识的结论。占邵文、辛武超（2012）认为文化产业园区是指通过文化创意活动而获取价值的文化商品的相关主题、相互作用并得以决定其一切交易或契约关系的一种空间组织形式或制度安排；王晓玲（2014）认为大量文化企业、金融机构以及相关支持体系在空间上聚集，就组成文化产业园区。文化部发布的《国家级文化产业示范园区管理办法（试行）》中，对文化产业园区的定义是“以文化产业为主导产业，集聚了一定数量的文化企业，具备一定的产业规模，并具有独立的运营管理机构，为文化企业集聚发展、资源集约利用提供相应基础设施保障和公共服务的特定区域。”从目前来看，文化部的概念是较为具体、具有较强操作意义的概念，此次报告中文化产业园区的概念以此为准。

根据文化部的定义以及对国内文化产业园区的观察，通常而言，文化产业园区具有如下几个基本的特征：第一，有明确的区域范围。例如南滨路文化产业园区，规划中就明确规定面积为9平方公里；第二，有一定数量的文化企业集聚，例如云南建水紫陶文化产业园登记注册企业达到了1268户，从业人员达到了2.98万人；第三，有较为完善的公共服务体系。例如台儿庄古城文化产业园建立了一站式服务大厅，对入园企业所需办理的土地、税收、工商等审批手续，开通了便利通道；第四，有正式的运营管理机构。例如杭州白马湖生态创意城成立了专门的管委会进行管理，在用人、用工、用地等方面拥有较大主动权；第五，有一定的特色政策支持。例如甘肃兰州市政府针对兰州创意文化产业园需求制定了“一对一”专项扶持政策，确定从市文化产业专项资金中年均定向安排不少于15%的额度支持园区发展（见表13-1）。

表13-1 国家级文化产业示范园区创建的基本条件（特征）

特征	内容
价值引领	坚持社会主义先进文化前进方向，以培育和弘扬社会主义核心价值观为引领，坚持把社会效益放在首位，实现社会效益与经济效益相统一，引导和鼓励文创企业创作生产内容健康向上、群众喜闻乐见的文化产品和服务。

续表

特征	内容
区域范围	园区区域应范围明确，基础设施较为完善，非文化类商业及其他配套面积不得超过园区总建筑面积的50%。
产业集聚	园区以演艺娱乐、动漫、游戏、游艺、数字文化、创意设计、文化旅游、艺术品、传统工艺、文化创意和设计服务与相关产业融合发展等为重点领域，有明确的优势行业和发展定位，园区已集聚文化企业不少于企业总数的60%，并形成一定规模。
公共服务	有效整合文化产业公共服务资源，为园区内文化企业提供创业孵化、融资推介、信息交流、人才培养、市场推广、管理咨询、知识产权保护等公共服务，提高整体服务能力，发挥综合效益。
经营管理	园区有专门管理机构负责日常运营管理，机构组织架构和管理制度健全。
统计监测	园区内应设立文化企业发展情况监测系统，完善数据采集、分析和推广应用机制，及时掌握和报送企业发展情况，为发现问题、优化服务、考核绩效、总结模式、推广经验提供支持。

（二）文化产业园区的发展现状

1. 情况概述

2017年，在国家高度重视文化建设、文化产业稳步发展的大背景下，中国文化产业园区发展势头强劲。根据不完全统计，目前全国文化产业园区数量已超过3000家。特别是2017年文化部为了进一步引导国家级文化产业园区突出主业、健康发展和提质增效升级，完善了国家级文化产业示范园区的评选命名机制，从以往的直接命名改为创建方式，并公布了第一批10家国家级文化产业示范园区创建资格单位，这些举措有效地规范和引导了园区的发展。文化产业园区正成为带动城市与区域文化经济的重要增长极。

2. 园区数量与层级

在目前接近3000家的文化产业园区中，可大体分为国家级文化产业园区、省级文化产业园区、市级文化产业园区及一般文化产业园区等层级。

截至2017年，文化部、工信部、旅游局、科技部、中宣部、广电总局、新闻出版总署等其他国家部委认定的国家级文化产业园区共140家，还有文化与科技融合示范基地34家，全国版权示范园区（基地）18家，国家动画产业基地23家，国家新闻出版产业基地31家，纺织服装创意设计试点园区12家，旅游局认定的文化旅游园区13家（见图13-1）。

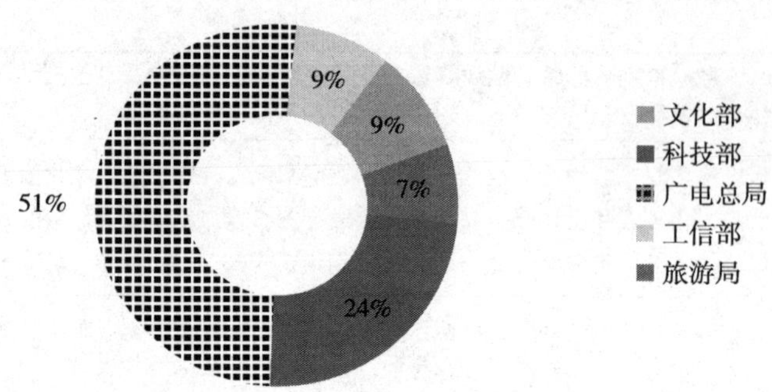

图13-1 国家级文化产业园区比例（按认定部委）

全国省级（含直辖市）文化产业示范园区接近500家，其中东北部地区32家，东部地区261家，中部地区152家，南部地区78家，西部地区50家。从园区数量的地区分布可以看出，文化产业园区的数量与水平与当地经济实力有较高程度的正相关，经济发达地区，如北京、上海、浙江、江苏等省份，均有着大量不同产业门类的文化产业园区；而经济较为落后的西部地区，如内蒙古、西藏、新疆等省份，受经济情况的限制，文化产业园区的数量相对较少，而且其产业门类主要集中在传统工艺、文化旅游等方面（见图13-2）。

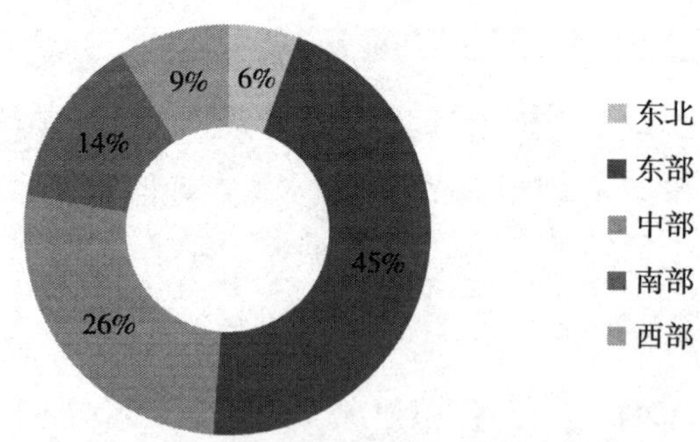

图13-2 省级文化产业园区的地区比例

3. 主要类型

从2017年文化产业园区的发展来看，我国文化产业园区目前可以分为传统弘扬型、创客生态型、创意改造型、业态融合型、数创引领型、协同创新型、民族特色型、国际导向型8种主要类型（见表13-2）。

表13-2　我国文化产业园区的主要类型

园区类型	定义	典型园区
传统弘扬型	以弘扬优秀传统文化为导向，通过创新性传承和创造性转化，推动传统文化与现代生活圆融对接，实现经济效益和社会效益的统一。	永新华韵前门传统文化街区、景德镇陶溪川文创街区
创客生态型	以服务文化创新源（创客、企业）为核心，协同和整合最广泛的内外部资源，构建创新创业的服务生态系统，提供高品质服务。	创客157创业创新园、佛山创意产业园
创意改造型	通过对老旧厂房、历史街区等区域进行保护性、艺术性和创造性的合理改造，让旧载体拥有新功能，成为城市的重要产业或功能区域。	铜牛电影产业园、郎园Vintage
业态融合型	以“文化+”为特色，创新实现文化与现代科技、艺术博览、旅游休闲等业态有机结合，实现创新性的融合发展。	台儿庄古城文化产业园、南滨路文化产业园
数创引领型	以智慧服务为基础，以发展数字创意、虚拟现实、人工智能等新型文化业态为核心，文化与科技有机结合、特色鲜明的园区。	张江高科技园区、E9区创新工场
协同创新型	以产、学、研相互配合，发挥各自优势，形成强大的研究、开发、生产一体化的先进系统为特点，并在运行过程中体现出综合优势。	南京环南艺文创功能区、石家庄国家动漫产业发展基地创业孵化园
民族特色型	以特色文化（特别是少数民族民俗风情）、工艺精品等为特点而打造的园区，将加大对少数民族文化的推广力度，推进文旅产业发展。	新疆野古生态园、云南建水紫陶文化产业园
国际导向型	以国际化发展为导向，在规划定位、主导产业、园区氛围、先锋时尚、交流合作中都体现出了良好的国际视野和取向。	白马湖生态创意园、尚8中欧艺术园

4.发展模式

在目前文化产业园区的发展实践中，主要存在三种发展模式，分别为政府主导模式、企业主导模式和协同合作模式。

政府主导模式是指在政府的倡导下，地方各级政府通过组织基本要素，完成文化产业园区的建设与开发。政府主导型的文化产业园大概可分为两类：一种就是“旧城改造模式”，通过市中心的旧厂房改造和重新利用，促进产业升级和经济结构转型，使旧厂房能集聚新的机制和新的能量，吸引众多文化产业企业和个人进入，例如北京、上海、深圳的许多文化创意产业园区。另一种为“新区开发模式”，为促进地方文化产业的发展，政府相关部门新划出一块区域进行规划，集中发展某类型文化创意产业，投入大量资金建设配套的基础设施，为企业搭建良好的公共服务平台，实施吸引企业入驻的优惠政策。例如中西部一些城市的园区建设。

企业主导模式是在经济利益或其他动因的驱动下，由企业进行文化产业园区的策划和实施。例如永新华韵前门传统文化街区、尚8中法艺术区都是由企业主导的文化产业园区。相较于政府主导的文化产业园区，企业主导模式在体制机制、战略决策、产业选择等方面更具灵活性和创新性，可视自身定位与发展需要来确定园区核心业务，实现创新成长与突破。

协同合作模式则是一种在文化产业园区中实现产学研相结合的发展模式，在园区建设中重视研究院、高校、企业三者之间的协同配合与相互作用。此种模式的文化产业园区多位于高校周边，如南京环南艺文化创意产业功能区。

5.政策环境

对于文化产业园区来说，2017年是政策利好叠出的一年。不仅文化部公布了全国首批国家文化产业示范园区创建名单及创建办法，各省市也相继出台了扶持文化产业蓬勃发展的相关文件。2017年主要文化产业及园区相关政策内容如表13-3所示。

表13-3 2017年文化产业园区相关主要政策一览

时间	名称	内容
2017年9月14日	《文化部办公厅关于进一步完善国家级文化产业示范园区创建工作方案》	对文化产业园区的建设、管理和发展，作出了适应现阶段文化产业发展情况的相关规定。
2017年2月23日	文化部《"十三五"时期文化发展改革规划》	"十三五"期间，以文化产业成为国民经济支柱性产业为目标，支持实施一批具有示范带动效应的重点文化产业项目，培育一批集聚功能和辐射作用明显的国家级文化产业园区。
2017年4月11日	文化部《关于推动数字文化产业创新发展的指导意见》	要引导数字文化产业集聚发展，发挥文化产业园区等创新创意资源密集区域的作用，打造完善的数字文化产业链，形成若干数字文化产业发展集聚区。
2017年4月20日	文化部发文《文化部"十三五"时期文化产业发展规划》	增强文化创意产业的集群效应，形成节约化、集约化的发展模式，将不同产业门类与文化产业园区发展进行融合，提升城市公共空间、文化街区、艺术园区等人文空间的品质，丰富城市文化内涵，为城市文化创意产业发展赋能。
2017年9月20日	国家新闻出版广电总局《新闻出版广播影视"十三五"发展规划》	围绕"一带一路"建设、京津冀协同发展，长江经济带建设等国家战略，加强新闻出版广播影视产业基地（园区）和特色小镇建设，充分发挥其带动产业发展中的示范引领作用，着力打造产业集群。

续表

时间	名称	内容
2017年12月14日	上海市《关于加快本市文化创意产业创新发展的若干意见》（又称上海文创50条）	建成一批业态集聚、功能提升的文化创意园区，集聚一批创新引领、创意丰富的文化创意人才，构建要素集聚、竞争有序的现代文化市场体系，夯实国际文化大都市的产业基础。
2017年12月31日	北京市《关于保护利用老旧厂房拓展文化空间的指导意见》	对保护利用老旧厂房发展文化创意产业项目，且不改变原有土地性质、不变更原有产权关系、不涉及重新开发建设的，经评估认定并依规批准后，可实行继续按原用途和原土地权利类型使用土地的5年过渡期政策，过渡期内暂不对划拨土地的经营行为征收土地收益。对执行上述过渡期政策的，市文化创意产业主管部门要向规划国土部门提供相关证明文件，并对项目经营方向进行监管。过渡期满或涉及转让需办理相关用地手续的，经评估认定并依规批准后，可按新用途、新权利类型、市场价，采取协议出让方式或长期租赁、先租后让、租让结合等方式办理相关用地手续。

二、文化产业园区的发展亮点

（一）坚持贯彻双效统一，力促传统弘扬

全国3000家文化产业园区当中，有较多的文化产业园区，立足传统文化与非物质文化遗产，对优秀传统文化进行产业化运作与开发，并取得了较为丰硕的成果。

例如永新华韵前门传统文化街区，其以“传统文化”为主题定位，立足“八大业态”，辐射工艺美术、会展博览、文化演艺、文化餐饮、非遗课堂、中医养生、非遗拍卖、双创空间8大领域，以期通过丰富而饱满的布局，全方位推广传统文化项目，目前已经汇聚了丰富的国内外文化精英、非遗传承人及艺术大师资源。在传统文化保护、传承与发展之路上，永新华韵前门传统文化街区正成为独具代表性的先行者。

例如景德镇陶溪川文创街区，其是以原国营宇宙瓷厂土地和厂房为核心改建而成，为了保存文化遗产，原址的一砖一瓦、一寸钢铁、一块旧砖全部都保留，设立了24小时开放的艺术空间，用修饰的、以人的尺度来展示的工业遗产，具象化当地的文化精神。社会各界对陶溪川的发展模式给予了高度评价，在业界形成了“陶溪川现象”。2017年10月，陶溪川文创街区获得第一批国家级文化产业示范园区创建资格。

（二）培育核心竞争优势，实现创新成长

在众多园区创新实践之中，一些园区以聚焦特色文化产业、打造全价值链、营建创新生态体系为突破，在较短的时间内实现了跨越式发展。

例如北京铜牛电影产业园，其定位为“国内最专业的电影产业园”，以期能够打造成为电影产业“一站式”服务的全产业链电影产业集群。目前已经入驻包括湖南省文化艺术产业集团、云南电影集团、东海电影集团、IMAX（中国）、编剧帮、中央电视台《奋斗》栏目组、优酷网、者尼私人影院等知名企业单位，园区出租率达到100%，入驻企业涵盖了策划、投资、制作及发行等各个环节，完成对电影行业上下游各环节的全覆盖。

例如廊坊国际会展中心，其以会展服务为核心，构建了一个由会议中心、国际展览馆组成的会展群落，可以满足各类规格展览会议的需求。中心自1998年成立以来，年均举办各类大型展览展示50场以上，展览面积连年稳居全省第一。多次荣获“河北省先进集体”“河北省服务名牌”“展览工作先进单位”“中国廊坊国际经济贸易洽谈会组织奖”等荣誉称号。

（三）多元业态跨界融合，促进互动共生

除传统弘扬与创新成长外，有部分园区突破传统向的单一发展模式，打破了不同业态壁垒，实现了多元业态的跨界融合发展，不同业态在文化产业园区内实现了良好共生，为文化产业园区的发展带来了新的启发。

例如重庆南滨路文化产业园，其以在充分挖掘开埠文化的基础上，大力发展创意产业、休闲娱乐业、旅游文化业、文博会展业和美食文化业等五大业态，精心培育和引进了重庆长江当代美术馆、国际马戏城、重庆出版集团、长嘉汇文创商业街等一大批文化产业项目，现已基本形成了集现代会展、出版创意、文艺演展、康体娱乐、休闲观光、美食文化、旅游文化于一体的文化产业聚集区，成为景观展示、休闲娱乐的重要旅游带和城市经济功能带。

例如亦庄科技文化融合园区，其利用北人集团8.69万平方米老旧厂房空间资源，创造了北京亦庄数字科技创意园、亦创智能机器人产业园、亦创国际会展中心“三园合一”的发展模式，通过承办世界机器人大会、“中国网络文学+”大会等会议，大力推动人工智能企业及科技文化融合度高的数字技术研发、高端装备制造类

企业入区，积极争创“科技+文化+会展+体验”四合一的首都科技文化融合示范基地。

（四）立足国际发展视野，推动文化交流

在园区发展过程中，也涌现出了一批具有国际视野、国际化发展导向的文化产业园区，在中外文化交流之中发挥了不可忽视的作用。

例如杭州白马湖生态创意城，其位于杭州高新区（滨江）南部区块，通过与微软、英特尔、思科等国际著名认证实验室、技术服务中心共建共享，提高园区的国际化水平。同时，园区是国家“十三五”规划重点扶持文化会展项目和“中华文化走出去”重要平台——中国国际动漫节永久举办地，也是海峡两岸文化创意产业高校研究联盟论坛永久落户地。园区在文化对外交流发挥了重要作用。

例如尚8中欧艺术园，其位于原中法大学礼堂。在发展中，艺术园依托于尚8集团多年来积累的国际文化资源，打造了集艺术创作、展示、交流、交易、投资、教育、服务于一体的全产业链共通平台，实现了文化艺术领域产业链、资金链和服务链的全面整合，成为延续中欧文化交流、文化艺术的创新之地。

（五）政产学研紧密合作，彰显协同力量

围绕核心知识和创意生产机构，例如高校、科研院所，推动产学研等多元力量整合，促进园区协同创新发展，正成为一种重要的发展路径。例如南京环南艺文化创意产业功能区，其作为鼓楼区委区政府与南京艺术学院共同打造的“创意结晶”，功能区通过构筑“1+7+1”的空间发展格局（“1”是南京艺术学院，“7”是重点建设发展7个文化创意产业园区，主要包括石榴财智中心文化产业基地、南京留学生文化创业孵化园、南京艺术学院文化创意产业园、水木秦淮文化产业园、熊猫新型产业园、英法比高影视文化产业园、南艺后街艺术设计体验街区，“1”是江苏省国画院），依托区域独特的文化底蕴、人才资源和人文优势，重点发展创意设计、新媒体技术与应用、数字影音娱乐、文化艺术服务与培训等产业，实现了良好的经济效益和社会效益。

（六）不断创新发展模式，潜力新星频现

2017年，一些新兴的园区在发展模式上不断探索追求，形成了新的发展亮点。

例如天津市滨海新区文化中心，其被誉为“国际一流的综合性文化艺术展示普及中心”，秉承着服务民生、文化惠民的宗旨，为丰富市民文化生活而来，让每个市民都能领略到文化带来的魅力。在发展中逐渐形成了四大发展特色：差异化定位——与滨海新区现有文化配套及商业设施形成错位；先进的运营模式——互联网+与实体运营相结合；前卫的业态组合——更多体验、参与功能的结合；丰富的活动组织——文投公司统一协调，五馆一廊形成有机整体。滨海文化中心作为一种公共文化服务与文化产业融合发展的新模式，正在闪亮崛起。

三、文化产业园区的现存问题

过去一年，文化产业园区发展亮点频闪，成绩突出，但仍然存在如下问题，需要在未来发展中进一步加以解决。

（一）概念界定模糊，部分园区名实不符

目前我国文化产业园区的概念界定尚处于模糊的状态，且产业归属门类存在分歧。在此前提下，部分文化产业园区入驻企业与“文化”“创意”无关，甚至有借政策利好进行房地产开发的现象。前南京市委宣传部部长徐宁曾指出，目前仍然有不少文化创意园区存在不同程度的“挂羊头卖狗肉”现象——入驻企业与“创意”“文化”不搭边，搭边的企业又享受不到园区的扶持政策。部分园区入驻文化企业比例不到五成，招商部门未设立任何资质门槛的审查环节，进驻单位鱼龙混杂。

（二）房租经济严重，模式创新有待增强

文化产业园区在全国发展呈现燎原之势，短时间内出各地涌现一批新兴园区，如广告产业园、影视产业园、动漫产业园等，但多数文化产业园区经营模式与传统商业地产无异，通过租借空间而获利，运营主体在日常经营管理当中仅起到“房东”的作用。而真正能让园区发挥集聚与溢出效应的服务，例如人才培训、市场推广等增值服务，天使投资等金融服务，还非常缺乏，这也很大程度地影响了园区功能与价值的实现。

（三）特色聚焦不足，产业存在同质倾向

当前文化产业园区发展还存在盲目追风现象。一方面是因为地方政府虽有建设

文化产业园的热情，但对文化产业园区的发展规律还缺少深刻把握，因此在产业指导、政策引导等方面存在缺位；另一方面，一些园区运营企业急功近利，不深入研究自身的产业基础、区位优势、资源优势，而是盲目模仿别人的成功经验，注重发展热点产业，例如动漫、影视、设计等，但事实上，由于资源和能力的不匹配，常常导致产业发展难以为继。

（四）集聚效应不突出，公共服务需要提升

创建文化产业园区的意义在于其能够有效整合公共服务资源，为园区内企业提供创业孵化、融资推介、信息交流、人才培养、市场推广、管理咨询、知识产权保护等公共服务，进而发挥集聚效应，但目前在公共服务这块我们的园区还存在大量问题。从内部来看，运营企业服务能力不足，缺少优质的增值服务；从外部来看，与专业的管理咨询机构、金融机构、知识产权保护机构协同合作不顺，未能有效整合资源。

（五）协调机制不完善，创新生态亟须构建

为了更好地为企业以及创业者服务，通常而言，园区需要在当地政府统一领导下，建立起文化、发展改革、财政、规划、国土、金融、工商、税务、统计等有关部门指导与支持，专门管理机构具体实施，社会力量积极参与的工作机制。就目前而言，还有大量的园区缺少合理的管理与协作机制，难以做到管理职责明确、协同推进、服务到位。

四、文化产业园区的战略机遇

（一）新时代中国特色社会主义思想，为园区发展提供了根本遵循

马克思曾在《〈黑格尔法哲学批判〉导言》中指出："理论一经掌握群众，也会变成物质力量"。历史经验表明，任何一项伟大的事业，都是理论与实践的生动统一。理论具有本质性、纲领性和引领性特质，指引着实践的发展方向，关乎着事业发展的成效乃至成败。我国现代意义上的文化事业和产业发展起步较晚，缺少原创性、集成性的本土理论，还主要借鉴和运用西方的文化理论、话语体系和方法工

具，这也在一定程度上制约了我国文化实践的深入。习近平总书记在十九大报告中提出的新时代中国特色社会主义思想这一伟大理论，系统地回答了我们在新时代应坚持和发展什么样的中国特色社会主义、怎样坚持和发展中国特色社会主义的问题，是马克思主义中国化最新成果，是全党全国人民为实现中华民族伟大复兴而奋斗的行动指南。落实到文化领域，则是指导新时代文化发展的“元理论”。有了这根本的理论遵循，在众多文化专家、学者和实践工作者的努力下，文化理论就能在此基础上生发、成长、壮大、成熟，形成具有中国特色、时代特征、实用特点的社会主义文化理论体系，将为我国新时代文化的实践与发展提供前所未有的强大理论支撑，为文化产业园区的发展作出更有时代意义的指导。

（二）源远流长博大精深的传统文化，为园区发展提供了丰厚资源

中国是世界上唯一个没有中断文化传承的文明古国。在持续5000多年的文明发展进程中，中华民族创造了博大精深的灿烂文化，铸就了世界文化史上最雄伟的高峰，为国人铺排了强健的精神底色和强大的文化自信。5000多年来，我国文化领域大师迭出、大作炳耀，诸子经典、楚辞汉赋、唐诗宋词元曲、明清小说，还有无数的工程、建筑、工艺奇观，无数的非物质文化遗产。这些传统文化资源为我们新时代文化的发展，提供了取之不尽、用之不竭的创意源泉和丰厚的滋养。近年来，各地涌现了众多立足传统文化与非物质文化遗产的文化产业园区。无论是政府主导的文化园区，还是市场主导的文化企业，他们通过对中华优秀传统文化的创造性转化、创新性发展，创作出了大量文化品位高雅、群众喜闻乐见、广受市场欢迎的文化产品，活化了优秀传统文化，开辟出了一条社会效益与经济效益相统一的产业发展路线，如景德镇陶溪川文创街区、北京永新华韵前门传统文化街区等。然而，这只不过是传统文化利用与活化的冰山一角。随着中国大运河文化带、丝绸之路文化带等巨型文化遗产廊道的激活与生命力的再次焕发，必将推动文化产业园区迎来一个新的发展高潮。

（三）人民日益增长的美好生活需要，为园区发展提供了强劲动力

党的十九大报告科学论断：我国进入了中国特色社会主义建设新时代，主要矛盾是“人民日益增长的美好生活需要和不平衡不充分的发展之间的矛盾”。仓廪实而知礼节，衣食足而知荣辱，“美好生活需要”不同于一般的“物质文化需要”，其

更大程度是“马斯洛需求理论”中，包括社交、尊重和自我实现等更高层次的精神需求，讲求“生活品质”、崇尚“生活美学”、青睐“精神消费”。正如十九大报告所指出，“满足人民过上美好生活的新期待，必须提供丰富的精神食粮”。主要矛盾的变化，为新时代中国文化发展提供了巨大的机遇。事实上，2016年电影票房能达到493亿元，比2012年增幅超过188%，国内旅游达到44亿人次，年均增长超过10%，其根本驱动力无疑是人民对美好生活的向往。更让人充满期待的是，按照党的十九大报告所描绘的宏伟蓝图：到21世纪中叶，我国将建成富强民主文明和谐美丽的社会主义现代化强国，全体人民共同富裕基本实现，我国人民将享有更加幸福安康的生活。可以想象，14亿人民对美好生活的新期待，将催生出一个庞大的文化消费市场，将为文化产业发展的核心载体——园区——提供强劲的发展动力。

（四）文化领域改革主体框架的确立，为园区发展提供了基本保障

近5年以来，我国文化体制改革更加注重系统性、整体性、协同性，更加注重把“两效统一”作为制度设计的关键环节和评价考核的重要标准，积极改革创新，在文化发展理念、文化体制机制、文化政策法规等方面，取得了重要成就。目前我国文化领域具有“四梁八柱”性质的改革主体框架基本确立。在体制机制上，理顺了内外宣体制、互联网管理体制，推动建立了国有文化资产管理体制，建立了有文化特色的现代企业制度；在文化政策上，先后出台了两效统一、媒体融合发展、高端智库建设、文艺评奖改革、扶持戏曲和影视业发展等70余个文件和有关政策；在文化法规上，全国人大常委会先后审议通过了《网络安全法》《电影产业促进法》《公共文化服务保障法》《国歌法》以及《关于加强网络信息保护的决定》等四部法律一部决定，出台和修订了一大批文化行政法规和部门规章。文化产业园区的发展随文化改革发展而动。文化领域改革主题框架的确立，文化发展有径可寻，为园区的下一步升级作出了坚实的保障。

（五）中华文化不断创造与进步的基因，为园区发展提供了创新源泉

不断创新与进步，是中华文化的内在基因。《盘铭》曰：“苟日新，日日新，又日新”；《康诰》曰：“作新民”；《诗》曰：“周虽旧邦，其命维新”，中华文化就是

在不断创新中进步与发展。进入21世纪以来，移动互联、大数据、物联网、虚拟现实以及人工智能等新兴科技，正在改变着我们的传统生活方式以及文化发展的生态与业态。文化生产的线性时序正在解构，生产者与消费者的界限日益模糊，文化发展、管理与创新等主阵地正在向数字、移动、虚拟世界转移，平台经济、分享经济、数字经济、小众经济等概念与实践层出不穷，各种新兴商业模式与文化产业之间有着千丝万缕的联系，文化表现形式的创新，带动了文化产业园区形态的流变，为园区提供了更为广阔的扩展空间，文化产业园区发展正迎来一个大变革、大创新、大发展的新时代。

五、未来文化产业园区的几点建议

（一）在发展理念上，要有人本意识、迭代意识、国际意识

理念决定高度，思路决定出路。园区的创建与发展，首先在于先进的理念。一是要有人本意识，文化产业繁兴的根本在于创意人才，产业园区的核心价值在于集聚创意人才，让他们的集聚、交流、创意而产生溢出效应，从而获得更高的生产效率和竞争优势，因此，园区的道路、建筑、景观、公共设施，从根本上而言，就是要以人的尺度进行设计；二是要有迭代的意识，信息科技、创意需求、商业模式等方面的快速变化，要求园区能够审时度势，根据时代潮流和趋势，不断升级园区；三是要有国际意识。在中国日益走向全球舞台中心的时代，园区也需具有国际视野，突出“全球化思维、本地化行动”的原则，大胆吸纳国际先进经验，并有志于为世界贡献文化产业发展的中国方案与中国样板。

（二）在发展方向上，重点突出创新发展、高端发展、绿色发展

当前我国经济正处于速度变化、结构调整、动力转换的新常态时期，作为文化产业的重要载体，文化产业园区需要实现三个方面的升级发展：一是要在土地、政策、招商等“老三招”难以奏效的背景下，探索全面综合改革，实现发展理念、商业模式、业态内容、组织机制的迭代更新，带动创新发展；二是要在人类命运共同体意识的前提下，代表国家参与世界软实力竞争，实现从跟随、原创到领跑，传承

和发展具有深厚底蕴的优秀中华传统文化，培育出具有全球竞争力的文化企业，引进具有全球影响力的文化项目，打造管理水平、服务水平卓越的文化产业园区，推进高端发展；三是坚守生态底线，“绿水青山就是金山银山，”无论是轻工业性的文化创意服务型园区，还是以文化产品制造为主营业务的工业型园区，都应当将生态意识践行于发展的各个环节。

（三）在发展模式上，从自我发展转向构建创意生态圈

互联网的根本属性是开放，创意产业的重要理念是融合，是要通过“越界”促成不同行业、不同领域的重组与合作，寻找新的增长点。在互联网已经成为社会基本物质底层、深刻改变人们的工作方式、生活方式、交流方式以及商业的发展模式之时，文化产业园区也正在向更加开放、融合和协同的创意生态圈进化。创意生态圈即是以创意源（创新创业者、创意企业等）为中心，以跨界融合、协同创新、虚实结合、混合规划为主要特征，利用集聚区自身优势协同整合最广泛的外部资源（包括投资人、创业导师、优惠政策等），共同参与到为创新创业者服务的过程中来，将集聚区打造成一个众多利益相关者共同创造和分享价值的有机生态系统。其具有四大基本的特征：第一，在产业策略上，突出“跨界融合”。即以某一特色文化产业门类为核心，推进与人工智能、现代科技、人居环境、文化旅游等各产业纵深融合，扩大创意的实现载体，最大化创意价值。第二，在发展方式上，突出“协同创新”。开放性是互联网时代的核心精神，创意生态圈的建设，不是运营商的独角戏，而是充分与入驻企业、创业者互动，是一个共建、共享、共治的过程。第三，在平台建设上，突出“虚实结合”。创意生态圈，不仅要有完善的线下实体平台，而且必须要有线上的交易交流平台，充分借助互联网的优势，增加创新创业的便利性和成功率，并通过整体环境的营造，让创意成为生活方式。第四，在规划设计上，突出“混合规划”。由于创意生态圈关注的是如何激发创意潜能和创意转化，强调为创意人服务，所以集聚区建设不仅要有工作空间，还要有适合创意需求的生活空间、休闲空间、商务空间和社交空间，形成一个混合性、多元化的产业集聚空间，真正彰显园区存在的人本价值和战略价值。

第十四章　“文化产业与人工智能”融合发展研究报告

党的十九大报告提出，中国特色社会主义进入新时代，我国社会主要矛盾已经转化为人民日益增长的美好生活需要和不平衡不充分的发展之间的矛盾。在文化产业领域，人工智能以其多元的展示方式和丰富的视听效果成为当前满足人民群众美好生活需求的重要载体，在很大程度上有效缩短了多年来由于区域发展水平差异造成的文化消费差距。美国发布的《2016—2045年新兴科技趋势报告》指明了未来将影响国家发展的30项核心科技，人工智能位列第二。当前，以人工智能为核心的全球新一轮科技革命将文化产业的创新变革从蓄势待发推进到了群体迸发的关键时期。

一、人工智能：国际竞合的新焦点

随着文化产业的发展，以“资源”和“创意”为基础的传统推动力逐渐被科技所代替，科学技术不仅仅是文化的一部分，某种意义上成为文化新业态的重要创造者，其中以人工智能为特色的数字技术极大地改变了社会发展的发展方式。人工智能是引领未来的战略性技术，已经成为国际竞争的新焦点。世界主要发达国家把发展人工智能作为提升国家竞争力、维护国家安全的重大战略，各国加紧出台规划和政策，围绕核心技术、顶尖人才、标准规范等强化部署，力图在新一轮国际科技竞争中掌握主导权。

（一）各国积极进行“人工智能”布局

美国作为人工智能技术较为领先的国家，不论是从国家政策层面还是在企业发展层面，都对人工智能给予了高度认识并从技术研发、功能应用等多维度对人工智能进行了规划部署。美国白宫科技政策办公室早在2016年10月至12月便陆续发布了《为人工智能的未来做好准备》《国家人工智能研究和发展战略计划》和《人工智能、自动化与经济报告》3份以人工智能为主题的报告。美国认为“人工智能现在正处于可能出现第三次浪潮的初始阶段”；日本提出建设“超智能社会”，最大限度地将网络空间与现实空间融合；法国于2017年4月制定国家人工智能战略；德国发布《数字战略2025》，明确了德国制造转型和构建未来数字社会的思路，并于2017年5月颁布全球首部自动驾驶法律。

我国于2017年将“人工智能”正式写入政府工作报告，提升到国家战略的高度。当年7月出台的《新一代人工智能发展规划》提出要以加快人工智能与经济、社会、国防深度融合为主线，以提升新一代人工智能科技创新能力为主攻方向，发展智能经济，建设智能社会，维护国家安全，构筑知识群、技术群、产业群互动融合和人才、制度、文化相互支撑的生态系统，前瞻应对风险挑战，推动以人类可持续发展为中心的智能化，全面提升社会生产力、综合国力和国家竞争力。

可见，“人工智能”已经成为各国进行国际竞争的重要领域，在未来发展中占有极为重要的地位。

（二）国际人工智能产业发展概况

俄罗斯总统普京曾这样评价人工智能的重要作用：“谁能成为人工智能领域的领先者，谁就能统治全世界。”从目前的发展实践来看，人工智能已经成为各国、各科技企业竞争的下一个战场。对人工智能的风险投资，也是目前最火的技术趋势之一，与2012年相比，2016年的投资金额增加了近10倍。2012—2016年，全球人工智能企业新增5154家，全球人工智能融资规模达224亿美元。仅2016年的融资规模就达到92.2亿美元，是2012年的5.87倍（见图14-1）。

2016年年初普华永道在报告中称，展望2017年，虚拟现实、人工智能、物联网和行业整合等核心趋势将继续推动全球科技市场的并购与整合。从实际情况来看，上述科技巨头的行动已经充分证明了这一点。马云也认为，现在人们正在准备迎接第三次技术革命（人工智能）的到来。

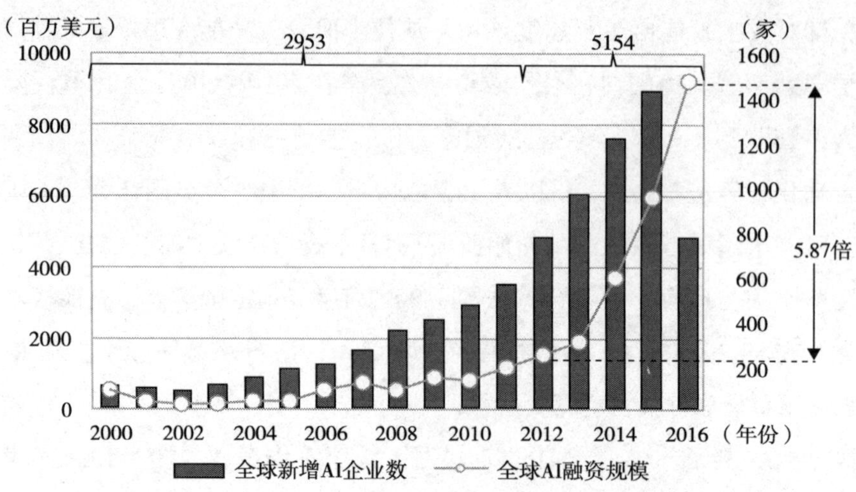

图14-1　全球每年新增AI企业数与融资规模趋势

前瞻产业研究院《人工智能行业分析报告》中的数据显示，2015年全球人工智能市场规模已达到1683.9亿元，预计2018年将达到2697.3亿元，复合增长率达到17%（见图14-2）。❶

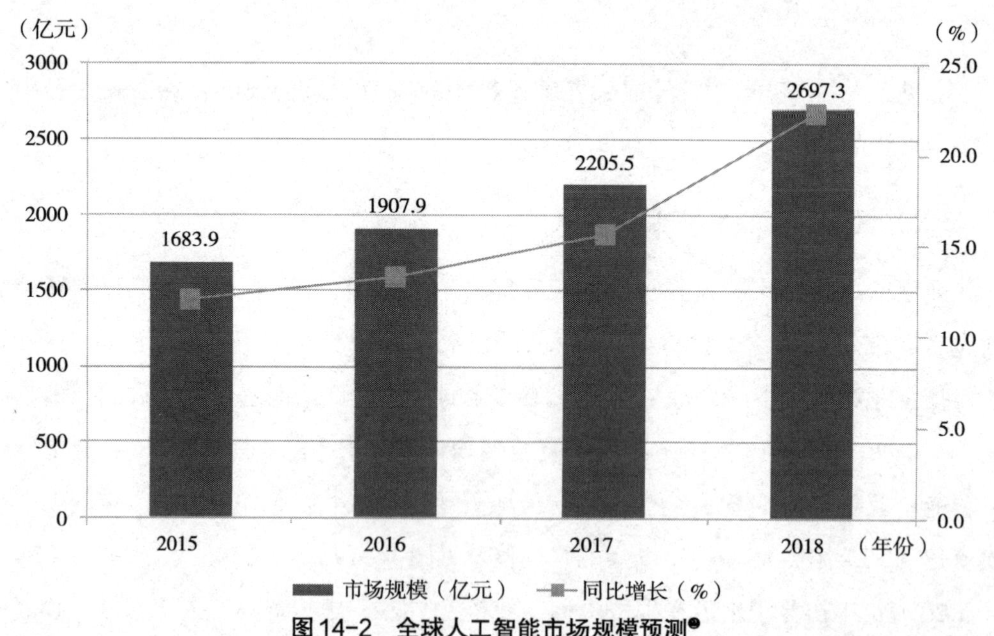

图14-2　全球人工智能市场规模预测❷

❶前瞻产业研究院.人工智能持续升温 2018年全球市场或达2700亿元[EB/OL].(2017-12-29)[2018-01-03].http://www.qianjia.com/html/2017-12/29_281711.html.

❷前瞻产业研究院.人工智能持续升温 2018年全球市场或达2700亿元[EB/OL].(2017-12-29)[2018-01-03].http://www.qianjia.com/html/2017-12/29_281711.html.

人工智能将极大地改变人类生活。《2016—2045年新兴科技趋势报告》预测了2045年的生活场景：自动驾驶汽车会使交通更加安全与高效；机器人则会负责日常生活中大量的任务，比如照顾老人与买菜，以及工业中的职责，比如收获农作物，维护公共设施等；甚至它们将成为强大的战士，在战场上辅助、甚至替代人类士兵作战；客服、教师等传统行业也将被替换……

2016年8月，英特尔公司宣布将收购人工智能初创企业Nervana Systems。苹果公司也宣布将收购人工智能公司Turi。其他巨头如IBM、谷歌、微软、Facebook、亚马逊等也先后在人工智能领域中布局，不断加大对人工智能研发的投入，产出了一些令人瞩目的成果。如谷歌的深度学习（Deep mind）、IBM的沃森（Watson）机器人等。

我国人工智能发展迅速。根据相关预测，2018年中国人工智能市场规模将超360亿元。随着《新一代人工智能发展规划》的出台，中国人工智能行业也正式纳入国家战略。百度、阿里巴巴等互联网企业都是其中的佼佼者（见图14-3）。

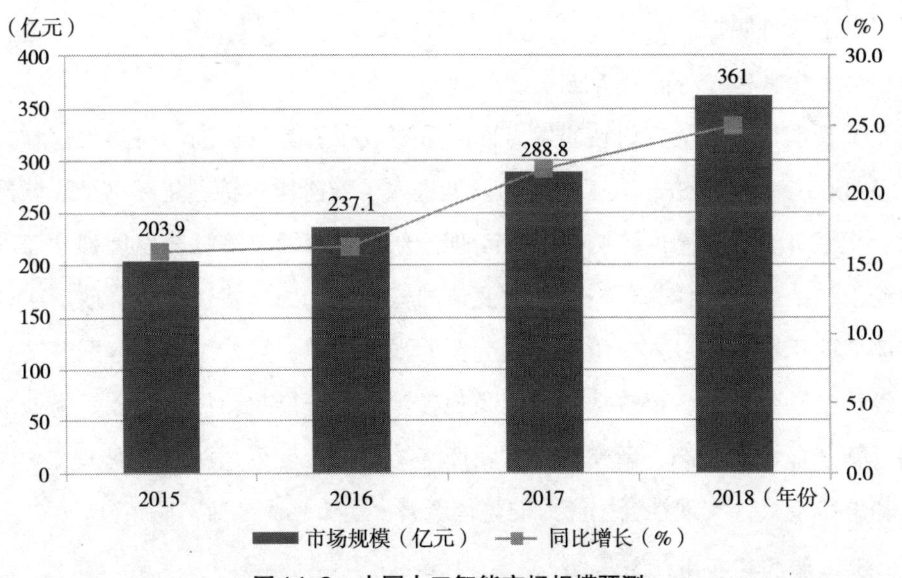

图14-3 中国人工智能市场规模预测

百度在人工智能领域做出了大量探索，尤其是在无人驾驶和智能硬件这两个AI领域最主要的应用场景方面居于全球前列。Apollo即将在2018年实现无人驾驶汽车的量产，而DuerOS也在为合作伙伴创造商业收益，DuerOS开放平台发布半年的时间中，落地硬件解决方案超过20个，并以每月5款以上的速度新增搭载了DuerOS的设备。[1]此外，百度还把机器学习技术等AI技术应用在信息流产品中，不仅为用户创造了良好的用户体验，同时还为百度广告主创造了更好的收益。阿里巴巴刚刚将其AI升级为ET，并扩展了人工智能功能。

（三）人工智能的产业属性

纵观国际各国，人工智能及其产业群落已经逐渐成为各国经济再发力的增值空间。人工智能不同于一般的数字技术，人工智能加速发展，呈现出深度学习、跨界融合、人机协同、群智开放、自主操控等新特征。相应的，大数据驱动知识学习、跨媒体协同处理、人机协同增强智能、群体集成智能、自主智能系统成为人工智能的发展重点，将有力地推动社会的全面发展，形成新的增值空间。

人工智能的应用对于社会经济发展产生了巨大的作用，极大地推动产业升级换代，为人们美好生活的需求提供了更多的可能性；同时，它对传统产业模式、生活方式、思维观念等也造成了巨大的冲击。在这个相反相成的过程中，人工智能逐渐体现出以下三种属性。

1.人工智能具有高技术属性

人工智能作为人类在科技研发方面的重要成果，具有极高的科学价值和技术属性。经过60多年的演进，人工智能的发展进入了新阶段。特别是在移动互联网、大数据、超级计算、传感网、脑科学等新理论新技术以及经济社会发展强烈需求的共同驱动下，人工智能作为新一轮产业变革的核心驱动力，将进一步释放历次科技革命和产业变革积蓄的巨大能量，并创造新的强大引擎，重构生产、分配、交换、消费等经济活动各环节，形成从宏观到微观各领域的智能化新需求，催生新技术、新产品、新产业、新业态、新模式，引发经济结构重大变革，深刻改变人类生产生活方式和思维模式，实现社会生产力的整体跃升。

2.人工智能具有高社会属性

人工智能发展的不确定性带来新挑战。人工智能是影响面广的颠覆性技术，可

[1] 中国进入AI数字化转型阶段百度既是践行者又是领导者[EB/OL].(2018-01-20)[2018-01-21].http://news.91.com/content/s5a62b5a4e010.html.

以预见，未来人工智能时代的到来将为人类生活带来更加便捷、智能、舒适的改变。譬如人工智能在养老和医疗健康领域应用非常广泛，有力地冲击了传统的就医模式。当然，在更为重要的社会学范畴，人工智能的应用可能带来改变就业结构、冲击法律与社会伦理、侵犯个人隐私、挑战国际关系准则等问题，将对政府管理、经济安全和社会稳定乃至全球治理产生深远影响。因此，在大力发展人工智能的同时，必须高度重视可能带来的安全风险挑战，加强前瞻预防与约束引导，最大限度降低风险，确保人工智能安全、可靠、可控发展。

3.人工智能具有高融合性

人工智能作为人脑人力的替代资源，具有极高的产业融合性。这种融合发展，无论是从智能化、系统化的数据获取及测量评估，还是节省人力资源的生产制造、技术研发等环节，人工智能都将对其融合的产业产生提质增效的巨大影响。例如，国内手机终端的发展中早早出现了人工智能的身影。目前，华为已经在智慧手机的关键技术上进行布局，其中包括传感器、人物识别、3D扫描等感知技术，以及大数据分析等智能技术。在科技巨头之外，一些优秀的中小企业也在人工智能应用方面取得喜人的成绩。在未来发展中，人工智能将与各行业融合创新，在制造、农业、物流、金融、商务、家居等重点行业和领域开展人工智能应用试点示范，推动人工智能规模化应用，全面提升产业发展智能化水平。

二、“文化产业+人工智能”的增值空间

2016年被称为人工智能的元年，文化产业也是近年来新兴产业之一，“文化产业+人工智能”作为两种新兴事物的结合，潜藏着无数的可能。2017年，国务院印发了我国第一个人工智能规划——《新一代人工智能发展规划》。这份具有里程碑意义的规划，对人工智能发展进行了战略性部署，处于政策红利期的人工智能，正迎来史上最好的发展时期。

（一）增值空间的三维坐标

人工智能不同于一般的文化科技，呈现出自主操控、跨媒体协同处理、人机协同增强智能、群体集成智能等特征，为文化产业的升级转型提供了巨大的增值空

间，这种增值空间来自于想象力。想象力、知识水平和制造能力是“文化产业+人工智能”发展过程中的三种必要因素（见图14-4）。

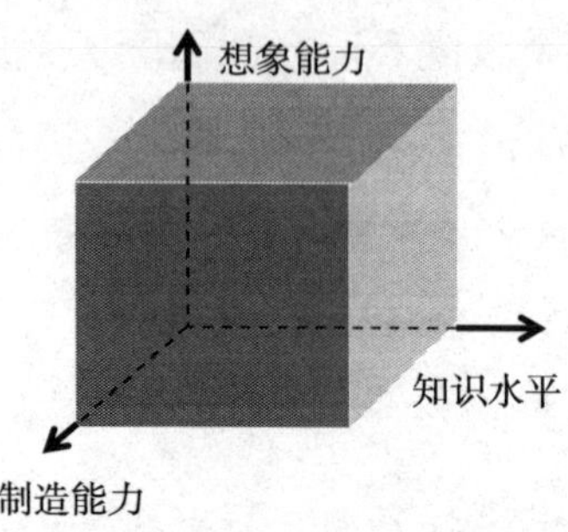

图14-4 增值空间的三维坐标

从图14-4可见，传统产业成功在高制造力空间中；高新技术产业成功在高知识水平空间中；“文化产业+人工智能”则要成功在高想象力空间中：用想象力引领知识与制造力。

在这个高想象力空间中，“文化产业+人工智能”融合而成一种新经济形态，它是数字现代信息技术与文化产业逐渐融合而产生的，从输入到输出都体现了科技与文化的共生共荣与共同成长。从技术和科学的角度来看，哥伦比亚大学工程教授Hod Lipson表示创造力是“人工智能最前沿的部分之一”：机器学习、计算机视觉、自然语言处理和其他领域的进步为人类提供了可以创造性地利用和艺术效果的技术工具。[1]从产品研发角度而言，人工智能与文化艺术进行融合交叉，从而创造出更多的数字化呈现方式，在很大程度上，人工智能已经成为文化的有机组成部分：既有科技提升后的经济附加值，同时在文化影响上又开拓了新的传播空间和展示方式。

（二）增值空间的三维驱动

历史上每一次科技革命都会引发产业革命，文化的发展也会随之产生翻天覆地的变化，文化产业是采用技术的受益者。例如，以前的工业革命、电气化和工厂带来了大量的新的文化现象。在科技突破的引领下，100多年前出现了电影，50多年

[1] 硅谷密探.除了游戏，人工智如何能在文化产业发光发热？[EB/OL].(2017-03-18)[2018-01-03].http://www.sohu.com/a/129258228_257855.

前出现了电视，10多年前出现了网络。当下，以人工智能、“互联网+”、大数据、物联网等为代表的现代科技正在向文化产业领域渗透，为文化产业发展提供了巨大的增值空间，要实现这种增值，就必须在人工智能广泛应用的大前提下做好内容、政策和产业三大模块。这三大模块既是文化产业+人工智能的增值空间，更是实现这种增值的三种动力（见图14–5）。

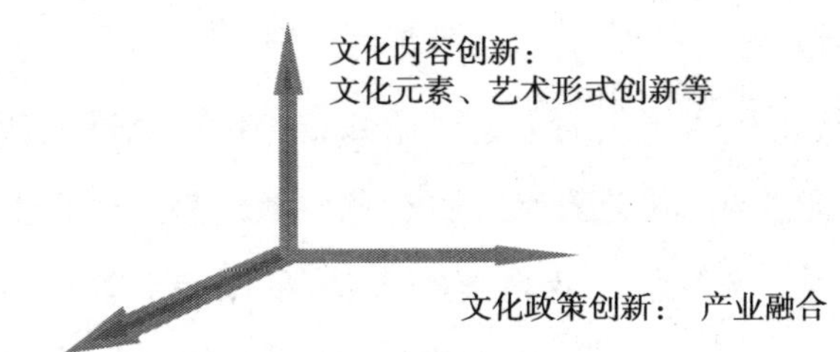

图14–5 增值空间的三维驱动

1.文化内容创新

新时代文化产品内容的创新，不仅仅是满足人们基本的文化消费需求，更要关注人们的文化审美需求。这其中，文化生产者不光要追求产品质量的极致，还要让产品和人、产品与产品之间、产品与云端之间有连接。这就需要文化产品在传承经典的基础上不断创新，在发展中不断适应人们对物品趣味的追求和市场的变化。

2.政策创新

从国家政策方面来看，我国从2015年以来出台的政策中便对人工智能进行了相关规划。在2015年国务院印发的《中国制造2025》中部署全面推进实施制造强国战略，“智能制造”被定位为中国制造的主攻方向。2015年7月5日，国务院印发《“互联网+”行动指导意见》，其中提出，大力发展智能制造。2016年4月，工信部、国家发改委、财政部联合发布《机器人产业发展规划（2016—2020年）》，为“十三五”期间我国机器人产业发展描绘了清晰的蓝图。2016年5月，发改委、科技部、工信部和网信办联合印发《“互联网+”人工智能三年行动实施方案》，表示到2018年，中国将基本建立人工智能产业体系、创新服务体系和标准化体系，培育若干全球领先的人工智能骨干企业，形成千亿级的人工智能市场应用规模。2016年7月，国务院印发《“十三五”国家科技创新规划》，在“科技创新2030——重大项目”中提到：智能制造和机器人。以智能、高效、协同、绿色、安全发展为总目标，构建网络协同制造平台，研发智能机器人、高端成套装备、三维（3D）打印等装备，夯实制造基础保障能力。2016年12月，国务院印发《“十三五”国家战略性新兴产业发展规划的通知》，要求发展人工智能。培育人工智能产业生态，促进人工智能在经济社会重点领域推广应用，打造国际领先的技术体系。大量政策出台的背后，犹见我国对于人工智能领域的重视与日俱增。

3.商业模式的融合

当前，我国经济进入了新时期，供给侧结构性改革进入新阶段，继续注入新的产业动能推动产业结构的优化升级，打造竞争新优势、开拓发展新空间，实现新效益。2015年，我国人工智能产业规模为69.3亿元，同比增长42.7%；2016年我国人工智能产业规模达到95.6亿元，同比增长37.9%。根据相关预测，2017年我国人工智能将达135.2亿元，2018年这一数值将攀升至203.3亿元（见图14-6）。

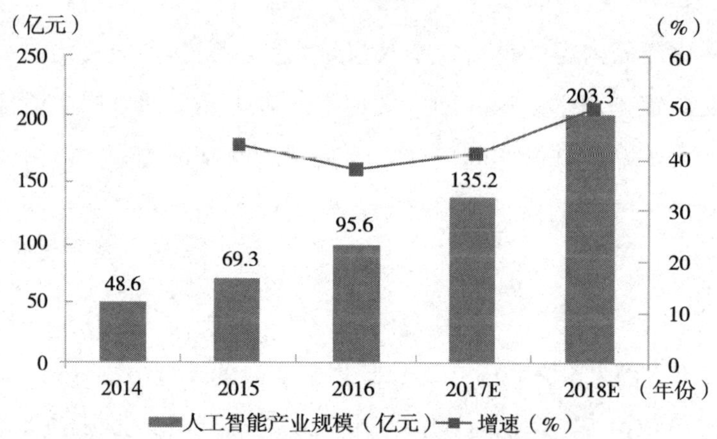

图14-6 2014—2018年中国人工智能产业规模及预测

数据来源：前瞻主业研究院整理

当前，大数据驱动知识学习、跨媒体协同处理、人机协同增强智能、群体集成智能、自主智能系统成为人工智能的发展重点。人工智能利用算法和基于规则的逻辑来识别和处理数据流，这样的能力让人工智能系统能够实现跨多行业的自动化，利用算法、数据与工业、商业、金融业、文化娱乐等行业融合，促使经济和商业形态发生新变革，衍生出更多新的商业模式和产业形态。

三、“文化产业+人工智能”的创新实践

新时期文化产业的发展应跳出传统的产业发展路径，需要从更宏观的角度来思考信息时代的创新发展空间。这就需要面对新形势新需求，强化“文化产业 + 人工智能”的融合发展，通过科学的想象来引领知识和制造的创新，从而实现数字创意的可持续发展。

自20世纪80年代以来，人工智能中的程序生成已被用于绘制纹理、产生3D模型，并且在视频游戏中自动生成大量内容等。当前，国家陆续出台了一系列政策措施，为文化产业与人工智能的深度融合营造了良好的环境，人工智能已经逐步在文化旅游、新闻出版、演艺娱乐、广告营销等数字内容和电商平台广泛应用。随着文化产业数字化程度的提高，企业内部运营数据和第三方平台数据来源的多元化以及算法不断成熟，人工智能可以解决的问题将越来越多，在文化产业应用的范围也将越来越广泛。

（一）文化旅游+人工智能

当前人工智能的机器人已经取代了传统的导游形式，成为智慧型文化旅游的特色代言人。智能机器人以其广博的知识储备，在满足人们好奇心的基础上，展现出越来越强大的文化传播价值。微软亚洲研究院与敦煌研究院合作开发的智能聊天机器人“敦煌小冰”就是一个典型案例。“敦煌小冰”通过对于自然语义的理解学习及微软大数据，能够在短时间内对海量的素材知识进行学习归纳。这一业界领先的科技让“敦煌小冰”在快速学习了互联网上千篇敦煌文化相关的文章以及上千页的敦煌专著《敦煌学大辞典》后，进化成一个24小时在线的莫高窟专家了，能够把敦煌的文化、历史、旅游、学术、服务等信息“定制式”地推送给用户，为利用互联网平台传播敦煌文化带来全新体验；用户通过与“敦煌小冰”的对话，直观感受到随身有个敦煌攻略小助手和知识讲解员的贴心服务体验。又譬如，北京龙泉寺推出的智能机器人“贤二小法师”，通过在网上与人们对话，把佛学中的一些哲理用聪明又卖萌的形式说出来，不仅让佛法文化更加喜闻乐见，还带动了“贤二小法师”以及龙泉寺其他周边产品的市场。在这种“文化产业+人工智能”的全新话语体系下，看似深奥的佛教文化变得更加贴近生活，更接地气，同时人工智能技术不再是冷冰冰的机械反馈，而是充满了人文关怀与文化气息。

（二）新闻出版+人工智能

智能机器人除了应用在文化旅游业外，写稿机器人也越来越多的被应用到新闻出版产业中。腾讯的写稿机器人于2016年开始应用，根据相关统计，在接近两年的时间里，我们至少迭代了5次的技术，用机器写了20万篇稿子，平均篇幅大概200~1000字的样子，也有一些快讯更少一些，60~200字，总共加起来有4000万字的稿件量。云南省第一个写稿机器人“小明”在昆明报业上线。小明用1秒的时间，就“写”出了一篇100多字的稿件。❶

当前，越来越多的媒体开始智能化生产。这意味着，在生产端，新闻出版行业正快速迈进自动化门槛。而在分发端，智能化、个性化的阅读客户端，像头条号、天天快报这样的推荐引擎，根据受众的兴趣进行推荐，也已经遍布人们的智能终端设备。再加上无人机、VR、AR等技术的应用，人工智能正给整个文化产业带来巨大改变。

当然，新闻出版中人工智能的应用也不仅仅局限于写作机器人。在社交媒体中也经常会用到人工智能的技术。例如，对于社交媒体管理者等专业人士来说，处理创意内容是一项艰巨的任务。比如，在YouTube上观看每分钟上传的所有的400多个视频，人工是很难在短时间完成的，但是通过人工智能就能很好地解决这方面的问题。当前，诸如亚马逊或Netflix等大型公司以及像Artfinder的创业公司都在利用人工智能寻找书籍、电影或艺术作品。❷

（三）现代演艺+人工智能

随着科技的飞速发展，人工智能在语音识别、图像识别、自然语言理解以及用户画像等方面已经有了长足的进步。根据相关测试，在安静的环境下，人工智能的语音识别准确率达到了97%，已经超出了正常人的听力水平。就演艺娱乐产业而言，理论上人工智能可以用语音合成的形式合成任何一个人的声音，所有明星的语言，甚至他们将来的形象都可以用合成的方式来向观众和听众进行展现，从而营造出更多的声音体验和历史怀念氛围。百度CEO李彦宏在2016中国文化产业峰会演讲

❶写稿机器人加速布局 人工智能或将推动文化传媒行业大变革[EB/OL].(2017-6-25)[2018-03-18].http://www.cankaoxiaoxi.com/china/20170625/2145919.shtml.

❷谷歌承诺：通过谷歌优先项目销售的视频将全部采用人工复检[EB/OL].(2018-01-17)[2018-03-18].http://tech.qq.com/a/20180117/033562.htm.

中开玩笑地说道，以后艺人不用自己去演电影、电视剧，只要签字授权，百度用电脑的方式都可以合成出来。

2016年3月29日晚，为纪念张国荣诞辰60周年，百度在北京当代moma百老汇影城发起了一场“别开生面”的纪念活动。通过抓取张国荣全网音视频数据，百度语音技术团队成功利用“情感语音合成技术”，合成出张国荣生前的声音，并在张国荣最新电影《缘分》开场前首次公布对话实录视频，实现了粉丝与偶像“互动”的愿望，以特殊的方式纪念一代天王：“13年了，久等了，辛苦你们。”直到结尾“永远站在光明的角落，我只希望你们开心快乐地生活”，再现了张国荣的声音，点燃了歌迷的极度情感。这段“来自哥哥”但又“不是哥哥”的语音回复，就是百度通过机器和人工双重搜集全网内张国荣原声和采访资料，利用百度的“情感语音合成技术”，合成出的“哥哥”生前的声音。它的音质完全来自于哥哥，但内容又并不能在任何一段哥哥生前的语音记录中找到，是一封根据哥哥生前讲话风格编写的，来自2016年的、现实中并不存在的“答哥哥粉丝信”。

（四）电影推广+人工智能

“文化+人工智能”能够为文化产品的营销增光添彩，提升文化营销的整体效果，最大限度地发挥文化产品的溢出效应。2016年，百度和传奇影业的合作很好地诠释了人工智能对文化营销的正面作用。百度利用“百度大脑”的能力为电影《魔兽》运作营销，从而提升票房收入。

百度用人工智能中的“用户图像识别技术”将电影观众分成三类：一类是魔兽的铁杆粉丝，即使不进行宣传这些人也一定会去看这部电影；一类是摇摆人群，对电影的消费意愿具有可塑性；另一类则是无论怎么宣传都不会去看的人。摇摆人群是电影宣传中真正的目标人群。因此，《魔兽》根据这种分类精心设计了推广方案，将宣传锁定在摇摆人群，最终使潜在消费需求转化为现实消费需求。最终结果显示：技术帮《魔兽》穿透了本来对它不感兴趣的群体，将预期票房提升了200%，极大地扩展了影响力，这就是得到技术助力之后，文化成功得到“造越位”之后的漂亮“进球”。[1]

[1] 人工智能：让文化更有“头脑”[EB/OL].(2017-06-01)[2018-01-03].http://www.sohu.com/a/145123061_182272.

（五）文化用品制造+人工智能

党的十九大报告强调，要“加快发展先进制造业，推动互联网、大数据、人工智能和实体经济深度融合”，以智能制造引领传统产业升级发展，成为当前振兴实体经济、建设现代化经济体系的重要抓手。在文化生产领域，推动文化制造向“智能化”发展，以智能制造引领产业转型升级发展，积极探索人工智能与文化用品制造业进行融合发展，是进一步优化产业结构、推动转型升级发展的必然选择。

以深圳市龙岗区为例，作为当地的制造业大区，在文化用品及相关制造业的转型发展上，通过一系列措施实现了智能制造。一是推动“机器换人”。积极推动有条件的企业开展“机器换人”计划，加大财政扶持资金，引导企业改造或购买新型流水线设备，引进新型工业机器人，有效实现传统制造业的转型升级。二是开展智能工厂培育试点。鼓励和支持有条件的企业通过新建、改建或扩建的方式，高起点、高标准建设智能工厂和数字车间，打造先进的智能制造数字化工厂，这是企业通过智能化发展实现成功转型的案例。三是深入推进工业化和信息化“两化融合”，引导和鼓励制造业企业利用网络化、数字化、智能化等技术，强化对生产工艺流程的柔性化改造。

（六）广告营销+人工智能

随着人工智能飞速发展，广告营销逐渐呈现出数据化、智能化和效能化的态势。对海量数据的智能分析成为广告投放的重要依据。过去，广播电视报纸等是传统广告投放的重要载体，通常广告信息是一对多。自从人工智能大数据开始参与其中后，机器人会根据数据分析为用户制定潜在的兴趣标签，每个人看到的信息都是不同的，真正做到广告投放的智能化。同时，通过人工智能技术能够挖掘出目标群体，在对其进行广告的精准投放，最终实现广告资源的优化分配和RIO最大化。未来，依托人工智能和大数据的优势，广告营销行业实现跨越式的变革，同时推动整个行业的透明化发展。

此外，人工智能还被应用到音乐等艺术领域。工业大生产让艺术产品有了大量复制的可能，人共智能则使这些艺术产品有了更多融合变化和创新的可能性。无论通过能创建捕获收听者的增强音乐，还是通过从几个音乐曲目制作的原始混搭，都可以将个性的风味添加到人类创造性的产品中。人工智能爱好者进一步微调人类艺术家的作品：他们使用技术，进行自动化和增强创作过程，应用于音乐、照片、视频和文本的生成。Jukedeck和Mubert提供原创、免版税的曲调，而Prisma和Soloshot让照片变得非常艺术。诸如来自Automated Insights的Wordsmith等工具从数据中构建了书面叙述，实验使用了人工智能来撰写中国诗歌、撰写电影剧本，以及为音乐剧制作剧情。关于人工智能的科幻心理惊悚片、编辑照片的App或者一款人工智能游戏等，都会受到市场的热捧。[1]

四、“文化产业+人工智能”的几点思考

“文化产业+人工智能”是文化与科技融合的最新亮点，也将是未来文化科技融合发展的一大趋势。人工智能作为新时期科技创新领域的后起之秀，在深度学习、图像语音识别、全息影像等一系列关键技术的引领下，必将会对文化产业产生深远影响。随着人工智能技术的不断进步，它对于文化产品生产能力及文化内容表达方式的正面影响将会继续增加。人工智能对于文化内容的重塑和改造将会推动文化产品的呈现方式更加多元，也将更好地提升受众的文化体验。

（一）持续推进人工智能的技术研发

未来文化产业的发展势必离不开人工智能的助力。因此，未来应持续加强对人工智能相关技术的研发，同时各个行业应根据自身行业发展特点，多维度合理应用人工智能前沿技术，以技术为内容，使经济效益倍速增长。

（二）丰富文化内容的表现形式

人工智能技术创造了许多文化奇观，让艺术语言与表意体系更加契合，开拓了文化创作的新领域。尽管目前人工智能在文艺创作方面的应用仍停留于随机的排列组合和输入输出模式，但其对文化内容的重塑和改造将会引起人们特殊的回忆性经验和感性认识，让文化作品的呈现方式更加多元。例如虚拟偶像初音未来和洛天依

---

[1] 人工智能在文化产业如何发光发热？[EB/OL].(2017-03-19)[2018-01-15].http://www.sohu.com/a/129338716_648937.

就是借助人工智能技术制造出来的仿真形象，这些虚拟偶像吸引了众多粉丝，并通过全产业链开发创造了巨大的经济效益。人工智能助力文化产业形成了独树一帜的内容表达形式，为文化科技的振兴扫清了障碍，成为文化产业转型升级的有效路径之一。

（三）加强人工智能在文化消费领域的应用

人工智能技术对文化消费体验的优化是文化科技融合的意愿起始点和归宿。消费是生产的最终目的，是商品价值循环中必不可少的一环。AR游戏Pokemon Go曾掀起过一波全民手游热潮，虚拟与现实通过人工智能技术的对接为玩家创造了全新的用户体验，制造了更加优质的娱乐效果和游戏快感，充分凝聚了玩家们的文化消费实力，延长了游戏的生命周期。当前，我国的文化消费体系虽逐渐完善，但其供需不对等的问题仍然无法根除。若人工智能广泛应用于文化生产与消费各个环节，将为文化产业带来供给侧结构性的变革。人工智能在场馆管理、产业运营、受众分析等方面的操作，将节省大部分人力成本，并优化服务流程。因此，人工智能将有利于文化产业实现供需两端的无缝对接，从而极大地提升人民的幸福指数。

（四）推动"文化产业+人工智能"的"商业创新"

"文化产业+人工智能"的发展需要从多个角度提升知识水平，从而发力形成新的复合式动能，这就集中体现为三个创新：科学技术的创新、文化艺术创新和商业模式创新。在这三种模式的创新驱动下，才能有效地推动现代信息技术与传统文化元素的融合创新，进而发现新的商业模式，实现产品的多渠道影响和发展。在这个过程中，要高度重视人工智能产品的IP保护与开发。人工智能，一方面被广泛提及于技术层面，另一方面已然成为一个大型IP，抽离于技术层面成为内容可供创作。美剧《西部世界》便是将这一IP成功开发的经典案例。该剧讲述了一个由AI机器人接待员构成的以西部世界为主题的成人乐园中，AI机器人接待员意识觉醒进而反抗人类的故事。该剧仅播出第一季，便在豆瓣评分中获得了9.4的高分。由此可见，人们对于AI技术的好奇与思考，使以人工智能为内容蓝本所创作的产品颇具市场活力。[1]因此，文化产业大可于此做足文章，在游戏开发、影视作品、文学创作、主

---

[1] 人工智能如何影响文化产业？[EB/OL].(2018-01-09)[2018-03-18].http://www.sohu.com/a/215666953_750125.

题乐园等领域以人工智能为内容，发挥丰富的想象力进行创作。

著名科学家霍金就曾做出大胆预测：“人工智能等技术的发展或将毁灭人类，让人类文明走向终结。”然而，在科技引领生活日新月异变化的新时代，人工智能将会在可控范围内造福人类，让生活变得更加美好。人工智能技术不仅不会破坏文化，反而会使文化焕发生机，改变文化价值观的传播方式，形成“文化+人工智能”的文化发展新局面。[1]当前，“文化产业 + 人工智能”是文化与人工智能深入发展的重要方面。在新时期，人工智能发展是关系国家现代化建设的重大任务，“文化产业 + 人工智能”则更是关系到新时期文化产业能否实现转型升级和提质增效。因此，要牢牢把握机遇，积极推动文化产业与人工智能的融合发展，全面提升人民生活品质，为建成创新型国家和世界文化强国作出重要贡献。

---

[1] 人工智能：让文化更有“头脑”[EB/OL].(2017-06-01)[2018-03-18].http://www.sohu.com/a/145123061_182272.

第十五章　中国博物馆文化创意产品开发研究报告

文物是中华民族在五千年的悠久历史中积攒下的宝贵财富，是中华文明的重要见证，是国家的“金名片”。依托文物文化资源，开发各类文化创意产品，是推动中华文化创造性转化和创新性发展，提升中华文化软实力，丰富人民群众精神文化生活的重要渠道。作为文物资源的主要集中地，博物馆丰富的藏品资源衍生出文化创意产品的问题引起了全社会的关注。博物馆商店成为博物馆“最后一个展厅”，如何通过创意开发经营，让观众“将文物带回家”，让文物融入日常生活中，成为全社会共同关注的话题。

一、博物馆文化创意产品开发现状

（一）文创产品开发政策梳理

2015年3月《博物馆条例》颁布，明确规定国家鼓励博物馆挖掘藏品内涵，与文化创意、旅游等产业相结合，开发衍生产品，增强博物馆发展能力。2016年5月，国务院发布《关于推动文化文物单位文化创意产品开发的若干意见》，着重强调了“大力发展文博创意产业，扩大引导文化消费，培育新型文化业态，以适应当前形势和经济社会发展的需要”。2016年5月16日，国务院转发文化部等部门《关于推动文化文物单位文化创意产品开发若干意见的通知》，明确鼓励具备条件的文化文物单位采取合作、授权、独立开发等方式开展文化创意产品开发。2017年1月，国家文物局公布了全国154家文化文物单位作为文化创意产品开发试点单位，要求试点单位在开发模式、收入分配和激励机制等方面进行积极探索，逐步建立起博物馆文化创意产品开发的良性机制。

2017年，不少省、市和自治区都在积极探索适合本地文化文物单位文创产品开发的新举措。江苏省将包括南京博物院在内的37家单位列入省级文创开发试点单位，江西省确定40家文化创意产品开发试点单位，山西省确定14家省级文化创意产品开发试点单位，甘肃省确定6家省级文化创意产品开发试点单位等，通过知识产权入股、激励机制及风险机制改革等方式，积极探索适合本地文创产品开发实际的文创开发模式（见表15-1）。

表15-1　2015年以来国家出台的支持博物馆文创产品开发的政策文件梳理

序号	政策文件	发布机关	发布时间
1	关于进一步加强文物工作的指导意见	国务院	2016-3-8
2	关于推动文化文物单位文化创意产品开发的若干意见	国务院办公厅	2016-5-16
3	关于促进文物合理利用的若干意见	国家文物局	2016-10-19
4	“互联网+中华文明”三年行动计划	国家文物局、国家发改委、科技部、工信部、财政部	2016-12-6
5	国家文物事业发展“十三五”规划	国家文物局	2017-2-22
6	关于促进文房四宝产业发展的指导意见	工信部	2017-1-5
7	关于实施中华优秀传统文化传承发展工程的意见	中共中央办公厅、国务院办公厅	2017-1-25
8	关于促进老字号改革创新发展的指导意见	文化部、知识产权局、文物局等16部委	2017-2-4
9	中国传统工艺振兴计划	国务院办公厅	2017-3-24
10	关于进一步推动非国有博物馆发展的意见	国家文物局	2017-7-17

（二）文化创意产品开发单位概况

1.行业与地区分布

2017年1月，文化部公布了7家确定的文化文物单位文化创意产品开发试点单位名单，国家图书馆、故宫博物院等榜上有名。同时还公布了55家备案的文化文物单位和文化创意产品开发试点单位，加上2016年11月国家文物局公布的92家试点单位，共有154家文化文物单位文化创意产品开发试点单位。其中共有博物馆95家，图书馆37家，美术馆22家，博物馆占试点单位总比的61.7%（见图15-1）。

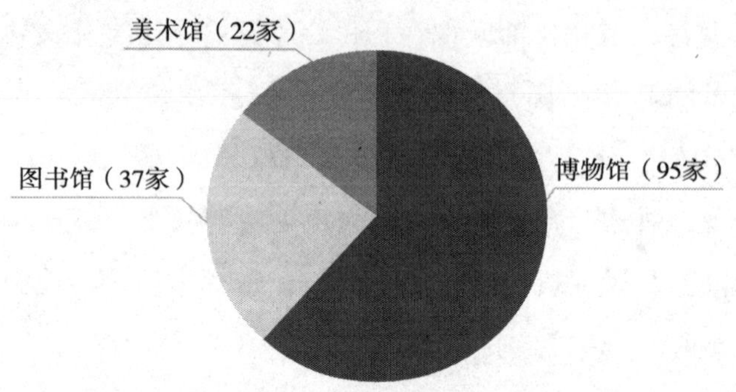

图15-1　各类文化文物试点单位数量占比

从地域分布情况来看，95家试点博物馆中，华北地区29家，华东地区21家，西北地区12家，东北地区10家，西南地区、华南地区和华中地区分别为9家、8家和6家（见图15-2）。

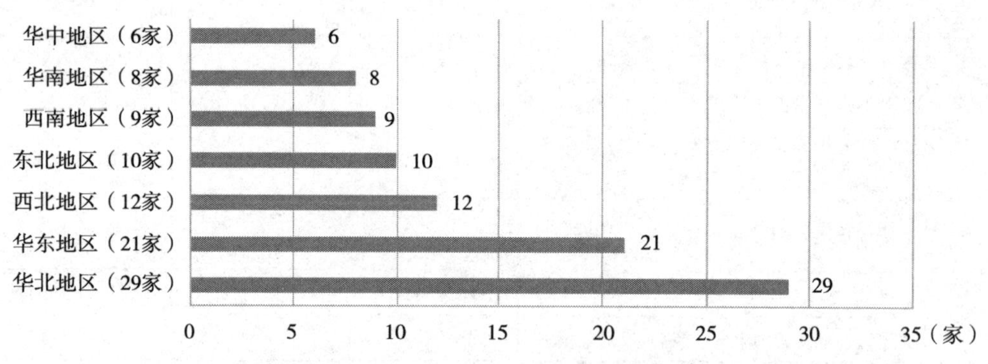

图15-2　我国博物馆文创开发试点单位地域分布

值得注意的是，本次选出的95家试点博物馆中有25家来自北京，这一数字占到试点单位总数的26.3%，占华北地区试点单位总数的86.2%，与其他省份只有1—5家试点单位的情况相比，北京作为首都和全国文化中心的地位凸显。

2. 试点单位情况

据统计[1]，95家试点单位中以公益一类单位为主，共有78家，占比超过82%，

[1] 本报告中的调研数据来自与中国文物交流中心项目课题组2017年6月提交的《推动文物单位文化创意产品开发配套措施研究报告》，并在此基础上结合2017年1-12月文创开发现状有所补充和调整。

属于公益二类的单位有10家，其他性质单位共计4家（见图15-3）。截至2016年年底，有81家试点单位中有明确的专门内设部门负责文创产品开发工作，相关专职人员共计486—489人。

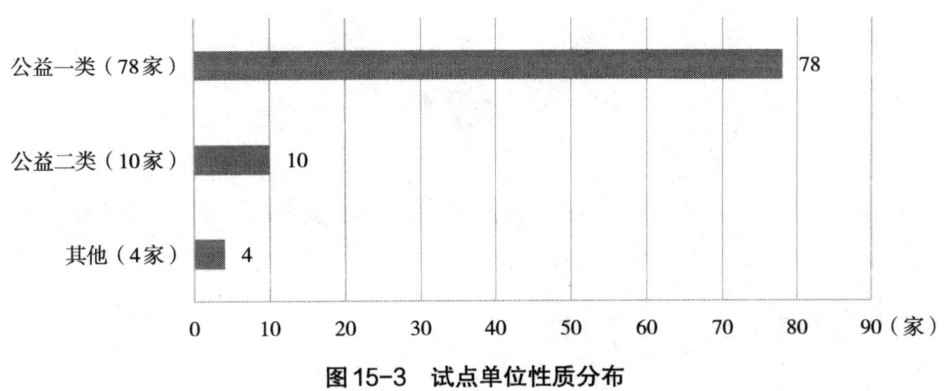

图15-3　试点单位性质分布

在被调研的89家文创试点单位中（不包含故宫博物院和国家博物馆），文创产业相关专职人员在10人以下的占据主流，共有82家，占反馈总量的92.1%，其次为10-50人的试点单位共有6家，占比为6.74%；50人及以上的试点单位占比较少，仅有1家，占比1.12%（见图15-4）。

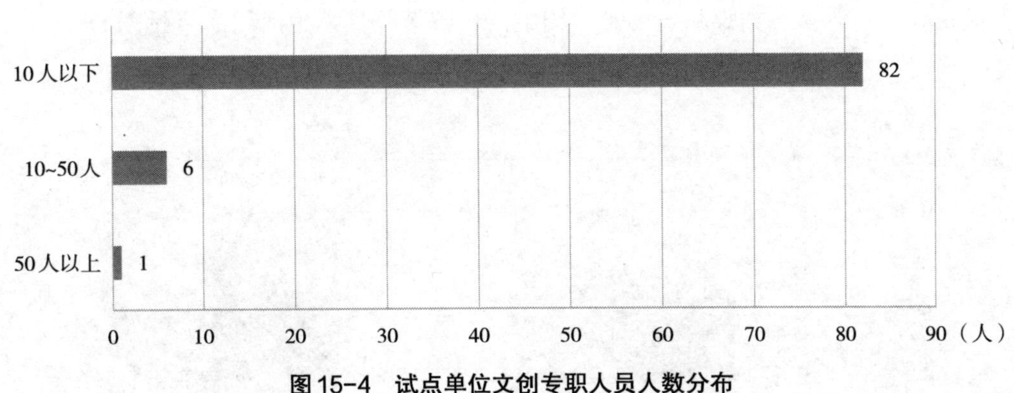

图15-4　试点单位文创专职人员人数分布

在被调查的89家试点单位中，截至2016年年底尚未成立企业的有52家，占博物馆反馈总数的58.43%，有成立企业计划的有21家，占未成立企业总数的40.38%（见图15-5）。

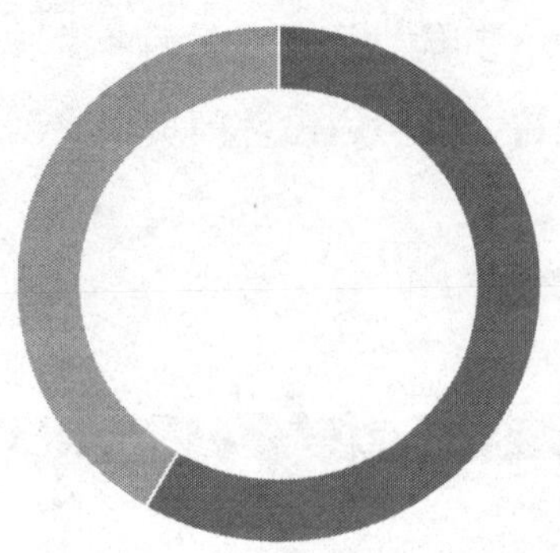

图15-5 我国文创试点单位企业成立情况

（三）博物馆文创产品开发现状

1.开发种类数量

故宫博物院是文创产品开发中的领头羊，2015年，故宫博物院共计研发文创产品8683种，收入近10亿元。2016年，故宫文创种类达到9170种，销售收入超过10亿元。截止到2017年年初，国家博物馆共开发文创产品达3000余款，其中以国博文物藏品为元素开发的达到600多种，拥有自主设计版权的1800余款。既包括稀世藏品的复制品，如“四羊方尊”茶叶罐、“东汉击鼓说唱俑”音箱、“杏林春燕图”手机壳等，也包括各类邮品、书签、钥匙链、胶带等日常生活用品（见图15-6）。

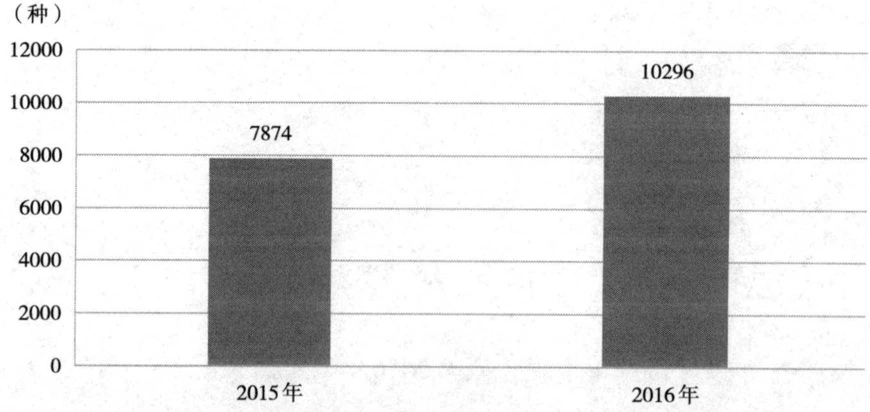

图15-6 2015年度和2016年度文创试点单位文创产品开发种类数量对比

除这两家国家级博物馆外，其他试点单位2015年共开发文创产品7874种，2016年开发种类达到10296种，年度环比增加2421种，增幅达到30.76%，2015—2016年，文创试点单位文创产品开发种类均值分别为89.47种和115.69种，中位数分别为12种和20种。可见我国文博文创产业虽然仍处于初级阶段，但发展速度还是不容小觑的。

2. 文创产品经营收入

除故宫博物院和国家博物馆以外，其他试点单位在2015—2016年两年间通过文创产品共获得经营收入5.65亿元。其中2015年和2016年的相关经营收入分别为2.58亿元和3.06亿元，年度环比增加48009.12万元，增幅高达18.62%；试点单位的文创产品经营收入均值分别为290.16万元和344.20万元，中位数分别为45.80万元和53.39万元。

每年属于本单位的文创产品经营收入分别为1.06亿元和1.23亿元，年度环比增加1694.14万元，增幅为16.02%，占该年相关经营收入的比例分别为40.95%和40.05%，略有所下降。试点单位年度所获得的属于本单位的文创产品经营收入均值分别为118.82万元和137.85万元，中位数分别为10.48万元和22.00万元（见图15-7）。

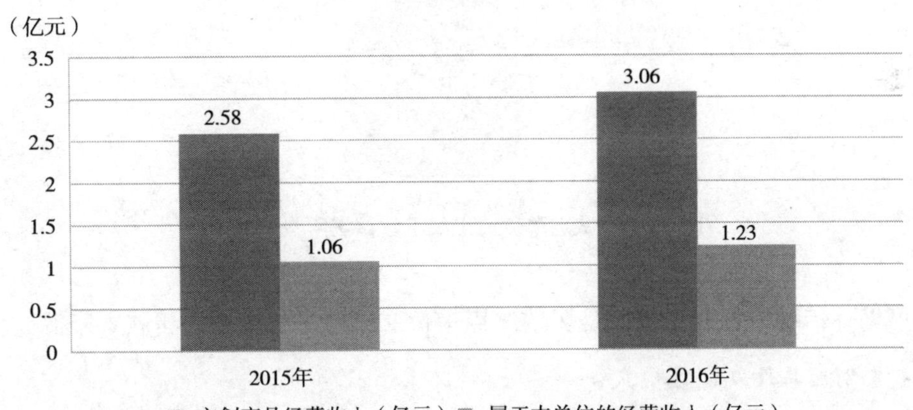

图15-7　2015年度和2016年度我国文创试点单位文创产品经营收入对比

3. 实体营销场所及互联网商店

故宫博物馆院与阿里合作成立故宫博物院文创旗舰店，自建网络销售平台“故宫商城”。到2017年，国家博物馆已经拥有多个实体店（纪念品店、博文斋、名人名家店、国博茶艺馆等）和20多个销售点。除做好实体店销售外，2016年1月，国家博物馆天猫旗舰店上线运营。目前不少博物馆利用互联网技术，建立起互联网销售平台，如浙江省博物馆、安徽博物院、江西省博物馆、河南博物院、湖北省博物馆、广西壮族自治区博物馆等省级博物馆在博物馆官方网站上设置了“网上商店”专区；故宫博物院、中国国家博物馆、上海博物馆、苏州博物馆等在阿里巴巴集团旗下的“天猫”“淘宝”等平台建立了独立的网店，内蒙古博物院、观复博物馆等则选择入驻“微店”平台。这些互联网商店受到了全社会的广泛关注，官方数据显示，2017年“双十二”期间，故宫淘宝销量同比增幅达300%，而文创领域素有“北有故宫，南有苏博”之称的苏州博物馆淘宝店，更实现同比3000%的增幅。

除此之外，大部分试点单位主要通过在馆内开设实体商店的传统方式销售文创产品，相关实体营销场所共计231个，占试点单位营销商店总量的90.23%，其中，馆内实体营销场所183个，馆外实体营销场所48个，仅有21家试点单位通过互联网进行销售，互联网商店仅有25家（见图15-8）。

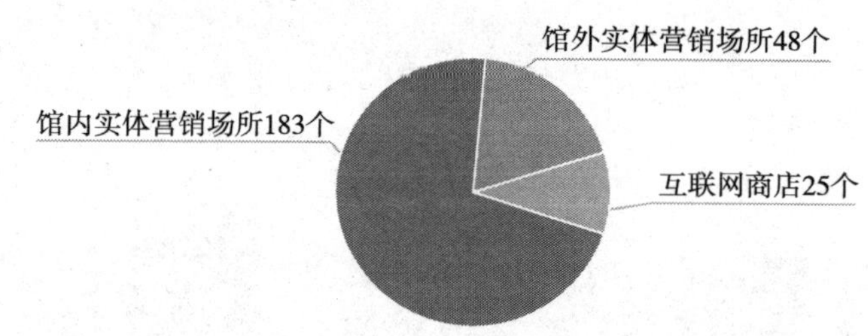

图15-8 试点单位线上线下营销场所数量对比

可见，传统销售方式依旧是多数试点单位文创产品的主要销售收入来源。

4.文创产品开发合作模式

目前博物馆文创产品开发的模式主要有三种：博物馆自主设计开发、委托代理和品牌授权。博物馆自主设计开发是博物馆自己成立文创设计团队，完成设计样稿后，交由有生产能力的制造类企业根据博物馆的要求生产，如故宫博物院、河北省博物馆等主要采取这种模式。这种模式要求博物馆拥有设计团队，负责本馆文创产品的创意设计。

委托代理是设计、生产全部委托馆外企业完成，由后者负责文创产品的研发、生产全过程，产品最后交由博物馆销售，产品销售收入按约定比例分成。国内博物馆在与企业合作时大部分采取这种模式，如苏州博物馆自2012年开始举办明四家系列展，60%—70%以上的文创产品采取这种模式。

博物馆品牌授权是针对博物馆品牌的衍生价值进行授权，如故宫博物馆注册了“故宫”“紫禁城”等商标，感兴趣的企业可以通过与故宫授权部门联系进行合作，品牌授权的对象主要是博物馆注册的商标以及配合商标的部分高清图像。因此，博物馆品牌授权又称为商标授权。2016年4月，经上海博物馆的品牌授权，“CC卡美”以专柜形式进驻上博商店，首批系列产品从上博馆藏的青铜、陶瓷、绘画、工艺等文物中提取46种元素，运用国际流行制作工艺，研发出12个系列、450款不同材质和价位的创意首饰产品。这一系列产品上市以来，得到消费者的广泛认可。

从目前的情况来看，自主研发仍然是最主要的文创开发模式。与其他单位开展开发合作也是试点单位在文化创意产业发展的一条重要的途径，目前已经和试点单位开展合作的单位共计392家。其中有16.85%的试点单位仅有1家合作单位，有2—3家合作单位的试点占47.19%，有4家以上合作单位的试点单位有22.47%。仍有122家单位希望开展相关开发合作。

（四）博物馆文创产品消费需求现状

通过对湖南省博物馆、苏州博物馆等场馆观众的现场调查，博物馆文创产品消费群体呈现出如下特征。

1.消费群体分析

当前我国博物馆总体客流以国内游客为主，海外游客数量相对较低。在国内群体中，依据博物馆的影响力程度不同，消费群体呈现不同特征，影响力越大的博物馆，外地游客越多。一些小众的博物馆，观众则主要以本地居民为主。从消费能力来看，海外游客的购买概率和购买力是最高的，其次是外地游客，购买力最小的是本地游客。其次是从受教育程度来分析，受教育程度越高的游客，购买文创产品的概率越大，受教育程度较低的游客则以参观游览为主，购买文创产品的概率较小。

2.博物馆的品牌与文创产品销售呈正相关关系

当博物馆形成品牌以后，游客会自行到博物馆去参观，而不是通过旅行社的安排被动参观，而自行前往博物馆的游客，理论上购买博物馆文化创意产品的概率更大。同时，参观体验对文创产品消费也有很大影响。游客对博物馆整体以及博物馆的展览、活动等好感越大，购买文化创意产品的概率越大；相反，如果博物馆体验不够好，那么游客转化为消费者的概率要降低很多。

3.实用性是博物馆文创产品消费的重要构成因素

因为博物馆文创产品并非生活必需品，因此在博物馆里"非买不可"的现象并不多见，更多情况下则属于冲动型消费。大部分观众在购买文化创意产品时还是要考虑商品是否合适，考虑的因素主要包括价格和实用性，而对"实用性"本身的理解则对不同群体的观众有不同的含义。总体来看，文具类产品如书签、笔记本、文具袋，数码类文创产品如U盘、手机壳、鼠标垫，是消费者最为喜爱的产品类型，其他类型的产品相对平均而分散，这体现了文化消费具有相当大的随机性和差异性。

4.价格是影响文创产品销售的最敏感的因素

大部分消费者能够接受的文化创意产品的价格在100元人民币以下，但是从2017年开始，消费者能够接受的价格范围空间扩大，100～500元的文创产品销售量开始提升，而500元以上稍贵重的文创产品销售也呈上升趋势（见图15-9、图15-10）。

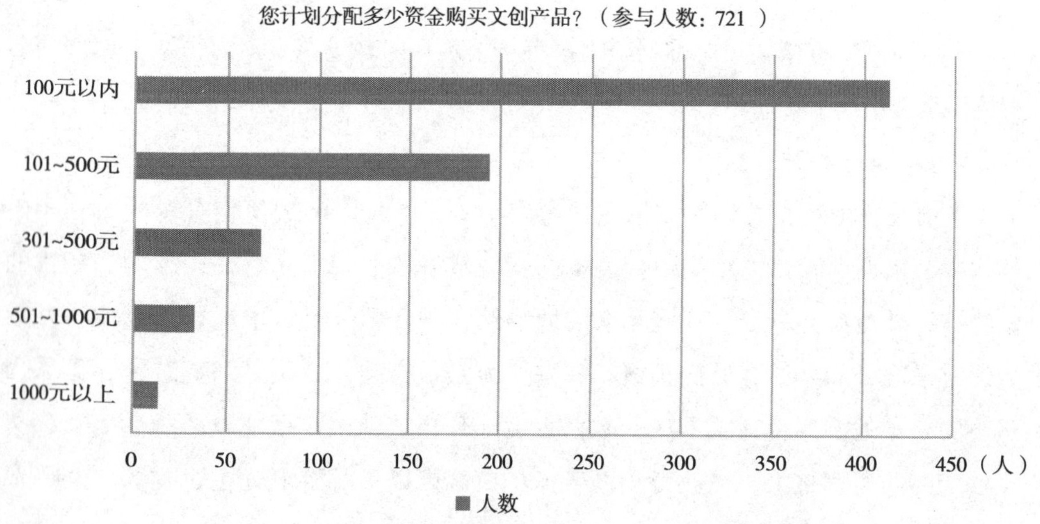

图15-9　苏州博物馆观众购买文创产品的资金分配意愿调查

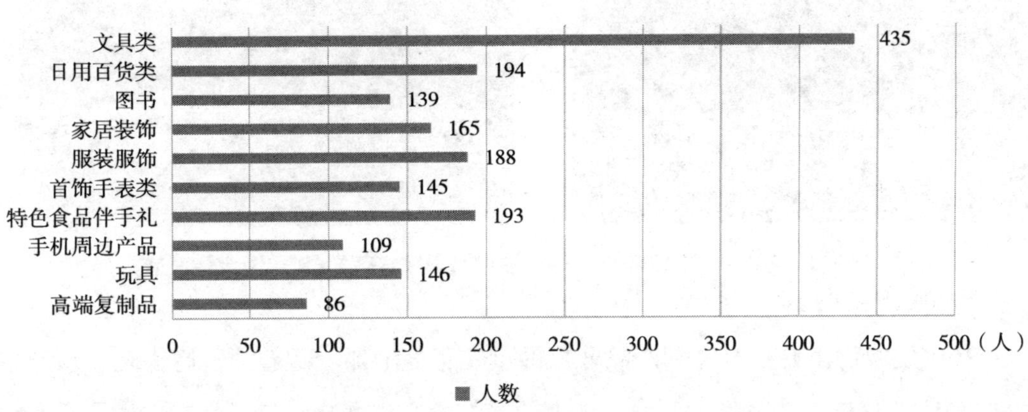

图15-10　苏州博物馆观众购买文创产品的类型分布调查

二、博物馆文化创意产品开发新进展

随着一系列鼓励文化文物单位文创产品开发政策的出台，全社会范围内形成了重视文创产品的氛围，博物馆自身也逐渐开始重视文创经营，所以博物馆文创开发一年来取得了比较显著的进展。具体表现在如下几个方面。

（一）全社会形成重视博物馆文创的氛围

首先是博物馆通过一系列的成功宣传，让公众对文物资源产生浓厚的兴趣。博物馆通过微博、微信、纪录片、公益讲座等宣传，拉近了博物馆与公众之间的距离，让公众对博物馆的印象从高高在上的死板形象变成平易近人的亲切形象。《我在故宫修文物》让故宫的文物修复工作受到公众的关注，并让文物修复这项曾经枯燥冷门的工作成为年轻人就业的热门选择。2017年年底推出的综艺节目《国家宝藏》联合9家博物馆，每期推出3款镇馆之宝，讲述文物的前世今生，让文物走下神坛，让更多的人对文物及其背后的文化产生浓厚的兴趣。百集大型纪录片《如果国宝会说话》对国家重点文物资源进行普及介绍（见图15-11）。这些对文物的普及工作已经成为全社会关注的热门话题，客观上促进了社会公众对文化遗产、文物单位、文物工作的正确理解。同时，越来越多的文物专业工作者包括文物修复专家、考古专家、历史学家等愿意从象牙塔中走出来，扮演“科普者”的角色，更多博物馆行业、考古专业的志愿者开始从事文物宣传普及，成为连接文化遗产资源与公众的重要纽带。

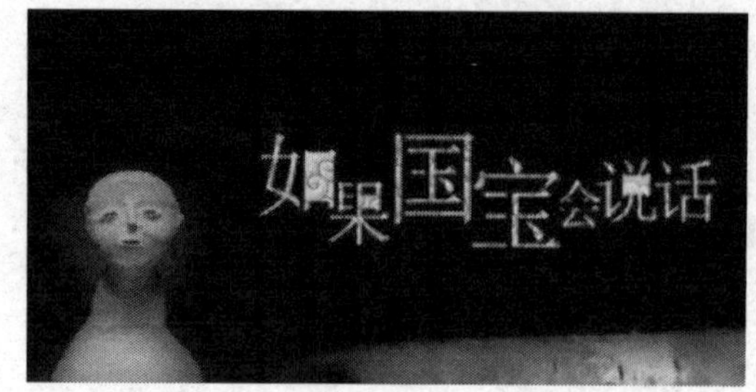

图15-11 2017—2018年央视热门节目《国家宝藏》《如果国宝会说话》

其次是博物馆自身对文创产品开发的重视程度增加。随着故宫博物院文创产品年收入10亿这样成功案例的刺激，加上国家鼓励文化文物单位从事文创产品开发大方向的指引，很多博物馆意识到文创产品开发的经济价值和社会价值，“把文物带回家”、做好“最后一个展厅”成为博物馆普遍认可的共识。博物馆改变传统公益一类事业单位不从事商业经营的刻板印象，开始意识到文创产品开发是博物馆除了收藏保存和研究之外非常重要的社会服务功能之一，不再只是从当地小商品市场采买一些纪念品放置在商店柜台内售卖，普遍都设计出了能够反映本单位文化元素的创意产品。这对于实现文化创意产品的社会效益具有十分重要的意义，得益于专业设计研发团队和企业的参与。

第三是复合型人才培养初见成效。过去一年来，很多单位将挖掘和培养既懂文博，又会设计的复合型人才作为工作的重要任务去落实。国家文物局每年制定“高层次文博行业人才提升计划”，联合相关高等院校，对文博行业在职人员进行高学历教育，通过学历教育与文博行业实际需求紧密结合的方式，培养具有文博专业素养的实践型、创新型高层次专业人才。故宫博物院于2013年成立故宫研究院，每年向社会招募一批博士后研究人员从事故宫相关研究。2017年11月，国家艺术基金管理中心资助，故宫博物院主办全国博物馆文创产品艺术设计培训班，组织专业设计师和专家，针对博物馆文创产品设计了一套相对全面的课程。这些措施都有助于提升中国博物馆文创产品设计的整体水平。

（二）文化和创意在文创产品中的比重加大

文创产品的整体质量有所提升，越来越多既能够彰显文化品位与内涵，又贴近生活的文化创意产品被设计出来，知识产权保护意识加强，模仿和抄袭现象有所减少。

首先是相关从业人员不断加强对博物馆文物资源文化价值的挖掘。过去社会公众对文物资源的认识多是从经济价值来衡量的，关心文物值多少钱，随着经济的发展，公众对文物的收藏和拍卖产生了浓厚兴趣，对文化价值的衡量往往也是处于关心经济价值的实现角度来考虑的。从文创产品开发的角度来看，对文物背后文化价值的挖掘，让观众在了解文物背后故事与精神之后，对文物资源产生共鸣，进而成为文创产品的消费者。如何将这些对于文化遗产的重要认识转化为贴近公众生活、易于文化消费的产品和服务，是当前的重点任务之一。很多博物馆都开展了有益的尝试，比如，上海博物馆以本馆青铜器馆藏为基础，邀请插画师共同策划出版了《青铜国》等适宜儿童阅读的绘本类出版物，一方面很好地宣传了博物馆，让保护和利用文化遗产的观念在少年儿童心里扎根，另一方面也是拓展博物馆教育功能的有效途径。故宫博物院开发的《故宫日历》，每天精选一部作品进行图文介绍，让文物走进千家万户，被更多的人熟悉，进而为消费提供潜力。

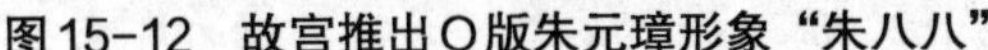
图15-12　故宫推出Q版朱元璋形象“朱八八”　　**图15-13　苏州博物馆抹茶味曲奇**

其次是文创产品研发能力不断加强。近年来举办了一系列不同规模的专门针对博物馆馆藏文物的文化创意产品设计大赛。这样的大赛有助于博物馆与相关院校、设计单位建立业务上的联系，同时也丰富了创意设计的手段。近期一些文物单位主办的创意设计大赛，还专门为参赛选手开设文物主题讲座，帮助他们更好地理解文物在历史上的功能以及延伸至今的价值，这种做法在很大程度上避免了设计人员对文物的误解、曲解而产生的不必要的问题。回归生活、注重日常则成为现阶段文物主题文化创意产品设计研发的一个新的发展趋势。从各类大赛的获奖作品来看，往往并不是那些高精尖或者工业制造业的产品，而更多的是实实在在可以日常生活使用的产品。这类日用品也正是博物馆现阶段最受欢迎的文化创意产品。如故宫在“朕就是这样汉子”的雍正四爷形象取得圆满成功后，又在2016年推出Q版朱元璋形象“朱八八”（见图15-12），苏州博物馆以秘色瓷莲花碗为原型开发的抹茶味曲奇（见图15-13），让很多人知道“苏州博物馆的镇馆之宝是一块抹茶曲奇”。

再次是在文化文物单位文创开发领域，持续有效推广成功的设计研发案例与模式，促进了行业整体的良性发展。故宫博物院、国家博物馆、上海博物馆等文创开发走在前沿的博物馆，为广大博物馆进行文创开发提供了可借鉴的经验和模式，很多成功的案例可以被其他博物馆所学习。同时，据调查，很多博物馆在开展文创产品开发工作之前都会雇请法律顾问，搞清楚文创产品开发过程中所涉及的知识产权问题，鼓励原创，避免侵权行为发生。这些为博物馆从事创新创意产品开发提供了现实依据和法律保障。

（三）打造文创开发联合战队

2016年以来，文创开发领域出现了多方联合进行开发的互联网平台，这些平台能够联合多家博物馆，打通博物馆文创开发上下游产业链，对于解决博物馆文创开发低端化、分散化、自发性强等问题有非常重大的作用，代表博物馆文创开发经营未来发展的趋势。

2016年1月，国家版权交易中心和中国国家博物馆共同发起成立“中国文博知识产权交易平台”，面向全国博物馆、美术馆、艺术馆、文化馆、纪念馆、非遗中心等文博机构提供文博知识产权集中交易、集中转让、快速转化等服务，是国家级公开市场交易平台。平台由资源、体系和社区三部分构成，资源是上游文博机构和下游的应用厂商；体系主要是指平台的文博知识产权确权体系及文博商品的认证体系；社区主要是指设计师社区和经纪人社区。

成立于2016年5月的阿里鱼是阿里巴巴旗下的在线版权交易服务平台，为国内外版权方和优质品牌商家提供一站式互联网授权方案。以阿里大数据匹配为核心，包括授权交易、授权管理、联合营销、在线销售、自动分账等服务。目前，阿里鱼已经与故宫博物院、大英博物馆、凡高博物馆、中国国家博物馆等国内外知名博物馆开展合作，进行超级IP授权（见图15-14）。

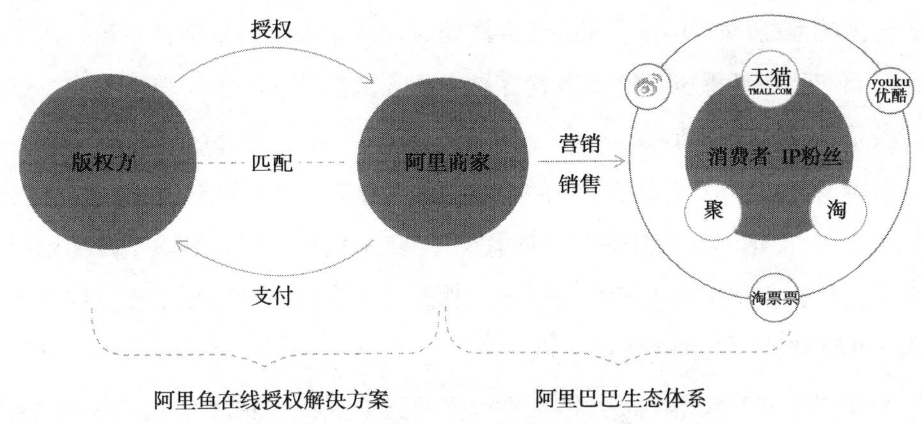

图15-14　阿里鱼一站式在线版权交易示意图

三、博物馆文化创意产品开发工作面临的问题

虽然博物馆文创产品开发具有重大的理论和现实意义，但在现实层面，我国的博物馆中，除了故宫博物院、国家博物馆等表现较好的大型博物馆，不少专业性、偏远地区的博物馆在文创开发方面仍停留在粗糙的创意设计阶段。根据《艺术市场》杂志的报道，2016年12月，全国共有4526家博物馆，被国家有关机构认定具有文创产品开发能力和产业规模的有2256家，而这其中实现盈利的只有18家，不到1%的比例。

（一）文创开发处于初级阶段的表现

首先表现为文创产品品质不高。产品品种单一，同质化程度高，缺乏创意设计，不能与市场需求进行有效对接，仍是目前博物馆文创产品开发面临的首要问题。如故宫Q版娃娃取得良好收益之后，众多博物馆在文创开发中都走Q路线、萌路线，台北故宫的“朕知道了”胶带畅销后，胶带成为众多博物馆文创开发的必备项目。目前大多数博物馆的文创产品集中在书签、购物袋、U盘、钥匙扣、首饰、食品、丝巾、冰箱贴和部分复制品，文化元素生硬植入的现象严重。

其次是产业模式不成熟。除了部分博物馆采取与社会合作的开发模式以外，大部分博物馆仍处于闭门造车的状态，依靠自己有限的开发团队从事文创开发，完成设计样稿之后，交由有生产能力的制造类企业根据博物馆的要求进行生产，然后由博物馆负责在馆内销售，没有馆外销售渠道，不能形成规模效应，其结果就是文创产品的研发成本高，在市场上流通时价格偏高，从而容易出现销售不畅、产品积压的情况，而产品一旦积压，资金链就容易中断，文创产品开发不得不终止，难以形成文创产品开发的良性循环。

三是理念上缺乏对藏品资源的深度挖掘，很多博物馆的文创开发思维模式是“镇馆之宝——文化创意商品——象征意义”，将文创产品开发等同于博物馆代表产品的开发，没有能够深入挖掘馆藏资源，难以成体系地表示博物馆藏品所代表等文化体系和文化特征。

四是文创开发的效率不高。以文创产品开发最成功的故宫博物院为例，从资源的角度来看，故宫坐拥186万件文物藏品，到目前为止开发出9000余种文化创意产品，这个比例说明还有大量的资源处于未开发的闲置状态，未来开发空间还很大。从经营收入来看，故宫文创产品年销售收入10亿元，相对于故宫每年1700万的游客流而言，这个数字也并不是很理想。而广大的中小博物馆文创开发收入更是微不足道，开发投入–产出比不高。

（二）文创开发不足背后的原因

1.体制机制的僵化保守

首先是博物馆从事文创开发的合法性资质问题。尤其是国有博物馆属于公益一类事业单位，在从事文创产品开发中存在的体制机制障碍首先表现在国有博物馆有没有权力从事文创产品开发。按照2011年中共中央国务院颁布的《关于分类推进事业单位改革的指导意见》（中发〔2011〕5号），国有博物馆属于从事公益服务类别中的公益一类事业单位，不能或不宜从事经营活动，其宗旨、业务范围和服务范围由国家确定。而法律层面，对于博物馆能否从事文创产品开发也没有明确规定。政策上的矛盾和冲突造成现实执行层面的困境，很多博物馆在表示更愿意做好藏品保管展示的本职工作，不想承担藏品资源开发的风险责任。

其次是收支两条线的财政管理体制，博物馆维持日常运营的所有经费来自国家财政，同时博物馆的所有收入也需上交国家财政，由国家财政统一支配其使用去向。这就在很大程度上限制了文创开发，包括开发经费来源无法保障，因为产品研发费用、市场调研费用等市场因素无法预测，无法通过财政预算和决算来控制。更为关键的是开发收入上交国家财政，从事文创产品开发的人员既承担着维护文物安全、保证社会效益的责任，又不能获得相应的开发收入，权责不对等，不利于调动工作积极性。试点工作开展后，很多博物馆采取“企业兼职”等形式让“体制内人员”到博物馆下设的企业中挂职，按照企业经营分配收益来提升相关工作人员的积极性，起到了一定的激励作用，但是距离激励机制在文物单位的全面推行还存在很大的差距。

2.文创开发产权制度不清晰

中国的大部分优质文物资源都集中在国有博物馆。按照国家文物法的规定，国家文物属于全体人民所有。政府代表全体人民将文物委托给国家博物馆进行保管，国家博物馆的职能包括对文物的征集、保管、研究和开发利用。利用藏品资源进行文创产品开发则是近年来兴起的新生事物，并不在博物馆的传统职责范围内。所以现在的问题是，谁有权对博物馆的藏品资源进行开发？开发权按照何种方式进行分配？国家文物主管部门、博物馆、资源开发者三者间的关系是什么？如何进行各自的权限范围界定？文创开发中产生的收益如何分配？如何建立合理的激励机制？这些基本的产权问题都没有明确。而产权清晰是市场交易行为的前提，所以博物馆文创开发亟须明确产权制度。

3.社会力量参与开发不积极

由于博物馆自身的设计力量欠缺，以及文创产业开发所需资金的欠缺，博物馆无法将其投入专业的品牌商品制造商，从品牌塑造等角度对文创产品开发进行整体打造。另一方面，社会力量主动投入博物馆文创事业，并没有财政政策方面的特别扶持渠道，也没有相应的税收减免或者优惠政策，导致没有更多的社会力量，特别是大型的企业积极主动地参与到这项工作中。

四、提升博物馆文化创意产品开发的策略建议

（一）营造有利于文创开发的大生态圈

1.政策法律层面

首先需要制定或修改相关法律，明确文创开发各权利主体的职责和权利，明确博物馆藏品资源开发权的权利归属及权利分配规则。其次是政府相关部门，包括文

物主管部门、文化部门、工商部门等积极出台鼓励文创产品开发的政策，进一步明确博物馆文创开发中的风险承担机制、收益分配机制、风险承担机制。应该通过政策引导鼓励更多力量进入博物馆文创开发领域，通过行业融资、税费减免等方面的优惠政策给予企业（博物馆下属企业及社会企业）更大力度的扶持，提升行业吸引力。

2.博物馆层面

博物馆作为文创产品开发“原材料”的提供者，需要梳理馆藏文物资源，做好基础性工作。要把机构内具有产品发展潜力的元素、形象、故事等内容，以一种便于为社会力量应用、易于为广大公众理解的形式，主动向社会传播。对于属于博物馆本身的资源，如博物馆品牌资源、馆藏设计资源，要善于通过授权的方式委托给更具备开发能力的社会企业开发。在世界范围内，除了极少数实力特别雄厚的博物馆在独立开展授权业务之外，绝大多数部门的机构都会选择借助第三方专业机构或平台去开展相关工作。即使像英国维多利亚与阿尔伯特博物馆（V&A）这样全球知名的博物馆，在授权领域也会选择与更专业的公司合作。因此博物馆要学会充分利用社会力量进行文创开发，提升资源配置效率。

3.设计研发环节

创意设计是关乎文创产品开发成败的关键环节，需要设计出既能够反映文物本身文化价值，表现出文物文化底蕴，又能够受到市场欢迎的潮流热品。在这个环节人才是决定性因素，需要培养出既懂文物、又懂设计研发的专业人才，或者能够形成成熟的人才培养机制。通过举行文化创意设计大赛、建立合理的收益分配机制，激励全社会更多的人从事文创产品设计工作。

4.生产制造环节

生产加工是文创产品制造的最后一个环节，为保证产品质量，需要有一批信誉良好、品质优秀的生产制造厂商参与文创开发工作。由于博物馆作为公益机构，市场意识比较薄弱，为此需要博物馆协会等行业协会制定明确的行业准入标准，对生产制造厂商进行质量把控，并根据文创开发需求向博物馆及设计部门推荐相关企业，避免资源浪费。

5.营销推广环节

营销推广环节需要博物馆与社会力量共同推进。对于文创产品的营销推广，实际上应该作为博物馆整体文化推广方案的组成部分之一，可以通过博物馆的公益讲座、文化活动、专题特展等活动进行整体宣传。同时在不影响博物馆公益属性的前提下，可以考虑与社会企业合作，利用其市场平台和资源，扩大公众影响力，培育更多“粉丝”，实现博物馆与社会企业的双赢。

（二）设计清晰明确的产权制度模式

清晰的产权制度是博物馆文创开发的前提，可以分为初始产权制度和产权再分配制度两个维度。博物馆文创开发中的初始产权制度是藏品资源的拥有方第一次将开发权转让给权利使用方时所遵循的规则和采用的方式。按照产权经济学派科斯的代表性观点，初始产权配置是关系到资源使用效率和公平的最直接因素。博物馆藏品资源归全体人民所有，从市场公平的角度来看，全体人民都应该享有资源的文创开发权。从资源使用效率的维度来看，通过行政力量由文物主管部门直接将开发权赋予博物馆或某一市场主体，其开发效率没有通过市场力量由所有主体公平竞争获得开发权的效率高。而国务院在2017年1月出台的《关于创新政府资源配置方式的指导意见》中确定了公共资源配置方式改革方向，要确定市场在资源配置中的决定性作用，到2020年建立健全公共资源产权制度的目标，应该将博物馆藏品资源向全社会开放，建立公共文化资源市场交易平台，由最能够发挥资源价值的市场主体获得资源开发权。

产权再配置是资源开发权在各市场主体之间的进一步调整，包括授权、合作、委托-代理等。产权再配置的关键是规范资源开发主体的开发经营行为和收益分配机制，探索建立以“文化遗产”为核心的多层次、宽领域的授权经营体系。结合艺术产业三级市场结构理论，可以将博物馆文创产品授权体系分为三级市场，一级市场是文化创意、产权市场，是内容创意知识产权市场，通过搭建产权交易平台，提供创意成果的授权和使用。二级市场是授权产业的知识、智力、服务等要素市场，属于中介市场，为博物馆文创开发产业链的形成提供内容制作、技术集成、产品运营等方面的服务，实现资源整合。三级市场是直接面向消费者的授权产品或服务销售市场。产权制度设计要打通三个层级的市场，形成相对流畅的价值实现通道，建立集产权交易、资源整合、生产销售于一体的结构体系。

（三）构建不同博物馆差异化发展策略

不同类型博物馆由于所处位置不同，拥有的馆藏资源、形象品牌、陈列展览、主题活动、人才队伍不同，因此不可能采用同样的文创开发策略，积极稳妥地推进文化创意产品开发。不是所有博物馆都适合文创开发，《关于推动文化文物单位文化创意产品开发的若干意见》中明确指出，鼓励具备条件的文化文物单位在确保公益目标、保护好国家文物、做强主业的前提下，开发文化创意产品。为此，不同的博物馆应该根据自身实际情况，采取不同的策略来开发文化创意产品。

策略一：资源共享型开发模式。

此种模式主要适用于大部分中小型综合类博物馆、遗址类博物馆和行业专题博物馆，这些博物馆往往缺乏知名度和有影响力的“明星”单品，且通常也不作为旅游目的地，无法确保可观的“客流量”。

这些博物馆开发文创产品的成本比较高，且无法保证产品的销量，开发风险较大。建议这类博物馆以资源梳理为主业，充分挖掘现有藏品资源的文化内涵，并通过灵活多样、易于为大众接受的流行传播形式对藏品资源进行宣传，如通过制作纪录片、开发影视动漫游戏产品、开展公益讲座、开发App等。另一方面，做好藏品数字化工程，要依托已有的公共资源版权交易平台，将有代表性的藏品资源开发权放在平台上进行授权交易，依托社会力量开发文化创意产品。而在营销方面，则在依托博物馆实体商店的同时，投入更多精力在互联网平台上，通过互联网在全球范围内销售。

策略二：创意引导型开发模式。

此种模式适用于中型综合类博物馆，作为旅游景点的遗址类博物馆和行业专题博物馆、部分人物纪念类博物馆等。这些博物馆在地域范围内有一定影响力，具备馆藏精品，有相对固定的参观群体，观众人数相对稳定。

这类博物馆的参观者往往是对博物馆所涉及的专业知识或特定人物有兴趣和研究的群体，对文创产品有强烈的需求，但博物馆往往不能提供高品质有创意、类型丰富的文创产品。建议博物馆将文创产品的设计开发作为工作重点，在不断挖掘藏品资源文化元素、融入创新性的创意设计、确保产品价格亲民的前提下，这类机构可以持续地从文创产品开发中获益。有条件的博物馆可以考虑成立专业的产品开发团队，在对市场需求进行充分调研的前提下，自行设计开发文创产品。也可以梳理出最受欢迎的机构藏品或元素，投放到市场中吸引授权代理商、品牌运营商、生产制造商等社会力量以多种形式介入，开展合作运营。

策略三：引领开拓型开发模式。

此种模式适合于大型的综合类博物馆、作为著名的旅游景点的博物馆等文物单位，反映重要历史事件或进程等博物馆、纪念馆等。这类机构拥有广为人知甚至享誉世界的重要收藏，一般都会有大规模的参观人群。

此类博物馆数量比较少，在文创开发中往往已经取得了相当可观的市场效益，大部分社会企业愿意与其开展合作，并有了较为成熟的授权模式和品牌合作模式。下一步需要塑造“大文创”概念，将文化创意产品的开发与城市文化品牌塑造、提升国家文化形象联系在一起，承担更多的社会使命，通过融合创新的方式将博物馆文创的辐射度进一步扩散到生活美学的各个领域，真正做到“将文物带回家”，将文物渗透到日常生活中。积极探索有效的文创开发模式、品牌授权模式和合作开发模式，在整个博物馆文创开发领域起到“领军者”和“开拓者”的作用。

（四）运用适应流行文化的产品开发思路

博物馆可以尝试转变产品开发的思路，充分适应时下流行的消费习惯和方式，不断拓展产品销售的媒介和渠道。

1.“藏品资源+潮流热点”的开发策略

博物馆藏品资源有其自身的文化底蕴和时代背景，可以将藏品背后的故事与当下的时代潮流相结合，开发出适合现代人审美特点和实际需求的、实用性与艺术性兼备、物质外在与精神内涵相融、历史积淀与流行时尚并重的文创产品。故宫“朕就是这样汉子”系列文创产品，将高高在上的皇帝变成萌萌可爱的形象，就是典型的代表。随着大众文化、娱乐时尚在现代社会的不断发展，包括热映的电影电视作品、畅销的出版物、网络游戏等，都可以成为文创开发的创意载体。例如《芈月传》引发的“考据热”、《甄嬛传》推广了故宫的寿康宫等，很多热门影视剧所涉及的资源都可以成为博物馆文创开发可以利用的宝贵原材料。此外，潮流文化也可以作为文化策划创意来源，如苏州博物馆2017年推出的唐寅主题茶包“唐寅泡”，以唐伯虎为原型，“推出唐寅泡是为了告诉大家，历史上的唐伯虎既没有点到秋香，更不是意气风发，他早年父母双亡，中年遭妻休夫，还屡屡仕途不顺……”，主打“丧文化”这一痛点，让苏州博物馆赚尽眼球，相关IP产品屡屡大卖。

2.借助“网红经济”模式培育“铁杆粉丝”

博物馆要利用新媒体力量，通过微博、微信、网上商店，积极开展多元化、丰富多彩的线上线下活动，提升观众对博物馆的参观体验，加强互动交流，使越来越多的观众对博物馆产生文化上的认同和亲切感，从而成为博物馆的“铁杆粉丝”，继而成为文创产品的固定消费群体。事实表明，拥有“粉丝”越多的博物馆，其产品销量就越好。如故宫博物院的官方微博、故宫淘宝共拥有粉丝260万，其在故宫淘宝上近30天的文创产品销量为21513件。国家博物馆和国博衍艺共拥有微博粉丝170万，近30天在中国国家博物馆旗舰店的销量为727件。可见博物馆的关注群体数量与销售业绩呈正相关关系。博物馆在运营中可以将文化创意产品的营销与博物馆整体的观众服务统筹安排，有效地将观众转化为顾客。

3.以文物展览作为文创产品营销重要渠道

2009年，上海博物馆组织策划的“中国古代城市文明与礼仪文化——中国青铜、玉器展”在伦敦大英博物馆举行，为配合展览，大英博物馆相关人员专程到上海博物馆商店采购文化创意产品在大英博物馆商店销售。2014年，在多家博物馆巡展的“飞越欧洲的雄鹰——拿破仑文物特展”中，一家支持机构配合展览所设计的画册、信封套、冰箱贴、行李夹、水杯等文创产品销量火爆，不得不限量销售。2017年，大英博物馆“100件文物中的世界史”全球巡展来到中国，引发了大英博物馆文创产品在中国的热销。这些都表明，展览是推广博物馆文创产品的重要手段，以展览为核心，借助各方力量开发文创产品，将成为博物馆文创产品突破地域限制，走出国门的重要渠道。

第十六章　中国保护利用老旧厂房拓展文化创意空间研究报告

城市的快速发展和产业结构的调整遗留下了大量的工业遗存，如何保留工业遗存，实现工业文明的延续和传承，对工业厂房的空间实现功能置换，避免资源浪费成为城市更新中值得关注的重点。老旧厂房作为城市中的工业遗存，承载着一座城市所积淀的工业文明，见证了城市中工业发展的历史，牵引着一代曾经奋斗在工业领域人民的情感记忆，具有重要的历史文化价值。因其独特的建筑风格和空间特色，成为城市更新中一种极具活力的改造载体，老旧厂房的空间功能置换成为解决快速城市化进程中造成的城市功能臃肿问题的重要手段。近年来，随着人们对于城市更新领域研究的不断深入，老旧厂房的文化价值开始不断凸显。通过对于老旧厂房创意性的空间改造，一方面可以防止资源的闲置与浪费，复兴旧工业区，延续工业厂房的历史文化价值，另一方面通过创意产业的集聚增强城市的发展动能，促进产业的升级转化，为城市发展提供源源不息的内生动力。回顾过去一年，2017年老旧厂房改造的文化创意空间数量不断增多，空间改造的品质不断提升，改造形式更加多元化，经营主体和经营方式更加丰富，老旧厂房向文化创意空间的拓展对文化产业内容的丰富，文化产业平台的搭建以及文化产业的整体发展起到了良好的推动作用。总体来看，2017年老旧厂房拓展文化创意空间的改造工作稳步推进，相关扶持政策更加完善，文化产业园区的改造建设深入推进，相关服务设施水平进一步提高，完善的空间改造体系逐步形成，在空间改造过程中与其他产业的融合进一步深化，相关的理论经验总结取得新进展。2017年，多个地区都开始着手规划对于城市老旧厂房的空间改造，并出台了一系列促进老旧厂房改造的指导意见。在此背景下，对老旧厂房改造的政策、经验进行梳理，对于未来老旧厂房拓展文化创意空间的改造实施具有重要指导意义。

一、保护利用老旧厂房拓展文化创意空间实践

（一）政策助力，促进老旧厂房文化创意改造

1.国家政策：为老旧厂房改造提供政策引导

近年来，为鼓励老旧厂区改造，国务院出台了诸多相关的政策文件。《关于推进文化创意和设计服务与相关产业融合发展的若干意见》（国发〔2014〕10号）、《关于推进城区老工业区搬迁改造的指导意见》（国发〔2014〕9号）、《关于支持新产业新业态发展促进大众创业万众创新用地的意见》（国土资规〔2015〕5号）等文件中都涉及土地性质变更的问题，为老旧厂房的改造提供了政策引导。《关于推进文化创意和设计服务与相关产业融合发展的若干意见》（国发〔2014〕10号）中指出“支持以划拨方式取得土地的单位利用存量房产、原有土地兴办文化创意和设计服务，在符合城乡规划前提下土地用途和使用权人可暂不变更，连续经营一年以上，符合划拨用地目录的，可按划拨土地办理用地手续；不符合划拨用地目录的，可采取协议出让方式办理用地手续。”《关于推进城区老工业区搬迁改造的指导意见》（国发〔2014〕9号）中指出改造的基本原则为“政府推动、市场运作；因地制宜、科学规划；创新模式，增强动力；注重实效、稳妥推进”，为老工业区的搬迁改造提供了指导方向。《关于支持新产业新业态发展促进大众创业万众创新用地的意见》（国土资规〔2015〕5号）中指出要“促进制造业迈向中高端，传统工业企业转为先进制造业企业，以及利用存量房产进行制造业与文化创意、科技服务业融合发展的，可实行继续按原用途和土地权利类型使用土地的过渡期政策”，对于存量房产改造为创意空间的功能置换进行了政策性扶持。

2.地方政策：因地制宜重塑老旧厂房文化价值

近年来，北京、上海、杭州、广州、深圳等城市，尤其是文化产业发展程度比较高的地区，都积极地利用老旧厂房改造和拓展文化创意空间，探索空间改造的模式与路径，并出台了相应的政策来推动老旧厂房向文化创意空间的拓展。从整体上来看，十八大以来有关厂房改造、城市更新等相关政策的出台相对密集，尤其是在2017年，这些城市在旧厂房拓展文化创意空间的改造中做出了新的探索和实践。

北京市于2017年12月31日颁布了《关于保护利用老旧厂房拓展文化空间的指

导意见》，提出老旧厂房的改造应坚持“保护优先，科学利用；需求导向，高端引领；政府引导，市场运作”的原则，进一步规范老旧厂房的空间改造。上海市出台的相关政策对于老旧厂房空间改造所涉及的城市用地性质变更情况进一步完善。杭州市和广州市在《杭州市“三改一拆”三年行动计划（2013—2015）》和《关于加快推进“三旧”改造工作的意见》的实施基础上继续推进厂房改造的相关工作，进一步总结改造经验。深圳市则在相关政策的指引下进一步引导老旧厂房实现向文化创意空间的拓展，完善相关的政策条例，促进深圳市旧工业区的升级改造和城市更新进程。济南市进一步促进旧厂房发展文化产业，推进老旧厂房向文化产业园区的空间改造行动，建设具有现代文化气息的文化名城和文化产业聚集优势突出的文化强市（见表16-1）。

表16-1　各地因地制宜重塑老厂房文化价值出台的相关政策

地区	时间	政策
北京市	2017年	《关于保护利用老旧厂房拓展文化空间的指导意见》
上海市	2008年	《关于促进节约集约利用工业用地、加快发展现代服务业的若干意见》
	2014年	《关于本市盘活存量工业用地的实施办法（试行）》的通知》
	2015年	《上海市城市更新实施办法》 《上海市城市更新实施细则》
杭州市	2009年	《关于利用工业厂房发展文化创意产业的实施意见》（市委办〔2009〕17号）
	2013年	《杭州市“三改一拆”三年行动计划（2013—2015）》
广州市	2009年	《关于加快推进“三旧”改造工作的意见》
深圳市	2008年	《深圳市文化产业园区和基地认定管理办法（试行）》
	2014年	《深圳市城市更新办法》 《深圳市城市更新办法实施细则》 《关于加强和改进城市更新实施工作的暂行措施》（深府办〔2014〕8号）
	2015年	《深圳市综合整治类旧工业区升级改造操作指引（试行）》
	2016年	《关于加强和改进城市更新实施工作的暂行措施》（深府办〔2016〕38号）
济南市	2015年	《关于利用旧厂房发展文化产业的实施意见》

（二）实践探索，构建产城人文多元创意生态

1.修旧如旧，保存空间历史记忆

城市老旧厂房中的建筑往往保留着一段时期工业文明的独特气息。在老旧厂房的改造过程中，遵循修旧如旧的改造理念，尽量尊重原有建筑的形态特征，保留原有的空间结构框架，将工业遗存的空间记忆继续延续。在对老旧厂房进行空间改造时，为满足园区新的功能要求，对内部空间进行创意改造。为充分体现场所精神，整合好外部环境及交通，将建筑与周边环境融合[1]。成都东郊记忆的建筑结合了计划经济时代工业美学与现代商业建筑功能，这些体现不同时代风格的办公楼、多层的厂房和工业感十足的烟囱管道在改造过程中都遵循“修旧如旧，旧房新用”的理念被适当地进行了保留，成功营造了东郊记忆兼具怀旧和时尚气息的艺术氛围。广州红砖厂的改造将废弃生产车间的红砖内在特点与建造时代特点相结合，改造成为LOFT，既时尚又能给予无限灵感的创意空间。园区内一些随处可见的装置艺术实际上是工业厂房所遗留下来的机器或配件，这些废旧的机器配件记录了工业文明的发展，承载了城市空间的发展记忆，散发着工业文化的气息，现在以城市雕塑的形态继续体现着它的价值。修旧如旧的改造理念最大程度上实现了对工业建筑风貌的保留，继承了老厂房的工业文明，使老厂房留存建筑的历史文化价值得以传承。

2.因地制宜，发挥地区先天优势

在老旧厂房向文化创意空间拓展的过程中，许多园区因地制宜，依据老旧厂房先前的建筑风格、空间特色来实现园区空间的创意改造，依据园区的地理区位优势来进行产业规划布局。位于北京市朝阳区的铜牛电影产业园就是以旧厂区原有建筑为主体，结合“大工业”风格进行改造更新，在彰显建筑外表历史肌理感的基础上，保留了传统建筑的基本格局，改造后的园区特色和空间布局十分符合电影人创意办公的需求，因此将园区打造为电影产业“一站式”服务的全产业链电影产业集群。上海8号桥依托工业厂房原有的空间布局，创意性地以桥作为连接，将园区内的各个空间相连。利用园区内部高大的建筑空间举办各种创意活动及展示会，有效地推进了自身的品牌提升。台湾华山1914文化创意园前身是台北酒厂，因保有过去台北产业与生活的空间记忆，十分适合打造成为一个与城市生活相结合的多元艺文

[1] 王珏，秦玲玲.旧工业厂房改造的合理化策略——以下关新华船厂改造方案为例[J].建筑与文化，2015(11).

展演空间，最终经过相关部门长期的酝酿探讨，将其定位为推动台湾文化创意产业发展的旗舰基地，打造成为台湾文创新门户。

3.合理布局，促进企业互利共赢

老旧厂房改造后的文化创意空间在进行整体定位，引进相关文化产业业态，进行产业布局时，要对引进的企业进行合理规划，制定严格的驻入标准，避免同类企业陷入恶性竞争，完善相关产业上下游产业链，构建起互利共赢、共生共荣的企业发展格局。成都东郊记忆由原来的音乐文化定位调整为“一基地，多名片”后，逐渐布局起涵盖音乐、美术、戏剧、摄影等多元文化业态，不同艺术门类文化业态的企业入驻营造了园区浓厚的艺术氛围，将园区成功打造为成都精神文化高地，吸引着众多热爱艺术的人群集聚。北京郎园Vintage以打造鱼塘生态的产业运营理念来规划园区内业态布局，相继引入了知识共享、影视文化、新闻传媒、网红经济、创意餐饮等多种产业形态，通过企业间文化因子的不断碰撞，激起新的创意火花，从而实现不同企业的创意升级。铜牛电影产业园则是依据自身园区对于电影产业的定位，从电影产业的产业链出发，相继引进了处于产业链上下游的企业，包括影视传媒公司、影视制作公司、编剧工作室、明星工作室等众多业内知名企业。

4.融合发展，构建多元发展生态

在老旧厂房向文化创意空间的改造升级中也在与其他行业进行不断地融合。许多园区在建设过程中不断地探索与城市发展、大型商业综合体等方面的融合经验，在文化创意企业入驻的产业布局中融合商业综合体的建设，形成特色体验型商业街区。在老旧厂房改造的过程中，进一步加强与文化旅游、时尚设计等特色经济领域的融合。上海张江文化园区以文化与科技双轮驱动，园区内驻有多家知名文化科技公司如喜马拉雅、哔哩哔哩。许多其他的传统文化园区也依托大数据、云计算、VR、AR、新媒体等技术实现了园区的转型升级，开辟了园区发展的新空间。随着互联网与实体经济的深度融合，园区也开始利用互联网来打造文化创意生态系统，开辟文化投资新方式，引导文化消费新潮流，利用“互联网+”的思维来确定园区创意空间未来发展的方向。

（三）价值再造，延续历史文脉并释放新动能

1.助推文化产业，促进经济转型

文化产业作为我国的朝阳产业，在我国的国民经济发展中占有的比重不断提

升，具有巨大的发展潜力。传统的老厂房主要功能是制造业类型，在构建文化产业园区之后，可以转变老厂房的功能与类型，为文化产业的发展创建完善平台，为文化产业工作者带来更多的灵感，奠定较多的文化底蕴[1]。将旧厂房改造为文化创意空间，有助于推进城市文化产业的发展，调整文化产业供给侧结构性改革，推进城市的文化建设，增强城市的知名度，提升区域核心竞争能力。以上海1933老场坊为例，通过对原宰牲场的独特空间结构进行创意改造，引入时尚表演、艺术展示、艺术体验、创意设计等多种业态，逐步发展成为上海市著名的休闲中心。近年来，由于自身特色的建筑风格的内在空间结构逐渐受到户外真人秀节目的青睐，《奔跑吧兄弟》《极限挑战》都在此拍摄取景，一时间带动1933老场坊成为著名的文化旅游胜地。

文化创意空间实现了相关产业的集聚，有助于提升区域的规模化效益，完善相关产业的产业链建设。文化产业园区的一个重要功能就是通过园区的建设加快城市经济的转型和城区复兴，为城市的现代发展提供一种有效模式。文化产业园区的空间辐射作用，也进一步促进了城市文化、旅游、商业的结合，实现园区经济效益的提升，打造产业园区品牌。文化产业园区的构建还可协同城市发展整体战略。以深圳F518时尚创意园为例，通过引入创意产业这种高端的产业业态，对旧厂房实现改造升级，其“服务区域产业升级，推动中国文化创意产业发展”的宗旨与深圳市打造“设计之都”的定位一致，有效地实现了文化产业的创意引领作用。

2.构建绿色生态，满足人民美好生活需要

文化产业所具有的轻资产、可复制性、高附加值等特性使其拥有与其他产业融合发展的先天优势，文化产业的轻资产的特性有效实现了对于生态环境的保护，减少资源浪费，助力打造绿色城市。十九大报告中指出当前我国社会的主要矛盾已经转化为人民日益增长的美好生活需要与不平衡不充分发展之间的矛盾。人们的这种美好生活需要不再仅仅停留在物质层面，而是更多地上升到精神文化需求。另外，创意园区所营造的SOHO式家居办公模式、文化创意生活的生存模式成为新城市生活发展的潮流。旧工业厂房改造为文化创意产业园区的改造理念符合未来生存发展的趋势，这种创意空间所打造的创意人文的生活理念和生存方式恰恰满足了人们对美好生活的期待。

---

[1]黄绍斌.浅谈文化产业园区的构建对区域经济的影响[J].中国国际财经(中英文),2017(09).

北京24H齿轮厂依据自身的园区面积和地理位置进行规划，以“齿轮影城、影视创意楼、秀场”三位一体互动，致力于打造为城市媒体发布中心以及影视IP产业创新中心。在园区内部则规划设置了联合办公区、商务休闲区、主题生活区、动感活力区、品牌文化广场、创客公寓等多个功能分区，营造起一个完善的园区生态系统。

3.加快城市更新，缓解城市空间压力

文化创意产业与城市发展紧密联系在一起，它包括了土地置换、旧厂房利用、环境整治、引入文化要素等内容[1]。老旧厂房的创意空间拓展有力的推动城市更新的步伐，缓解一线城市巨大的土地资源压力，对城市的发展具有显著作用。

随着城市规模的扩张和城市产业结构的优化，原本处在城市外围的旧工业厂区慢慢被划分到城市核心圈中[2]。在城市的更新发展中，这些废弃的旧工业厂房建筑如何妥善处理成为一大难题。拆迁重建一方面需要耗费大量的人力财力，另一方面也极大地延长了建设周期，造成时间与资源的浪费。因此，将废弃的旧工业厂房改造为文化创意产业园区，有效地调整了工业建筑本身与功能之间的矛盾，实现空间的可持续利用。同时，城市中废弃的旧工业厂房通过产业功能的置换打造为文化产业创意园区，实现了产业的提质升级，完成了传统工业向文化产业的跃升。文化产业作为新时代的朝阳产业，又被称为“黄金产业”，在未来的产业发展中具有优化产业结构，提升产业发展水平的重要作用。厂房空间的功能置换释放了建筑空间的发展潜力，有效提升了城市的发展动能。

以北京市为例，北京CBD——定福庄传媒走廊集聚了多家由旧厂房改造形成的创意产业园区，通过对于传统工业产业的提质升级，实现了对废弃空间的高效利用，有效缓解了北京市巨大的空间压力。创意产业轻资产高附加值的特征，使创意园区成为推动城市更新的重要载体，其他如上海、广州等地，也都通过工业遗存发展文化创意产业的方式来缓解空间压力，推动城市更新。

4.集聚创意阶层，延续历史文脉与城市文明

城市在发展过程中留下的一系列痕迹和烙印，延续至今形成的文化脉络，就是城市的文脉。城市文脉是一个城市独有的魅力和价值，一旦断裂，城市原有的文化

---

❶张胜冰.文化产业与城市发展[M].北京:北京大学出版社,2012.

❷陈薇薇.城市更新过程中旧厂房的再生设计——以广州为例[J].艺术评论,2015(11).

积淀和传承将消失殆尽，城市也就缺失了底蕴深厚的文化内涵及灵气[1]。工业建筑作为工业文明的见证，蕴含着一座城市的空间记忆与历史文化的遗存，具有宝贵的历史文化价值。在城市的更新过程中需要保护其文化价值不被破坏。通过对于空间的改造再利用，实现工业建筑新旧融合，在保护工业建筑的同时融入现代化发展的元素，使其在现代化环境中得以良好生存。通过对于旧厂房的改造，实现城市文脉与历史文明的延续，丰富城市文化的多元性与多样性，激发城市特质的形成，避免千城一面。另外，建筑空间的设计改造使原有空间结构焕发出新的活力，满足入驻企业的多元化需求，有助于扩大园区的企业规模。同时，文化产业的空间集聚，为城市空间注入了大量的创意元素和发展活力。文化产业的发展营造了一种新的生存方式，创意空间的发展更加注重人们精神文化需求的满足，产业发展日趋特色化、个性化，这一趋势与未来人们生活方式的转变十分吻合。创意产业集聚所爆发出的创意与活力，营造出一个开放、互动的文化生态空间，有效激发城市发展活力。

二、我国保护利用老旧厂房拓展文化创意空间的模式和特点

（一）运营主体多样，经营模式更迭

1. 国营模式

此类模式主要是指运营主体为政府的转型模式。其中又包括政府投资运营、政府引导国企自组团队改建以及艺术家自发集聚政府提供管理等几种类型。

政府投资并运营。此类园区主要由政府投资建设并进行管理运营，从园区的规划设计、园区入驻企业的选择再到具体的园区运营管理，都由政府主导运营，侧重园区对于周围地区的辐射带动效应以及社会效益的影响。北京市朝阳规划艺术馆就由政府投资并运营。

政府引导，国企自组团队改建。这种类型的园区主要是在政府的引导下，由国企自组团队改建。由于政府的资金支持，园区的起步发展较为顺畅，在运营过程中的资金压力也较小。北京市莱锦文化创意产业园就属于此类。

艺术家自发聚集、政府提供管理。此类园区的形成主要是由于工厂独特的艺术

[1] 曾金胜. 城市文脉危言[J]. 时代潮，2003(23)：6-7.

风格以及价格低廉的房租，吸引着艺术家自发性地进行聚集，从而形成了品牌集聚效应，引起政府关注后，由政府主导负责园区相关的运营管理。北京798艺术中心就属于此种类型。

2. 民营模式

此类园区主要通过原有工厂的产权方与产业园区运营的专业机构联合对园区进行管理运营。园区的经营者不是产权方，而是民营个体，与国企老厂进行长期合作，没有国家和政府划拨土地资源，因而运营成本较高，园区造血能力也相对较强。这类园区的典型为尚8文化创意产业园、繁星戏剧村。前者总体方向是连锁发展，相比于政府运营园区的自上而下的管理模式，尚8文化创意产业园则是自下而上进行管理。后者则秉承一贯“场制合一”的商业模式运作理念，打造集戏剧创作、剧场运营、版权交易、艺术展览、艺术衍生品设计开发、主题餐饮休闲于一体的多元剧场群落和跨界文化体验型艺术园区。

可以发现，民营模式主导的园区在市场导向中做得更有特色，它们往往立足优势资源，瞄准特定消费群体，遵循市场规律，不断探索和创新盈利模式，探求可持续发展的文化消费升级路径，并和周边社区、城市发展进行适度融合，以提高园区与城市的融合度，进而获得文化的扎根和产业的迸发。但毋庸置疑，无论是政府主导型园区，还是民营园区，都在新的市场环境下力图提升整个园区的集约化、专业化水平。培养园区内的文化企业、促进企业孵化和产业聚集，是增强园区整体实力和综合竞争力的必经之路。❶

3. 混合模式

随着经济发展进入新常态，人民群众文化消费需求更加旺盛，文化产业在促进经济结构调整、加快转变经济发展方式方面的作用将更加显著。在这样的大背景下，加上产业园区自身对于发展的需要，探索发展的新趋势、新路径势在必行。

吉林省东北亚文化创意科技园作为吉林省唯一一个国家级文化产业园区，采取“民办公助”的形式，与属地政府结成紧密的产业合作关系。近年来的发展就立足于吉林省当地资源进行转型和升级，孟剑介绍，园区发展呈现几个趋势：首先，吉林省的支柱产业是农业，园区鼓励创意企业打开思路，使农业与文化产业紧密结合，如通过互联网开通线上线下服务网站、发展创意农庄，使农业通过园区的包装

❶王晓芳. 文化产业园区转型的旧论调和新思路[N]. 中国文化报, 2017-07-04(8).

设计开拓新的市场。这样的发展思路使园区众多设计企业有了新方向，开始进行农产品的包装研发设计，市场伸向了农业市场，包括粮食、酒。有的企业申请了自己的知识专利产权，形成一条与农业相结合的产业链。其次，吉林省也是汽车制造重地，近年来由于汽车销量增速放缓，市场面临转型，汽车衍生品的开发在园区成了热门。再次，以吉林动画学院为依托的园区内动漫产业，因学院开始向影视传媒行业转型发展而开始了影视方面的探索。整体来看，园区已经认识到，靠政策支持不是长久之计，而与在地资源的市场化结合，是吉林省东北亚文化创意科技园的新出路。❶

（二）功能布局多元，产业特色突出

1.以文化、创意、商业等多业态集聚为主要特色的综合性创意平台。

此类园区是旧厂房改造文创园时最为盛行的一种模式，通过多种业态的集聚，+多种文化的融合，具有不同特色风格企业的入驻，形成文化创意产业的集聚高地，打造创意综合体，营造文化新生态。

以北京市郎园Vintage为例，园区是一个集时尚、创意、文化于一体，以影视传媒、创意办公为基础的时尚创意园区。园区由北京医药集团的旧厂房改造而成，是CBD核心区仅存的一家创意产业园区，身处高楼林立的繁华商业区，却极其幸运地保留下了一片远离喧嚣的静谧之地，被称为CBD的世外桃源，北京的新文化中心。目前郎园内入驻的有罗辑思维、果壳网等知识共享类企业、腾讯影业等影视文化类企业、CCTV北京记者站等新闻传媒类企业、郎house等艺术设计类企业、千和资本等文化金融类企业、咪蒙工作室等网红经济类企业以及不相离餐厅、然食堂等创意餐饮类企业。郎园不仅仅是一个园区，更致力于打造文化创意产业公共服务平台，打造鱼塘生态，建设文化大院。其他类似的园区还有北京莱锦文化创意产业园、成都东郊记忆、上海1933等。此类园区的创意生态构建得相对系统完善，园区拥有无限活力，相关的文化节庆、创意集市活动也较为密集，往往具有强大的创意集聚力与艺术凝聚力。

2.以文化旅游、展览为主要功能的旅游功能区

此类园区的打造往往以园区前身所承载的历史文化价值和旅游观光价值为依

❶王晓芳.文化产业园区转型的旧论调和新思路[N].中国文化报,2017-07-04(8).

托，依靠与园区周边景点的联动，通过对于传统文化资源和产业资源的有机结合，保留工业遗址，突出建筑特色，重点发挥产业园区的旅游功能，与周围景点和人文环境形成良好互动，推动文化、旅游、商业相结合。

以北京方家胡同46号为例，整个园区依据不同建筑空间的特征进行了合理化改造，满足了入驻企业对于园区空间的需求。方家胡同地处文化核心地带，周边有国子监、雍和宫创意产业园、保利剧院、南锣鼓巷文化街区、国家话剧院等众多景点，优越的地理位置，丰厚的文化积淀以及其自身独特的深巷景观成为其发展文化旅游的重要优势。

3.以产业集聚办公为主要目的的产业基地

此类园区在进行改造时主要以产业集聚办公为主，通常这类园区拥有明确的产业形态和发展规划，目标市场清晰，或是以传媒公司、影视公司集聚所形成的影视产业，或是以工业设计为主，打造综合工业设计园，还有的以广告创意和活动策划为核心形成广告企业的集聚，易形成良好的产业集聚效果。

以中国（深圳）设计之都创意产业园为例，园区由原田面工业区旧厂房改造而成，园区定位为以工业设计为主的创意产业园，打造具有创意设计、研发、制作、交易、培训、孵化、评估及公共服务等综合功能的创意设计文化产业园区。园区在对入驻企业审核时十分严格，十分注重企业的原创水平和创新能力。设计研发对技术要求十分严苛，技术成本的高昂成为限制企业发展的一大原因。考虑到这一因素，园区为入驻企业提供统一的技术服务，降低企业研发成本，促进创意设计的发展。上海张江文化科技创意产业园则是以张江高科技园为依托，服务于上海建设世界文化产业大都市的总体战略目标，打造结构完整、相互依存、充满活力的现代文化科技创意产业架构和产业链，形成文化与科技的产业集聚。

4.以艺术相关产业为主要业态布局的艺术中心

以艺术为特色，注重艺术创作、艺术展示、艺术培训、艺术展览等相关方面，园区内入驻企业多为艺术家个人工作室、画廊、时尚工坊等。

以上海M50创意园为例，园区以“艺术、创意、生活”的核心理念为指导，逐步引入了20多个国家和地区的艺术家工作室、文化艺术机构和设计企业，成为上海一个具有标志性意义的创意园区。园区内部集艺术创作、艺术展览、艺术销售、艺术活动、艺术体验等多种功能于一体，成功为园区内部的艺术家工作室、文化机构以及热爱艺术的人构筑起一个良好的艺术交流平台。北京798艺术区一开始是由艺术家自发聚集而形成的艺术群落，后逐渐发展为集画廊、艺术中心、艺术家个人工作室、演出、展览等多种艺术形态的创意产业园区。由于798艺术区的独特区位优势、便利的交通以及低廉的房租，再加上包豪斯建筑风格对艺术家的吸引，促使艺术家们源源不断的聚集在这里，形成了以艺术创作为核心的发展格局。

5.以传播知识为主的文化中心

此类园区主要依靠自身的工业文化积淀和厂房建筑所独具的文化气质，将废弃的工业空间注入文化创意与文化资源，主要改造成为博物馆、美术馆、文化展厅等文化中心。广州的红砖厂创意园中就有多处建筑改造成为现代展览厅和画廊展示空间；深圳满京华美术馆由宏华印染厂改造而成；唐山开滦煤矿矿山博物馆则是依托开滦丰厚的矿业文化底蕴，将工业遗址开发为工业博物馆，实现了对于煤炭文化和近代工业文明的良好传承；杭州工业艺术美术博物馆由原杭州红雷丝织厂老厂房改造而成。这些园区以原产业特征为基础，延续文化脉络，梳理文化资源，致力于打造成为向人们传播相关知识，提供艺术展览和文化体验等相关服务的城市文化中心。

三、保护利用老旧厂房拓展文化创意空间的建议与对策

厂房的改造和再利用逐渐成为城市再生的一个契机。从深层意义上说，旧厂房改造表现出对现代城市问题的一种反思，也是一种文化和审美价值的转变。但是，旧厂房改造不应该仅仅是立面审美的改变，而应该从城市地域和场地介入，在转变其原有身份的同时，能够得到社会公众的参与，在特定的地域条件下，留住城市肌理，注入新的城市活力，从而重新演绎其历史价值，并得到社会文化的认同[1]。

（一）工业遗存整体性保护与创意性开发并举

一是恰当处理保护与开发的尺度关系。在老旧厂房的开发中，恰当处理工业遗存保护与开发的关系，既要符合科学尺度又要贯穿艺术思维。旧厂房改造的最终目的不是非工业化，而是优化城市功能布局、提高土地使用效益和改善城市空间品

[1] 李伟，陈剑霄，袁媛.旧厂房改造中的地域和场地策略——楚天181文化创意产业园概念设计[J].新建筑，2010(8).

质。因此，需要分类、分时序进行旧厂房改造[1]。二是厂房价值评估先行，合理确定改造规划。在对老旧厂房进行改造前，对于空间内的工业建筑、工业遗存等进行全面的价值评估，依据其文化价值和可改造利用的程度来确定未来的规划图景。对具有重要文化价值的建筑进行修缮，对一些年久失修界定为危房的建筑也应适当地进行拆除。对于老旧厂房外在的景观设计，可结合原建筑的肌理、特点进行创意开发。三是挣脱固有观念桎梏，凸显创新创意价值。在老旧厂房的空间改造中，避免一味的因循守旧，刻板复制其他产业园区成功改造的模式。通过对于自身厂房的历史记忆、外观特点、地理区位、周边环境的深度分析，因地制宜对厂房进行整体定位，以满足区域经济发展的需要，以此为基，在厂房改造中融入创新创意观念，打造自身园区独一无二的特色，加强园区的核心竞争力。

（二）加强顶层设计，完善政策法规

一是完善相关政策条例，助推创意空间的改造。老旧厂房向文化创意空间进行改造涉及土地使用性质变更等一系列政策问题，在改造过程中，由于改变了原有的使用功能，其土地性质已经发生改变。根据我国《城乡规划法》及国务院的相关规定，土地性质变化应当由有关部门核定补缴土地出让金[2]。用地性质影响收费标准，进而进一步影响文创企业的集聚。因此相关部门应尽快出台相应的政策，完善相关土地性质认定标准，完善出让土地所有权等相关手续，简化审批程序，推动老旧厂房向文化创意空间进行拓展，发展文化产业。同时，大部分老厂房产权关系犬牙交错，要做到明确产权关系，争取做到在厂房改造过程中的各个环节都能做到“有法可依”。

二是协同城市整体规划，梳理厂房改造相关设计。在旧厂房的规划开发中，协同城市发展的总体规划，对于厂房改造后的空间进行整体的功能定位，再进行具体的土地利用、产业布局、历史文化保护、综合交通、公共服务设施、绿地系统等相关规划。在空间改造过程中，要做好园区空间及定位的顶层设计，从园区定位出发，合理布局产业业态，分配功能分区，完善相关配套设施。

（三）打造文化地标，发挥触媒作用

首先，避免千篇一律，强化自身特色。旧厂房在进行创新型的空间改造时，要

[1] 任庆昌，汤燕良，黄开华，杨嘉. 城市旧厂房改造规划探索——以广州黄浦区旧厂房改造专项规划为例[J]. 规划师，2015(8).

[2] 唐逸如. 上海老厂房改造困局[N]. 国际金融报，2015-03-02.

注重挖掘自身园区建筑的特色与原工业文明的内在价值，避免空间改造因循守旧，千篇一律，以自身独特的闪光点作为文化支撑构筑园区的生态系统，努力将创意空间打造为所在地区的文化地标。参照日本秋叶原（动漫文化产业的聚集地）的经验发现，一个具有显著主题和标志性的文化地标是创意产业延续的根本。在日本游走会发现，当离开某一个特定区域（如奈良、六本木），很难再找寻到相似的设计和产品，独特的地域带来独特的文化产品同时独特的文化产品又为该地区注入生命力和活力[1]。因此在厂房空间的改造过程中要做到因地制宜，因势利导，摒弃厂房空间改造的固有经验的桎梏，融入创意因子，打造属于自身独一无二的文化魅力和空间吸引力。

其次要发挥创意空间的城市触媒作用。20世纪80年代末，美国学者韦恩奥图和唐洛干提出城市触媒理论，认为城市环境中的各个元素都不是独立存在的，都具有一定的关联性，当其中的某些元素发生变化时，就会像化学反应中的“触媒”一样，影响或促进其他元素的变化[2]。老旧厂房向文化创意空间的升级改造有助于老旧厂房打造城市磁场，聚集人气，重新焕发升级活力。创意空间中所营造的园区生态系统代表了新时代下人们一种新的生活方式，具有前瞻性，未来一个地区的创意单元相互连接汇聚成网，将辐射和带动整个地区的发展活力。优秀的城市触媒可以激发和引导城市向着积极正面的、富有活力的方向，而且可以促进城市经济的快速发展。城市触媒的本质就是具有较强聚集人气作用的建筑、场所或区域[3]。毋庸置疑，文化创意空间的打造必将发挥良好的触媒作用。

（四）融入智慧社群，营造社区生态

规划着眼未来，紧跟时代发展。随着时代的不断进步，在创意空间的改造中要更加重视老旧厂房未来的改造趋势，充分渗透互联网、新媒体、信息技术和计算机技术来对空间进行改造，对厂房空间进行功能置换，引入智能化建筑的概念，打造智能园区。通过构建数字化一站式增值服务平台助推园区内企业强强联合的聚集效应。智能园区的建设包括譬如园区内部玻璃幕墙的信息控制、企业来访人员的信息控制以及停车位的智能化管理等方面，增强园区规划与科技、信息的融合，紧跟时

[1] 毛毅静.创意产业园区的历史遗存与文化——以田子坊为例[J].创意与设计,2010(4).

[2] 韦恩·奥图,唐·洛干.美国都市建筑:城市设计的触媒[M].王邵方,译.台北:创兴出版社,1995.

[3] 肖冰,赵园生.基于“城市触媒”的旧厂房改造研究——以鄂尔多斯康巴什热源厂改造为例[J].2016(11).

代发展的脚步，有利于园区实现越来越好的发展。

以先进发展理念为指导，加速绿色生态建设。在对厂房将进行运营改造时，融合先进的发展理念，从生态、节能、环保的多重角度出发，可以充分利用地下空间，配合立体式的生态建设。在厂房内部空间结构的改造中，对于所需建筑材料、空间电路的规划，都要从生态、环保、简洁、审美的原则来综合考虑。可在旧工业厂房的屋面改造中，充分利用太阳能、自然采光等方法，缓解厂房内传统电能的消耗，屋面节能改造后，能够预防太阳光直射，保护厂的内部环境，同时减少太阳能辐射干扰，把控采光的强度[1]。

营造开放氛围，共筑社区生态。改造后的文化创意空间并不是一个封闭的系统，要努力打破厂房高大围墙的物理限制，实现园区内部空间与周边社区的良好互动和深度沟通，使周边社区的人民自觉融入创意空间的文化氛围中，并成为其中重要的组成因子。园区的运营者和管理者应不间断的推出文化活动，调动园区中的每一个文化企业推出自己的特色活动，也使园区内的人员与周边社区的居民可以加入进来。社区居民的加入为园区的生态系统注入了活力要素，使老厂房真正实现了重生，也促进了文化创意产业与传统居民社区的和谐共生。文化活动的举办，有助于形成更强的城市发展驱动力。

[1]韩亚芳.城市更新背景下的旧工业厂房改造分析[J].建材发展导向,2017(7).

后　记

2017年，中国特色社会主义进入新时代，我国社会主要矛盾转化为人民日益增长的美好生活需要和不平衡不充分的发展之间的矛盾。这一年，我国文化产业的发展也进入了新的换挡升级期，人民美好生活需要日益广泛，多元、高质、跨界的文化产品和服务表现出强劲的增长力。文化消费的不断升级催生了文化产品和服务的新需求，人工智能的广泛应用催生了数字创意和共享经济的新途径，文化产业规模化、专业化和集约化水平的不断提高，促生了文化产业园区发展的新模式。

在此背景下出版的《2018中国文化产业年度报告》，不仅完成了以往“规定动作”的精心研究，而且探索了“自选动作”的话题发现。总体上而言，《2018中国文化产业年度报告》梳理总结2017年中国文化产业各行业发展整体情况，梳理文化产业市场主体在经济社会转型升级和推进供给侧结构性改革中的探索和实践，研判2018年文化产业改革创新的趋向，以期为中国文化产业可持续发展提供有效的智力支持。在研究体例上，《2018中国文化产业年度报告》对文化产业相关领域不同行业的年度发展概况，面临的形势、机遇和挑战等进行了深入分析；对该行业年度发展呈现出的新特点进行了系统的提炼和总结，并力图以鲜明的观点提炼出该行业发展的典型特征。

值得注意的是，《2018中国文化产业年度报告》还对过去一年我国文化产业发展过程中的热点现象、焦点话题、文化与科技、城市、生活结合的新去向进行了重点解析与盘点，将文化新业态和文化新消费作为研究的专题，并吸纳了博物馆文创产品开发的实践、文化产业育人工智能的融合，老旧厂房改造成文化创意空间的探索等新锐视角的专题研究，以期让大家对文化产业及其在国民经济与社会发展中的作用有一个全新的认识和全面的理解。

《2018中国文化产业年度报告》的各章作者及简介如下。在此一并感谢知识产权出版社李石华编辑为本报告付梓出版做出的贡献。

第一章　2017年中国文化产业发展概况　范周、孙巍、关卓伦

范周，中国传媒大学经管学部学部长兼文化发展研究院院长，教授，博导。文化部文化产业专家委员会主任，国家发改委“十三五”规划专家委员会委员，文化部国家文化改革发展研究基地主任，国家艺术基金规划专家委员会专家。《文化部“一带一路”文化发展规划（2016—2020）》编制课题组组长，全国人大《公共文化服务保障法》起草专家组成员。京津冀文化产业协同发展规划起草组组长。专注于文化政策、区域文化经济和公共文化服务的研究，兼任《中国文化产业年鉴》（中文版、英文版）主编。

孙　巍，中国传媒大学经管学部硕士研究生。

关卓伦，中国传媒大学经管学部硕士研究生。

第二章　中国文化产业新业态与新趋势　蔡晓璐

蔡晓璐，中国传媒大学经管学部科研办公室副主任，北京大学博士，中国传媒大学博士后。主要从事文化产业、产融结合、艺术学、音乐美学等相关领域研究。

第三章　中国文化消费新特点与新趋向　范周、言唱

言唱，中国传媒大学经管学部博士研究生。

第四章　中国创意城市研究报告　苏乾飞、齐骥

苏乾飞，中国传媒大学经管学部硕士研究生。

齐骥，中国传媒大学经管学部副教授，博士，硕士研究生导师。北京市高等学校“青年英才计划”入选者。主要研究方向为文化规划、城市文化策划，城镇化。

第五章　中国文化贸易研究报告　杨矞

杨矞，博士，毕业于对外经济贸易大学。现任《中国文化产业年鉴（中、英文版）》责任编辑。主要研究方向为文化规划、文化遗产、文化贸易。

第六章　新闻出版发行服务研究报告　周洁

周洁，北京师范大学与美国圣路易斯华盛顿大学联合培养文学博士，曾就职于北京语言大学，现为中国传媒大学经管学部博士后。

第七章　中国广播电影电视服务研究报告　靳斌、于晓慧、马诗婷、宋楠

靳斌，影视美学博士，中国传媒大学经管学部文化发展研究院副教授、硕士研究生导师。主要研究方向为：文化产业、影视传播。长期从事影视行业实践创作，主创的电影、广播剧、电视新闻等作品曾获"中国广播影视创作大奖"等奖项。

于晓慧、马诗婷、宋楠系中国传媒大学经管学部硕士研究生。

第八章　2018年文化艺术服务发展报告　亓冉、周慕超

亓冉，中国传媒大学经管学部硕士研究生。

周慕超，中国传媒大学广播电视艺术硕士，中国传媒大学经管学部社会服务与发展办公室项目助理。主要研究方向为文化产业项目策划。

第九章　2017年文化信息传输服务业报告　刘江红

刘江红，中国传媒大学经管学部、博士、副研究员、硕士研究生导师。中国传媒大学国家文化创新研究中心（与文化部共建）副主任。主要研究领域为文化政策与文化新业态。

第十章　2018年中国文化创意和设计服务研究报告　刘晓菲、亓冉、苏乾飞

刘晓菲、亓冉、苏乾飞系中国传媒大学经管学部硕士研究生。

第十一章　中国文化休闲娱乐服务研究报告　朱敏

朱敏，中国传媒大学经管学部副教授、硕士研究生导师，博士，经管学部社服办主任。主要从事音乐、演艺产业的学术研究及教学工作。

第十二章　2017年工艺美术品行业年度报告　梁倩阳、田卉

梁倩阳，中国传媒大学经管学部硕士研究生。

田卉，中国传媒大学经管学部教师，博士，硕士研究生导师。主要研究方向为文化消费研究、文化市场调查、新媒体理论与实践等。

第十三章　2017年中国文化产业园区发展报告　熊海峰、宋立夫

熊海峰，中国传媒大学经管学部讲师，博士，先后在知名咨询公司担任项目经理、策划总监，在区域文化产业策划、公共文化服务社会化、文化旅游等领域具有近十年的研究与实践经验。

宋立夫系中国传媒大学经管学部硕士研究生。

第十四章　"文化产业与人工智能"融合发展研究报告　杨剑飞、张天意

杨剑飞，中国传媒大学传媒经济学博士、助理研究员、硕士研究生导师。主要研究方向为文化产业教育、国际文化政策对比、文化产业园区建设等。

张天意，中国传媒大学经管学部硕士研究生。

第十五章　中国博物馆文化创意产品开发研究报告　宋朝丽

宋朝丽，中国传媒大学经管学部博士，副教授。

第十六章　中国保护利用老旧厂房拓展文化创意空间研究报告　刘晓菲　齐骥

刘晓菲，中国传媒大学经管学部硕士研究生。

齐骥，中国传媒大学经管学部副教授、硕士研究生导师，博士。

《2018中国文化产业年度报告》课题组

2018年3月